2023
中国民政统计年鉴

ZHONGGUO MINZHENG TONGJI NIANJIAN

中华人民共和国民政部　编

中国社会出版社
国家一级出版社 • 全国百佳图书出版单位

图书在版编目（CIP）数据

中国民政统计年鉴．2023 / 中华人民共和国民政部编．-- 北京 ：中国社会出版社，2023.10
ISBN 978-7-5087-6942-4

Ⅰ．①中… Ⅱ．①中… Ⅲ．①民政事务－统计资料－中国－2023 Ⅳ．①D632-66

中国国家版本馆CIP数据核字(2023)第180078号

出 版 人：程 伟
终 审 人：魏光洁
责任编辑：张 党
责任校对：张翠萍
封面设计：李 尘

出版发行：中国社会出版社
地 址：北京市西城区二龙路甲 33 号
邮政编码：100032
编 辑 部：（010）58124831
网 址：shcbs.mca.gov.cn
发 行 部：（010）58124848
经 销：新华书店

印刷装订：北京华联印刷有限公司
开 本：210 mm×297 mm 1/16
印 张：34.25
字 数：1000 千字
版 次：2023 年 10 月第 1 版
印 次：2023 年 10 月第 1 次印刷
定 价：320.00 元

中国社会出版社微信公众号

中国社会出版社天猫旗舰店

2023
中国民政统计年鉴

编委会和编辑人员

编者说明

一、《中国民政统计年鉴2023》收录了全国各省、自治区、直辖市2022年民政事业的主要统计指标数据以及部分历史数据，主要包括2022年民政事业发展统计公报、民政事业主要数据图表、综合统计资料、历年统计资料、当年分地区统计资料和主要指标解释六部分内容。

二、本年鉴中涉及的全国统计数据均不包括香港特别行政区、澳门特别行政区和台湾省的数据。

三、本年鉴所涉及历史数据，均以本年鉴为准。

四、本年鉴中部分指标合计数或相对数由于四舍五入而产生的计算误差，未作机械调整。

五、本年鉴各表中“—”符号表示数据不足本表最小计量单位或无此数据，“空格”符号表示该项统计数据为零，“#”表示其为上级指标的其中主要项。

目　录

第一部分：专文

第二部分：主要数据图表

【综合】

【社会工作】

【成员组织和其他社会服务】

第三部分：综合统计资料

【综合】

【社会工作】

【成员组织和其他社会服务】

第四部分：历年统计资料

【综合】

【社会工作】

【成员组织和其他社会服务】

第五部分：当年分地区统计资料

【综合】

【社会工作】

［提供住宿的社会服务活动］

[殡葬服务]

【其他】

第六部分：主要指标解释

第一部分

专 文

2022年民政事业发展统计公报

2022年，各级民政部门深入学习贯彻习近平新时代中国特色社会主义思想，认真贯彻落实党中央、国务院决策部署，深刻领悟“两个确立”的决定性意义，增强“四个意识”、坚定“四个自信”、做到“两个维护”，立足新发展阶段，完整、准确、全面贯彻新发展理念，服务加快构建新发展格局，深化改革创新，认真履行基本民生保障、基层社会治理、基本社会服务等职责，进一步推进民政事业高质量发展。

一、综合

截至2022年底，全国民政部门登记和管理的机构和设施共计250.1万个，职工总数1781.3万人，固定资产原价9538.8亿元；各类民政服务机构和设施拥有床位856.3万张，每千人口民政服务床位数6.1张；民政服务设施建设项目规模2155.5万平方米，全年实际完成投资总额172.4亿元；全国民政事业费支出5090.4亿元，占当年国家财政支出的2.0%，其中，中央财政向各地转移支付的民政事业费1687.3亿元，占全年民政事业费支出的33.1%。

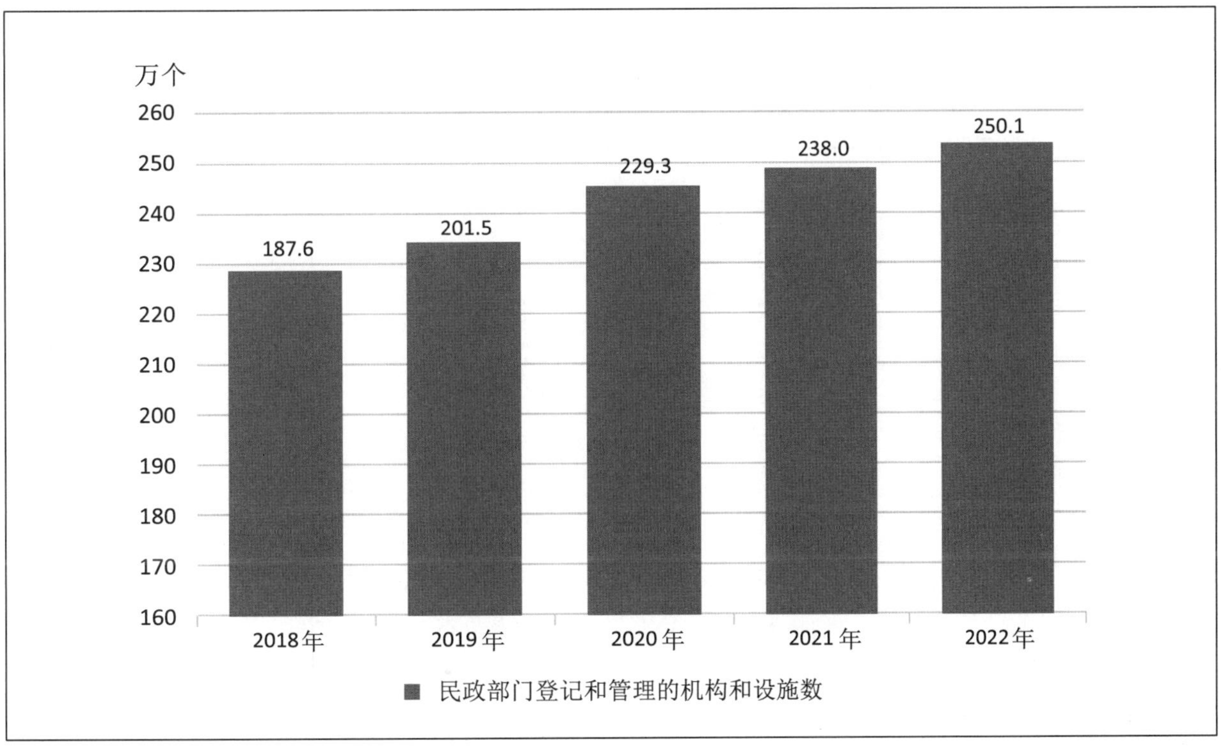

图1 2018—2022年民政部门登记和管理的机构和设施情况

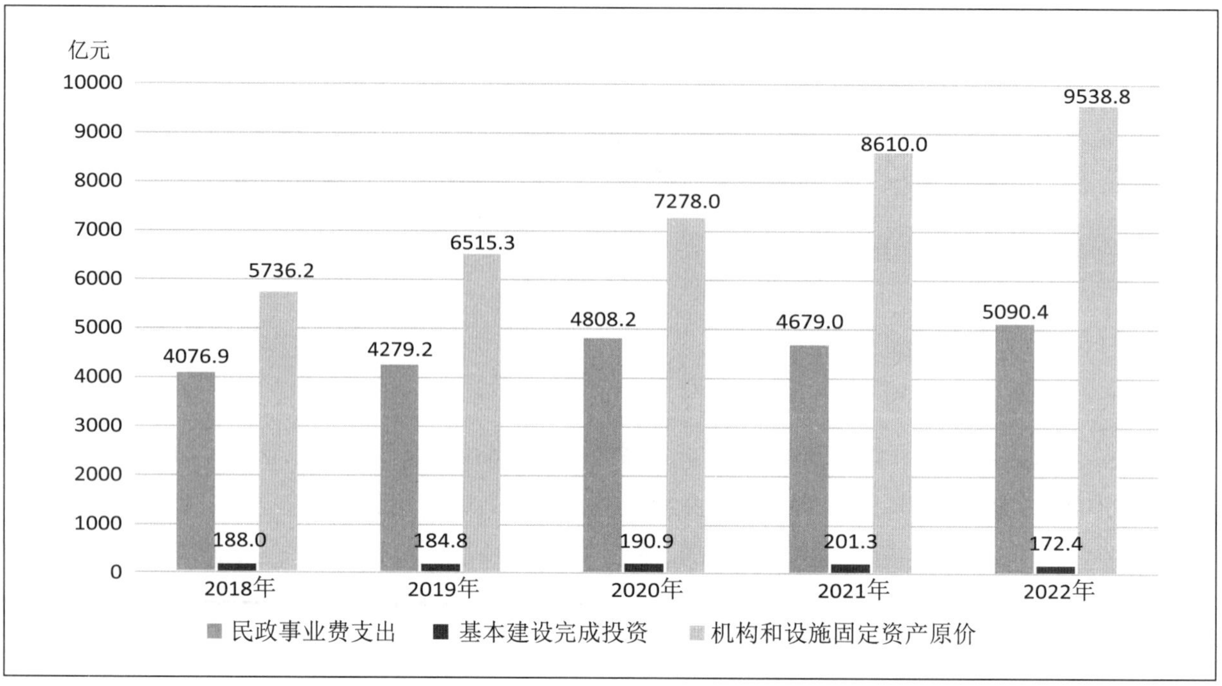

图2 2018—2022年民政事业发展总体情况

二、行政区划

截至2022年底，全国共有省级行政区划单位34个，地级行政区划单位333个，县级行政区划单位2843个，乡级行政区划单位38602个。2022年共联合检查省界13条，完成了总长度约14450公里的省界联检任务。

表1 2022年行政区划情况

单位：个

指标	数量	指标	数量
省级	**34**	**地级**	**333**
直辖市	4	地级市	293
省（含台湾省）	23	地区	7
自治区	5	自治州	30
特别行政区	2	盟	3
县级	**2843**	**乡级**	**38602**
市辖区	977	镇	21389
县级市	394	乡	7116
县	1301	民族乡	957
自治县	117	苏木	153
旗	49	民族苏木	1
自治旗	3	街道	8984
林区	1	区公所	2
特区	1		

三、社会工作

（一）提供住宿的社会工作

截至2022年底，全国注册登记提供住宿的各类民政服务机构共计4.3万个，其中注册登记为事业单位的1.8万个，注册登记为民办非企业单位的1.8万个。机构内床位545.2万张，年末抚养人员229.9万人。

表2 2022年提供住宿的民政服务机构情况

指标	机构（个）	床位（万张）
合计	**43410**	**545.2**
养老机构	**40587**	**518.3**
社会福利院	1493	36.9
特困人员救助供养机构	16913	182.5
其他各类养老机构	22181	298.9
精神疾病服务机构	**142**	**7.2**
社会福利医院	142	7.2
儿童福利和救助保护机构	**925**	**10.1**
儿童福利机构	529	8.9
未成年人救助保护机构	396	1.2
其他提供住宿机构	**1756**	**9.5**
流浪乞讨人员救助管理机构	1573	8.1
其他提供住宿的机构	183	1.4

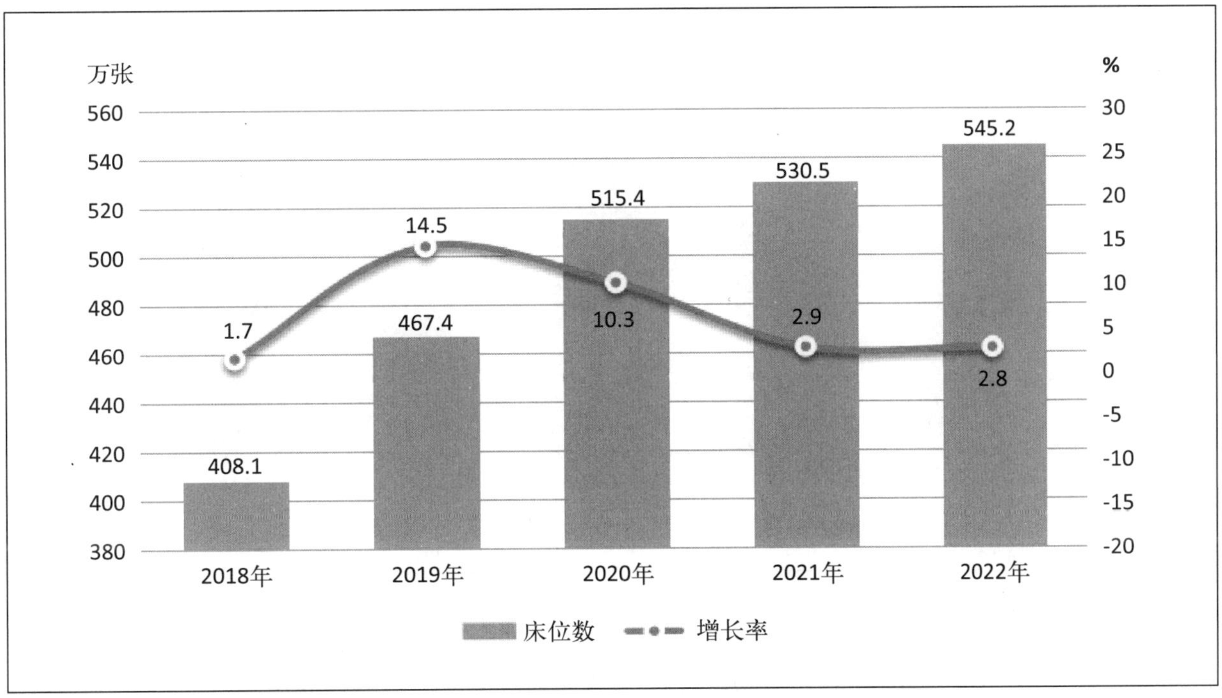

图3 2018—2022年提供住宿的民政服务机构床位情况

1.提供住宿的养老服务。截至2022年底，全国共有各类养老机构和设施38.7万个，养老床位合计829.4万张。其中：注册登记的养老机构4.1万个，比上年增长1.6%，床位518.3万张，比上年增长2.9%；社区养老服务机构和设施34.7万个，共有床位311.1万张。

2.提供住宿的精神卫生服务。截至2022年底，全国共有民政部门管理的精神卫生福利机构142个，床位7.2万张。

3.提供住宿的儿童福利和救助保护服务。截至2022年底，全国各类民政服务机构集中养育孤儿4.7万人，基本生活保障平均标准1802.3元/人·月。全国共有注册登记的儿童福利和救助保护服务机构925个，床位10.1万张，年末机构抚养4.2万人。其中儿童福利机构529个，床位8.9万张；未成年人救助保护机构396个，床位1.2万张，全年救助流浪乞讨未成年人0.9万人次。

4.其他提供住宿的服务。截至2022年底，全国共有其他提供住宿的民政服务机构1756个，床位9.5万张。其中流浪乞讨人员救助管理机构1573个，床位8.1万张，全年救助流浪乞讨人员75.1万人次。

（二）不提供住宿的社会工作

1.老年人福利。截至2022年底，全国60周岁及以上老年人口28004万人，占总人口的19.8%，其中65周岁及以上老年人口20978万人，占总人口的14.9%。截至2022年底，全国共有4143.0万老年人享受老年人补贴，其中享受高龄补贴的老年人3406.4万人，享受护理补贴的老年人94.4万人，享受养老服务补贴的老年人574.9万人，享受综合补贴的老年人67.4万人。全国共支出老年福利资金423.0亿元，养老服务资金170.1亿元。

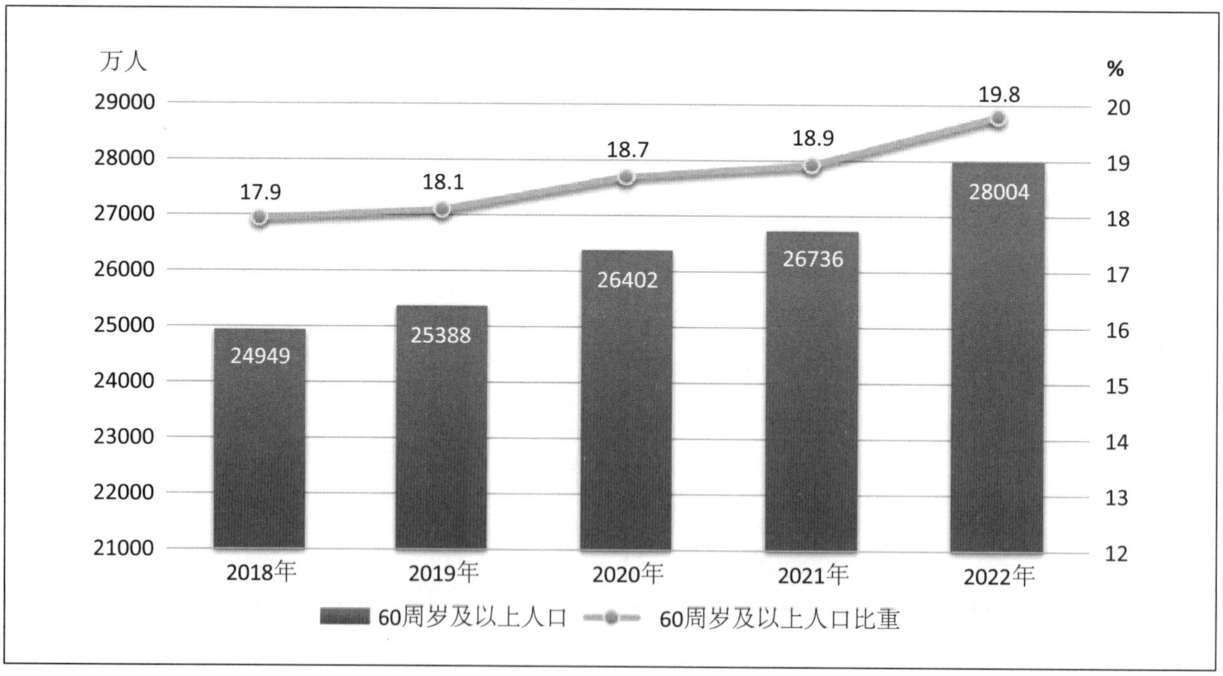

注：本图资料来源于国家统计局。

图4 2018—2022年60周岁及以上老年人口及其占全国总人口比重

2.儿童福利和收养登记。 截至2022年底，全国共有孤儿15.8万人，其中社会散居孤儿11.1万人，基本生活保障平均标准1364.7元/人·月。全年共支出儿童福利资金99.5亿元，其中孤儿基本生活保障资金31.4亿元，事实无人抚养儿童基本生活保障资金45.8亿元，其他儿童福利资金22.4亿元。截至2022年底，全国共有儿童督导员5.0万人，儿童主任65.1万人。

2022年，全国办理国内公民收养登记0.8万件。

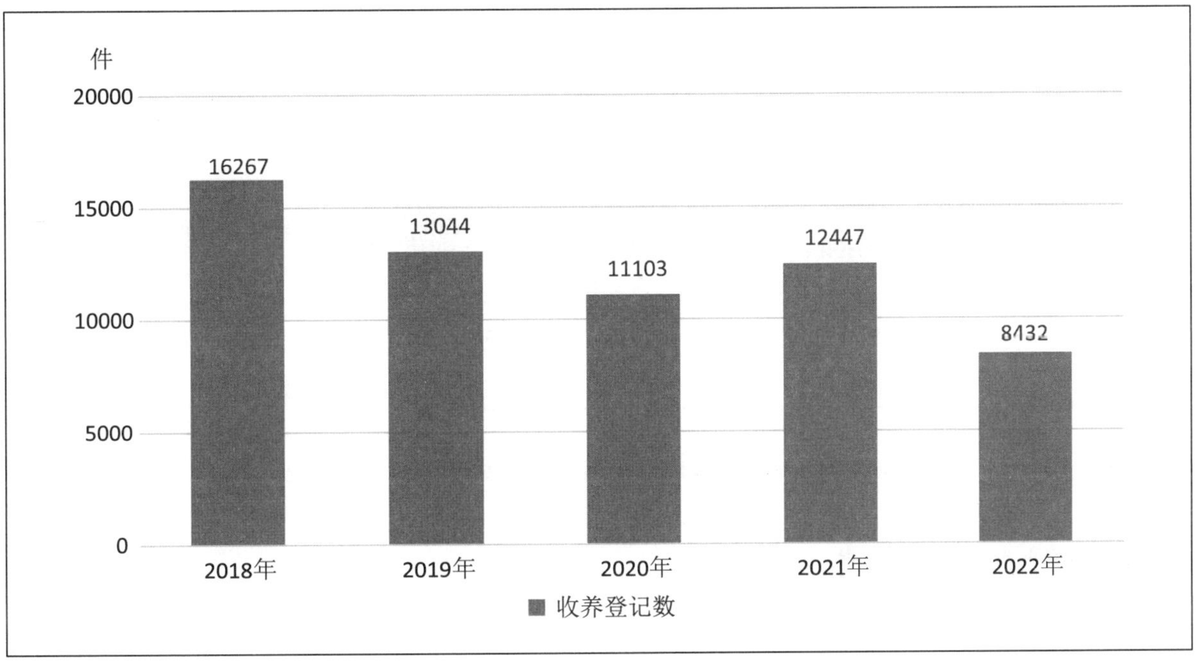

图5 2018—2022年国内公民收养登记情况

3.残疾人服务。 2022年，全国共有困难残疾人生活补贴对象1178.5万人，重度残疾人护理补贴对象1545.4万人。截至2022年底，民政部门直属康复辅具机构共有20个，职工0.1万人，固定资产原价13.7亿元。

4.社会救助。

最低生活保障。 截至2022年底，全国共有城市低保对象423.8万户、682.4万人。全国城市低保平均保障标准752.3元/人·月，比上年增长5.7%，全年支出城市低保资金483.3亿元；农村低保对象1896.7万户、3349.6万人。全国农村低保平均保障标准582.1元/人·月，比上年增长9.8%，全年支出农村低保资金1463.6亿元。

特困人员救助供养。 截至2022年底，全国共有农村特困人员434.5万人，全年支出农村特困人员救助供养资金477.1亿元；全国共有城市特困人员35.0万人，全年支出城市特困人员救助供养资金55.9亿元。

临时救助。 2022年全年共实施临时救助1100.1万人次，其中救助非本地户籍对象26.2万人次。全年支出临时救助资金120.0亿元，平均救助水平1090.5元/人次。

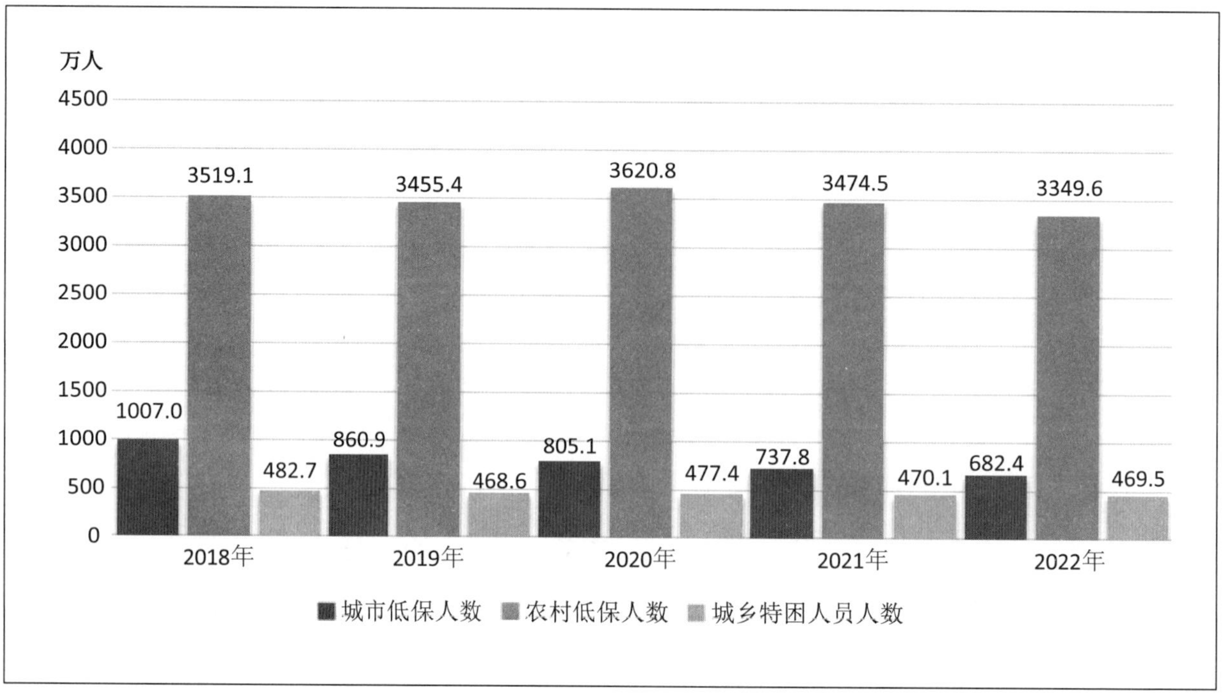

图6 2018—2022年城乡低保对象、城乡特困人员情况

5.慈善事业和专业社会工作。

慈善事业。截至2022年底，全国共有经常性社会捐赠工作站、点和慈善超市1.5万个（其中：慈善超市3680个）。全国社会组织捐赠收入1085.3亿元。截至2022年底，全国备案慈善信托948单，慈善信托合同规模44.0亿元。

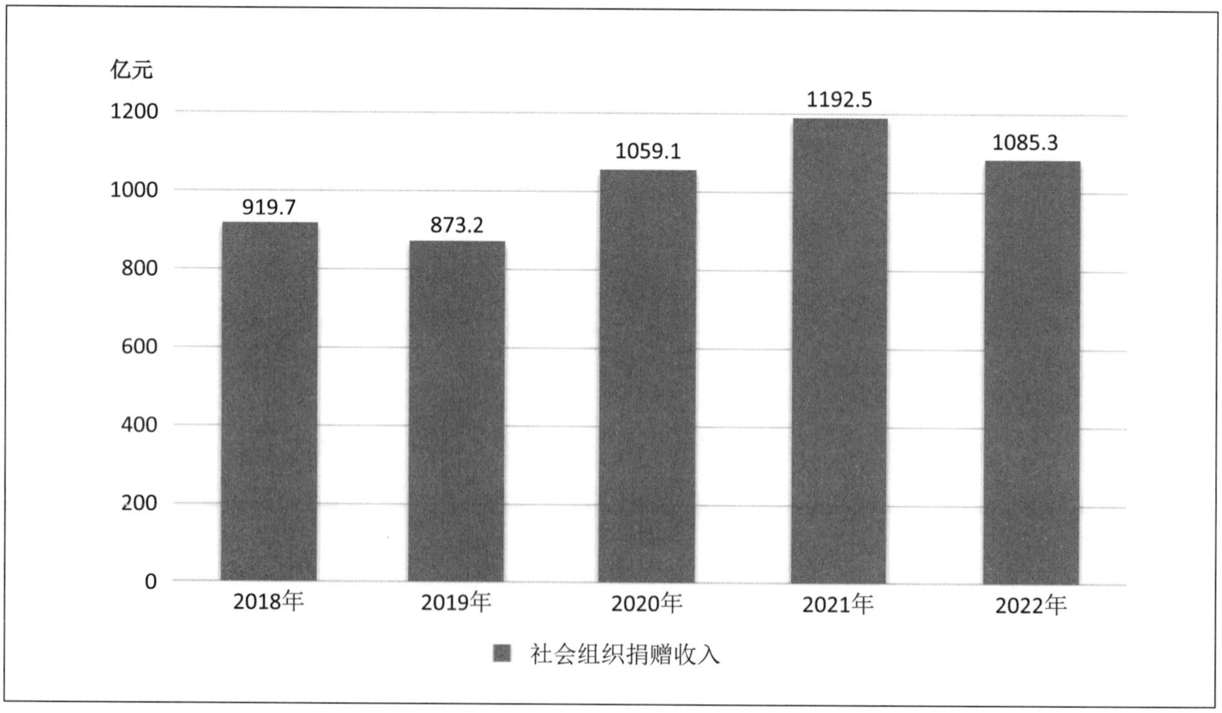

图7 2018—2022年社会组织捐赠收入情况

专业社会工作。2022年，全国共有16.5万人通过助理社会工作师考试，2.8万人通过社会工作师考试。截至2022年底，全国持证社会工作者共计93.1万人，其中助理社会工作师72.5万人，社会工作师20.4万人。

福利彩票。2022年，福利彩票销售1481.3亿元，比上年增加58.8亿元，增长4.1%。全年筹集彩票公益金461.0亿元，比上年增长3.9%。民政系统共支出彩票公益金212.9亿元，比上年增长8.2%，其中用于社会福利158.2亿元，用于社会救助4.3亿元。

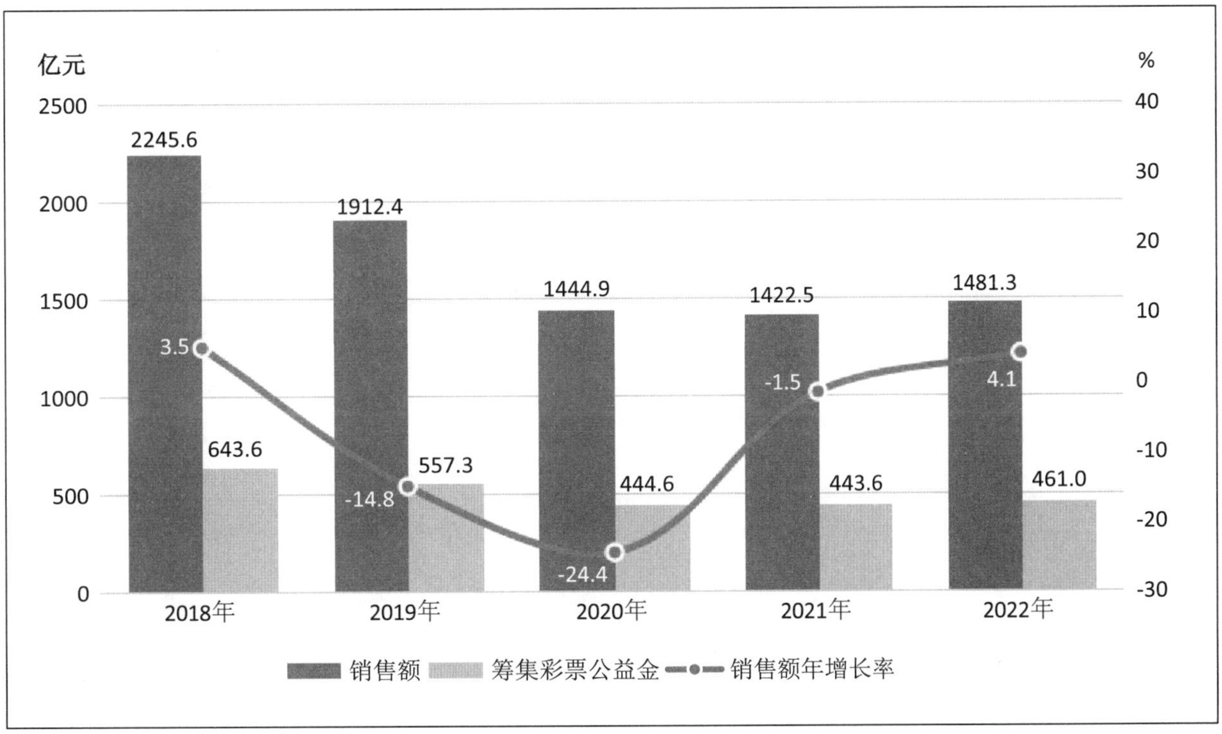

图8 2018—2022年福利彩票销售额、增长率及筹集公益金情况

6.社区服务。

截至2022年底，全国共有社区综合服务机构和设施59.1万个，社区养老服务机构和设施34.7万个。城市社区综合服务设施覆盖率100%，农村社区综合服务设施覆盖率84.6%。

表3 2022年社区服务机构和设施情况

指标	单位	合计	城市	农村
社区综合服务机构和设施	**万个**	**59.1**	**16.4**	**42.6**
社区服务中心	万个	3.0	1.6	1.3
社区服务站	万个	51.3	11.2	40.1
社区专项服务机构和设施	万个	4.8	3.6	1.2
社区养老服务机构和设施	**万个**	34.7	11.5	23.2

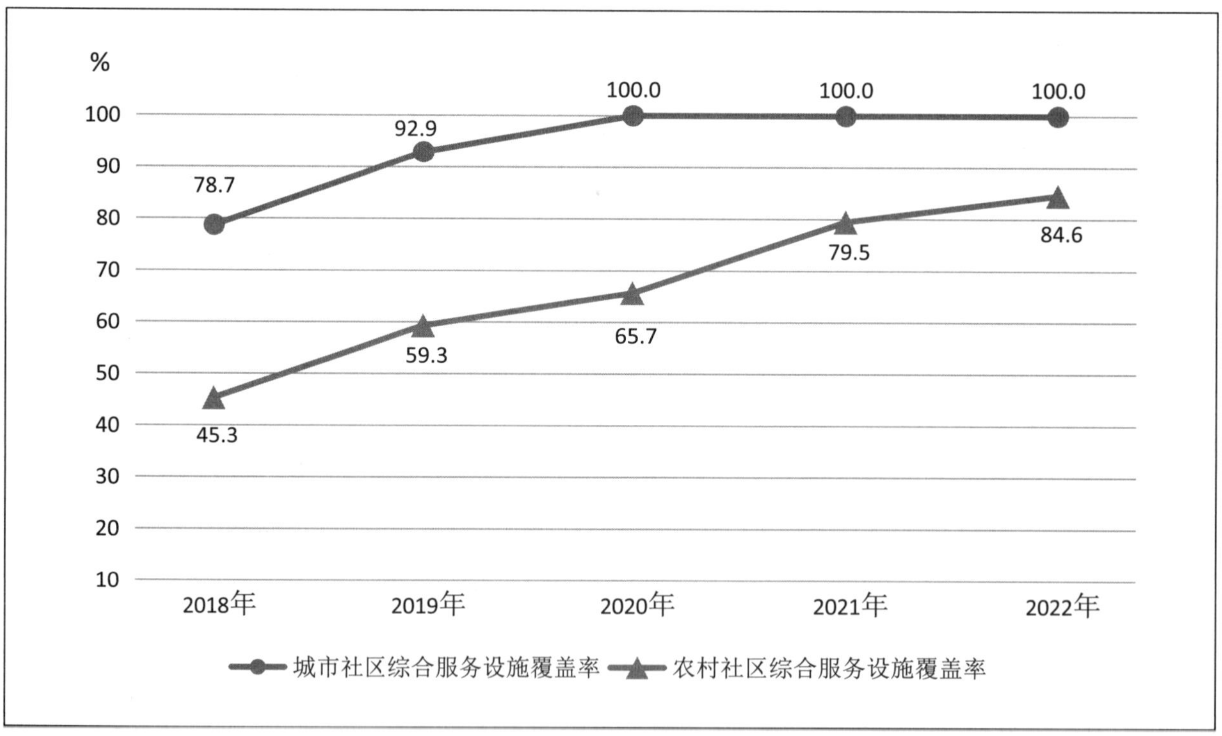

图9 2018—2022年城、乡社区综合服务设施覆盖率

四、成员组织和其他社会服务

（一）成员组织

1.**社会组织**。截至2022年底，全国共有社会组织89.1万个，比上年下降1.2%；吸纳社会各类人员就业1108.3万人，比上年增长0.8%。全年共查处社会组织违法违规案件9787起，行政处罚9578起。

表4 2022年社会组织按登记机关分类

单位：个

指标	社会团体	基金会	民办非企业单位
合计	**370093**	**9319**	**511855**
民政部登记	1995	215	92
省级民政部门登记	32210	6177	15153
市级民政部门登记	90761	1990	63550
县级民政部门登记	245127	937	433060

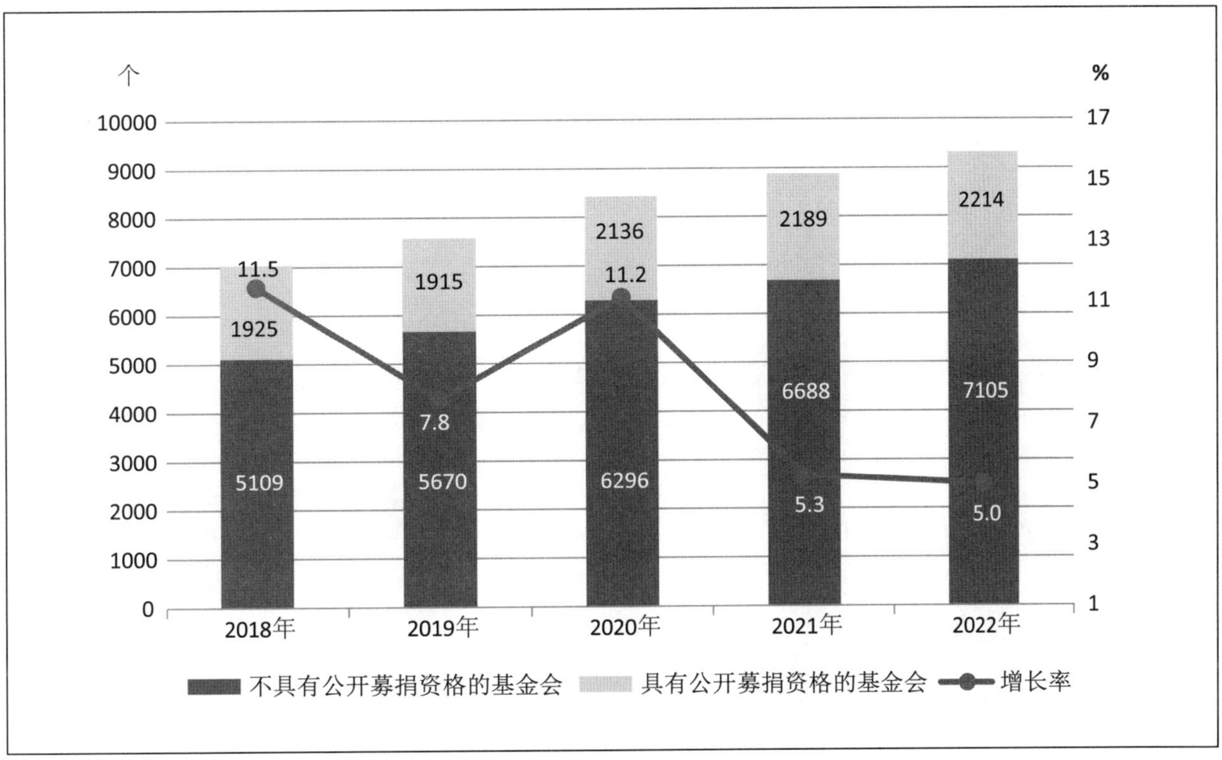

图10 2018—2022年基金会情况

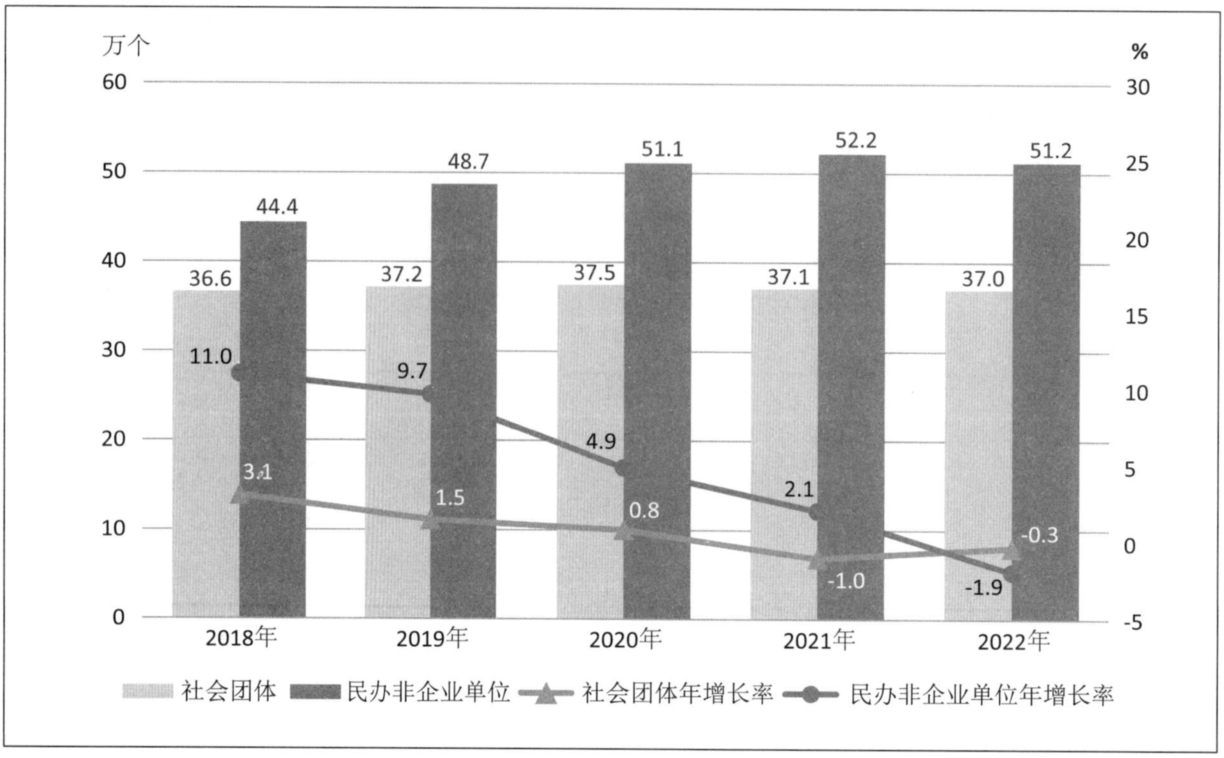

图11 2018—2022年社会团体、民办非企业单位情况

2.自治组织。截至2022年底，全国基层群众性自治组织共计60.7万个，其中：村委会48.9万个，村民小组392.9万个，村委会成员215.4万人；居委会11.8万个，居民小组133.1万个，居委会成员66.3万人。全年共有4.8万个村（居）委会完成选举。

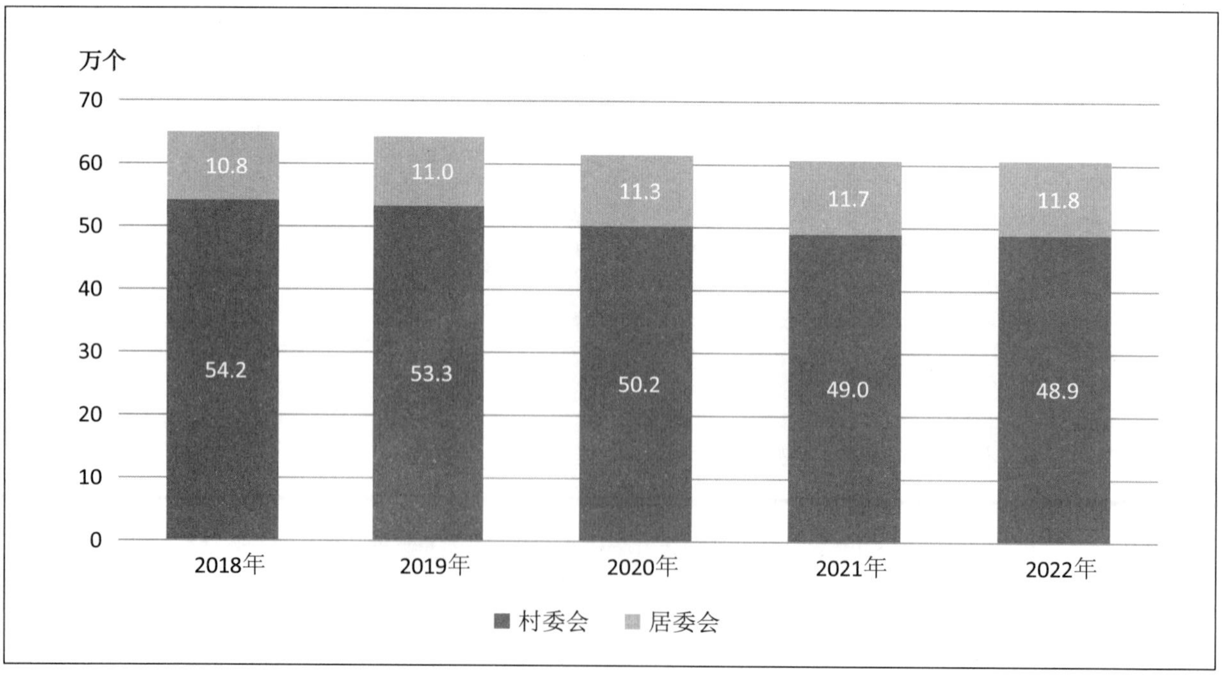

图12 2018—2022年基层群众性自治组织情况

（二）其他社会服务

1.婚姻登记服务。2022年，全国婚姻登记机构和场所共计4310个，其中婚姻登记机构1103个，全年依法办理结婚登记683.5万对，比上年下降10.6%。结婚率为4.8‰，比上年下降0.6个千分点。依法办理离婚手续287.9万对，比上年增长1.4%，其中：民政部门登记离婚210.0万对，法院判决、调解离婚77.9万对。离婚率为2.0‰。

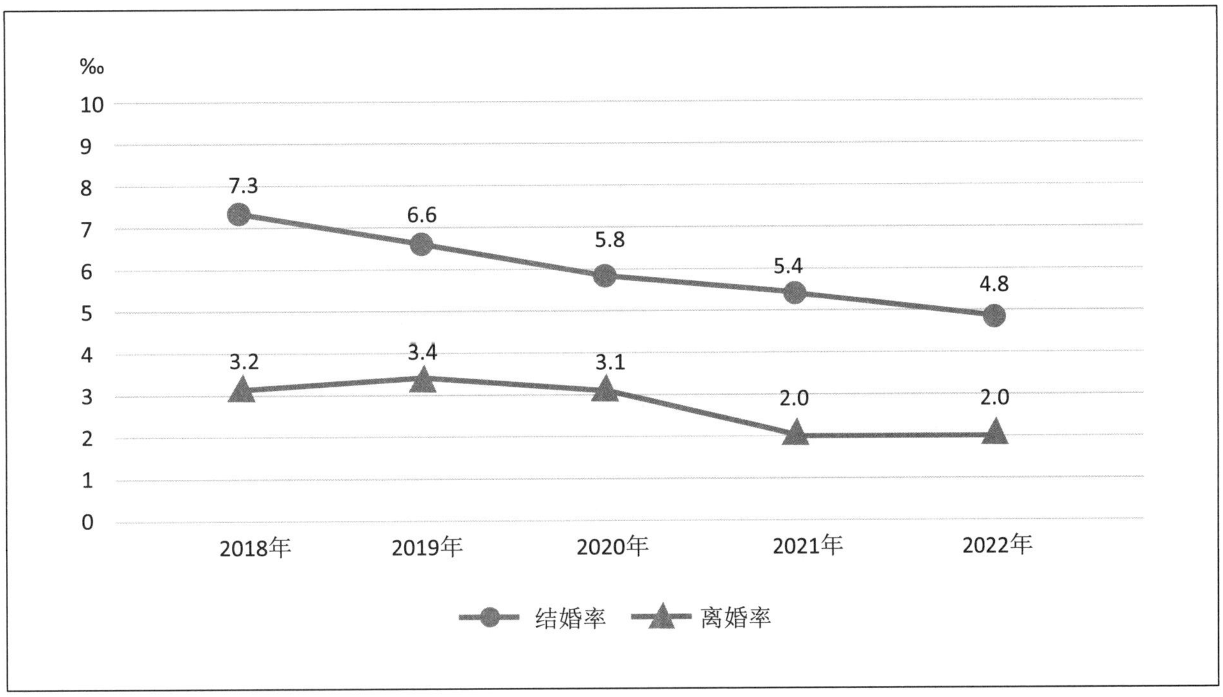

图13 2018—2022年结婚率和离婚率

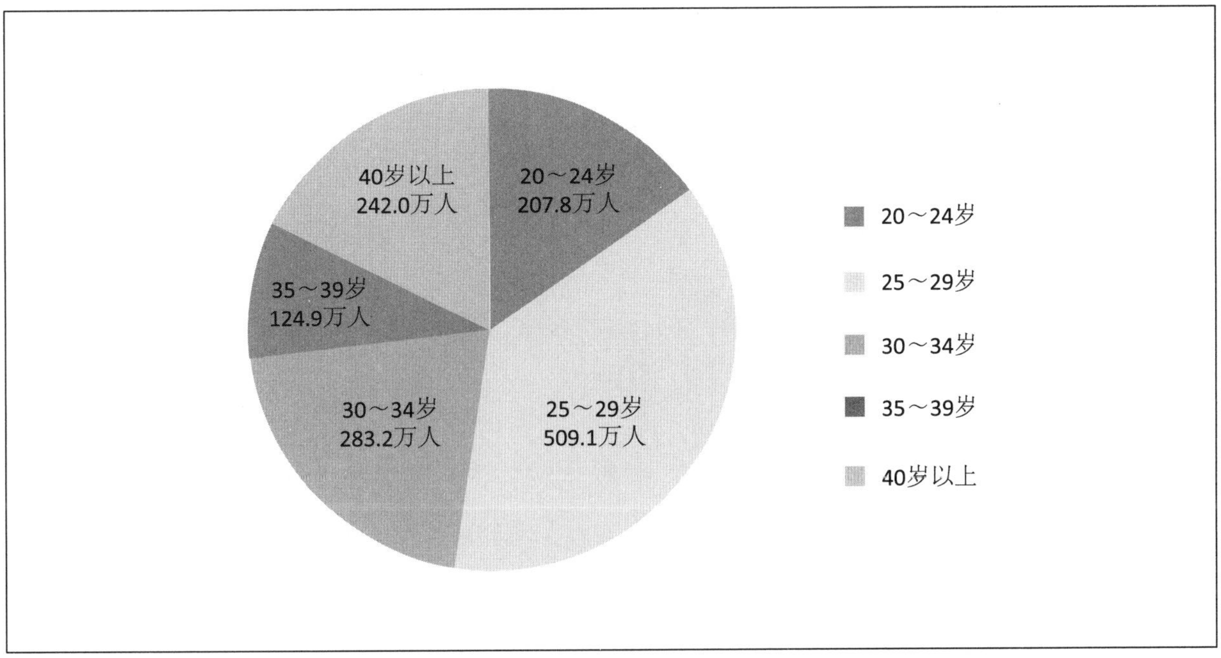

图14 2022年结婚登记人口年龄分布情况

2.殡葬服务。截至2022年底，全国共有殡葬服务机构4474个，其中殡仪馆1778个，殡葬管理机构815个，民政部门管理的公墓1761个。殡葬服务机构职工9.1万人，其中殡仪馆职工4.9万人。火化炉7293台。

注释：

1.本资料中民政对象人数和机构数为当年实际数和注册登记的法定机构数。

2.本资料部分数据因四舍五入产生误差，存在分项数据与合计数据不等情况，未作机械调整。

3.除省级行政区划数以外，各项统计数据均未包括香港特别行政区、澳门特别行政区和台湾省。

4.流浪乞讨人员救助包含“寒冬送温暖”专项救助数据。

5.社会组织捐赠收入数据使用的是2022年完成年检社会组织的相关数据。

6.离婚登记服务中法院判决、调解离婚数据来源于最高人民法院。结（离）婚率计算公式为：当年结（离）婚对数/当年平均总人口数×1000‰。

7.全国财政支出、人口等相关数据来源于国家统计局。

8.2018年机构改革后，相关数据扣除了转隶的职能部分。

Statistical Report on the Development of Civil Affairs in 2022

In 2022, civil affairs departments at all levels thoroughly studied and implemented Xi Jinping Thought on Socialism with Chinese Characteristics for a New Era, conscientiously implemented the decisions and plans of the CPC Central Committee and the State Council, deeply comprehended the decisive significance of the "Two Affirmations", strengthened the commitment to the "Four Consciousnesses", the "Four-sphere Confidence", and the "Two Upholds", grounded work in the new stage of development, fully and faithfully applied the new development philosophy, helped move faster to create a new pattern of development, deepened reform and innovation, fulfilled duties in guaranteeing people's basic living, grassroots social governance and basic social services, and further promoted the high-quality development of civil affairs.

I.Overview

By the end of 2022, there were 2.50 million institutions and facilities registered with or administered by civil affairs departments nationwide, with 17.81 million employees and 953.88 billion yuan worth of fixed assets (original value). The number of beds in civil affairs service institutions and facilities totaled 8.56 million, with 6.1 beds serving every 1,000 people. Civil affairs facility construction projects covered an area of 21.56 million square meters, and 17.24 billion yuan of investment was accomplished throughout the year. Total expenditure on civil affairs nationwide amounted to 509.04 billion yuan, accounting for 2.0% of the national fiscal expenditure of the year. Of all the civil affairs expenditures, 168.73 billion yuan was transferred payment made by the central government to local governments, accounting for 33.1% of the total expenditure on civil affairs of the year.

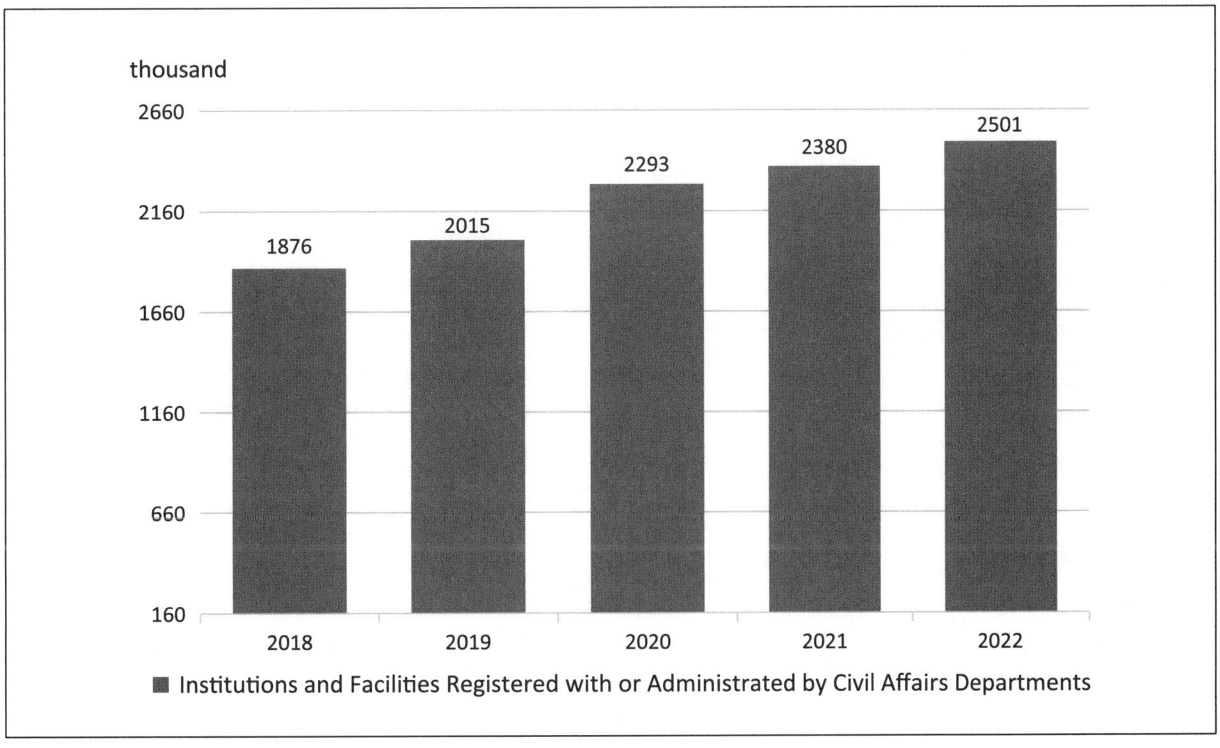

Figure 1 Institutions and Facilities Registered with or Administrated by Civil Affairs Departments, 2018–2022

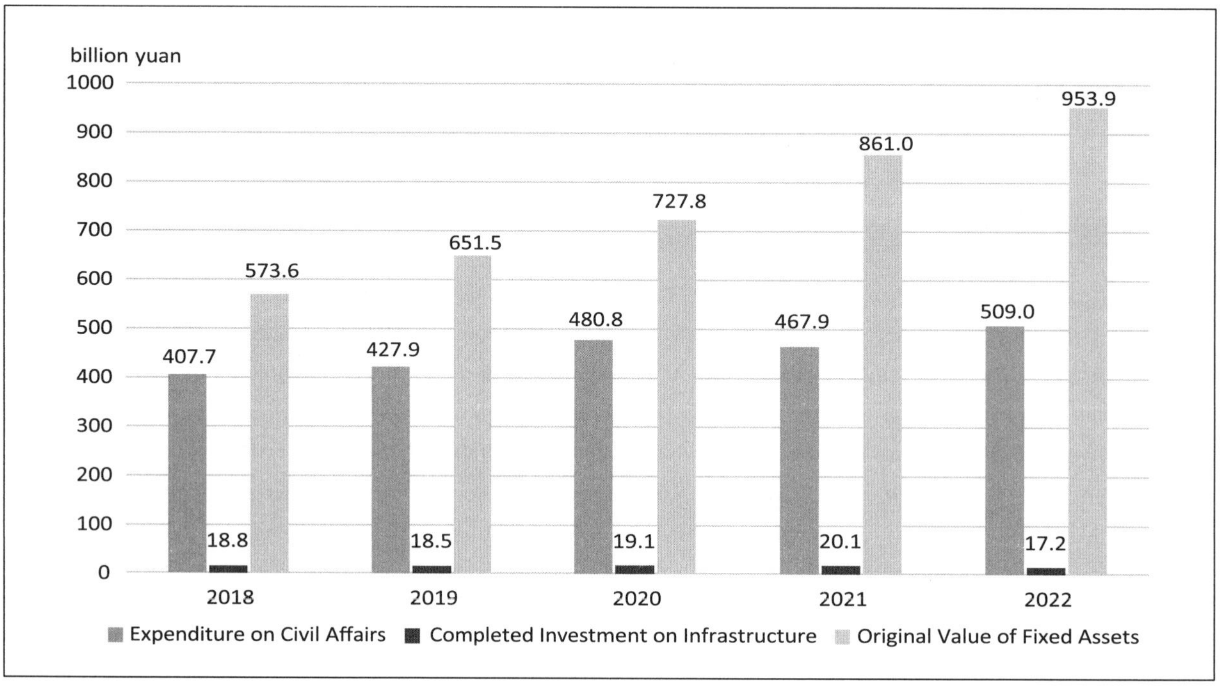

Figure 2 Overview of Civil Affairs Development, 2018–2022

II.Administrative Divisions

By the end of 2022, there were in total 34 provincial-level administrative divisions, 333 prefecture-level administrative divisions, 2,843 county-level administrative divisions and 38,602 township-level administrative divisions nationwide. In 2022, 13 provincial boundaries of approximately 14,450 kilometers were jointly inspected.

Table 1 Administrative Divisions in 2022

Indicators	Number	Indicators	Number
Provincial-level	**34**	**Prefecture-level**	**333**
Municipality Directly Under the Central Government	4	Prefecture-level City	293
Province (Taiwan Province included)	23	Prefecture	7
Autonomous Region	5	Autonomous Prefecture	30
Special Administrative Region	2	League	3
County-level	**2843**	**Township-level**	**38602**
Municipal District	977	Town	21389
County-level City	394	Township	7116
County	1301	Ethnic Township	957
Autonomous County	117	Sumu	153
Banner	49	Ethnic Sumu	1
Autonomous Banner	3	Sub-district Office	8984
Forestry District	1	District Public Office	2
Special District	1		

III.Social Work

1.Social Work with Accommodation

By the end of 2022, there were 43 thousand registered civil affairs service institutions that provided accommodation throughout the country, among which 18 thousand were registered as public institutions, and 18 thousand were registered as private non-enterprise units. 5.45 million beds were offered in these institutions which accommodated 2.30 million people in total.

Table 2 Civil Service Institutions that Provided Accommodation in 2022

Indicators	Number of Institutions	Number of Beds (*10000)
Total	**43410**	**545.2**
Elderly care institutions	**40587**	**518.3**
Social welfare institutions	1493	36.9
Assistance and support institutions for people in extreme difficulty	16913	182.5
Other kinds of elderly care institutions	22181	298.9
Mental illness service institutions	**142**	**7.2**
Social welfare hospitals	142	7.2
Child welfare and assistance institutions	**925**	**10.1**
Child welfare institutions	529	8.9
Assistance and protection centers for the minors	396	1.2
Other institutions providing accommodation	**1756**	**9.5**
Relief and management agency for vagrants and beggars	1573	8.1
Other institutions providing accommodation	183	1.4

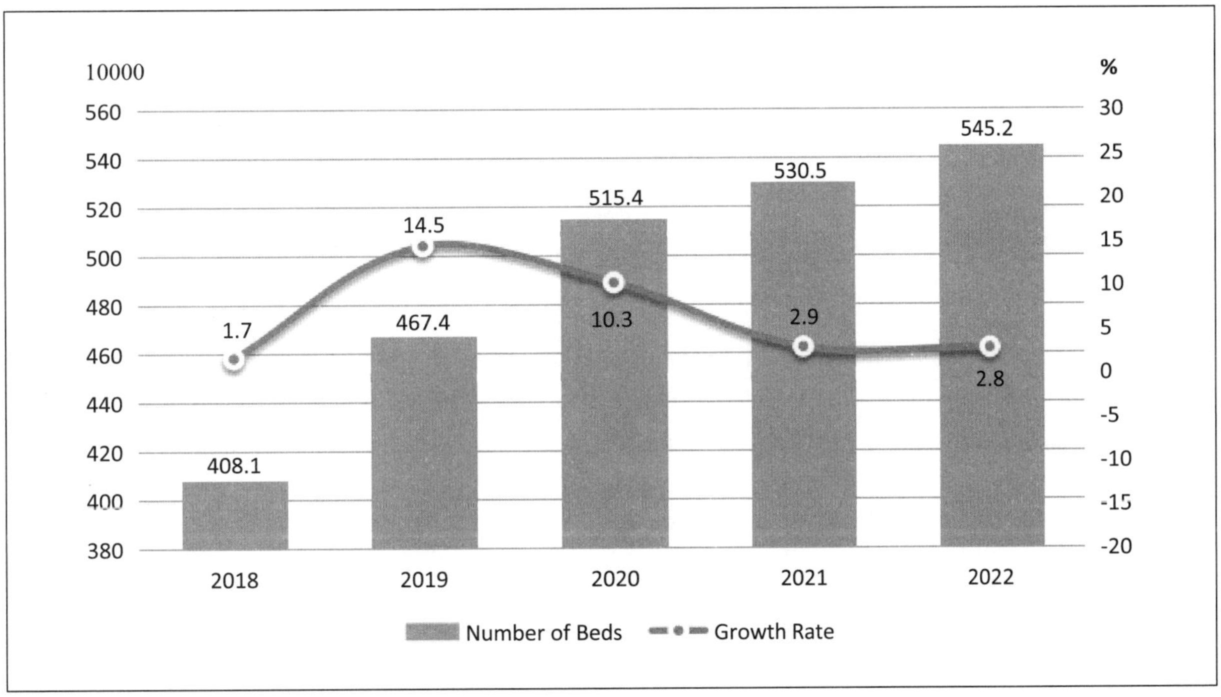

Figure 3 Number of Beds in Civil Affairs Service Institutions, 2018–2022

(1) Elderly Care Services with Accommodation

By the end of 2022, elderly care institutions and facilities of various kinds nationwide totaled 387 thousand, providing 8.29 million beds. Among them, 41 thousand were registered elderly care institutions, an increase of 1.6%, and the number of their beds totaled 5.18 million, an increase of 2.9% over the previous year. 347 thousand were community-based elderly care institutions and facilities, with 3.11 million elderly care beds.

(2) Mental Illness Services with Accommodation

By the end of 2022, there were 142 mental health welfare institutions administered by civil affairs departments, with 72 thousand beds.

(3) Child Welfare, Assistance and Protection Services with Accommodation

By the end of 2022, there were 47 thousand orphans raised in all kinds of civil affairs service institutions, with an average standard of basic living allowance of 1,802.3 yuan/person/month. There were 925 registered institutions for child welfare, assistance and protection, with 101 thousand beds. 42 thousand children were accommodated and supported at these institutions. Among these institutions, 529 were child welfare institutions (with 89 thousand beds), and 396 were assistance and protection centers for the minors (with 12 thousand beds). In 2022, 9 thousand (person-times) homeless minors received assistance from these institutions.

(4) Other Types of Services with Accommodation

By the end of 2022, there were 1,756 other types of civil affairs service institutions providing accommodation with 95 thousand beds. Among them, 1,573 were relif and management institutions for vagrants and beggars, with 81 thousand beds. 751 thousand (person-times) vagrants and beggars received assistance during the year.

2. Social Work without Accommodation

(1) Elderly Welfare

By the end of 2022, there were in total 280.04 million elderly people aged 60 or above, accounting for 19.8% of the national population. 209.78 million aged 65 or above, accounting for 14.9% of the national population. A total of 41.43 million elderly people throughout the country were entitled to subsidies for the elderly, among which 34.06 million were entitled to the old age subsidy, 944 thousand were entitled to the nursing subsidy, 5.75 million received the elderly care service subsidy, and 674 thousand received comprehensive old-age allowances. A total of 42.30 billion yuan was spent on welfare for the elderly, and 17.01 billion was spent on old-age services.

(2) Child Welfare and Adoption Registration

By the end of 2022, there were 158 thousand orphans throughout the country, among whom 111 thousand lived separately with an average standard of basic living allowance of 1364.7 yuan/person/month. In 2022, a total of 9.95 billion yuan was spent on child welfare, among which 3.14 billion yuan was used to ensure the basic livelihood of orphans, 4.58 billion yuan for de facto unsupported children, and 2.24 billion yuan for other child welfare. By the end of 2022, there have been 50 thousand child instructors in towns and 651 thousand child tutors in villages.

In 2022, 8 thousand domestic child adoption cases were registered nationwide.

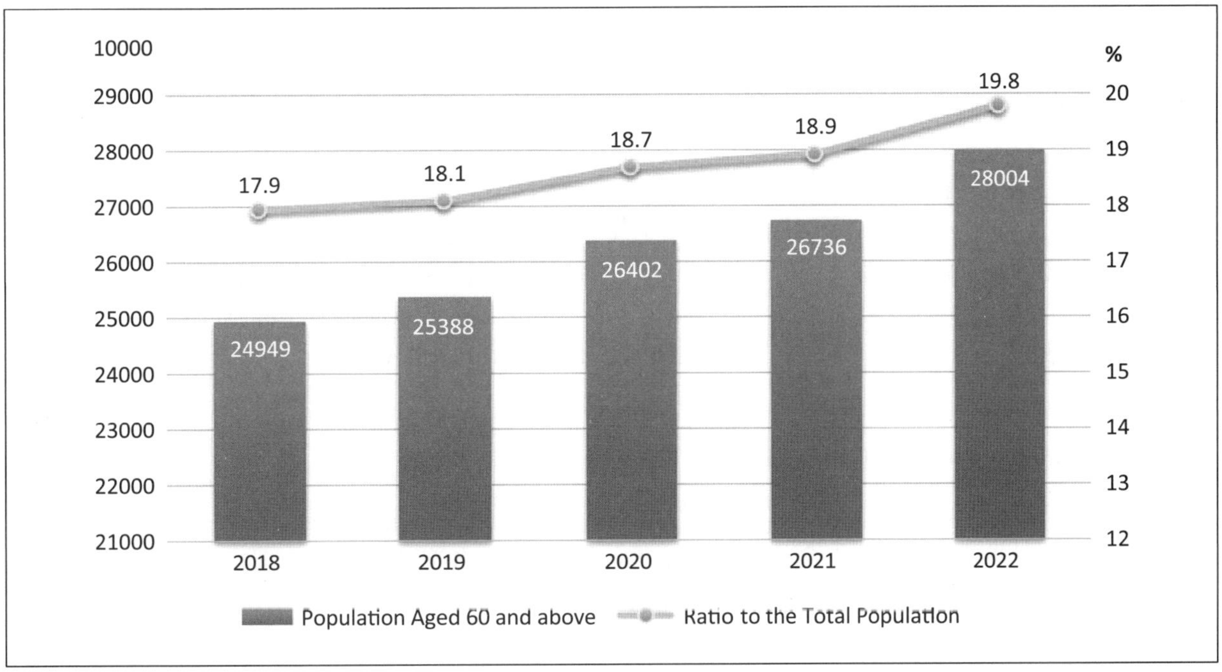

Source: National Bureau of Statistics

Figure 4 Population Aged 60 and Above and Its Ratio, 2018–2022

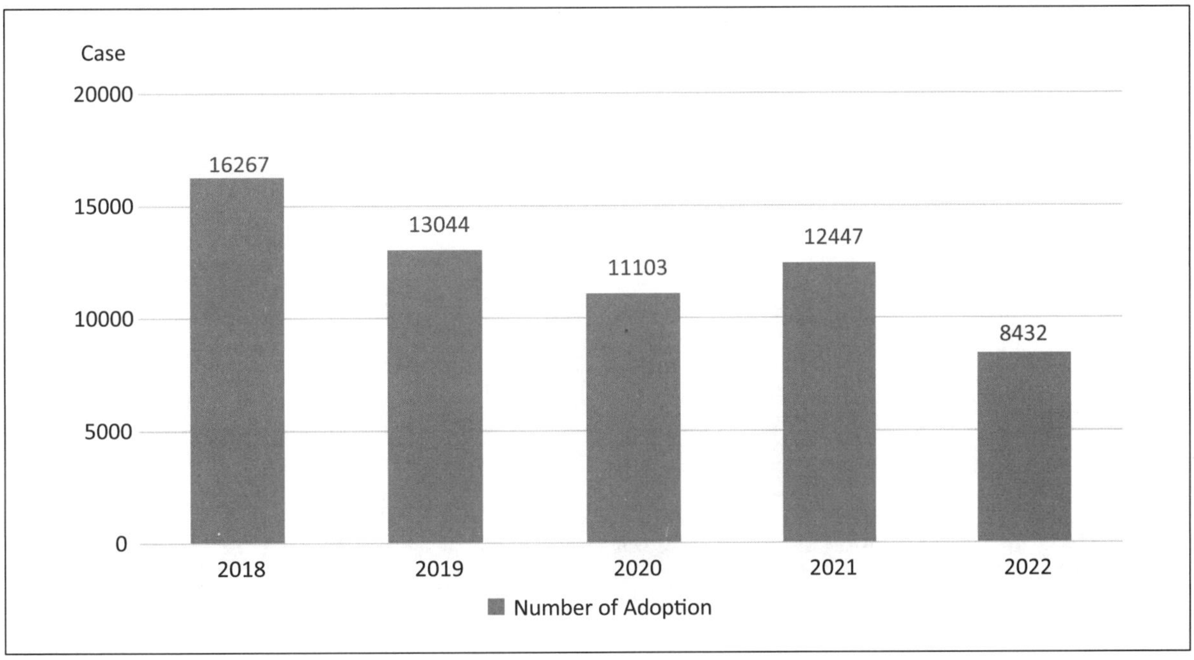

Figure 5 Adoption Registration, 2018–2022

(3) Services for People with Disabilities

In 2022, 11.79 million people with disabilities and difficulties were eligible for living allowances; and 15.45 million people with serious disabilities were eligible for nursing care subsidies nationwide. By the end of 2022, there were 20 institutions for rehabilitation assistive devices directly affiliated to civil affairs departments, with one thousand staff and 1.37 billion yuan worth of fixed assets.

(4) Social Assistance

Subsistence Allowance

By the end of 2022, there were 4.24 million households (6.82 million people) in urban areas receiving subsistence allowance. The national average standard for subsistence allowance in urban areas was 752.3 yuan/person/month, up by 5.7% over the previous year. The annual expenditure on subsistence allowance in urban areas reached 48.33 billion yuan. There were 18.97 million households (33.50 million people) in rural areas receiving subsistence allowance. The national standard for subsistence allowance in rural areas averaged 582.1 yuan/person/month, up by 9.8%. The annual expenditure on subsistence allowance in rural areas reached 146.36 billion yuan.

Assistance and Support for People Living in Extreme Difficulty

By the end of 2022, the number of people living in extreme difficulty in rural areas was 4.35 million, with the annual expenditure on assistance and support for them being 47.71 billion yuan. The number of people living in extreme difficulty in urban areas was 350 thousand, with the annual expenditure on them being 5.59 billion yuan.

Temporary Assistance

In 2022, 11.00 million people in total received temporary assistance, among whom 262 thousand did not have local household registration. Annual expenditure on temporary assistance reached 12.00 billion yuan, with an average of 1090.5 yuan every person/time.

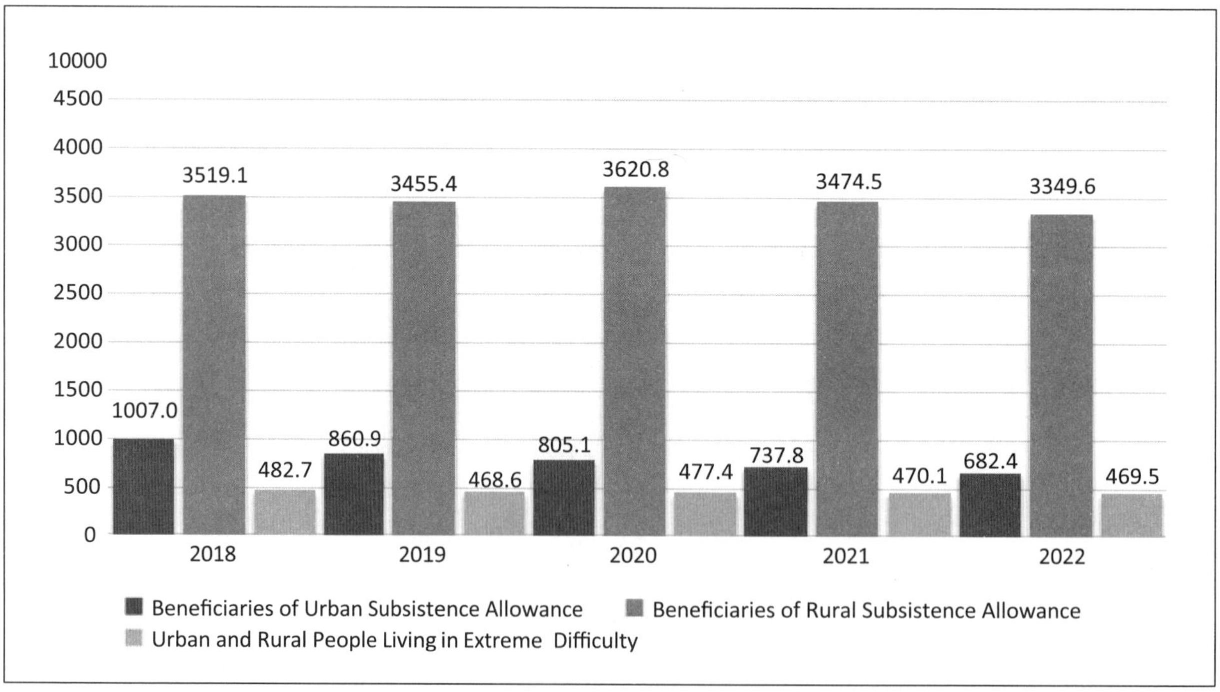

Figure 6 Subsistence Allowance, Assistance and Support for People Living in Extreme Difficulty, 2018–2022

(5) Charity and Professional Social Work

Charity

By the end of 2022, the number of fixed social donation stations, donation points and charity supermarkets was 15 thousand (including 3680 charity supermarkets). The donation received by social organizations nationwide was 108.53 billion yuan. There were 948 registered charitable trusts nationwide, with a total charity contracts of 4.40 billion yuan.

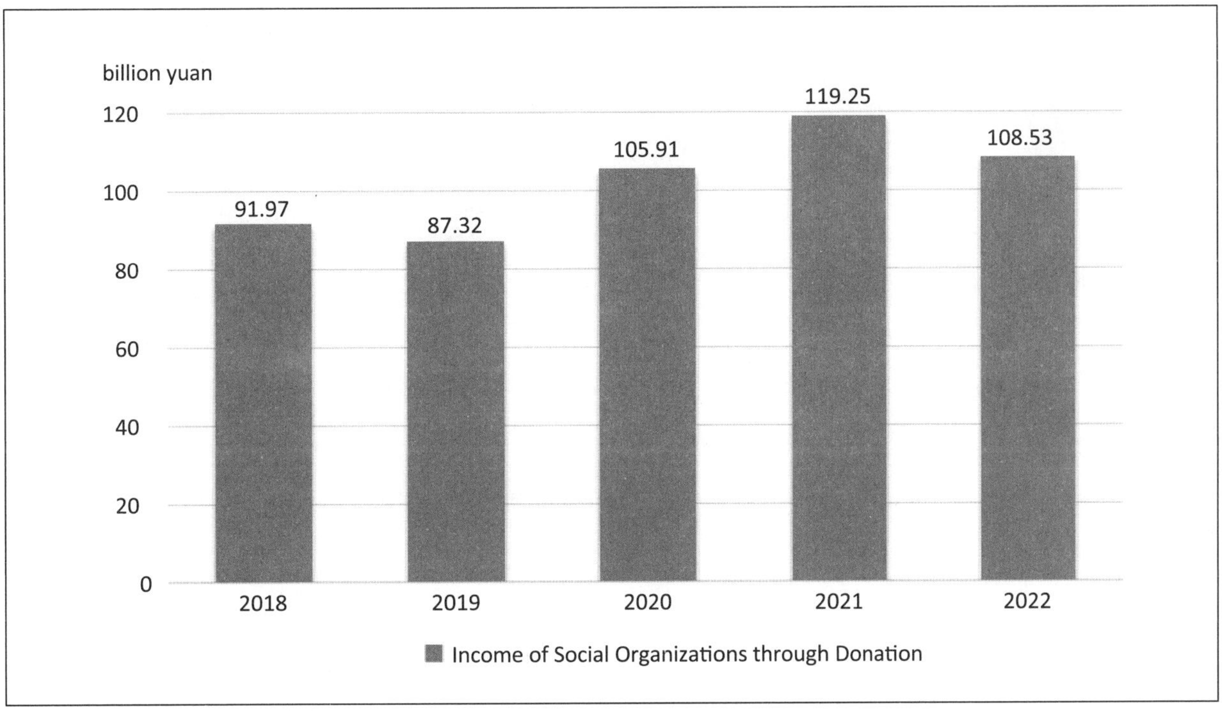

Figure 7 Income of Social Organizations through Donation, 2018–2022

Professional Social Work

In 2022, a total of 165 thousand people around the country passed the exam for assistant social workers and 28 thousand passed the exam for social workers. By the end of 2022, there were 931 thousand certified social workers in the country, including 725 thousand assistant social workers and 204 thousand social workers.

Welfare Lottery

In 2022, China's welfare lottery sales reached 148.13 billion yuan, an increase of 4.1% (5.88 billion yuan) over the previous year. The public welfare fund collected from the welfare lottery was 46.10 billion yuan in 2022, an increase of 3.9% over the previous year. The civil affairs departments spent 21.29 billion yuan of the fund (15.82 billion yuan for social welfare, 0.43 billion yuan for social assistance) in 2022, an increase of 8.2% over the previous year.

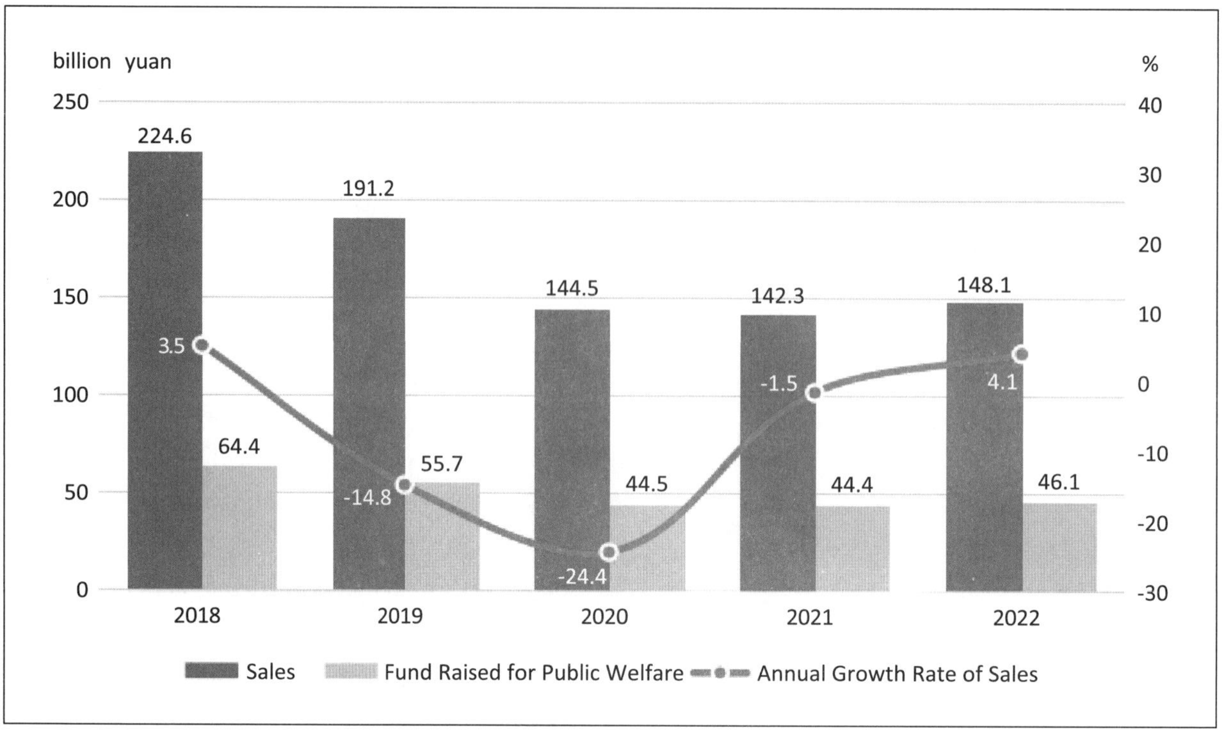

Figure 8 Sales of Welfare Lottery, Its Growth Rate and the Public Welfare Fund Raised, 2018–2022

(6) Community Services

By the end of 2022, there were 591 thousand comprehensive community service institutions and facilities nationwide, and 347 thousand community elderly care service institutions and facilities. The coverage rate of comprehensive service facilities in urban communities was 100%, and the rate was 84.6% in rural communities.

Table 3 Community Service Institutions and Facilities of 2022

Indicators	Unit	Total	Urban	Rural
Comprehensive community service institutions and facilities	**1000**	**591**	**164**	**426**
Community service centers	1000	30	16	13
Community service stations	1000	513	112	401
Community special service institutions and facilities	1000	48	36	12
Community elderly care service institutions and facilities	**1000**	**347**	**115**	**232**

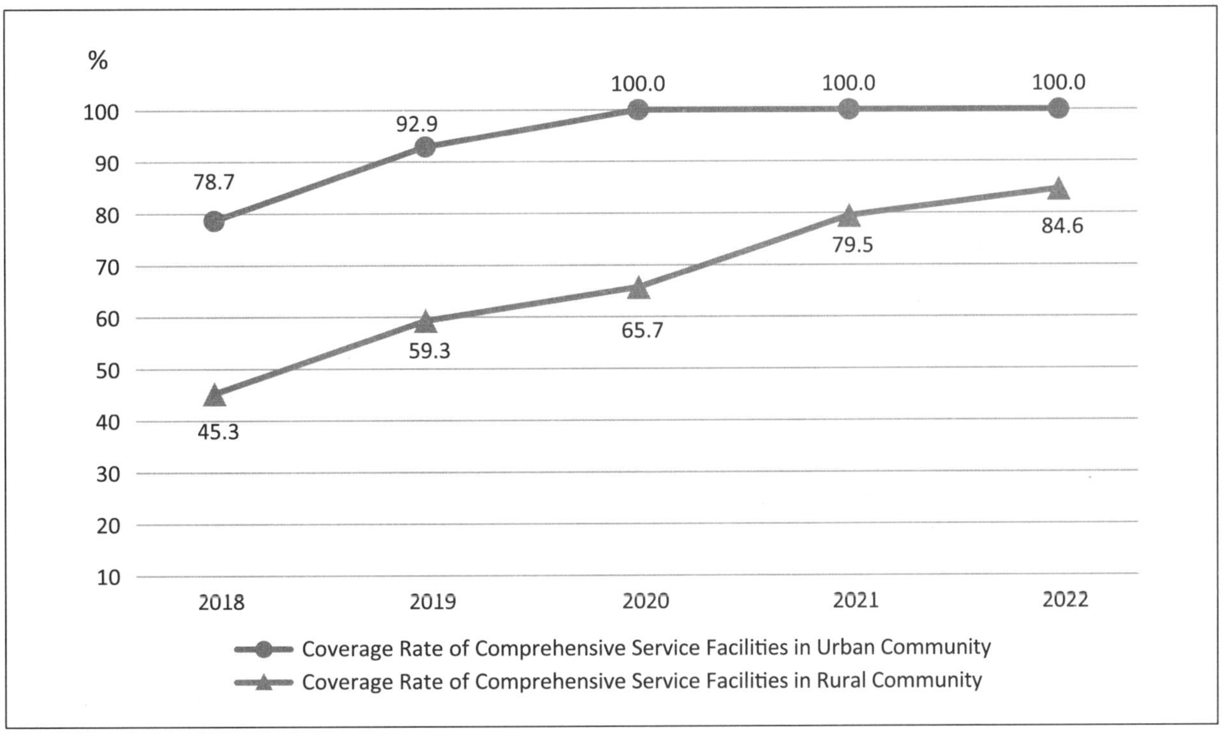

Figure 9 Coverage Rate of Community Comprehensive Service Facilities, 2018–2022

IV. Membership Organizations and Other Social Services

1. Membership Organizations

(1) Social Organizations

By the end of 2022, there were 891 thousand social organizations nationwide, a decrease of 1.2% over the previous year. These social organizations created jobs for 11.08 million people, an increase of 0.8% over the previous year. In 2022, 9,787 cases of social organizations violating laws and regulations were investigated, with 9578 administrative penalties.

Table 4 Number of Social Organizations Registered with Civil Affairs Departments at Different Levels, 2022

Indicators	Social Groups	Foundations	Private Non-enterprise Units
Total	**370093**	**9319**	**511855**
Registered with the Ministry of Civil Affairs	1995	215	92
Registered with provincial civil affairs departments	32210	6177	15153
Registered with municipal civil affairs departments	90761	1990	63550
Registered with civil affairs departments at the county level	245127	937	433060

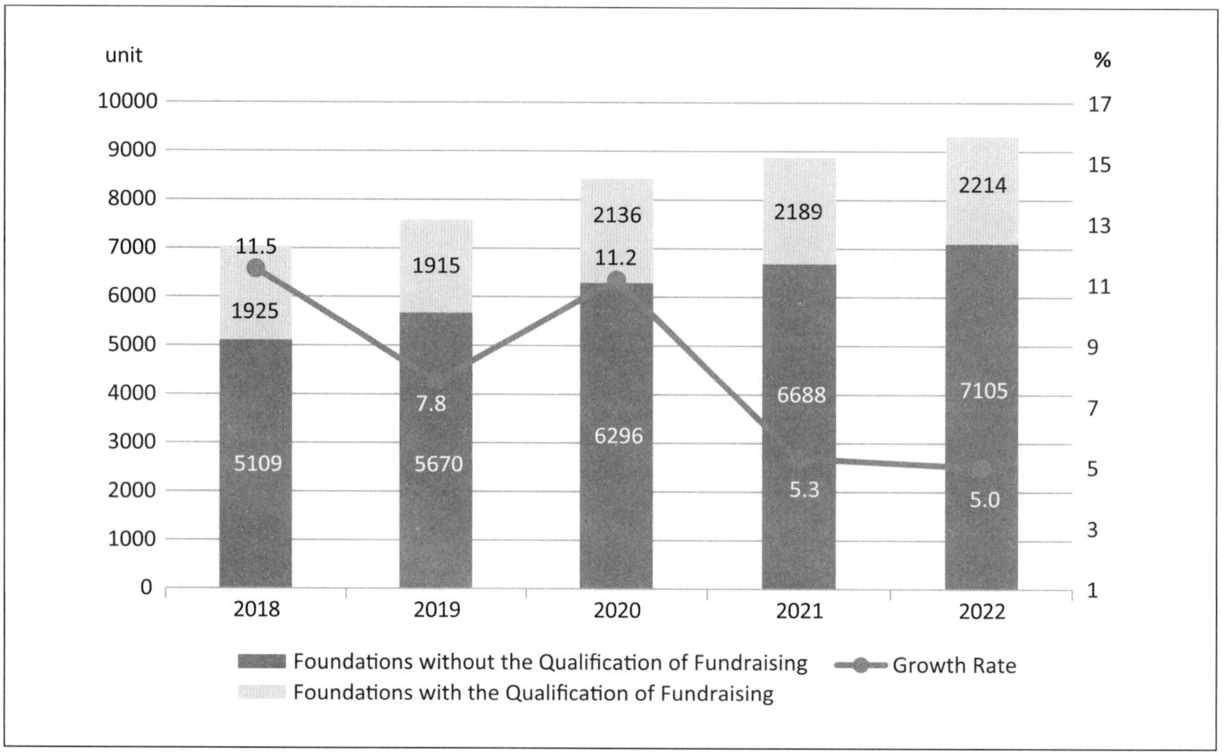

Figure 10 Number of Foundations, 2018–2022

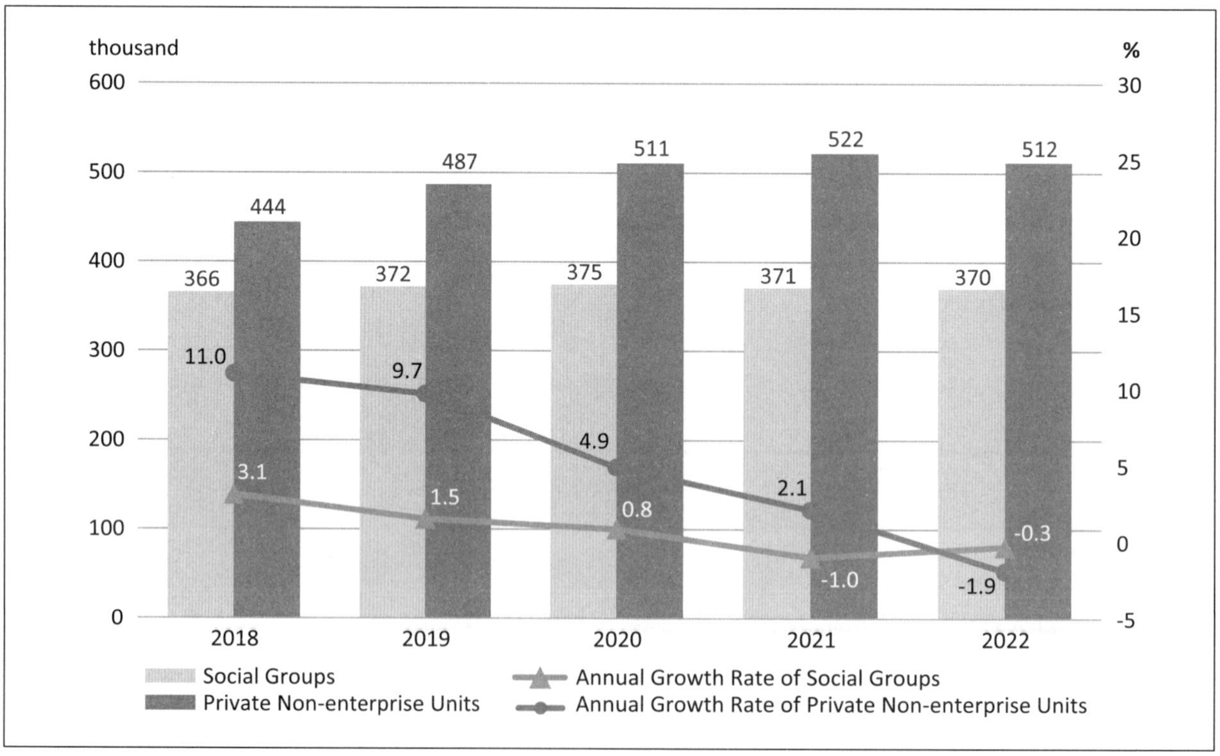

Figure 11 Number of Social Groups and Private Non-enterprise Units, 2018–2022

(2) Self-Governance Organizations

By the end of 2022, there were 607 thousand basic-level self-governance organizations. Among them, 489 thousand were village committees with 3.93 million village residents' groups and 2.15 million village committee members. And 118 thousand were urban neighborhood committees with 1.33 million urban residents' groups and 663 thousand urban neighborhood committee members. Throughout the year, 48 thousand village (neighborhood) committees conducted elections.

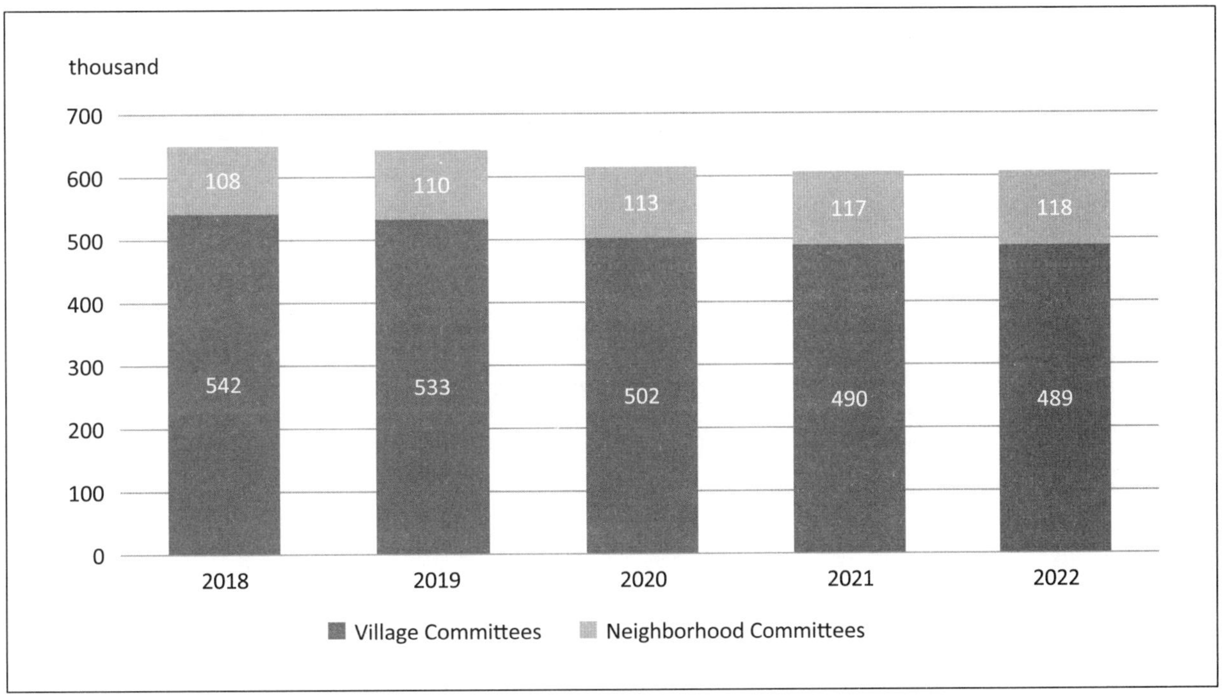

Figure 12 Number of Basic-level Self-governance Organizations, 2018–2022

2. Other Social Services

(1) Marriage Registration Services

In 2022, there were 4,310 marriage registration agencies and sites throughout the country, among which 1,103 were the former. Throughout the year 6.84 million marriages were lawfully registered, a decrease of 10.6% over the previous year. The marriage rate was 4.8‰, down by 0.06 percentage point. 2.88 million divorce cases were lawfully registered, an increase of 1.4% over the previous year. Among these divorces, 2.10 million were registered at the civil affairs departments, 779 thousand were results of judicial decisions and mediation by the courts. The divorce rate was 2.0‰.

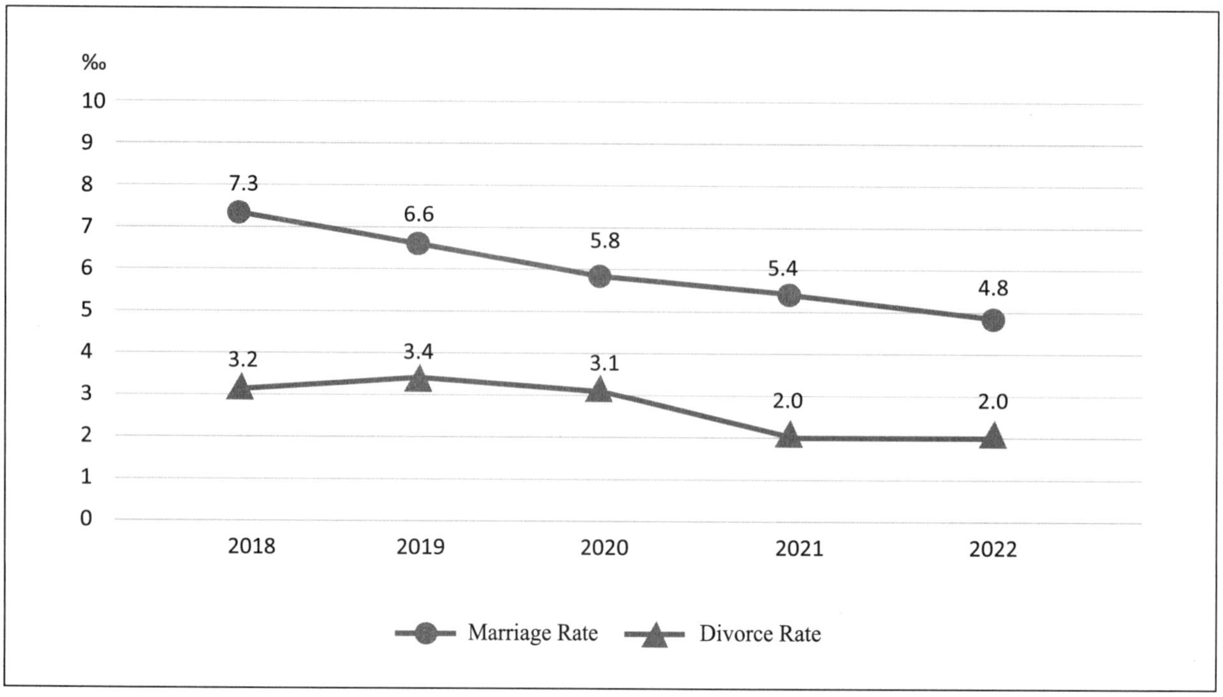

Figure 13 Marriage and Divorce Rate, 2018–2022

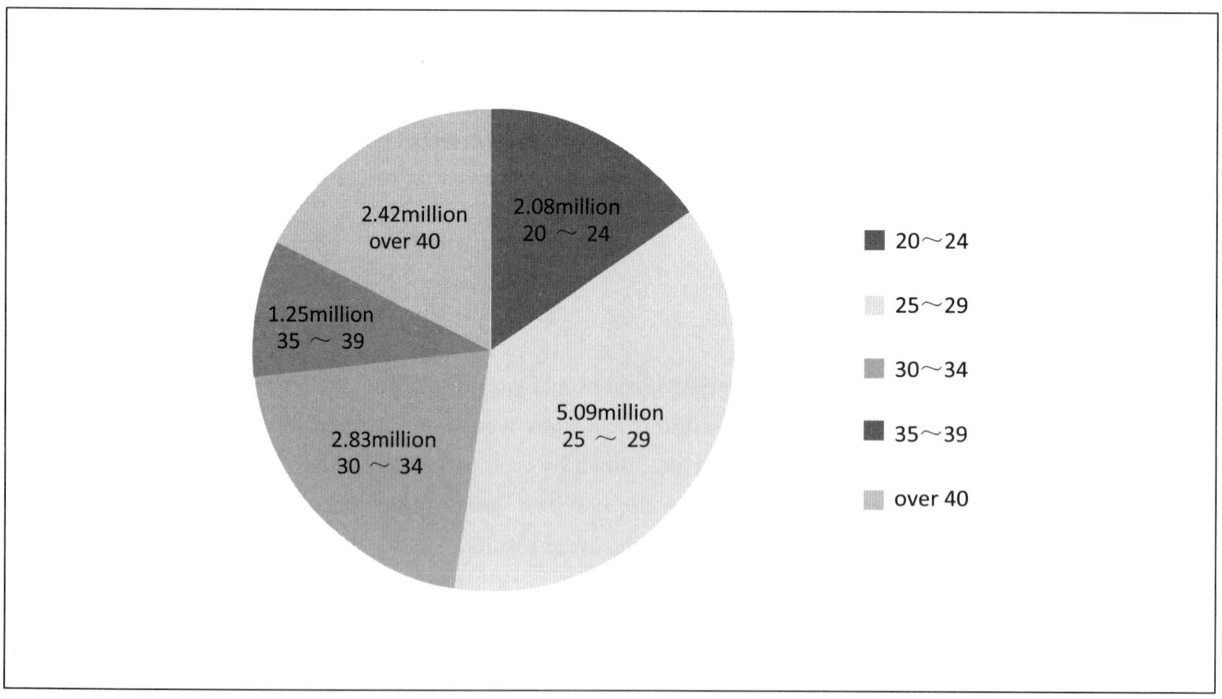

Figure 14 Age Distribution of Marriage Registration in 2022

(2) Funeral Services

By the end of 2022, there were 4,474 funeral service institutions nationwide, including 1,778 funeral homes, 815 funeral management institutions, 1,761 public cemeteries managed by the civil affairs departments. 91 thousand people were employed in funeral service institutions, among whom 49 thousand worked in the funeral homes. There were 7,293 cremators throughout the country.

Notes:

1. The number of people receiving civil affairs services in this report is the actual number of 2022. The number of institution of civil affairs services in this report is the number of lawfully registered institutions by the end of 2022.

2. Due to the data rounding practices, there are cases in this report where sum of the sub-items does not equal to the "total". Errors caused by rounding practices were not mechanically adjusted.

3. Except for the number of provincial administrative divisions, statistics of Hong Kong SAR, Macao SAR and Taiwan Province are not included in this report.

4. The data of the assistance for vagrants and beggars includes data of the special assistance program of "sending warmth in cold winter".

5. The statistics of donation income of social organizations come from social organizations that have finished the annual review of 2022.

5. The statistics of divorce cases resulting from judicial decisions and meditations are from the Supreme People's Court. The calculating formula of marriage (divorce) rate is the number of marriage (divorce) registrations divided by the average population multiplied by 1000‰.

7. The national fiscal expenditure, population and other related statistics are from the National Bureau of Statistics.

8. Since the institutional reform in 2018, the data related to functions that were handed over to other departments from the Ministry of Civil Affairs are not contained in this report.

第二部分

主要数据图表

图1-1 市、区、县

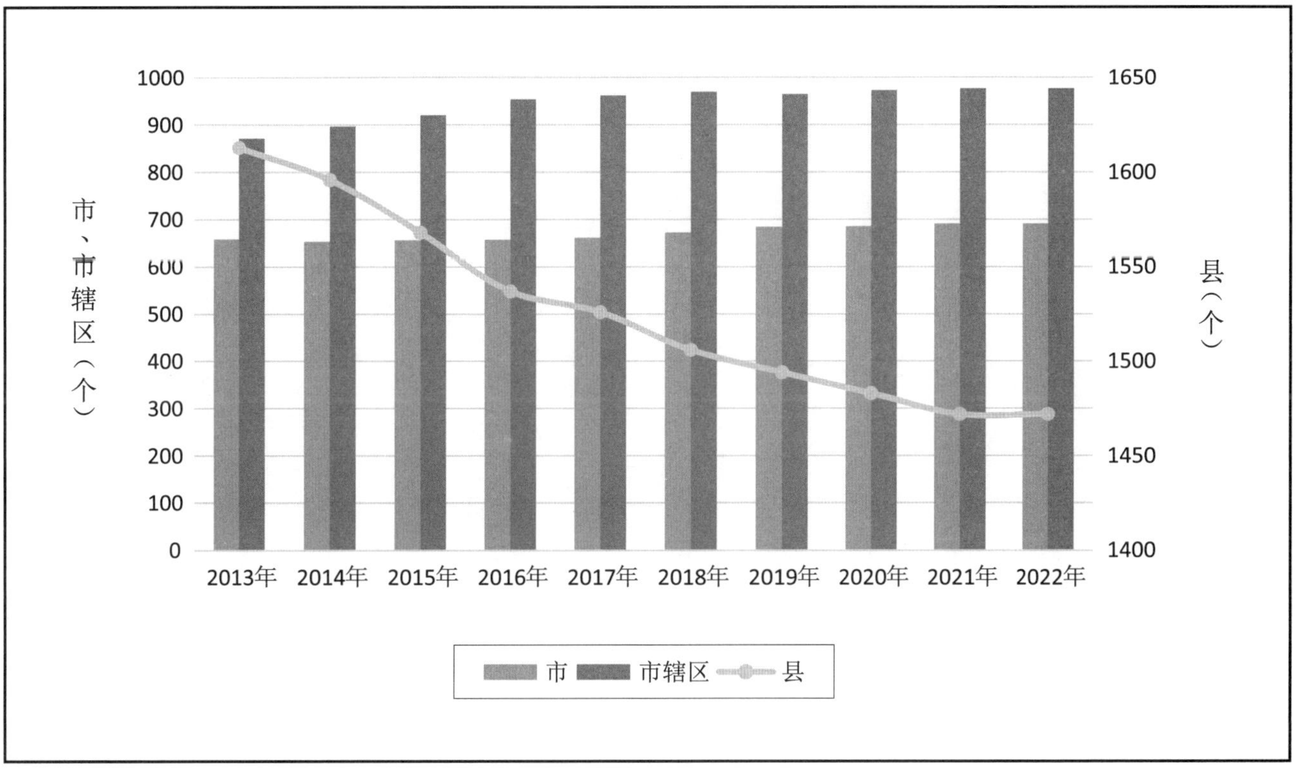

单位：个

指标	2013年	2014年	2015年	2016年	2017年	2018年	2019年	2020年	2021年	2022年
市	658	653	656	657	661	672	684	685	691	691
市辖区	872	897	921	954	962	970	965	973	977	977
县	1613	1596	1568	1537	1526	1506	1494	1483	1472	1472

注：市含直辖市、地级市及县级市，县含县、自治县、旗、自治旗、特区、林区。

图1-2　乡、镇与街道

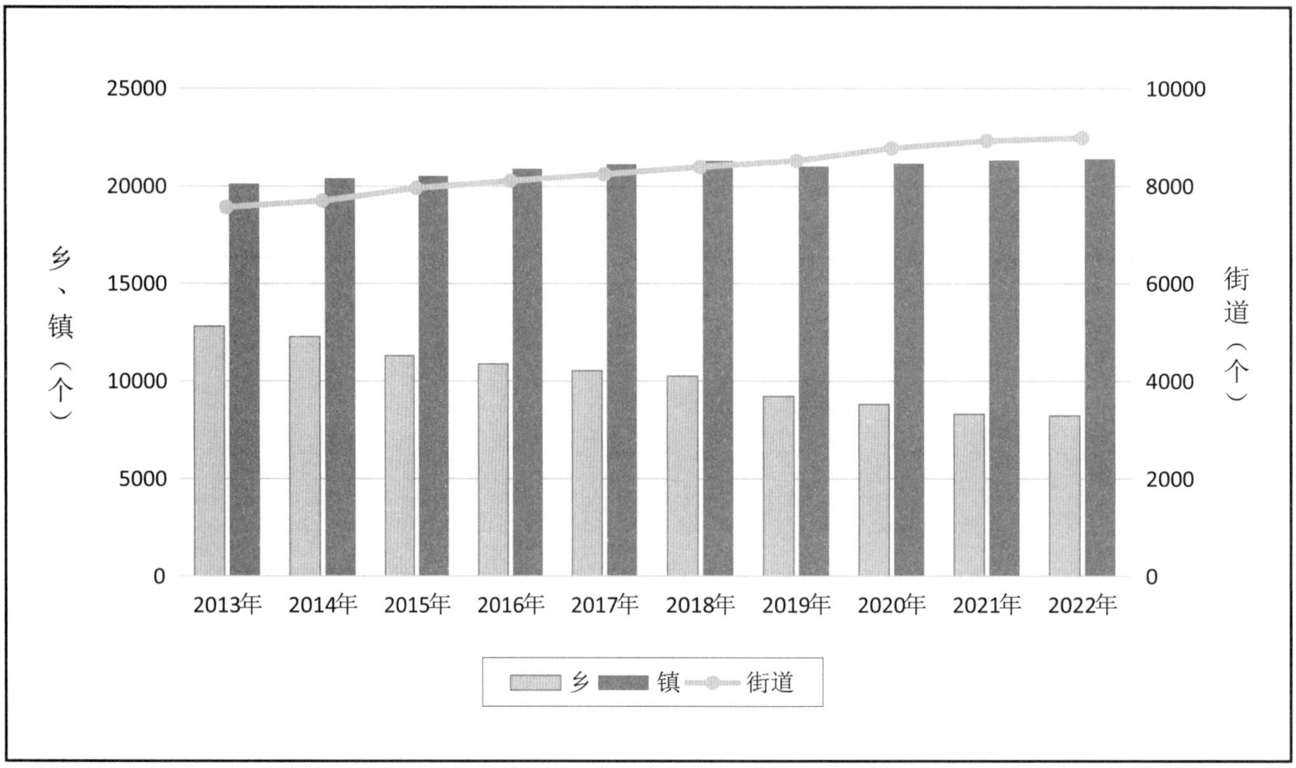

单位：个

指标	2013年	2014年	2015年	2016年	2017年	2018年	2019年	2020年	2021年	2022年
乡	12812	12282	11315	10872	10529	10253	9221	8809	8309	8227
镇	20117	20401	20515	20883	21116	21297	21013	21157	21322	21389
街道	7566	7696	7957	8105	8241	8393	8519	8773	8925	8984

注：乡包含民族乡、苏木、民族苏木。

图1-3　60周岁及以上老年人口占全国总人口比重

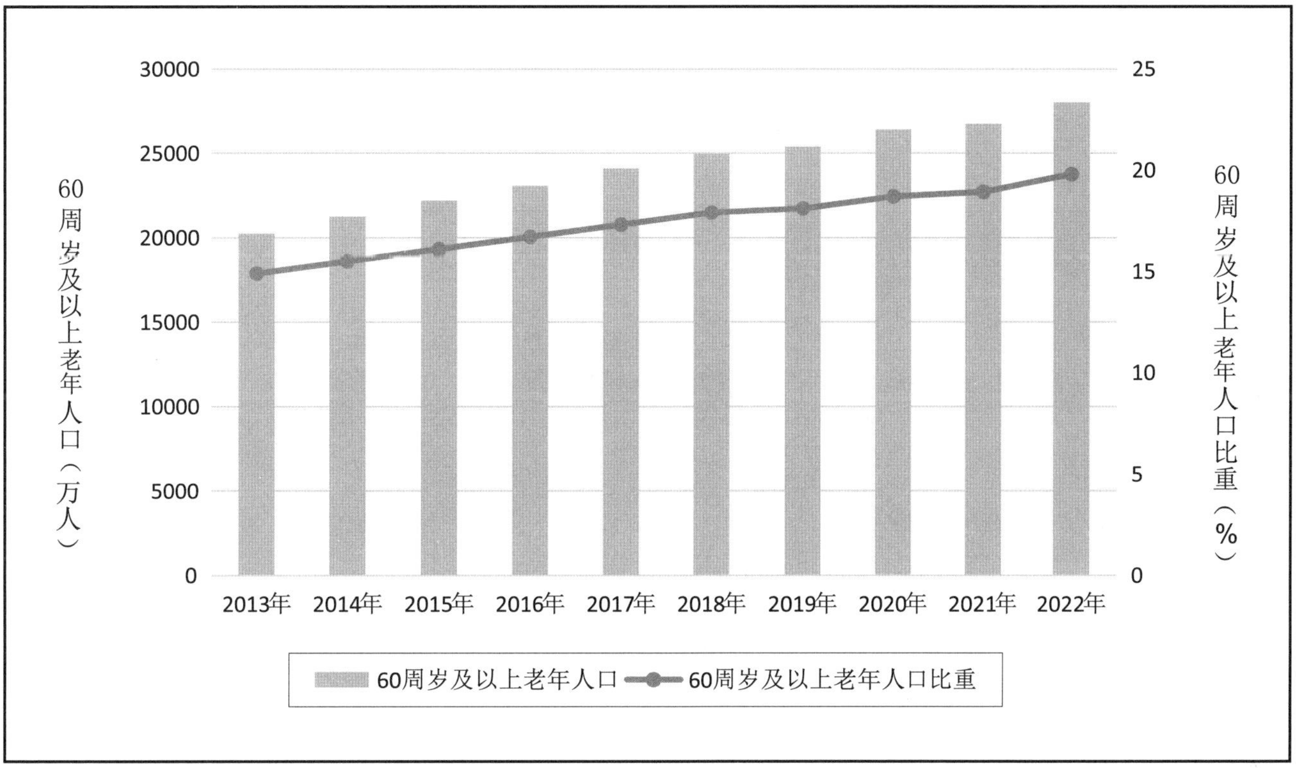

单位：万人、%

指标	2013年	2014年	2015年	2016年	2017年	2018年	2019年	2020年	2021年	2022年
60周岁及以上老年人口	20243	21242	22200	23086	24090	24949	25388	26402	26736	28004
60周岁及以上老年人口比重	14.9	15.5	16.1	16.7	17.3	17.9	18.1	18.7	18.9	19.8

注：本表数据来源于国家统计局。

图1-4　人口年龄结构

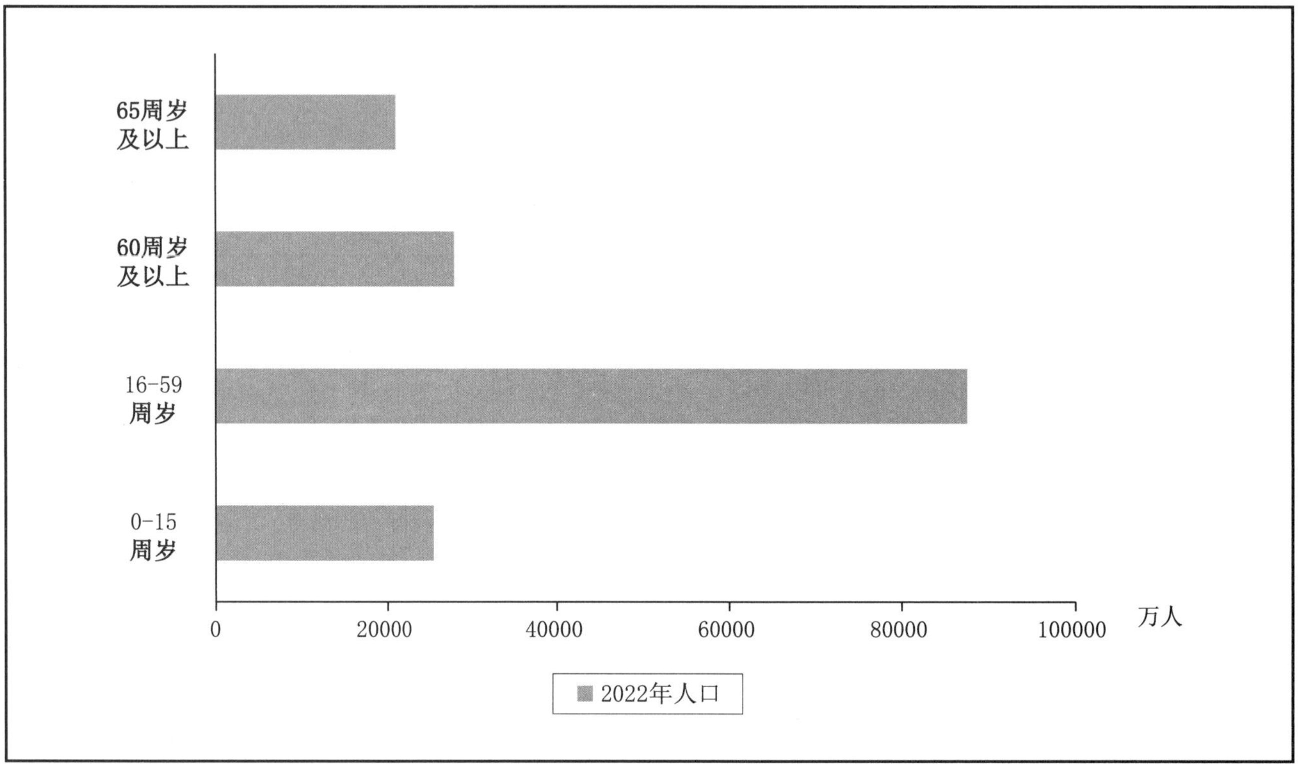

单位：万人、%

指标	0～15周岁	16～59周岁	60周岁及以上	65周岁及以上
2022年人口	25615	87556	28004	20978
不同年龄段人口比重	18.1	62.0	19.8	14.9
比2021年增减百分点	-0.5	-0.5	0.9	0.7

注：本表数据来源于国家统计局。

图1-5　民政服务对象占全国总人口比重

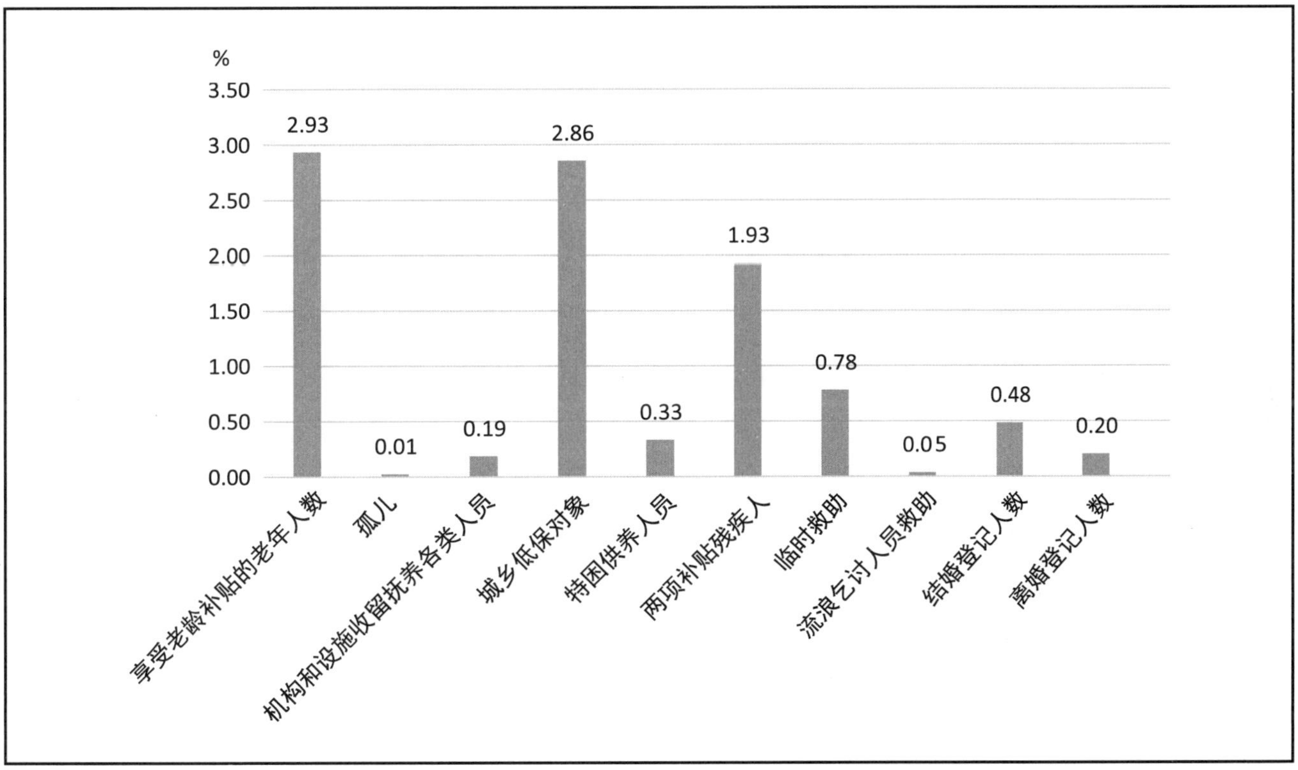

单位：万人、%

指标	2022年	比重
全国总人口	141175	
民政服务对象	13770.2	9.75
享受老龄补贴的老年人数	4143.0	2.93
孤儿	15.8	0.01
机构和设施收留抚养各类人员	262.3	0.19
城乡低保对象	4032.0	2.86
特困供养人员	469.5	0.33
两项补贴残疾人	2724.0	1.93
临时救助	1100.1	0.78
流浪乞讨人员救助	75.1	0.05
结婚登记人数	683.5	0.48
离婚登记人数	287.9	0.20

注：全国总人口来源于国家统计局网站数据。

图1-6 民政部门登记和管理的机构和设施职工

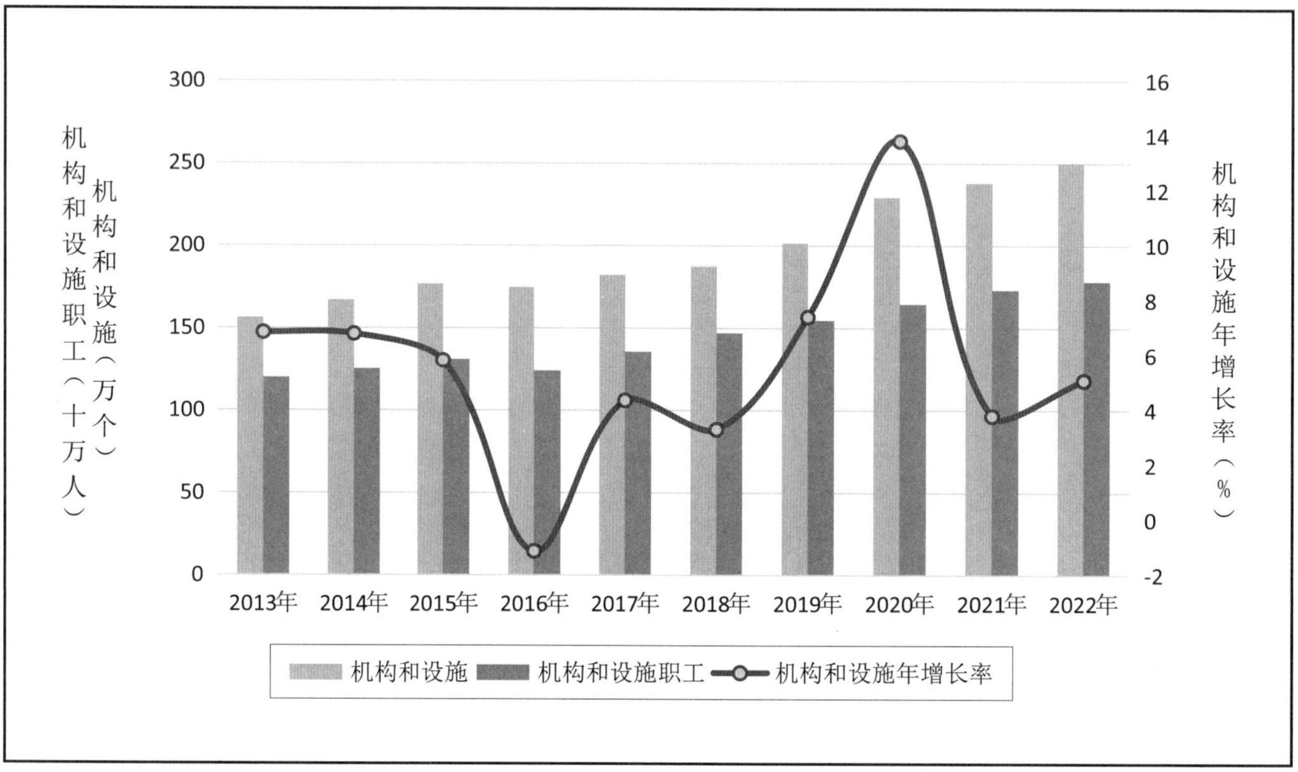

单位：万个、十万人、%

指标	2013年	2014年	2015年	2016年	2017年	2018年	2019年	2020年	2021年	2022年
机构和设施	156.2	166.8	176.5	174.5	182.1	187.6	201.5	229.3	238.0	250.1
机构和设施职工	119.8	125.1	130.9	123.9	135.6	147.0	154.6	164.5	173.0	178.1
机构和设施年增长率	6.8	6.8	5.8	-1.1	4.4	3.3	7.4	13.8	3.8	5.1

图1–7 民政部门登记和管理的机构固定资产原价

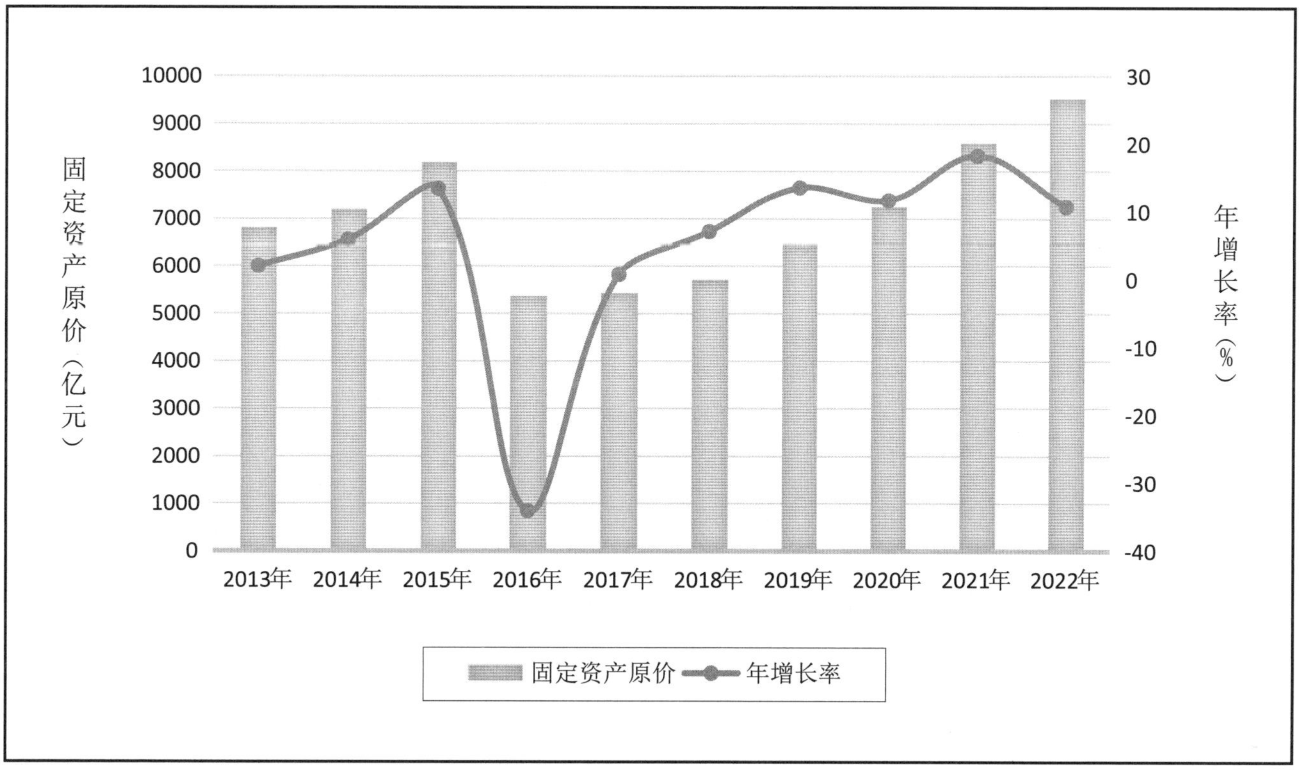

单位：亿元、%

指标	2013年	2014年	2015年	2016年	2017年	2018年	2019年	2020年	2021年	2022年
固定资产原价	6810.2	7213.0	8183.1	5393.6	5434.8	5736.2	6515.3	7278.0	8610.0	9538.8
年增长率	2.0	5.9	13.4	-34.1	0.8	7.1	13.6	11.7	18.3	10.8

注：自2016年起，民政部取消社会福利企业资质认定，不再统计社会福利企业情况指标，因此民政部门登记和管理的机构固定资产原价指标出现较大降幅。

图1-8　民政事业费支出

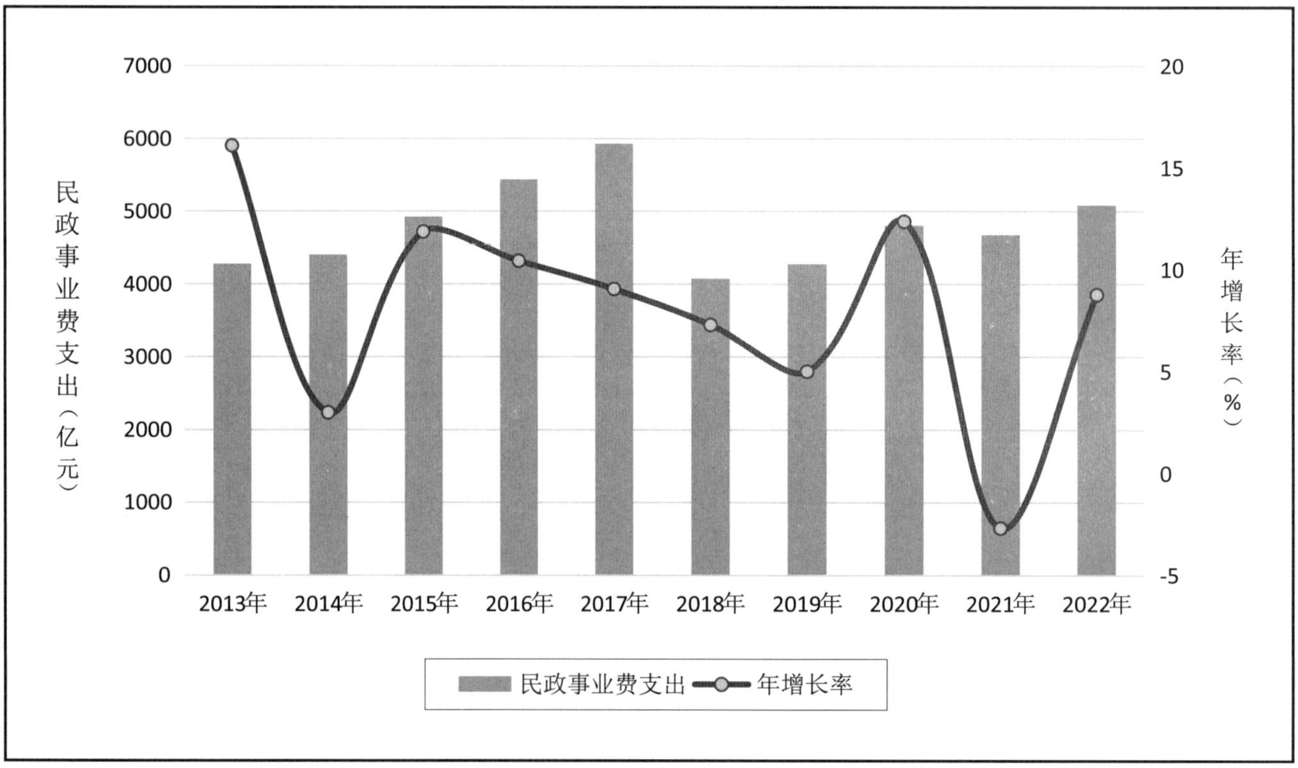

单位：亿元、%

指标	2013年	2014年	2015年	2016年	2017年	2018年	2019年	2020年	2021年	2022年
民政事业费支出	4276.5	4404.1	4926.4	5440.2	5932.7	4076.9	4279.2	4808.2	4679.0	5090.4
年增长率	16.1	3.0	11.9	10.4	9.1	7.3	5.0	12.4	-2.7	8.8

图1-9　民政事业费支出占国家财政支出的比重

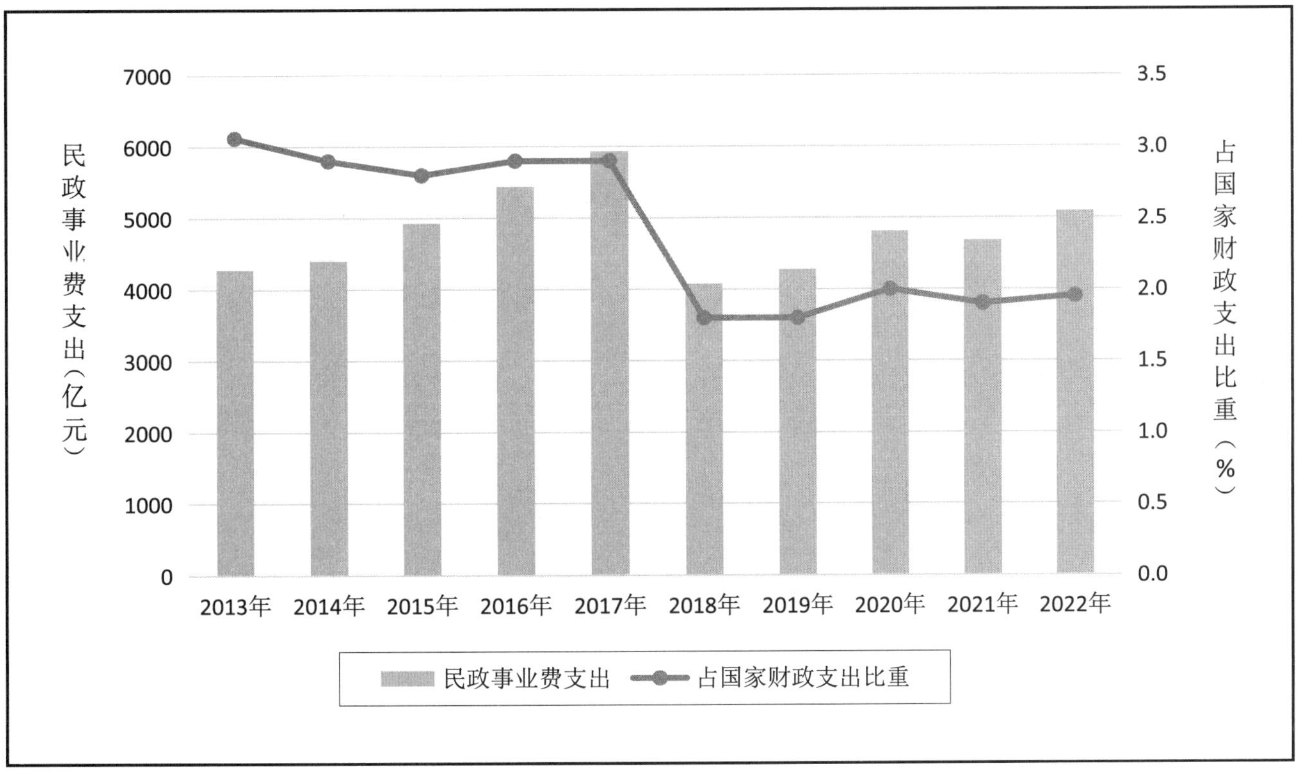

单位：亿元、%

指标	2013年	2014年	2015年	2016年	2017年	2018年	2019年	2020年	2021年	2022年
民政事业费支出	4276.5	4404.1	4926.4	5440.2	5932.7	4076.9	4279.2	4808.2	4679.0	5090.4
占国家财政支出比重	3.1	2.9	2.8	2.9	2.9	1.8	1.8	2.0	1.9	2.0

图1-10　民政事业费支出按用项分类

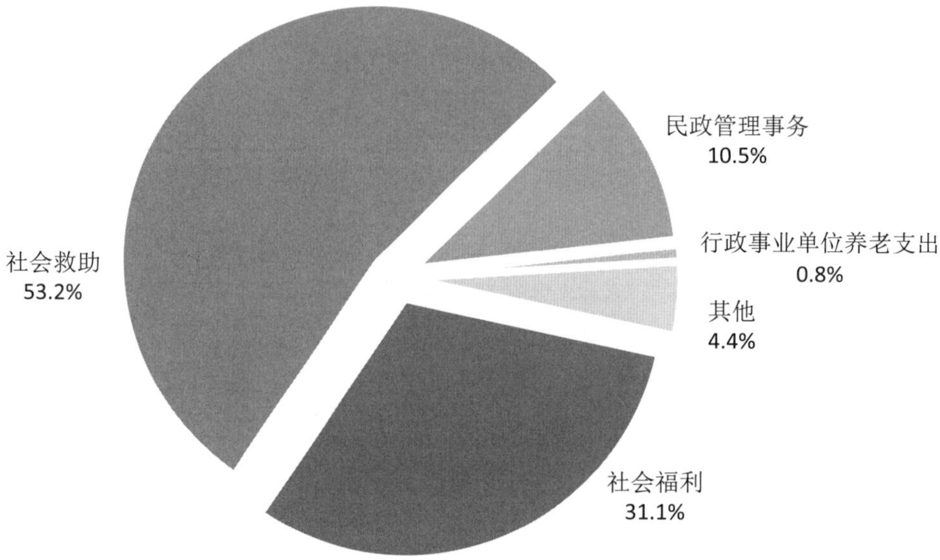

单位：亿元、%

指标	民政事业费支出	社会福利	社会救助	民政管理事务	行政事业单位养老支出	其他
金额	5090.4	1582.7	2707.9	536.0	41.6	222.2
比重	100.0	31.1	53.2	10.5	0.8	4.4

图1-11　中央财政转移支付的民政事业费

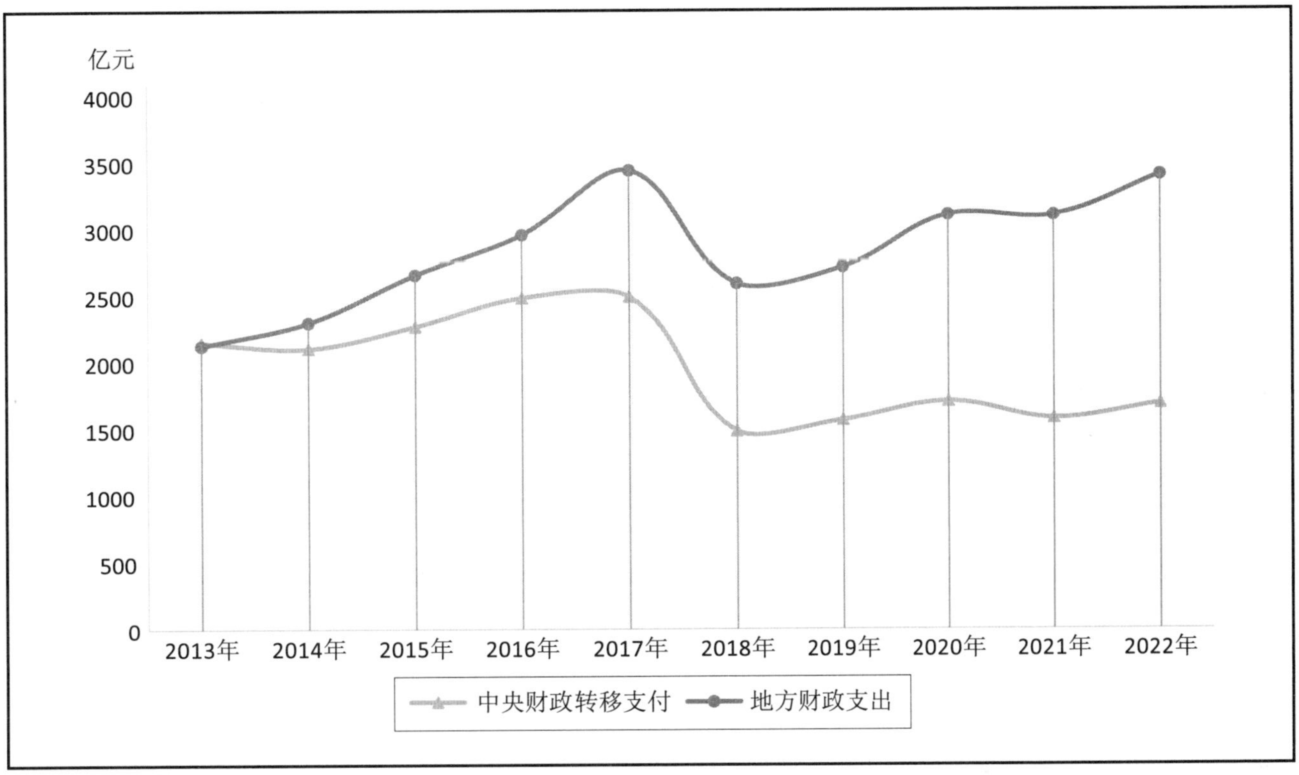

单位：亿元、%

指标	2013年	2014年	2015年	2016年	2017年	2018年	2019年	2020年	2021年	2022年
民政事业费支出	4276.5	4404.1	4926.4	5440.2	5932.7	4076.9	4279.2	4808.2	4679.0	5090.4
中央财政转移支付	2149.7	2105.0	2270.3	2484.0	2492.3	1485.6	1566.6	1704.2	1578.1	1687.3
地方财政支出	2126.8	2299.1	2656.1	2956.2	3440.4	2591.3	2712.6	3104.0	3100.9	3403.1
中央财政转移支付比重	50.3	47.8	46.1	45.7	42.0	36.4	36.6	35.4	33.7	33.1

图1-12　本年实际完成基本建设投资

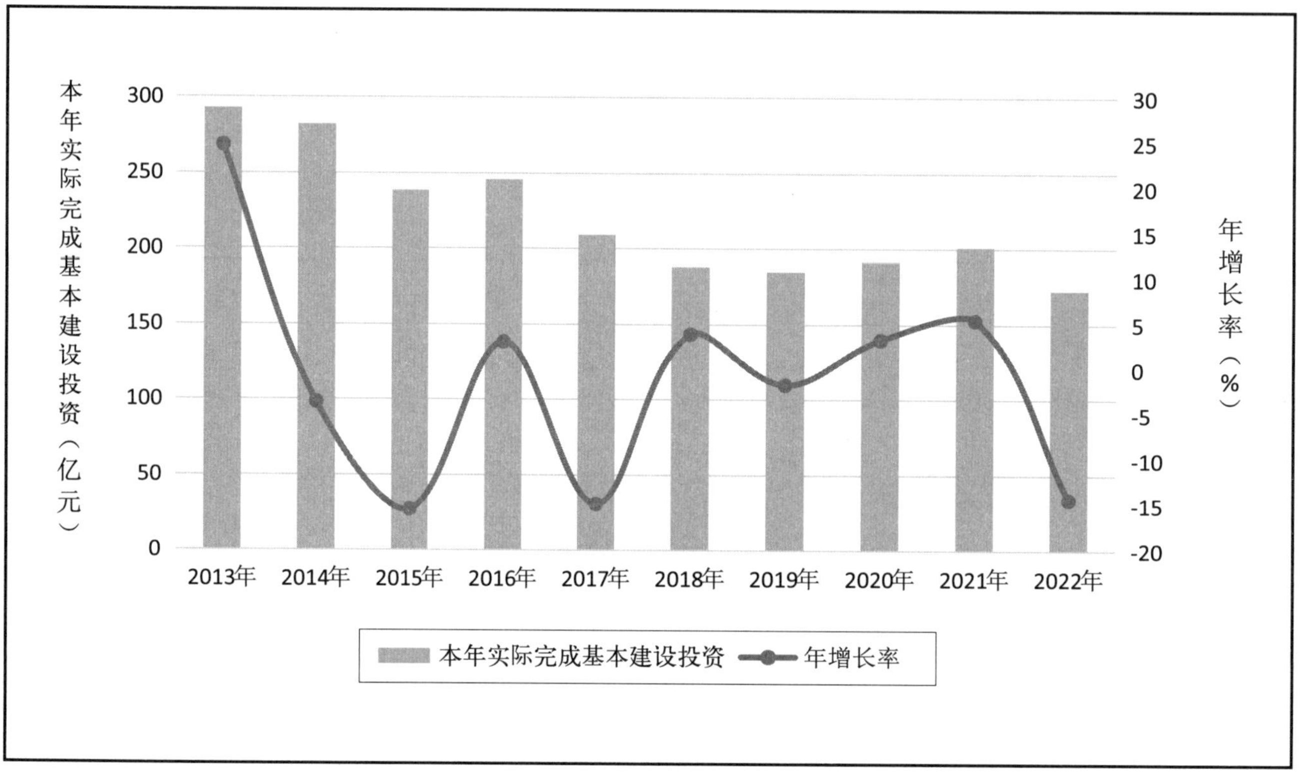

单位：亿元、%

指标	2013年	2014年	2015年	2016年	2017年	2018年	2019年	2020年	2021年	2022年
本年实际完成基本建设投资	292.8	282.2	238.5	245.8	209.2	188.0	184.8	190.9	201.3	172.4
年增长率	24.8	-3.6	-15.5	3.1	-14.9	3.9	-1.7	3.3	5.4	-14.4

图1–13　预算内基本建设支出和中央转移支付

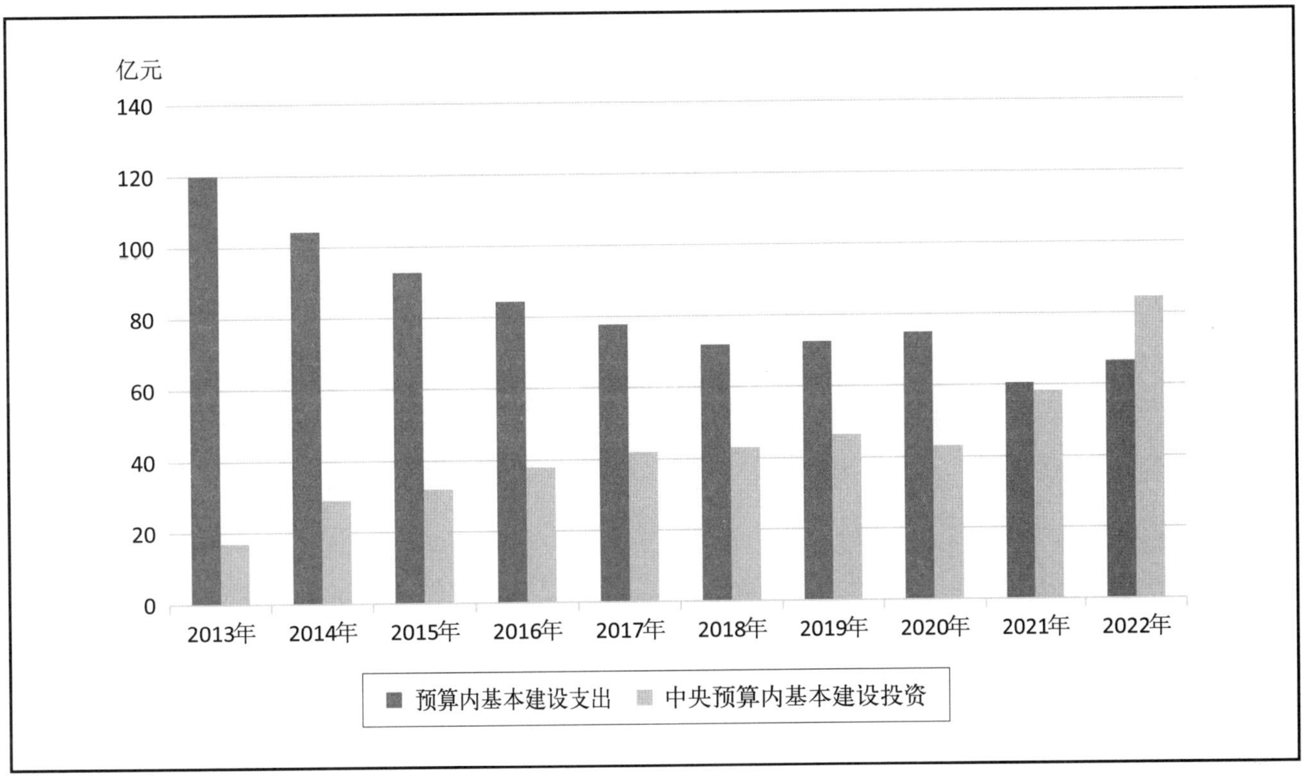

单位：亿元

指标	2013年	2014年	2015年	2016年	2017年	2018年	2019年	2020年	2021年	2022年
民政事业费支出	4276.5	4404.1	4926.4	5440.2	5932.7	4076.9	4279.2	4808.2	4679.0	5090.4
预算内基本建设支出	120.1	104.3	92.8	84.4	77.8	71.9	72.6	75.0	60.5	66.5
中央预算内基本建设投资	17.0	29.0	32.0	38.0	42.0	43.0	46.4	43.1	58.4	84.5

图2-1　民政服务床位数

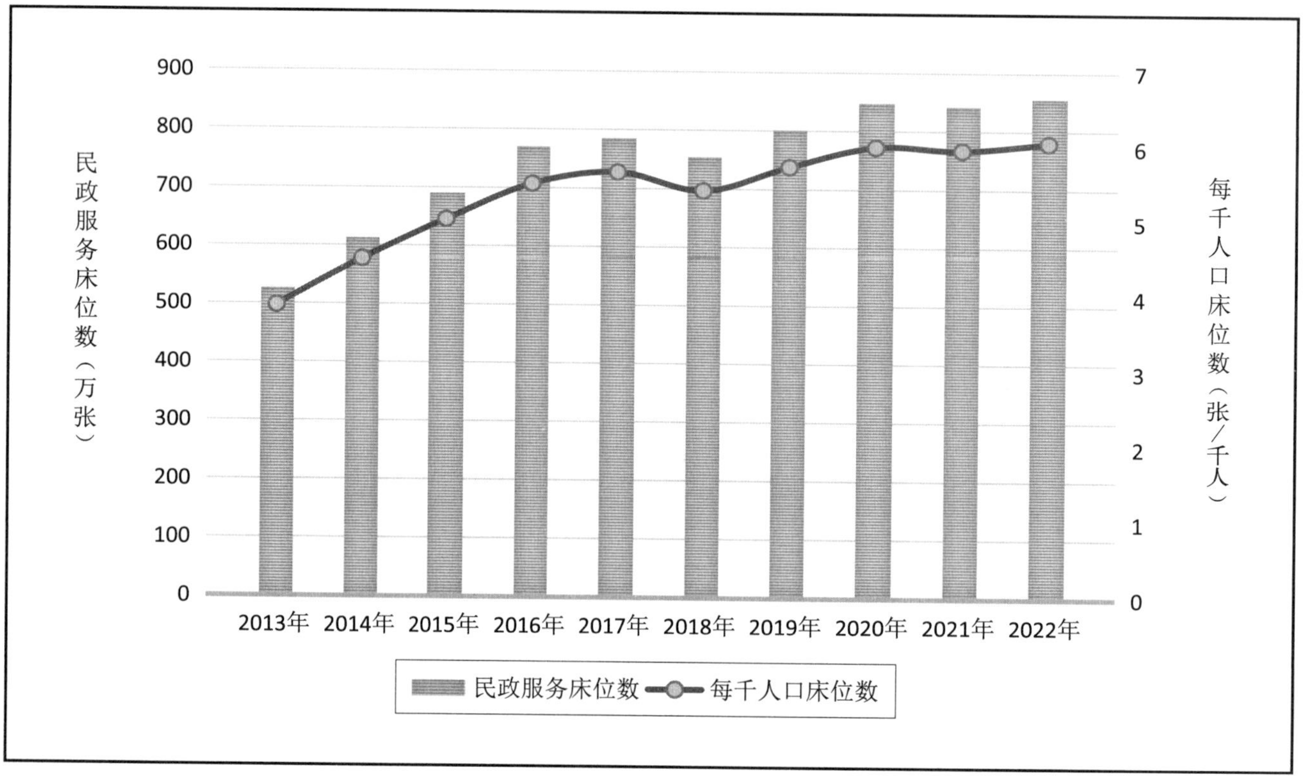

单位：万张、张/千人

指标	2013年	2014年	2015年	2016年	2017年	2018年	2019年	2020年	2021年	2022年
民政服务床位数	526.7	613.5	691.3	771.2	786.2	755.9	803.6	848.2	842.8	856.3
每千人口床位数	3.87	4.49	5.02	5.50	5.66	5.42	5.74	6.01	5.97	6.07

图2-2　养老床位数

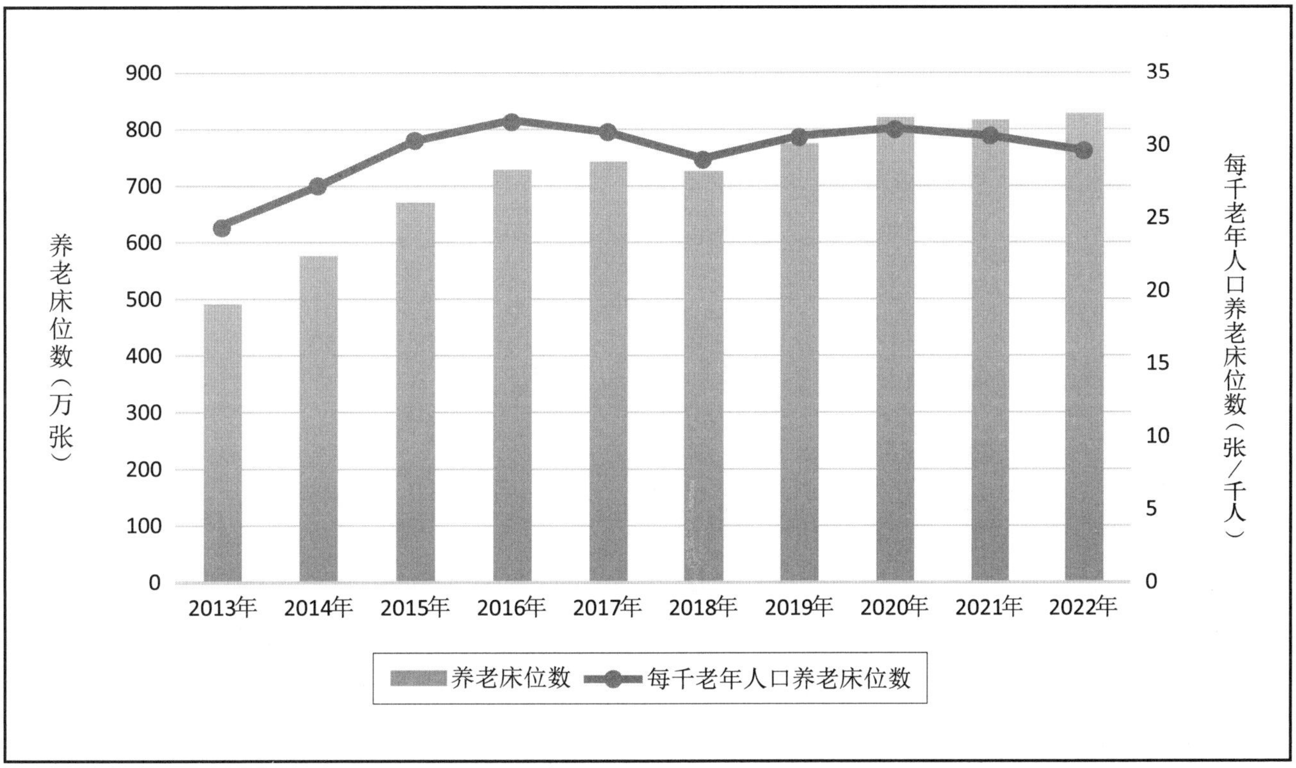

单位：万张、%、张/千人

指标	2013年	2014年	2015年	2016年	2017年	2018年	2019年	2020年	2021年	2022年
养老床位数	493.7	577.7	672.7	730.2	744.8	727.1	775.0	821.0	815.9	829.4
年增长率	18.5	17.0	16.4	8.5	2.0	3.3	6.6	5.9	−0.6	1.7
每千老年人口养老床位数	24.4	27.2	30.3	31.6	30.9	29.1	30.5	31.1	30.5	29.6

图2-3　精神疾病服务床位数

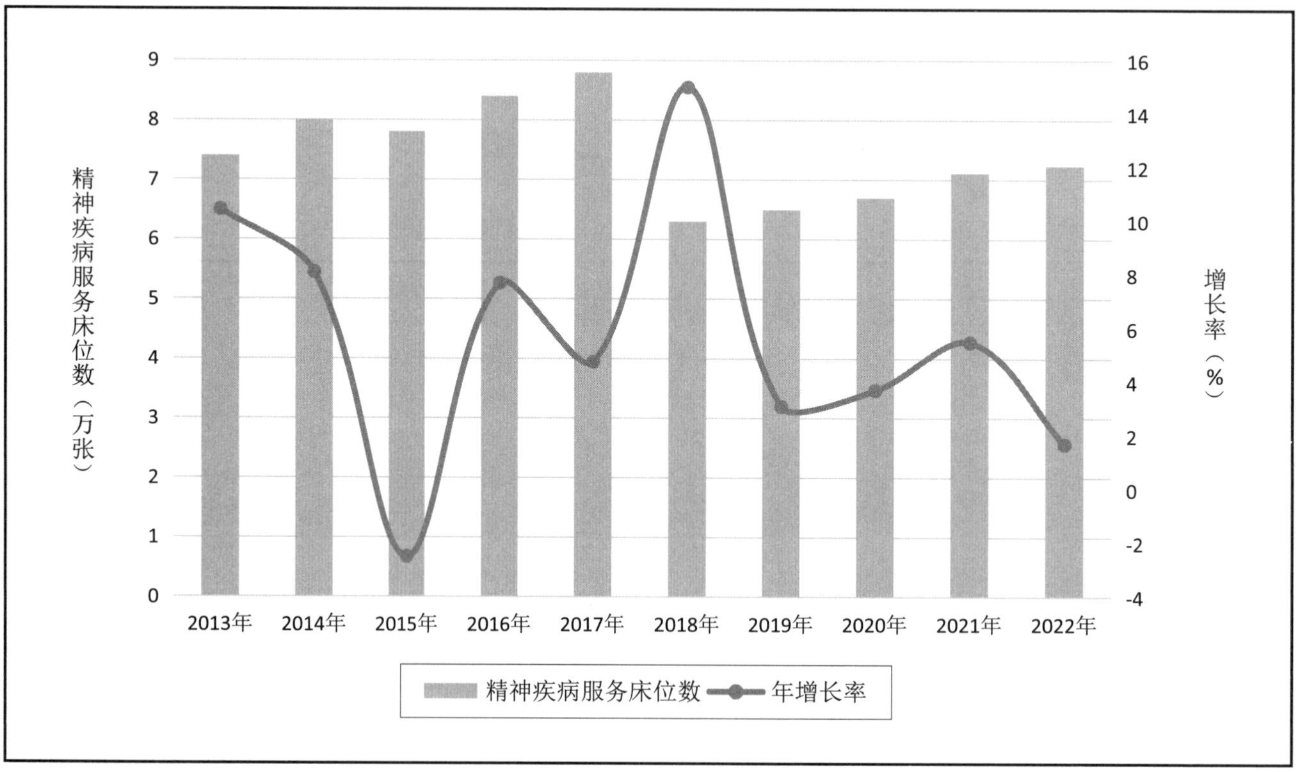

单位：万张、%

指标	2013年	2014年	2015年	2016年	2017年	2018年	2019年	2020年	2021年	2022年
精神疾病服务床位数	7.4	8.0	7.8	8.4	8.8	6.3	6.5	6.7	7.1	7.2
年增长率	10.4	8.1	-2.5	7.7	4.8	15.0	3.1	3.7	5.5	1.7

图2-4　儿童服务床位数

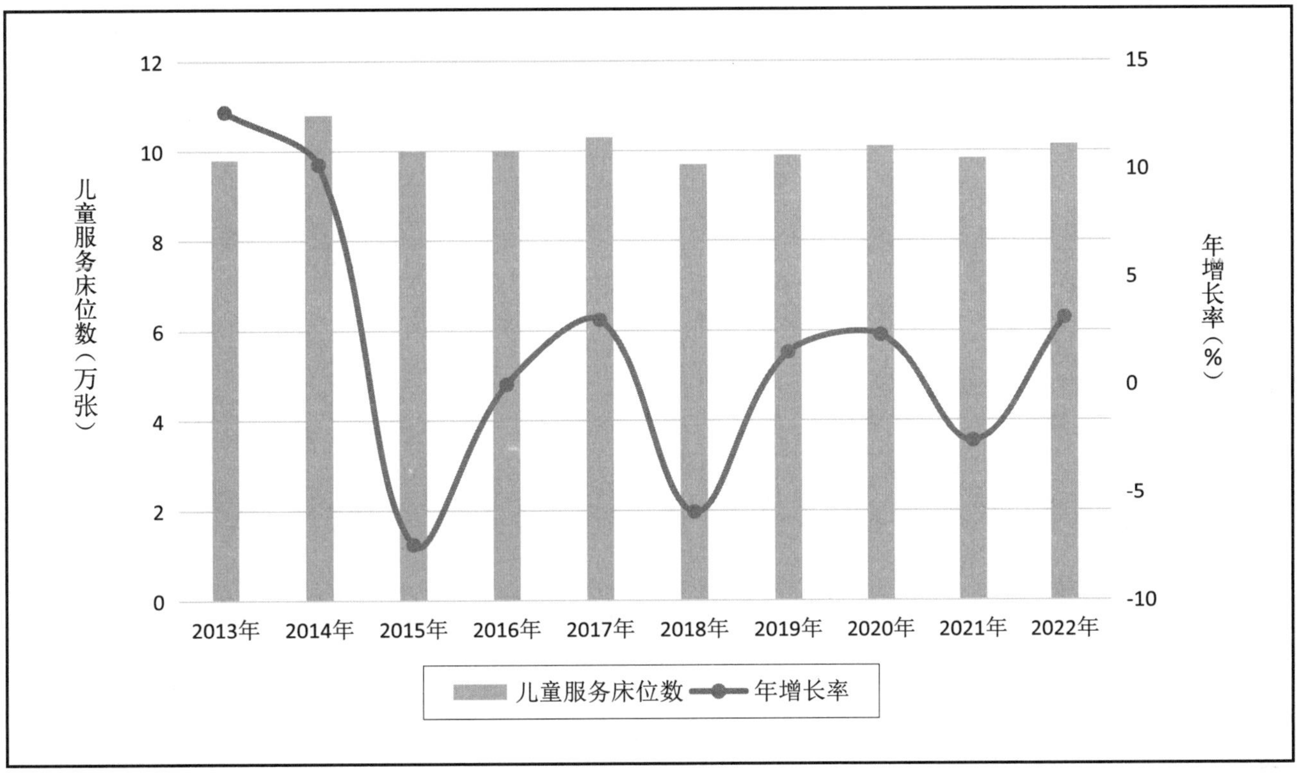

单位：万张、%

指标	2013年	2014年	2015年	2016年	2017年	2018年	2019年	2020年	2021年	2022年
儿童服务床位数	9.8	10.8	10.0	10.0	10.3	9.7	9.9	10.1	9.8	10.1
年增长率	12.6	10.2	-7.4	–	3.0	-5.9	1.5	2.3	-2.6	3.1

图2–5　老年人福利

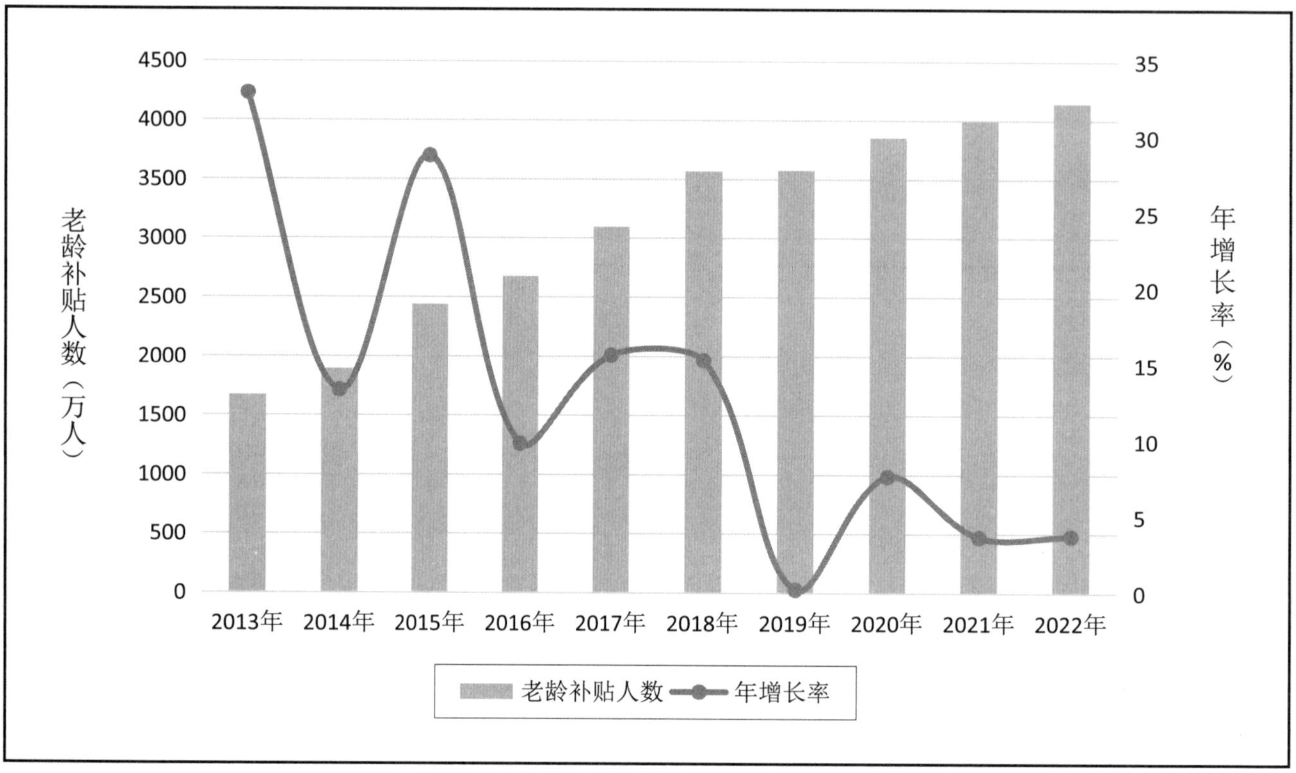

单位：万人、%

指标	2013年	2014年	2015年	2016年	2017年	2018年	2019年	2020年	2021年	2022年
老龄补贴人数	1671.5	1894.3	2439.5	2678.8	3097.9	3571.8	3579.1	3853.6	3994.7	4143.0
年增长率	32.9	13.3	28.8	9.8	15.6	15.3	0.2	7.7	3.7	3.7

图2–6　收养登记

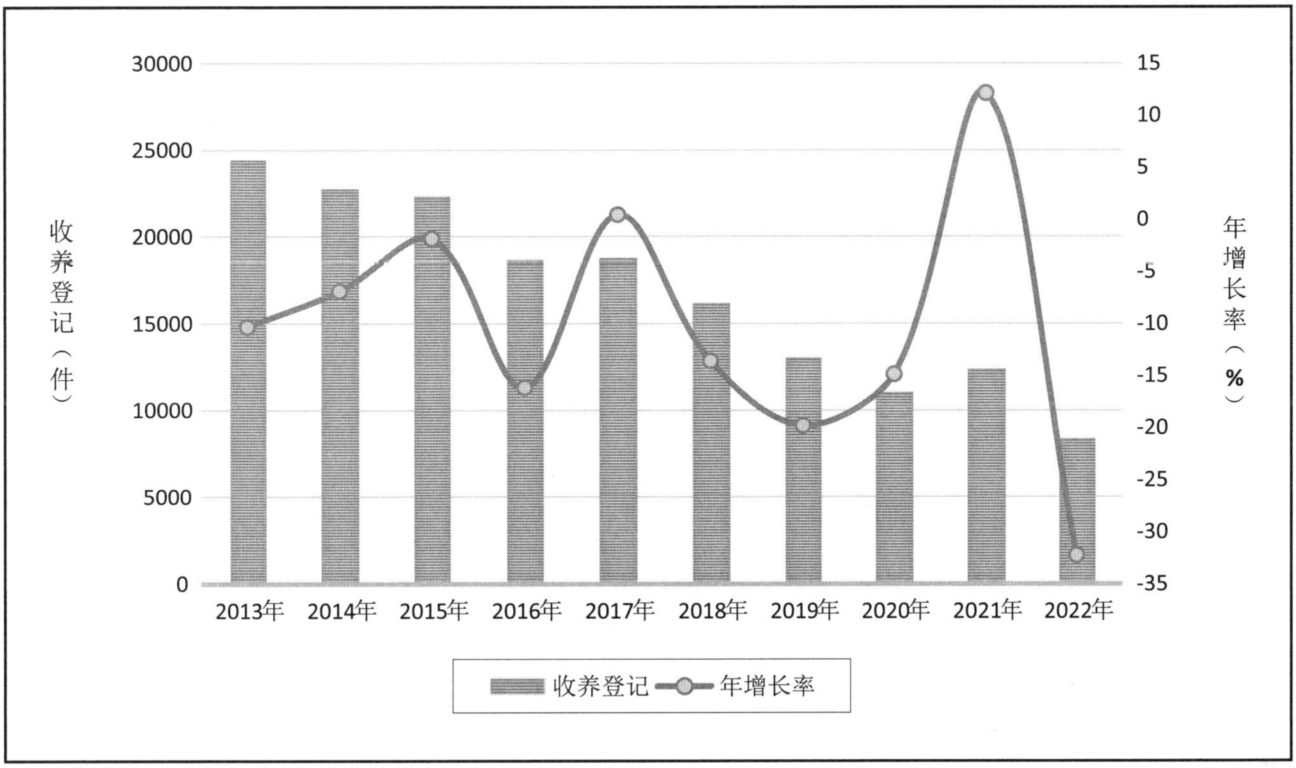

单位：件、%

指标	2013年	2014年	2015年	2016年	2017年	2018年	2019年	2020年	2021年	2022年
收养登记	24460	22772	22348	18736	18820	16267	13044	11103	12447	8432
年增长率	-10.3	-6.9	-1.9	-16.2	0.4	-13.6	-19.8	-14.9	12.1	-32.3

图2-7　城市最低生活保障人数

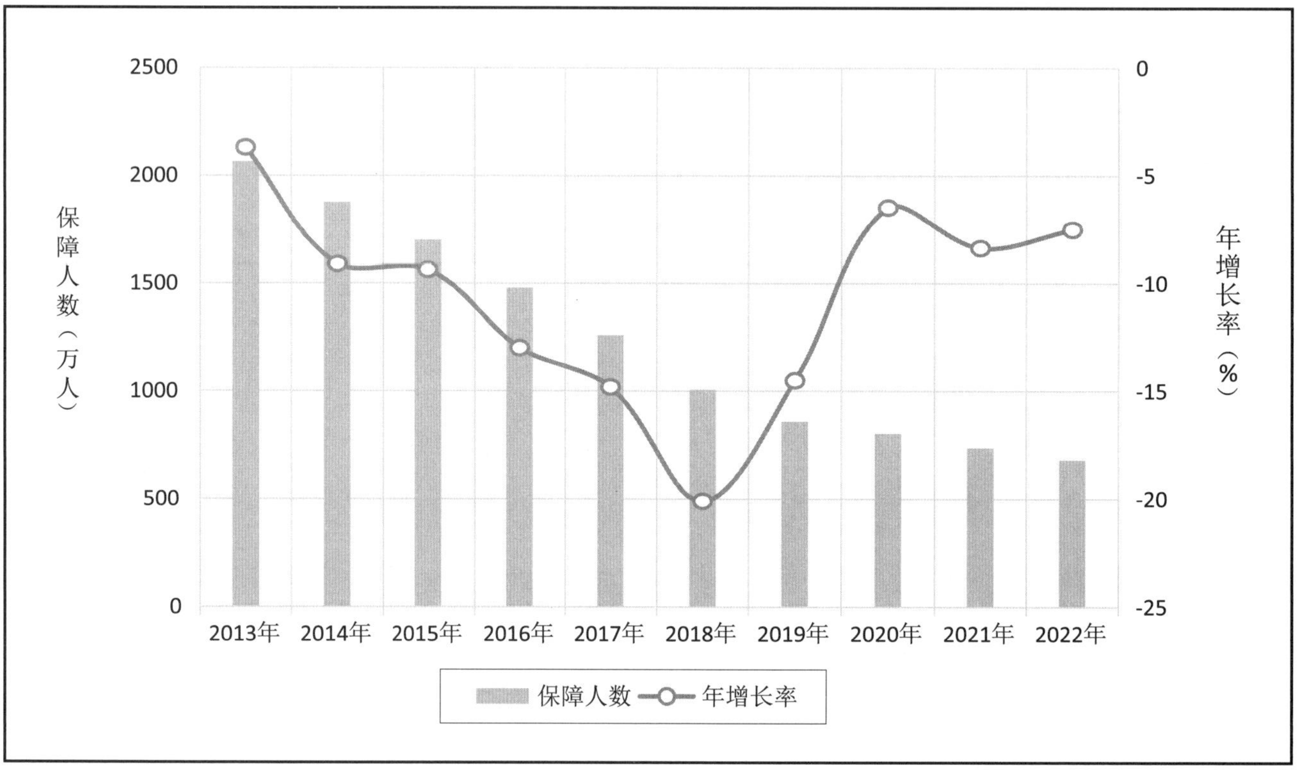

单位：万人、%

指标	2013年	2014年	2015年	2016年	2017年	2018年	2019年	2020年	2021年	2022年
保障人数	2064.2	1877	1701.1	1480.2	1261.0	1007.0	860.9	805.1	737.8	682.4
年增长率	-3.7	-9.1	-9.4	-13.0	-14.8	-20.1	-14.5	-6.5	-8.4	-7.5

图2−8　城市最低生活保障平均标准

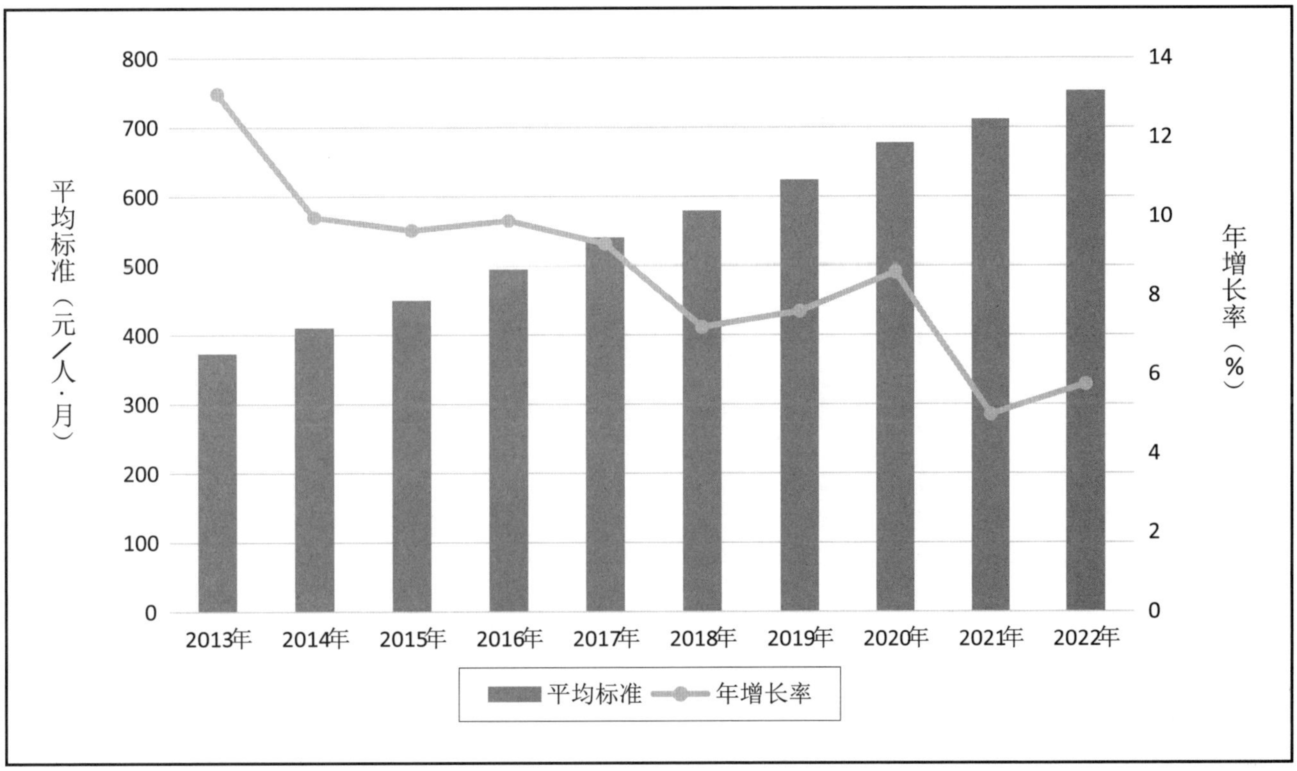

单位：元/人·月、%

指标	2013年	2014年	2015年	2016年	2017年	2018年	2019年	2020年	2021年	2022年
平均标准	373.3	410.5	450.1	494.6	540.6	579.7	624.0	677.6	711.4	752.3
年增长率	13.1	10.0	9.6	9.9	9.3	7.2	7.6	8.6	5.0	5.7

图2–9　分地区城市最低生活保障平均标准

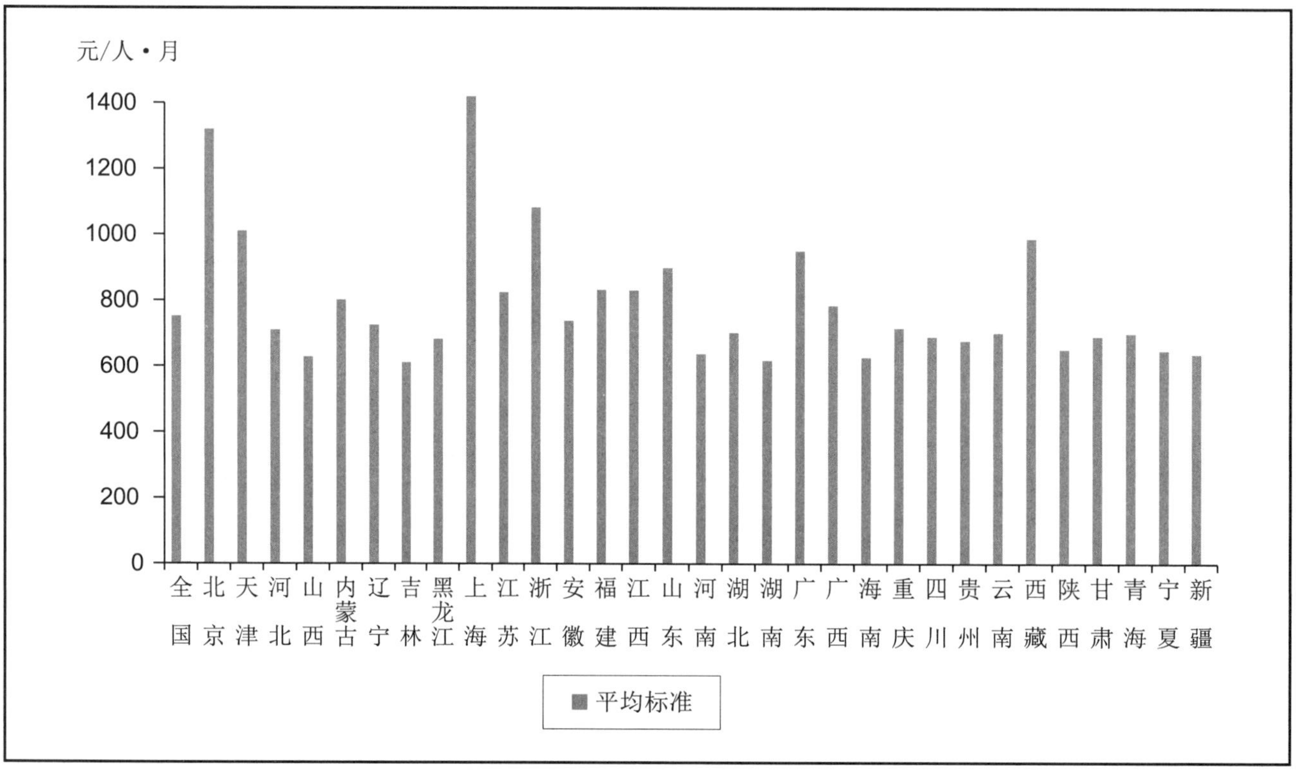

单位：元/人·月

地　区	平均标准	地　区	平均标准	地　区	平均标准	地　区	平均标准
全　国	**752.3**	黑龙江	683.5	河　南	638.2	贵　州	678.7
北　京	1320.0	上　海	1420.0	湖　北	703.1	云　南	702.7
天　津	1010.0	江　苏	824.8	湖　南	618.7	西　藏	987.8
河　北	710.6	浙　江	1083.2	广　东	950.8	陕　西	652.4
山　西	629.0	安　徽	738.3	广　西	785.3	甘　肃	691.5
内蒙古	801.7	福　建	832.5	海　南	628.0	青　海	700.8
辽　宁	725.6	江　西	830.7	重　庆	717.0	宁　夏	649.1
吉　林	612.4	山　东	898.6	四　川	690.7	新　疆	637.9

图2-10　农村最低生活保障人数

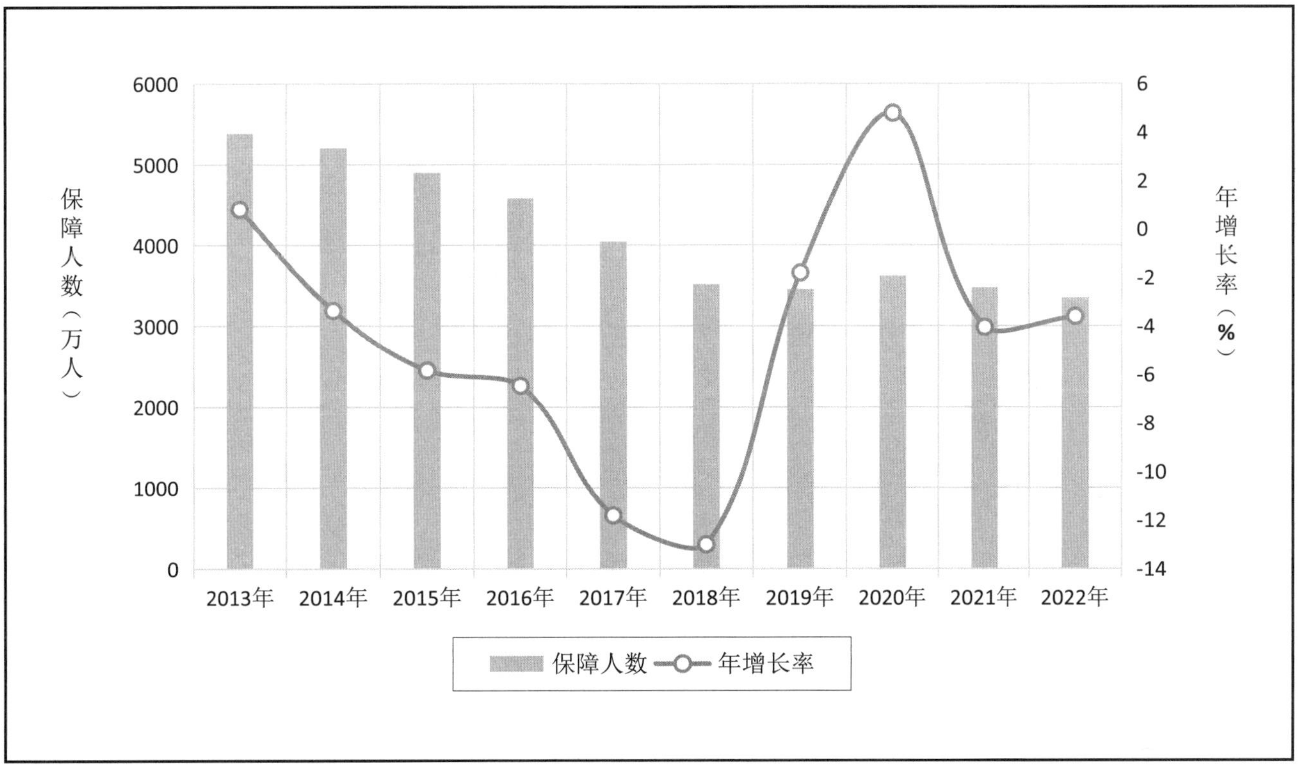

单位：万人、%

指标	2013年	2014年	2015年	2016年	2017年	2018年	2019年	2020年	2021年	2022年
保障人数	5388.0	5207.2	4903.6	4586.5	4045.1	3519.1	3455.4	3620.8	3474.5	3349.6
年增长率	0.8	-3.4	-5.8	-6.5	-11.8	-13.0	-1.8	4.8	-4.0	-3.6

图2-11　农村最低生活保障平均标准

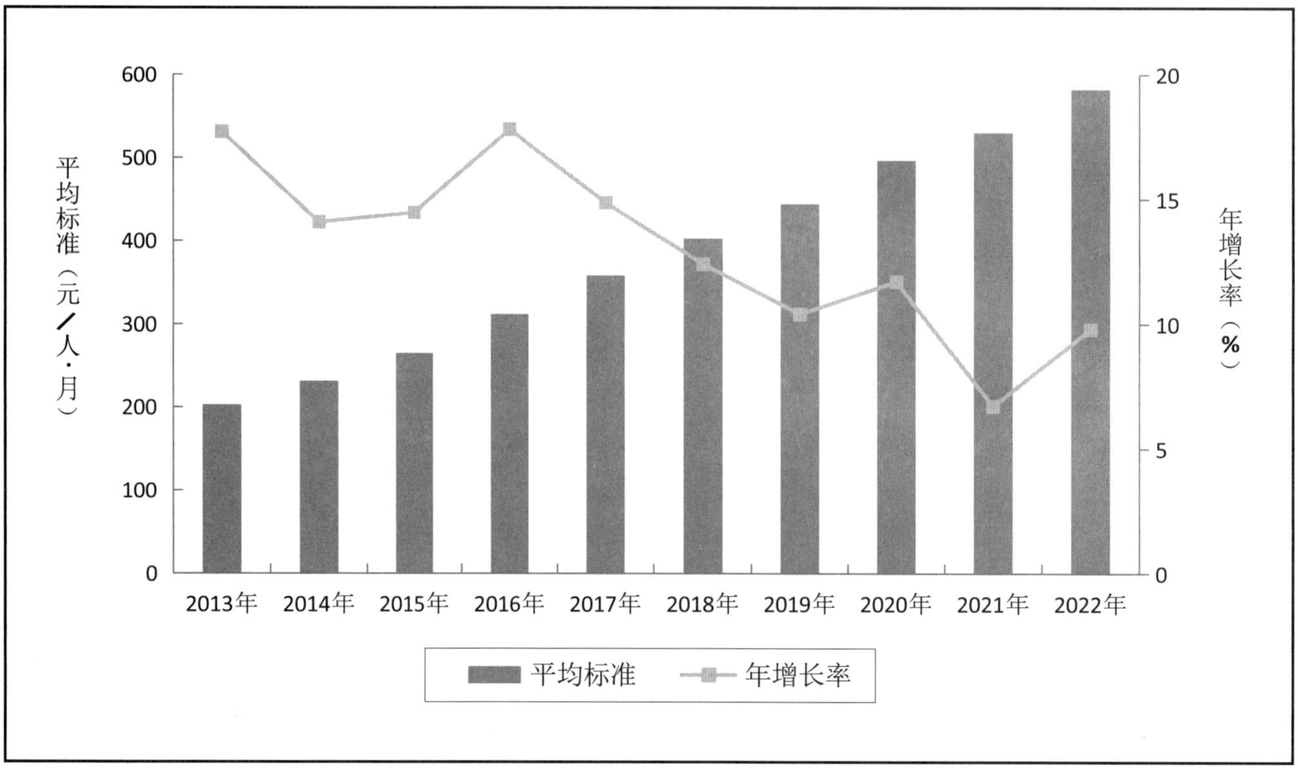

单位：元/人·月、%

指标	2013年	2014年	2015年	2016年	2017年	2018年	2019年	2020年	2021年	2022年
平均标准	202.8	231.4	264.9	312.0	358.4	402.8	444.6	496.9	530.2	582.1
年增长率	17.7	14.1	14.5	17.8	14.9	12.4	10.4	11.7	6.7	9.8

图2-12　分地区农村最低生活保障平均标准

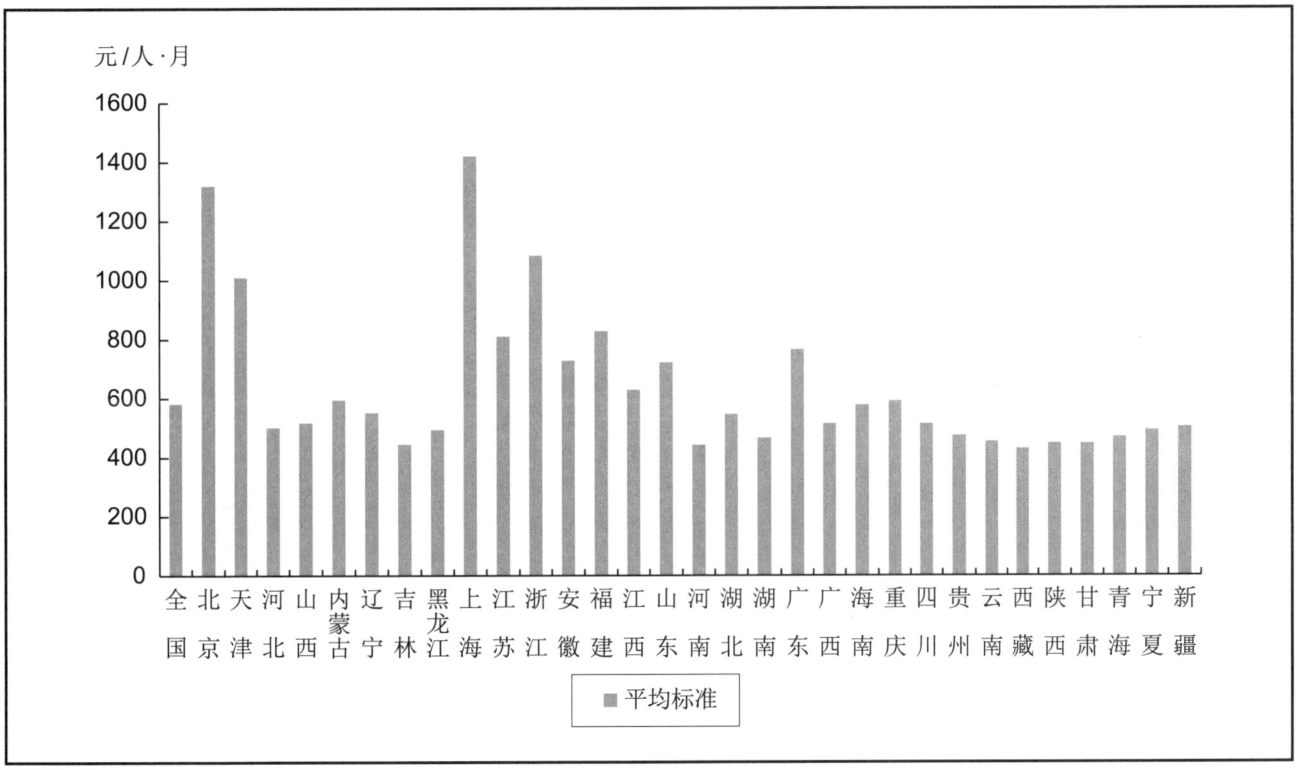

单位：元/人·月

地　区	平均标准	地　区	平均标准	地　区	平均标准	地　区	平均标准
全　国	**582.1**	黑龙江	494.7	河　南	442.7	贵　州	473.8
北　京	1320.0	上　海	1420.0	湖　北	546.3	云　南	454.1
天　津	1010.0	江　苏	810.2	湖　南	466.1	西　藏	430.0
河　北	501.3	浙　江	1083.2	广　东	765.8	陕　西	448.7
山　西	517.4	安　徽	727.5	广　西	514.4	甘　肃	448.2
内蒙古	595.0	福　建	828.2	海　南	577.2	青　海	469.4
辽　宁	551.8	江　西	628.4	重　庆	591.2	宁　夏	492.4
吉　林	444.6	山　东	721.0	四　川	514.0	新　疆	503.3

图2-13　农村特困人员人数

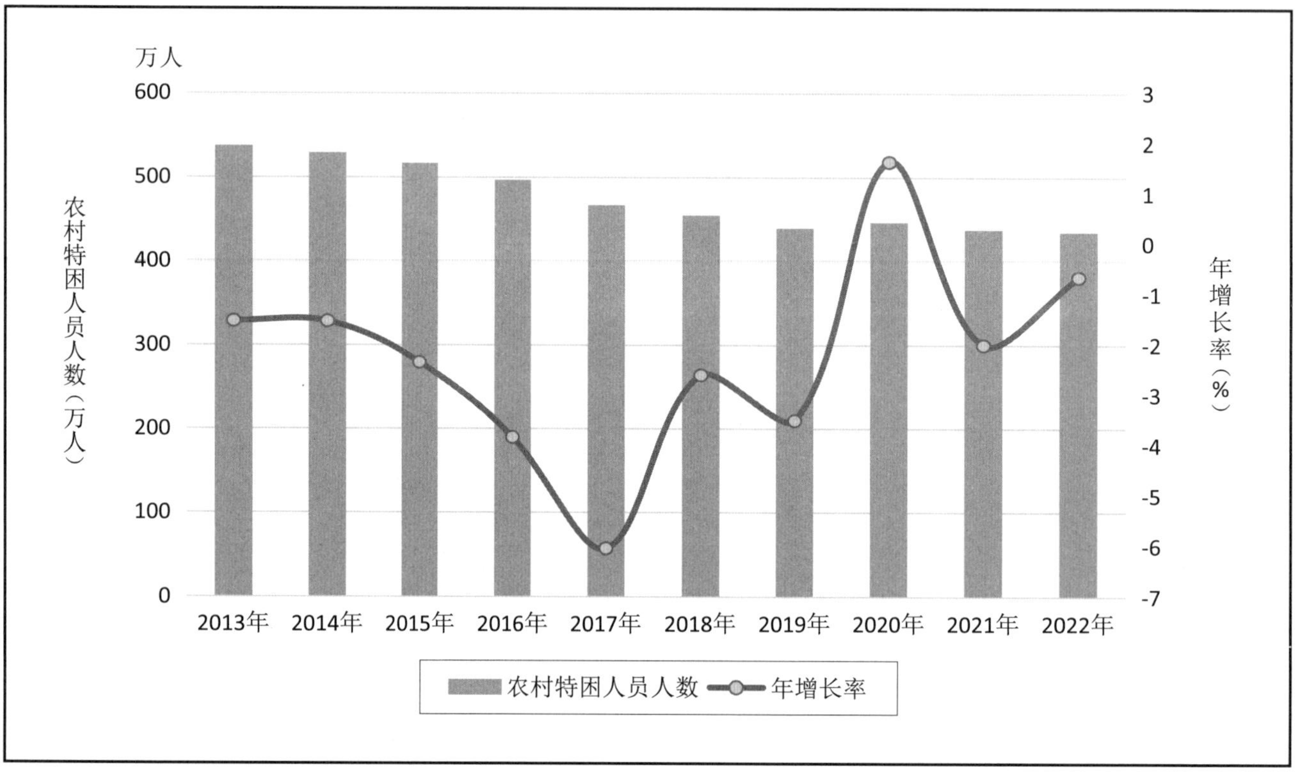

单位：万人、%

指标	2013年	2014年	2015年	2016年	2017年	2018年	2019年	2020年	2021年	2022年
农村特困人员人数	537.3	529.1	516.7	496.9	466.9	455.0	439.1	446.3	437.3	434.5
年增长率	-1.5	-1.5	-2.3	-3.8	-6.0	-2.6	-3.5	1.6	-2.0	-0.7

图2-14　分地区孤儿基本生活保障平均标准

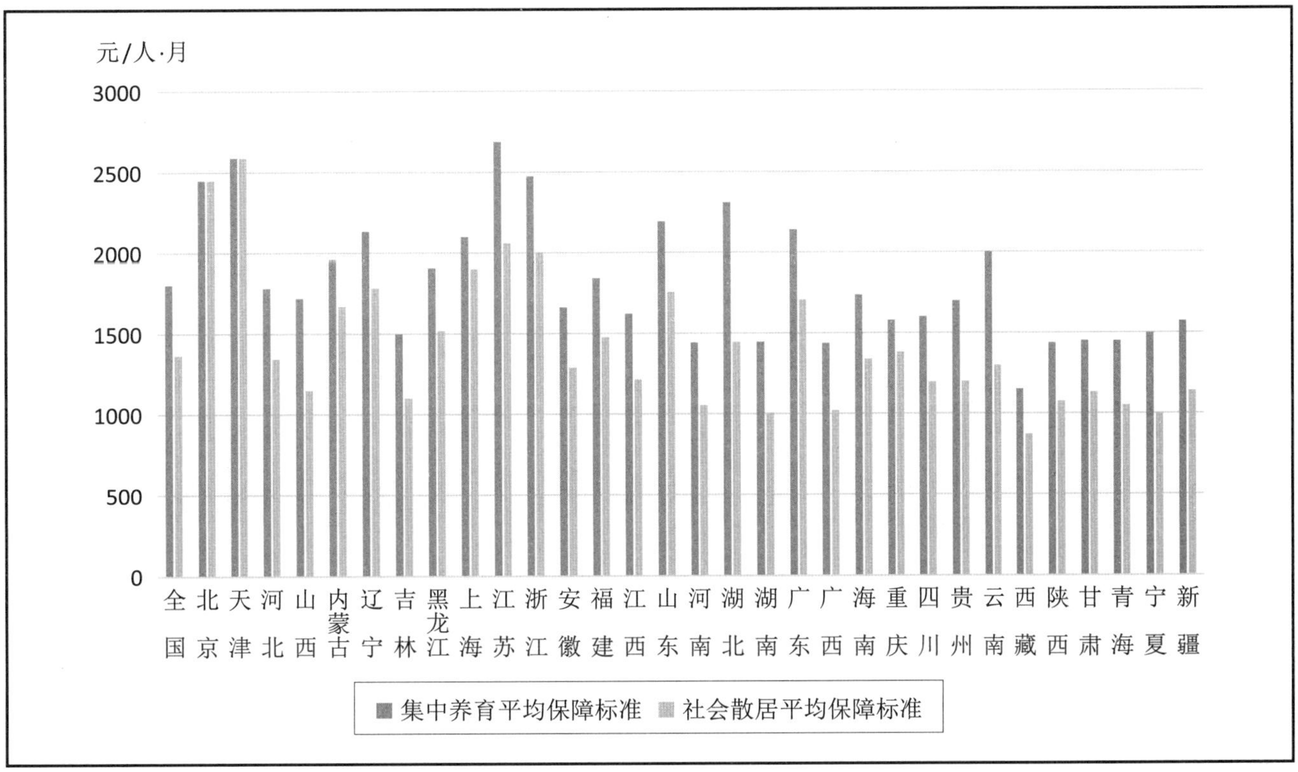

单位：元/人·月

地　区	集中养育平均保障标准	社会散居平均保障标准	地　区	集中养育平均保障标准	社会散居平均保障标准	地　区	集中养育平均保障标准	社会散居平均保障标准	地　区	集中养育平均保障标准	社会散居平均保障标准
全　国	**1802.3**	**1364.7**	黑龙江	1906.1	1518.5	河　南	1443.5	1054.3	贵　州	1700.0	1200.0
北　京	2450.0	2450.0	上　海	2100.0	1900.0	湖　北	2311.4	1446.9	云　南	2000.3	1300.3
天　津	2590.0	2590.0	江　苏	2690.0	2060.7	湖　南	1447.0	1006.7	西　藏	1151.5	873.5
河　北	1782.2	1344.6	浙　江	2475.6	2003.2	广　东	2141.3	1707.1	陕　西	1438.9	1075.4
山　西	1720.0	1148.0	安　徽	1662.7	1289.5	广　西	1438.8	1022.5	甘　肃	1451.8	1132.4
内蒙古	1960.0	1669.2	福　建	1843.6	1478.7	海　南	1736.4	1338.0	青　海	1450.0	1050.0
辽　宁	2134.5	1782.6	江　西	1622.8	1214.0	重　庆	1579.4	1382.0	宁　夏	1500.0	1000.0
吉　林	1500.0	1100.0	山　东	2192.9	1756.3	四　川	1602.4	1196.6	新　疆	1572.8	1140.7

图2-15　社会组织捐赠收入

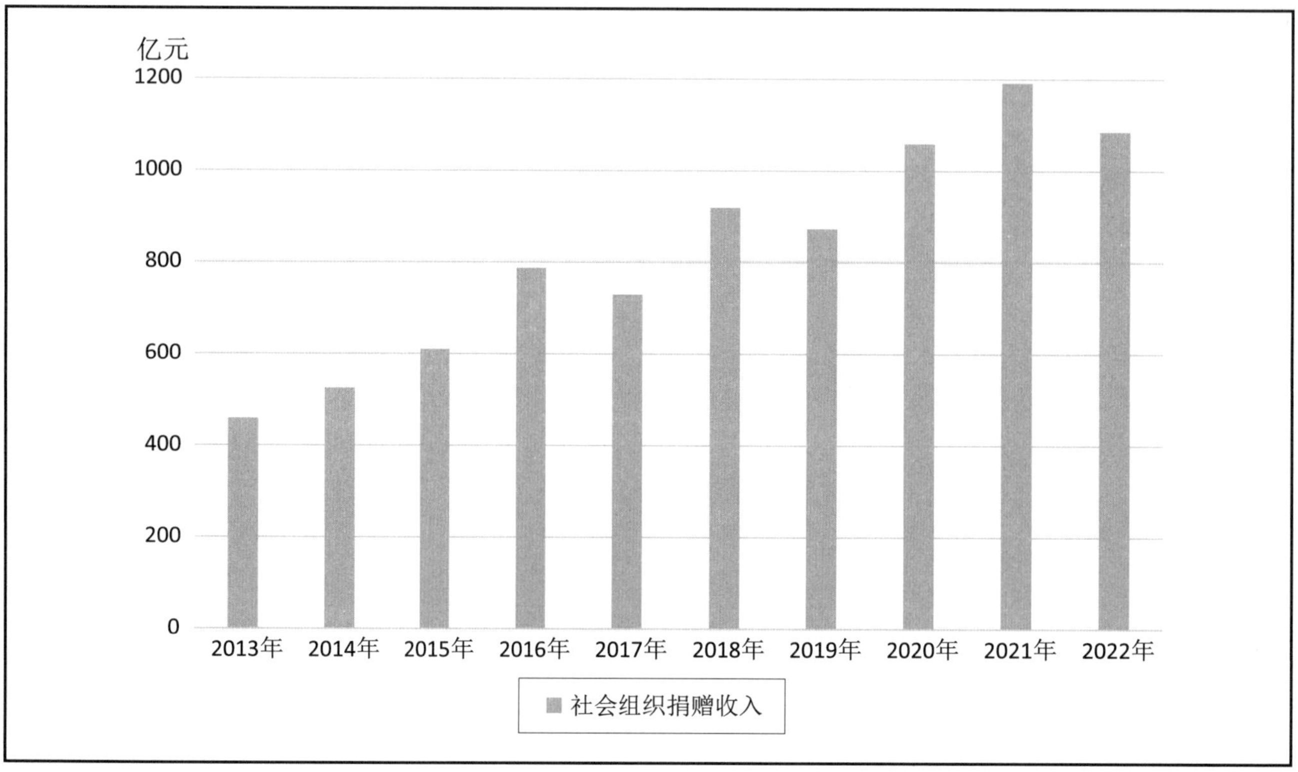

单位：亿元

指标	2013年	2014年	2015年	2016年	2017年	2018年	2019年	2020年	2021年	2022年
社会组织捐赠收入	458.8	524.8	610.3	786.7	729.2	919.7	873.2	1059.1	1192.5	1085.3

图2-16 福利彩票

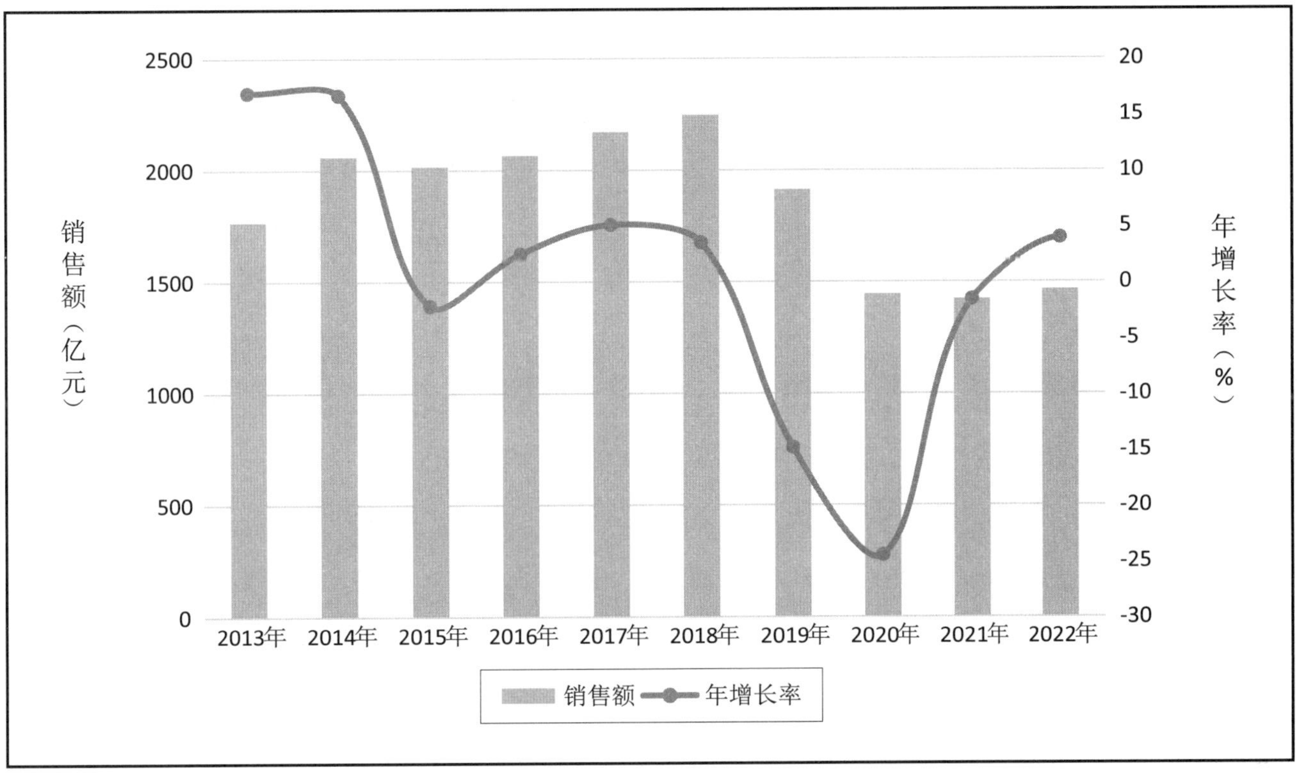

单位：亿元、%

指标	2013年	2014年	2015年	2016年	2017年	2018年	2019年	2020年	2021年	2022年
销售额	1765.3	2059.7	2015.1	2064.9	2169.8	2245.6	1912.4	1444.9	1422.5	1481.3
年增长率	16.9	16.7	-2.2	2.5	5.1	3.5	-14.8	-24.4	-1.5	4.1

图2-17 社区综合服务机构和设施

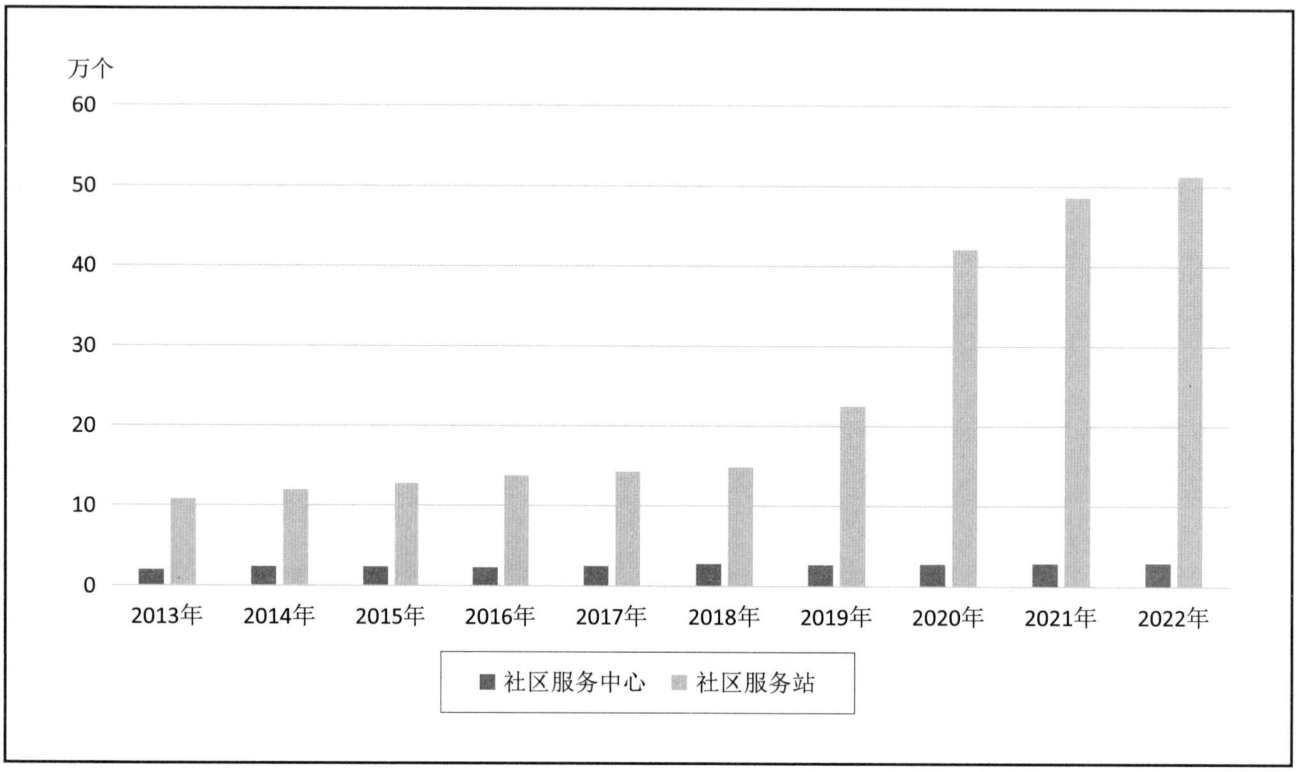

单位：万个

指标	2013年	2014年	2015年	2016年	2017年	2018年	2019年	2020年	2021年	2022年
社区综合服务机构和设施	25.2	25.1	27.3	27.5	28.2	28.7	35.9	51.1	56.7	59.1
#社区服务中心	2.0	2.4	2.4	2.3	2.5	2.8	2.7	2.8	2.9	3.0
社区服务站	10.8	12.0	12.8	13.8	14.3	14.9	22.5	42.1	48.6	51.3

注：2014年以后社区服务中心中含社区服务指导中心。

图2–18　社区综合服务设施覆盖率

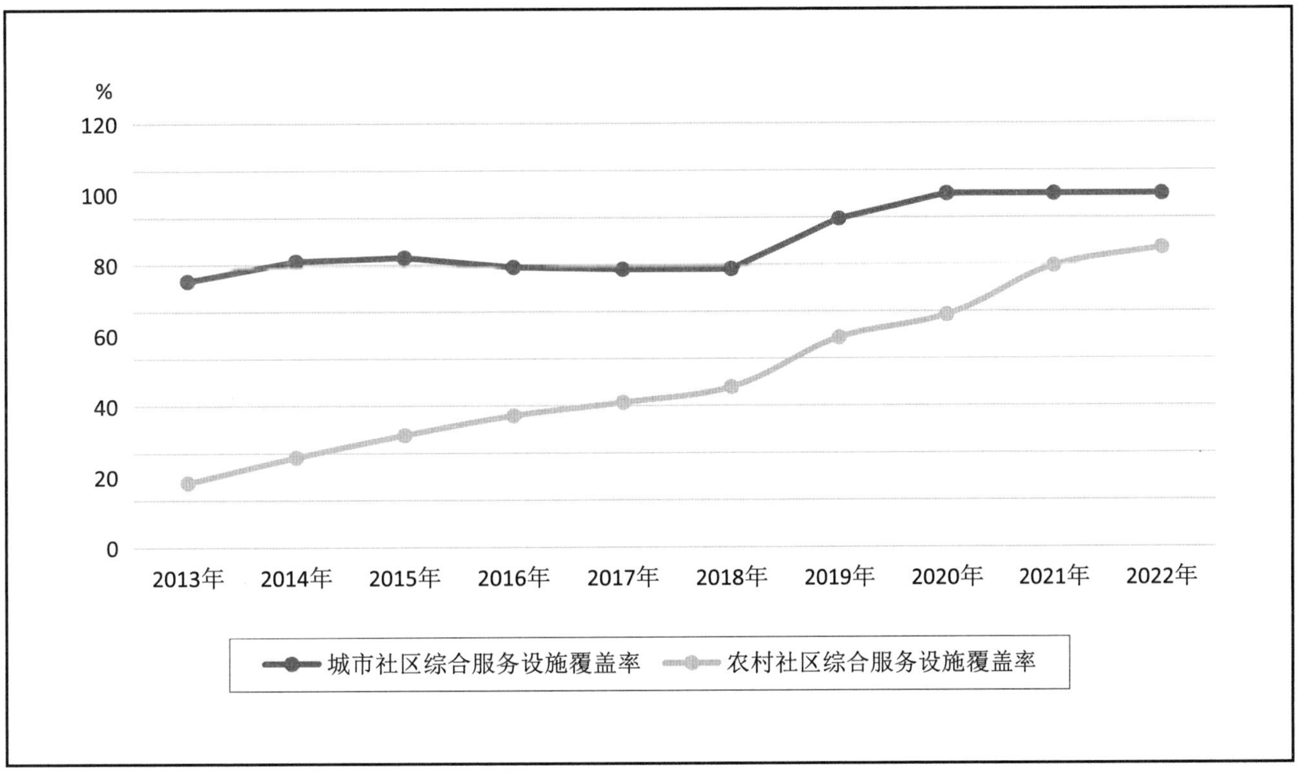

单位：%

指标	2013年	2014年	2015年	2016年	2017年	2018年	2019年	2020年	2021年	2022年
城市社区综合服务设施覆盖率	75.4	81.0	82.0	79.3	78.6	78.7	92.9	100.0	100.0	100.0
农村社区综合服务设施覆盖率	18.4	25.5	31.8	37.3	40.9	45.3	59.3	65.7	79.5	84.6

图3-1　社会组织

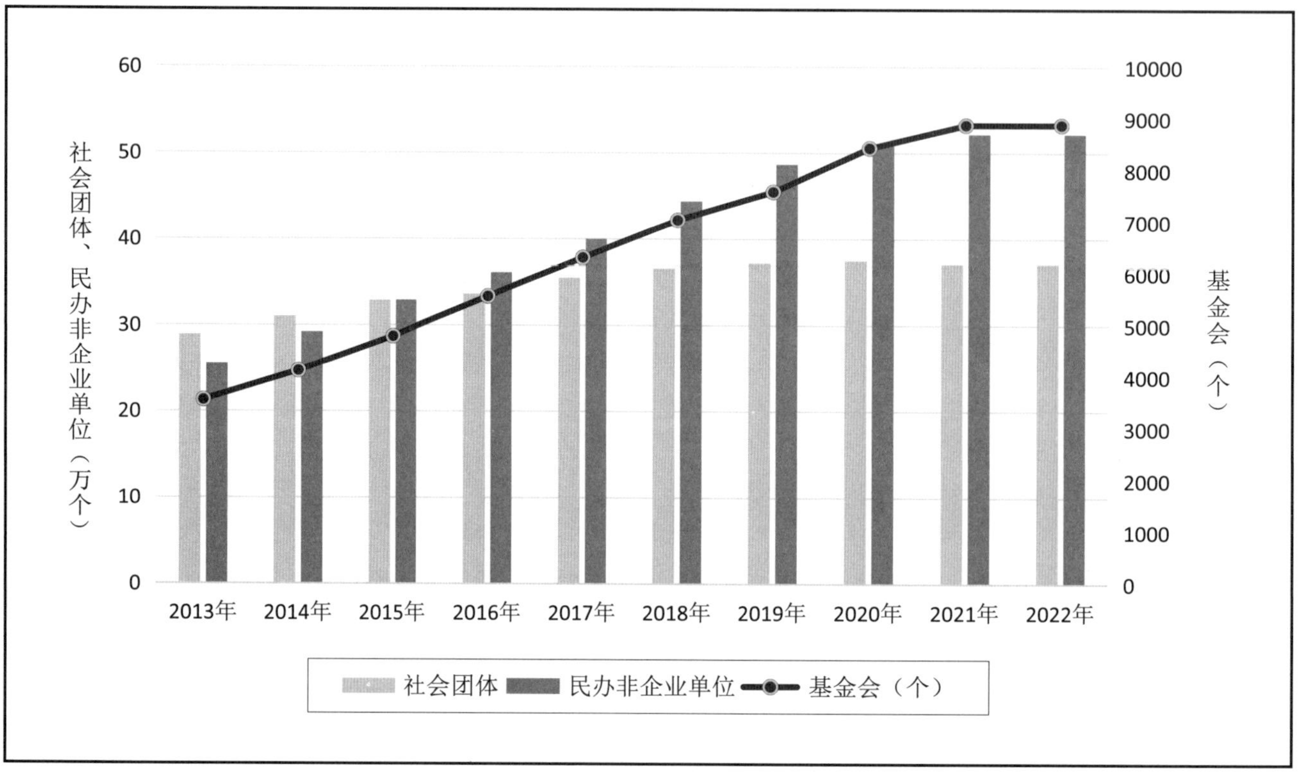

单位：万个、个

指标	2013年	2014年	2015年	2016年	2017年	2018年	2019年	2020年	2021年	2022年
社会组织	54.7	60.6	66.2	70.2	76.2	81.7	86.6	89.4	90.2	89.1
社会团体	28.9	31	32.9	33.6	35.5	36.6	37.2	37.5	37.1	37.0
基金会（个）	3549	4117	4784	5559	6307	7034	7585	8432	8877	9319
民办非企业单位	25.5	29.2	32.9	36.1	40.0	44.4	48.7	51.1	52.2	51.2

图3-2　自治组织

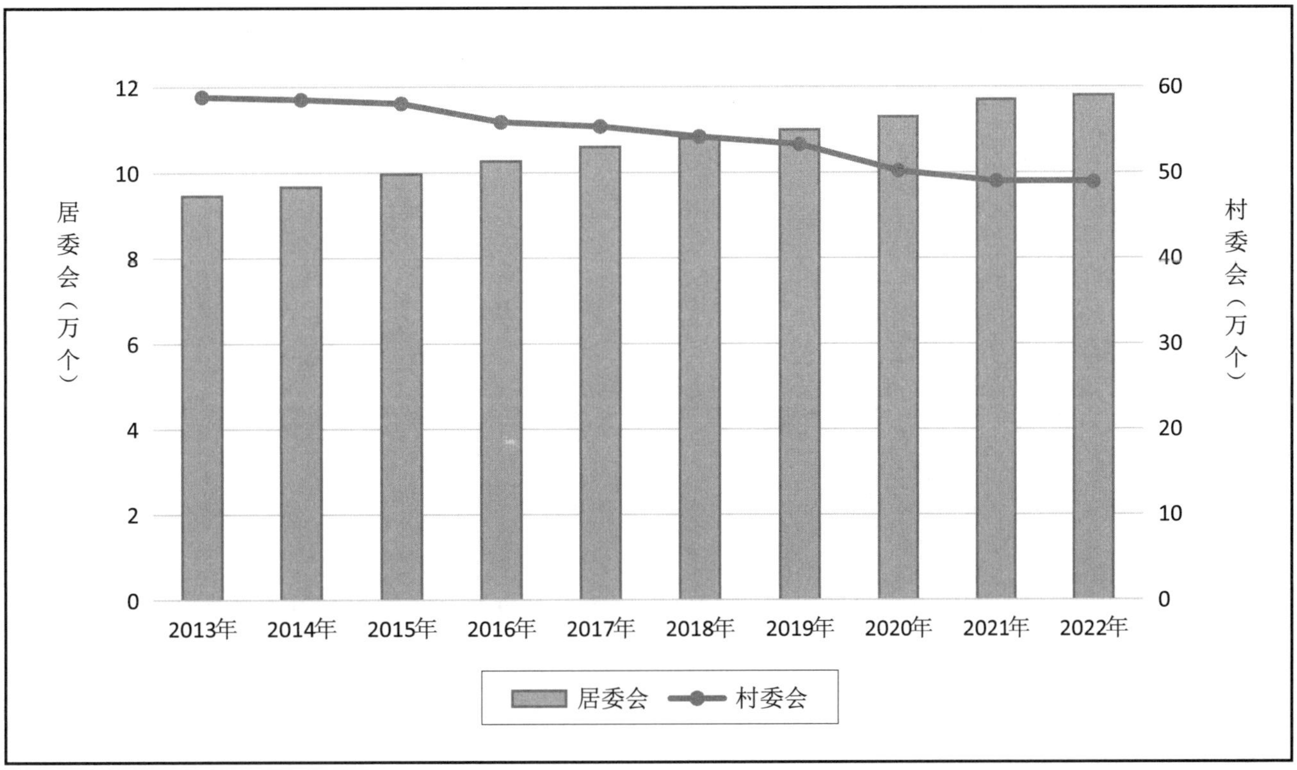

单位：万个

指标	2013年	2014年	2015年	2016年	2017年	2018年	2019年	2020年	2021年	2022年
自治组织	68.3	68.2	68.1	66.2	66.1	65.0	64.3	61.5	60.6	60.7
居委会	9.5	9.7	10.0	10.3	10.6	10.8	11.0	11.3	11.7	11.8
村委会	58.9	58.5	58.1	55.9	55.4	54.2	53.3	50.2	49.0	48.9

图3-3　结婚登记

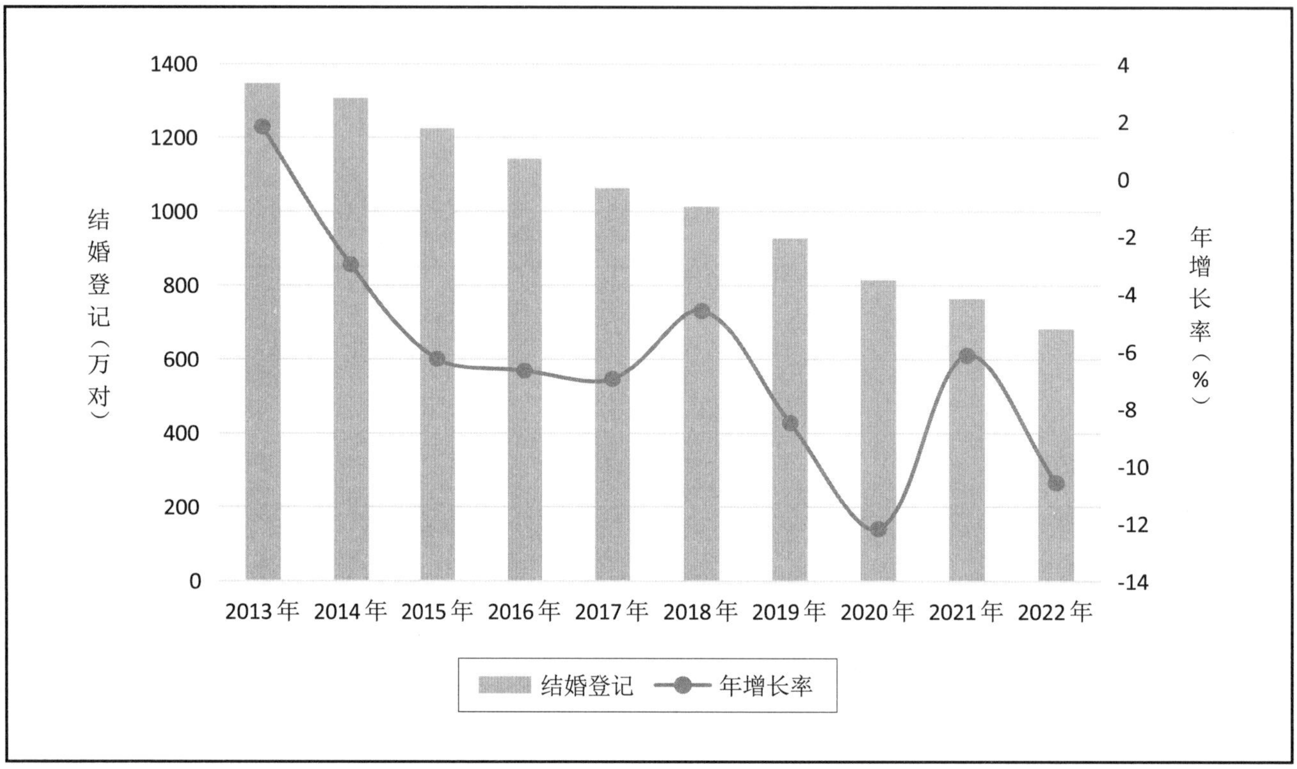

单位：万对、%

指标	2013年	2014年	2015年	2016年	2017年	2018年	2019年	2020年	2021年	2022年
结婚登记	1346.9	1306.7	1224.7	1142.8	1063.1	1013.9	927.3	814.3	764.3	683.5
年增长率	1.8	-3.0	-6.3	-6.7	-7.0	-4.6	-8.5	-12.2	-6.1	-10.6

图3-4　分年龄组结婚登记

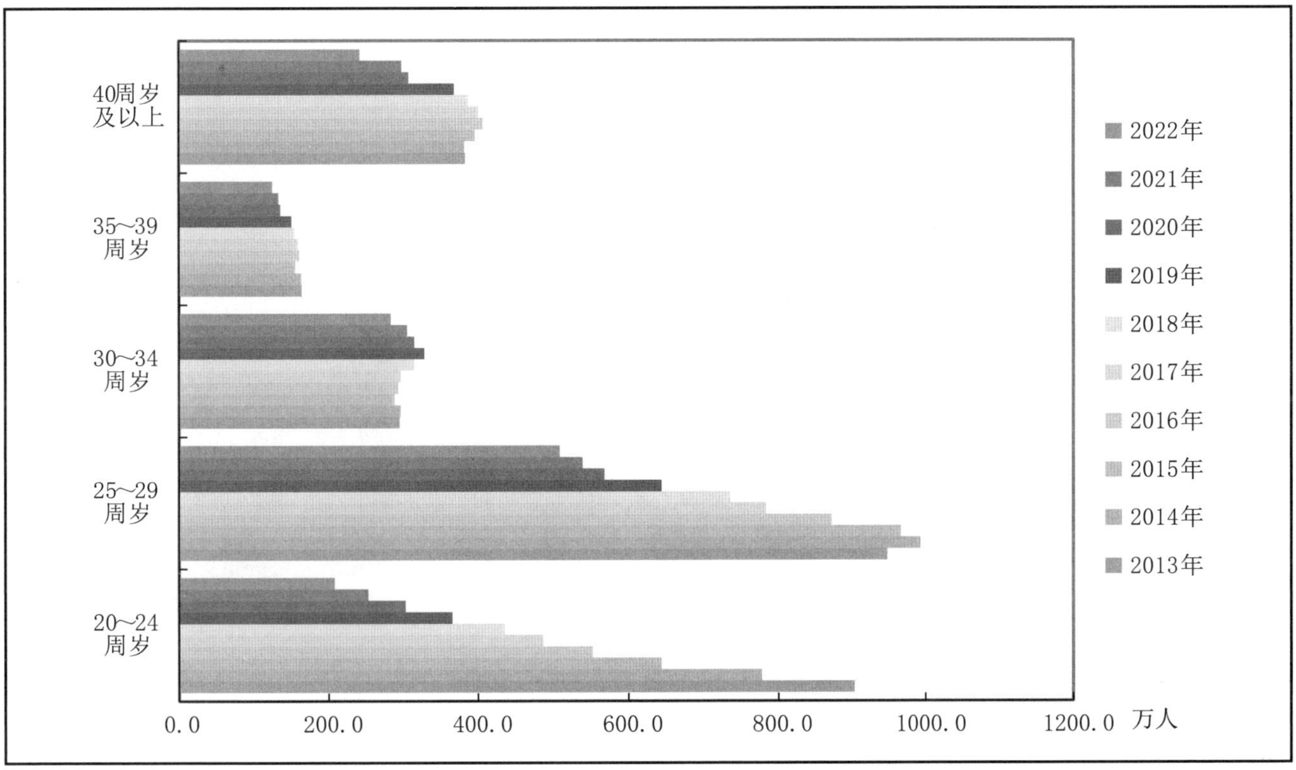

单位：万人

年份	20～24周岁	25～29周岁	30～34周岁	35～39周岁	40周岁及以上
2013	903.4	947.5	295.1	164.3	383.5
2014	778.2	993.1	296.5	163.5	382.2
2015	643.9	965.7	288.1	155.3	396.4
2016	552.3	872.2	293.0	160.6	407.3
2017	486.6	783.5	296.7	158.7	400.7
2018	435.6	736.2	314.7	154.2	387.2
2019	365.4	644.2	328.0	150.5	368.5
2020	302.7	568.3	314.7	135.7	307.3
2021	252.9	539.3	305.2	133.2	297.9
2022	207.8	509.1	283.2	124.9	242.0

图3-5　民政部门办理离婚和法院判决、调解离婚

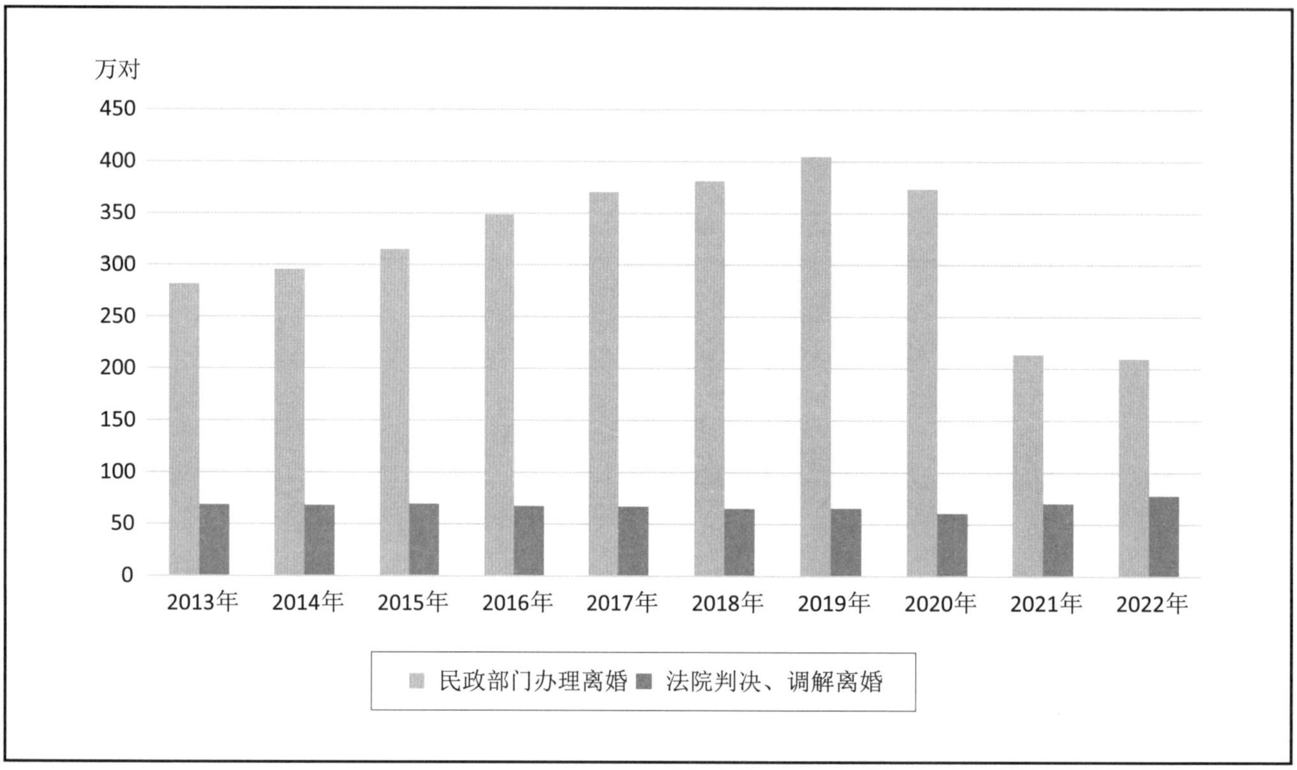

单位：万对

指标	2013年	2014年	2015年	2016年	2017年	2018年	2019年	2020年	2021年	2022年
离婚对数	350.0	363.6	384.1	415.8	437.3	446.1	470.1	433.9	283.9	287.9
民政部门办理离婚	281.5	295.7	314.9	348.6	370.4	381.2	404.7	373.6	214.1	210.0
法院判决、调解离婚	68.5	67.9	69.3	67.2	66.9	64.9	65.3	60.3	69.8	77.9

图3-6　结婚率和离婚率

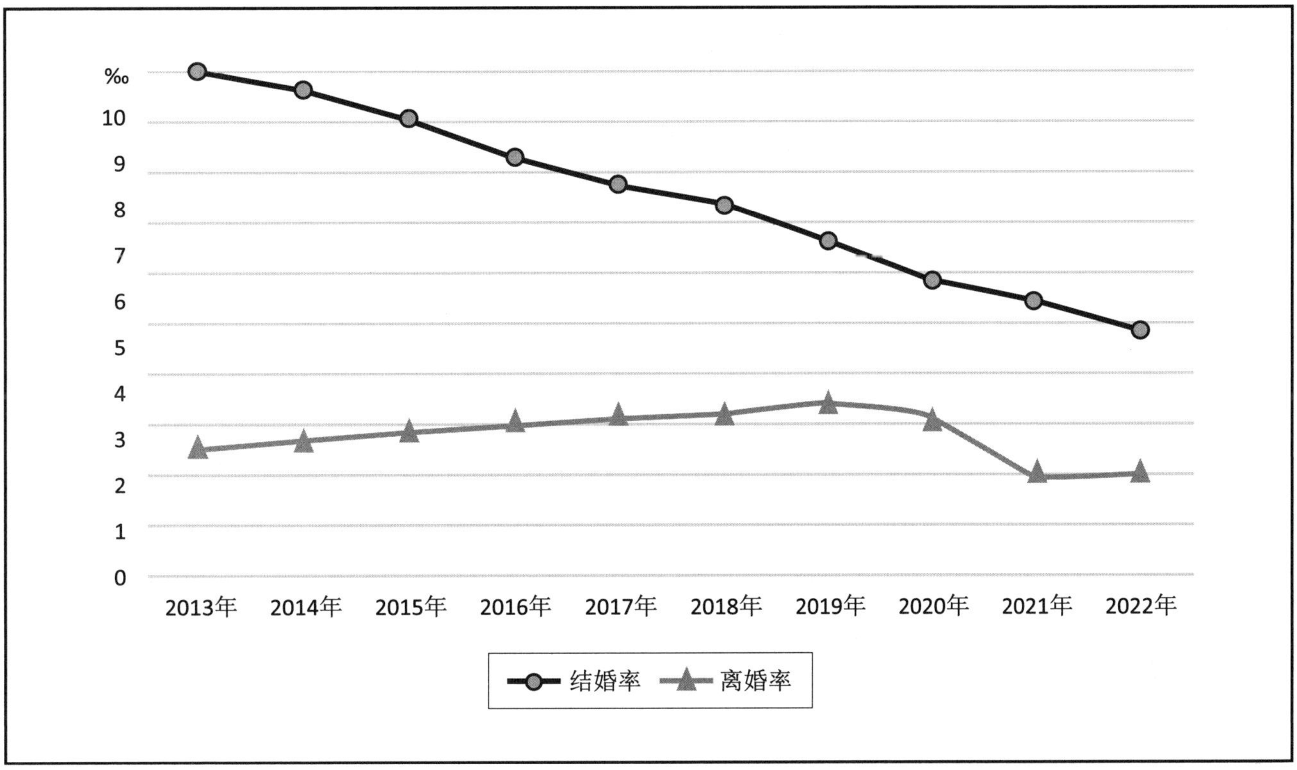

单位：‰

指标	2013年	2014年	2015年	2016年	2017年	2018年	2019年	2020年	2021年	2022年
结婚率	9.92	9.58	9.00	8.29	7.66	7.28	6.63	5.79	5.41	4.84
离婚率	2.58	2.67	2.79	3.01	3.15	3.20	3.36	3.09	2.01	2.04

注：结（离）婚率计算方法是当期结（离）婚对数除以当期人口平均数。

第三部分

综合统计资料

A-1-1 “七五”—“十四五”时期民政事业发展速度

单位：%

指标	“七五”时期平均增长速度	“八五”时期平均增长速度	“九五”时期平均增长速度	“十五”时期平均增长速度	“十一五”时期平均增长速度	“十二五”时期平均增长速度	“十三五”时期平均增长速度	“十四五”时期前两年平均增长速度
一、综合								
行政区划								
镇	5.7	7.7	3.0	-0.8	-0.1	1.1	0.6	0.5
乡	-11.6	-7.8	-4.7	-7.2	-1.8	-4.9	-4.9	-3.4
60周岁及以上老年人口					4.3	4.6	3.5	3.0
民政事业费支出	11.9	14.8	17.3	25.6	30.3	12.8	-0.5	-2.7
固定资产原价	20.8	22.5	53.1	9.9	16.3	4.4	-0.9	14.5
二、社会工作								
民政服务床位	9.7	4.6	3.0	7.7	13.8	14.6	3.0	0.5
#养老床位				5.0	15.3	16.3	3.5	0.5
精神疾病服务床位				10.0	8.8	6.7	-2.8	3.6
儿童服务床位				11.7	11.5	21.2	0.2	0.2
收养登记				-2.0	-7.5	-8.9	-12.9	-14.7
销售福利彩票		54.5	14.6	29.4	18.7	15.8	-6.4	1.3
城市最低生活保障人数				40.9	0.7	-5.9	-13.9	-7.9
农村最低生活保障人数				28.3	47.9	-1.2	-5.9	-3.8
社区服务中心			8.0	5.6	8.2	13.7	3.0	3.5
三、成员组织和其他社会服务								
社会组织		75.5	-3.2	15.8	6.9	8.2	6.2	-0.2
社会团体				5.6	7.5	6.1	2.7	-0.7
基金会					17.7	16.8	12.0	5.1
民办非企业单位				45.5	6.1	10.7	9.2	0.1
自治组织								
村委会	1.1	-6.9	-4.7	-3.0	-1.1	-0.5	-2.9	-1.3
居委会	4.1	2.5	-0.6	-5.9	1.7	2.8	2.5	2.2
婚姻服务								
结婚登记	2.7	-0.4	-0.2	-0.6	8.6	-0.3	-7.8	-8.4
离婚登记	11.7	5.7	2.8	8.0	8.5	7.5	2.5	-18.5

注：乡包含民族乡、苏木、民族苏木。

A-1-2　2018—2022年民政事业发展主要指标

指　标	单 位	2018年	2019年	2020年	2021年	2022年
一、综合						
县级行政区划	**个**	**2851**	**2846**	**2844**	**2843**	**2843**
市辖区	个	970	965	973	977	977
县级市	个	375	387	388	394	394
县	个	1335	1323	1312	1301	1301
自治县	个	117	117	117	117	117
旗	个	49	49	49	49	49
自治旗	个	3	3	3	3	3
林区	个	1	1	1	1	1
特区	个	1	1	1	1	1
乡级行政区划	**个**	**39945**	**38755**	**38741**	**38558**	**38602**
镇	个	21297	21013	21157	21322	21389
乡	个	9118	8101	7693	7197	7116
民族乡	个	981	966	962	958	957
苏木	个	153	153	153	153	153
民族苏木	个	1	1	1	1	1
街道	个	8393	8519	8773	8925	8984
区公所	个	2	2	2	2	2
省级行政区域界线勘定						
联检省级行政区域界线数量	条	14	14	14	13	13
联检省级行政区域界线长度	公里	11982	7874	14468	13629	14450
民政事业基本情况						
民政部门登记和管理的机构和设施数	万个	187.6	201.5	229.3	238.0	250.1
职工人数	万人	1470.0	1545.7	1644.8	1730.4	1781.3
固定资产原价	亿元	5736.2	6515.3	7278.0	8610.0	9538.8
民政事业费支出	亿元	4076.9	4279.2	4808.2	4679.0	5090.4
社会福利	亿元	1064.8	1228.8	1327.3	1402.4	1582.7
社会救助	亿元	2224.0	2281.4	2711.9	2549.4	2707.9
民政管理事务	亿元	500.3	497.7	501.2	493.8	536.0
行政事业单位养老支出	亿元	38.2	46.1	47.6	33.3	41.6
其他	亿元	249.6	225.2	220.3	200.1	222.2
#公益金支出	亿元	251.7	259.9	229.9	196.8	212.9
#基本建设投资	亿元	188.0	184.8	190.9	201.3	172.4
#预算内投资	亿元	71.9	72.6	75.0	60.5	66.5
预算内投资占民政事业费比重	%	1.8	1.7	1.6	1.3	1.3
#公益金投资	亿元	48.0	37.9	29.3	23.0	16.9
公益金投资占公益金支出比重	%	19.1	14.6	12.7	11.7	7.9
中央财政转移支付的民政事业费	亿元	1484.8	1566.6	1704.2	1578.1	1687.3
中央财政转移支付占民政事业费比重	%	36.4	36.6	35.4	33.7	33.1

A-1-2续表1

指　标	单 位	2018年	2019年	2020年	2021年	2022年
民政事业费占国家财政支出的比重	%	1.8	1.8	2.0	1.9	2.0
二、社会工作						
机构和设施数	万个	45.9	56.6	84.4	92.9	105.5
#养老机构和设施数	万个	16.8	20.4	32.9	35.8	38.7
机构和设施床位数	万张	755.9	803.6	848.2	842.8	856.3
#养老机构和设施床位数	万张	727.1	775.0	821.0	815.9	829.4
每千人口民政服务床位数	张/千人	5.4	5.7	6.0	6.0	6.1
#每千老年人口养老床位数	张/千人	29.1	30.5	31.1	30.5	29.6
机构和设施收养人数	万人	317.3	387.9	282.3	273.6	262.3
#养老机构和设施收养照料人数	万人	302.9	373.8	269.0	261.0	250.3
提供住宿的社会工作						
机构数*	万个	3.1	3.7	4.1	4.3	4.3
#养老机构数	万个	2.9	3.4	3.8	4.0	4.1
床位数	万张	408.1	467.4	515.4	530.5	545.2
#养老机构床位数	万张	379.4	438.8	488.2	503.6	518.3
不提供住宿的社会工作						
机构和设施数	万个	42.8	52.9	80.3	88.6	101.2
#社区综合服务机构和设施	万个	28.7	35.9	51.1	56.7	59.1
#社区服务中心	万个	2.8	2.7	2.8	2.9	3.0
其中：农村	万个	1.1	1.1	1.2	1.3	1.3
#社区服务站	万个	14.9	22.5	42.1	48.6	51.3
其中：农村	万个	8.1	14.0	31.8	37.6	40.1
城市社区综合服务设施覆盖率	%	78.7	92.9	100.0	100.0	100.0
农村社区综合服务设施覆盖率	%	45.3	59.3	65.7	79.5	84.6
#社区养老服务机构和设施数	万个	14.0	16.9	29.1	31.8	34.7
#社区养老服务机构和设施床位数	万张	347.8	336.2	332.8	312.3	311.1
老年人福利						
60周岁及以上老年人口	万人	24949	25388	26402	26736	28004
占全国总人口比重	%	17.9	18.1	18.7	18.9	19.8
老龄补贴人数	万人	3571.9	3579.1	3853.7	3994.7	4143.0
残疾人福利						
困难残疾人生活补贴人数	万人	1005.8	1085.7	1214.0	1194.1	1178.5
重度残疾人护理补贴人数	万人	1193.0	1368.5	1475.1	1503.2	1545.4
儿童福利						
孤儿	万人	30.5	23.3	19.3	17.3	15.8
事实无人抚养儿童	万人			25.4	31.4	36.5
家庭收养登记	件	16267	13044	11103	12447	8432
流浪儿童救助	万人次	7.6	6.2	3.1	2.4	2.2

注：机构数是指在市场监管部门、编制部门或民政部门办理了注册登记手续的民政服务机构。

A–1–2续表2

指　标	单 位	2018年	2019年	2020年	2021年	2022年
社会救助						
最低生活保障						
城市最低生活保障人数	万人	1007.0	860.9	805.1	737.8	682.4
城市最低生活保障户数	万户	605.1	524.9	488.9	454.9	423.8
城市最低生活保障平均标准	元/人·月	579.7	624.0	677.6	711.4	752.3
农村最低生活保障人数	万人	3519.1	3455.4	3620.8	3474.5	3349.6
农村最低生活保障户数	万户	1901.7	1892.3	1985.0	1945.0	1896.7
农村最低生活保障平均标准	元/人·月	402.8	444.6	496.9	530.2	582.1
特困人员救助供养						
农村特困人员救助供养	万人	455.0	439.1	446.3	437.3	434.5
城市特困人员救助供养	万人	27.7	29.5	31.2	32.8	35.0
临时救助						
临时救助	万人次	1108.0	993.2	1380.6	1198.6	1100.1
流浪乞讨人员救助						
流浪乞讨人员救助*	万人次	157.2	133.3	84.1	74.6	75.1
福利彩票						
销售福利彩票	亿元	2245.6	1912.4	1444.9	1422.5	1481.3
筹集公益金	亿元	643.6	557.3	444.6	443.6	461.0
慈善和社工						
持证社会工作者	万人	43.9	53.4	66.9	73.7	93.1
成员组织和其他社会服务						
社会组织	**万个**	**81.7**	**86.6**	**89.4**	**90.2**	**89.1**
社会团体	万个	36.6	37.2	37.5	37.1	37.0
基金会	个	7034	7585	8432	8877	9319
民办非企业单位	万个	44.4	48.7	51.1	52.2	51.2
社会组织捐赠收入	亿元	919.7	873.2	1059.1	1192.5	1085.3
自治组织	**万个**	**65.0**	**64.3**	**61.5**	**60.6**	**60.7**
村委会	万个	54.2	53.3	50.2	49.0	48.9
居委会	万个	10.8	11.0	11.3	11.7	11.8
婚姻登记						
结婚登记	万对	1013.9	927.3	814.3	764.3	683.5
#涉外及华侨、港澳台	万对	4.8	4.9	1.7	1.6	1.6
结婚率	‰	7.3	6.6	5.8	5.4	4.8
离婚登记	万对	446.1	470.1	433.9	283.9	287.9
#民政部门办理离婚登记	万对	381.2	404.7	373.6	214.1	210.0
离婚率	‰	3.2	3.4	3.1	2.0	2.0

注：2022年流浪乞讨人员救助包含“寒冬送温暖”专项救助数据。

A-1-3 民政事业发展主要数据与上年比较

指　标	单　位	2022年	2021年	比上年增长(%)
一、综合				
县级行政区划	个	**2843**	**2843**	—
市辖区	个	977	977	—
县级市	个	394	394	—
县	个	1301	1301	—
自治县	个	117	117	—
旗	个	49	49	—
自治旗	个	3	3	—
林区	个	1	1	—
特区	个	1	1	—
乡级行政区划	个	**38602**	**38558**	**0.1**
镇	个	21389	21322	0.3
乡	个	7116	7197	-1.1
民族乡	个	957	958	-0.1
苏木	个	153	153	—
民族苏木	个	1	1	—
街道	个	8984	8925	0.7
区公所	个	2	2	—
省级行政区域界线勘定				
联检省级行政区域界线数量	条	13	13	—
联检省级行政区域界线长度	公里	14450	13629	6.0
民政事业基本情况				
民政部门登记和管理的机构和设施数	万个	250.1	238.0	5.1
职工人数	万人	1781.3	1730.4	2.9
固定资产原价	亿元	9538.8	8610.0	10.8
民政事业费支出	亿元	5090.4	4679.0	8.8
社会福利	亿元	1582.7	1402.4	12.9
社会救助	亿元	2707.9	2549.4	6.2
民政管理事务	亿元	536.0	493.8	8.6
行政事业单位养老支出	亿元	41.6	33.3	24.8
其他	亿元	222.2	200.1	11.0
#公益金支出	亿元	212.9	196.8	8.2
#基本建设投资	亿元	172.4	201.3	-14.4
#预算内投资	亿元	66.5	60.5	10.0
预算内投资占民政事业费比重	%	1.3	1.3	—
#公益金投资	亿元	16.9	23.0	-26.6
公益金投资占公益金支出比重	%	7.9	11.7	-3.8(百分点)
中央财政转移支付的民政事业费	亿元	1687.3	1578.1	6.9

A−1−3续表1

指　标	单 位	2022年	2021年	比上年增长(%)
中央财政转移支付占民政事业费比重	%	33.1	33.7	-0.6(百分点)
民政事业费占国家财政支出的比重	%	2.0	1.9	0.1(百分点)
二、社会工作				
机构和设施数	万个	105.5	92.9	13.6
#养老机构和设施数	万个	38.7	35.8	8.3
机构和设施床位数	万张	856.3	842.8	1.6
#养老机构和设施床位数	万张	829.4	815.9	1.7
每千人口民政服务床位数	张/千人	6.1	6.0	1.7
#每千老年人口养老床位数	张/千人	29.6	30.5	-3.0
机构和设施收养人数	万人	262.3	273.6	-4.1
#养老机构和设施收养照料人数	万人	250.3	261.0	-4.1
提供住宿的社会工作				
机构数	万个	4.3	4.3	1.7
#养老机构数	万个	4.1	4.0	1.6
床位数	万张	545.2	530.5	2.8
#养老机构床位数	万张	518.3	503.6	2.9
不提供住宿的社会工作				
机构和设施数	万个	101.2	88.6	14.2
#社区综合服务机构和设施	万个	59.1	56.7	4.2
#社区服务中心	万个	3.0	2.9	2.2
其中：农村	万个	1.3	1.3	0.9
#社区服务站	万个	51.3	48.6	5.5
其中：农村	万个	40.1	37.6	6.6
城市社区综合服务设施覆盖率	%	100.0	100.0	—
农村社区综合服务设施覆盖率	%	84.6	79.5	5.1(百分点)
#社区养老服务机构和设施数	万个	34.7	31.8	9.2
#社区养老服务机构和设施床位数	万张	311.1	312.3	-0.4
老年人福利				
60周岁及以上老年人口	万人	28004	26736	4.7
占全国总人口比重	%	19.8	18.9	0.9(百分点)
老龄补贴人数	万人	4143.0	3994.7	3.7
残疾人福利				
困难残疾人生活补贴人数	万人	1178.5	1194.1	-1.3
重度残疾人护理补贴人数	万人	1545.4	1503.2	2.8
儿童福利				
孤儿	万人	15.8	17.3	-8.5
事实无人抚养儿童	万人	36.5	31.4	16.1
家庭收养登记	件	8432	12447	-32.3
流浪儿童救助	万人次	2.2	2.4	-10.3

A-1-3续表2

指　标	单　位	2022年	2021年	比上年增长(%)
社会救助				
最低生活保障				
城市最低生活保障人数	万人	682.4	737.8	-7.5
城市最低生活保障户数	万户	423.8	454.9	-6.8
城市最低生活保障平均标准	元/人·月	752.3	711.4	5.7
农村最低生活保障人数	万人	3349.6	3474.5	-3.6
农村最低生活保障户数	万户	1896.7	1945.0	-2.5
农村最低生活保障平均标准	元/人·月	582.1	530.2	9.8
特困人员救助供养				
农村特困人员救助供养	万人	434.5	437.3	-0.7
城市特困人员救助供养	万人	35.0	32.8	6.9
临时救助				
临时救助	万人次	1100.1	1198.6	-8.2
流浪乞讨人员救助				
流浪乞讨人员救助	万人次	75.1	74.6	0.6
福利彩票				
销售福利彩票	亿元	1481.3	1422.5	4.1
筹集公益金	亿元	461.0	443.6	3.9
慈善和社工				
持证社会工作者	万人	93.1	73.7	26.2
成员组织和其他社会服务				
社会组织	**万个**	**89.1**	**90.2**	**-1.2**
社会团体	万个	37.0	37.1	-0.3
基金会	个	9319	8877	5.0
民办非企业单位	万个	51.2	52.2	-1.9
社会组织捐赠收入	亿元	1085.3	1192.5	-9.0
自治组织	**万个**	**60.7**	**60.6**	**0.2**
村委会	万个	48.9	49.0	—
居委会	万个	11.8	11.7	1.2
婚姻登记				
结婚登记	万对	683.5	764.3	-10.6
#涉外及华侨、港澳台	万对	1.6	1.6	2.5
结婚率	‰	4.8	5.4	-0.6（千分点）
离婚登记	万对	287.9	283.9	1.4
#民政部门办理离婚登记	万对	210.0	214.1	-1.9
离婚率	‰	2.0	2.0	—

A-1-4 行政区划与上年比较

单位：个

指 标	2022年	2021年	比上年增长 (%)
地级行政区划合计	**333**	**333**	–
地级市	293	293	–
地区	7	7	–
自治州	30	30	–
盟	3	3	–
县级行政区划合计	**2843**	**2843**	–
市辖区	977	977	–
县级市	394	394	–
县	1301	1301	–
自治县	117	117	–
旗	49	49	–
自治旗	3	3	–
特区	1	1	–
林区	1	1	–
乡级行政区划合计	**38602**	**38558**	**0.1**
镇	21389	21322	0.3
乡	7116	7197	-1.1
民族乡	957	958	-0.1
苏木	153	153	–
民族苏木	1	1	–
街道	8984	8925	0.7
区公所	2	2	–

A-1-5　民政部门登记和管理的机构和设施与上年比较

单位：个

指　标	2022年	2021年	比上年增长 (%)
合计	**2500926**	**2379951**	**5.1**
一、社会工作	**1055442**	**929025**	**13.6**
提供住宿的社会工作	**43410**	**42696**	**1.7**
养老机构	40587	39961	1.6
社会福利院	1493	1521	-1.8
特困人员救助供养机构	16913	17292	-2.2
其他各类养老机构	22181	21148	4.9
精神疾病服务机构	142	140	1.4
社会福利医院	142	140	1.4
儿童福利和救助保护机构	925	815	13.5
儿童福利机构	529	539	-1.9
未成年人救助保护机构	396	276	43.5
其他提供住宿机构	1756	1780	-1.3
流浪乞讨人员救助管理机构	1573	1562	0.7
其他提供住宿的机构	183	218	-16.1
不提供住宿的社会工作	**1012032**	**886329**	**14.2**
民政部门直属康复辅具机构	20	21	-4.8
社会救助服务机构	896	881	1.7
福利彩票发行管理机构	642	655	-2.0
社区综合服务机构和设施	590762	567077	4.2
社区养老服务机构和设施	346823	317695	9.2
乡、镇（街道）社工站	21783	—	—
城乡社区社工室	51106	—	—
二、成员组织和其他社会服务	**1504859**	**1513988**	**-0.6**
成员组织	**1499282**	**1508546**	**-0.6**
社会组织	891267	901870	-1.2
社会团体	370093	371110	-0.3
基金会	9319	8877	5.0
民办非企业单位	511855	521883	-1.9
自治组织	607341	606124	0.2
居委会	117938	116551	1.2
村委会	489403	489573	—
宗教活动场所法人	674	552	22.1
其他社会服务	**5577**	**5442**	**2.5**
婚姻登记机构	1103	1069	3.2
殡葬服务机构	4474	4373	2.3
殡仪馆	1778	1774	0.2
公墓	1761	1673	5.3
殡葬管理机构	815	815	—
殡仪服务站	120	111	8.1
三、其他事业单位	**1339**	**1356**	**-1.3**
行政机关	**3274**	**3280**	**-0.2**

A-1-6 民政部门登记和管理的机构和设施职工与上年比较

单位：万人

指 标	2022年	2021年	比上年增长（%）
合计	**1781.3**	**1730.4**	**2.9**
一、社会工作	**429.0**	**396.4**	**8.2**
提供住宿的社会工作	**62.4**	**61.0**	**2.2**
养老机构	56.3	54.9	2.5
社会福利院	4.8	4.8	0.6
特困人员救助供养机构	13.3	12.9	2.7
其他各类养老机构	38.3	37.3	2.7
精神疾病服务机构	2.2	2.1	3.4
社会福利医院	2.2	2.1	3.4
儿童福利和救助保护机构	1.7	1.6	5.7
儿童福利机构	1.4	1.4	0.3
未成年人救助保护机构	0.4	0.3	33.2
其他提供住宿机构	2.1	2.3	-9.0
流浪乞讨人员救助管理机构	1.7	1.7	1.3
其他提供住宿的机构	0.4	0.6	-37.8
不提供住宿的社会工作	**366.7**	**335.4**	**9.3**
民政部门直属康复辅具机构	0.1	0.1	-4.0
社会救助服务机构	0.9	0.8	3.5
福利彩票发行管理机构	0.9	0.9	-2.5
社区综合服务机构和设施	275.6	263.1	4.8
社区养老服务机构和设施	77.5	70.4	10.1
乡、镇（街道）社工站	4.9		
城乡社区社工室	6.8		
二、成员组织和其他社会服务	**1400.5**	**1384.6**	**1.1**
成员组织	**1390.7**	**1375.2**	**1.1**
社会组织	1108.3	1100.0	0.8
社会团体	428.7	436.5	-1.8
基金会	4.5	4.1	12.2
民办非企业单位	675.1	659.4	2.4
自治组织	281.7	274.5	2.6
居委会	66.3	65.7	1.0
村委会	215.4	208.9	3.1
宗教活动场所法人	0.6	0.7	-12.6
其他社会服务	**9.8**	**9.4**	**4.4**
婚姻登记机构	0.7	0.7	1.5
殡葬服务机构	9.1	8.7	4.6
殡仪馆	4.9	4.7	4.8
公墓	3.3	3.1	5.2
殡葬管理机构	0.8	0.8	0.3
殡仪服务站	0.1	0.1	11.9
三、其他事业单位	**1.9**	**2.0**	**-1.6**
行政机关	**8.6**	**8.6**	**-0.6**

A-1-7 职工性别统计

指标	职工总数（人）	女性	女性占比（%）	比上年增长（百分点）
合计	**17813230**	**6950789**	**39.0**	**1.0**
一、社会工作	**4290380**	**1641550**	**38.3**	**-1.2**
提供住宿的社会工作	**623803**	**385610**	**61.8**	**0.6**
养老机构	563248	351258	62.4	0.5
社会福利院	47863	30813	64.4	0.1
特困人员救助供养机构	132548	71875	54.2	1.6
其他各类养老机构	382837	248570	64.9	0.2
精神疾病服务机构	22132	14437	65.2	0.7
社会福利医院	22132	14437	65.2	0.7
儿童福利和救助保护机构	17366	11169	64.3	-1.1
儿童福利机构	13741	9500	69.1	-0.5
未成年人救助保护机构	3625	1669	46.0	1.9
其他提供住宿机构	21057	8746	41.5	1.0
流浪乞讨人员救助管理机构	17258	6342	36.7	0.6
其他提供住宿的机构	3799	2404	63.3	10.5
不提供住宿的社会工作	**3666577**	**1255940**	**34.3**	**-1.3**
民政部门直属康复辅具机构	1187	447	37.7	1.5
社会救助服务机构	8614	4023	46.7	0.9
福利彩票发行管理机构	9093	3869	42.5	0.4
社区综合服务机构和设施	2755795	960727	34.9	0.3
社区养老服务机构和设施	774979	286874	37.0	-2.0
乡、镇（街道）社工站	49057	—	—	—
城乡社区社工室	67852	—	—	—
二、成员组织和其他社会服务	**14004654**	**5550570**	**39.6**	**1.7**
成员组织	**13906650**	**5517887**	**39.7**	**1.7**
社会组织	11083271	4595764	41.5	2.3
社会团体	4287283	1018460	23.8	0.8
基金会	45461	14456	31.8	3.1
民办非企业单位	6750527	3562848	52.8	2.9
自治组织	2817269	922123	32.7	-0.7
居委会	663419	359920	54.3	-0.2
村委会	2153850	562203	26.1	-0.7
宗教活动场所法人	6110	—	—	—
其他社会服务	**98004**	**32683**	**33.3**	**0.5**
婚姻登记机构	7150	4688	65.6	-0.3
殡葬服务机构	90854	27995	30.8	0.6
殡仪馆	49055	13279	27.1	0.4
公墓	33069	12088	36.6	0.6
殡葬管理机构	7652	2232	29.2	1.9
殡仪服务站	1078	396	36.7	3.3
三、其他事业单位	**19210**	**9100**	**47.4**	**0.2**
行政机关	**85781**	**32203**	**37.5**	**0.7**

A-1-8　民政部门登记和管理的机构和设施固定资产原价与上年比较

单位：亿元

指　标	2022年	2021年	比上年增长(%)
合计	**9538.8**	**8610.0**	**10.8**
一、社会工作	**2170.9**	**1918.0**	**13.2**
提供住宿的社会工作	**1932.7**	**1670.2**	**15.7**
养老机构	1625.7	1431.9	13.5
社会福利院	325.0	278.0	16.9
特困人员救助供养机构	363.7	340.5	6.8
其他各类养老机构	937.0	813.3	15.2
精神疾病服务机构	138.9	96.6	43.8
社会福利医院	138.9	96.6	43.8
儿童福利和救助保护机构	84.7	67.5	25.4
儿童福利机构	71.2	66.2	7.6
未成年人救助保护机构	13.4	1.3	—
其他提供住宿机构	83.5	74.3	12.4
#流浪乞讨人员救助管理机构	68.2	48.2	41.5
不提供住宿的社会工作	**238.2**	**247.8**	**-3.9**
#民政部门直属康复辅具机构	13.7	12.4	10.3
社会救助服务机构	4.5	4.9	-9.1
福利彩票发行管理机构	173.9	168.0	3.5
二、成员组织和其他社会服务	**7830.3**	**7140.8**	**9.7**
成员组织	**7292.8**	**6664.5**	**9.4**
社会组织	6521.3	5840.9	11.6
社会团体	508.2	611.5	-16.9
基金会	83.0	74.4	11.6
民办非企业单位	5930.1	5155.1	15.0
自治组织	771.5	823.6	-6.3
居委会	206.6	168.9	22.3
村委会	564.9	654.7	-13.7
其他社会服务	**537.5**	**476.2**	**12.9**
婚姻登记机构	5.9	5.4	9.2
殡葬服务机构	531.7	470.9	12.9
殡仪馆	336.2	306.8	9.6
公墓	160.2	133.1	20.4
殡葬管理机构	32.4	28.2	14.8
殡仪服务站	2.9	2.8	1.9
三、其他事业单位	**123.6**	**118.9**	**4.0**
行政机关	**470.1**	**399.0**	**17.8**

A-1-9　民政基本建设投资与上年比较

单位：亿元、万平方米

指　标	2022年	2021年	比上年增长（%）
计划总投资	**722.3**	**746.1**	**-3.2**
本年计划投资	**144.1**	**167.2**	**-13.8**
社会工作	84.2	91.4	-7.8
提供住宿的民政服务机构	81.6	88.1	-7.4
养老机构	71.5	76.0	-5.9
精神疾病服务机构	3.1	2.7	13.1
儿童福利和救助保护机构	4.0	6.6	-39.5
其他提供住宿机构	3.0	2.7	8.4
不提供住宿的民政服务机构	2.6	3.3	-19.9
其他社会服务机构	53.7	70.6	-23.9
其他	6.1	5.2	17.2
本年实际完成投资	**172.4**	**201.3**	**-14.4**
按项目类别分			
社会工作	104.4	109.0	-4.3
提供住宿的民政服务机构	101.3	105.2	-3.8
养老机构	89.9	88.3	1.8
精神疾病服务机构	3.2	2.9	11.3
儿童福利和救助保护机构	4.8	10.5	-54.5
其他提供住宿机构	3.4	3.6	-4.6
不提供住宿的民政服务机构	3.1	3.8	-18.1
其他社会服务机构	60.4	80.8	-25.3
其他	7.6	11.5	-33.4
按资金性质分			
国家预算内投资	66.5	60.5	10.0
国内贷款	5.6	11.2	-50.0
利用外资	0.2	0.9	-72.7
彩票公益金	16.9	23.0	-26.6
其他	83.1	105.8	-21.4
开工累计完成投资	**399.4**	**401.1**	**-0.4**
本年完工项目规模	**715.3**	**1001.4**	**-28.6**

A-1-10　民政事业费支出与上年比较

单位：亿元

指　标	2022年	2021年	比上年增长(%)
民政事业费支出	**5090.4**	**4679.0**	**8.8**
#中央财政转移支付的民政事业费	1687.3	1578.1	6.9
占民政事业费的比重（%）	33.1	33.7	-0.6(百分点)
#国家预算内基本建设投资	66.5	60.5	10.0
#公益金支出	212.9	196.8	8.2
民政事业费按支出性质分类			
社会福利	1582.7	1402.4	12.9
老年福利	423.0	386.2	9.5
养老服务	170.1	144.9	17.3
儿童福利	99.5	83.6	19.0
残疾人福利	412.3	350.3	17.7
社会救助	2707.9	2549.4	6.2
最低生活保障	1946.9	1833.0	6.2
特困人员救助供养	533.0	479.0	11.3
临时救助	143.3	164.7	-13.0
其他生活救助	84.7	72.6	16.7
民政管理事务	536.0	493.8	8.6
行政事业单位养老支出	41.6	33.3	24.8
其他	222.2	200.1	11.0
民政事业费支出占国家财政支出比重（%）	**2.0**	**1.9**	**0.1**(百分点)
中央财政转移支付的民政事业费	**1687.3**	**1578.1**	**6.9**
一般预算财政拨款	1546.8	1476.2	4.8
彩票公益金	56.0	43.5	28.5
中央预算内基本建设投资	84.5	58.4	44.8
养老服务	65.3	40.0	63.3
社会福利	18.3	17.9	2.5
其他	0.9	0.5	81.9
中央财政转移支付的民政事业费占比（%）	**33.1**	**33.7**	**-0.6**(百分点)

A-1-11 民政事业费支出按用项分类

单位：亿元

指　标	2022年	占比（%）	2021年	2022年比2021年增加	2022年比2021年增长（%）
合计	**5090.4**	**100.0**	**4679.0**	**411.4**	**8.8**
社会福利	**1582.7**	**31.1**	**1402.4**	**180.3**	**12.9**
儿童福利	99.5	2.0	83.6	15.9	19.0
老年福利	423.0	8.3	386.2	36.8	9.5
养老服务	170.1	3.3	144.9	25.1	17.3
残疾人福利	412.3	8.1	350.3	62.0	17.7
殡葬	169.4	3.3	158.0	11.5	7.2
社会福利事业单位	212.1	4.2	201.2	11.0	5.4
其他社会福利支出	96.2	1.9	78.2	18.0	23.1
社会救助	**2707.9**	**53.2**	**2549.4**	**158.5**	**6.2**
最低生活保障	1946.9	38.2	1833.0	113.9	6.2
城市最低生活保障	483.3	9.5	484.1	-0.8	-0.2
农村最低生活保障	1463.6	28.8	1349.0	114.7	8.5
临时救助	143.3	2.8	164.7	-21.4	-13.0
临时救助	120.0	2.4	138.4	-18.5	-13.3
流浪乞讨人员救助	23.4	0.5	26.3	-2.9	-11.2
特困人员救助供养	533.0	10.5	479.0	53.9	11.3
城市特困人员	55.9	1.1	49.7	6.2	12.5
农村特困人员	477.1	9.4	429.4	47.7	11.1
其他社会救助	84.7	1.7	72.6	12.1	16.7
民政管理事务	**536.0**	**10.5**	**493.8**	**42.2**	**8.6**
行政运行	148.3	2.9	138.3	9.9	7.2
一般行政管理事务	31.1	0.6	29.2	1.9	6.5
机关服务	4.5	0.1	4.5	0.0	-0.4
社会组织管理	11.9	0.2	11.7	0.2	1.9
行政区划和地名管理	6.3	0.1	7.8	-1.5	-19.4
基层政权建设和社区治理	164.6	3.2	157.2	7.5	4.7
其他民政管理事务支出	169.4	3.3	145.2	24.2	16.7
行政事业单位养老支出	**41.6**	**0.8**	**33.3**	**8.2**	**24.8**
其他	**222.2**	**4.4**	**200.1**	**22.1**	**11.0**

A-2-1　社会工作类民政服务机构财务状况与上年比较

单位：万元

指　标	2022年	2021年	比上年增长 (%)
执行企业会计制度			
存货	34083.2	23693.6	43.8
固定资产原价	3725283.8	2833654.7	31.5
累计折旧	292535.3	196818.9	48.6
其中：本年折旧	88479.4	91274.3	-3.1
资产总计	2901277.6	2554942.5	13.6
负债合计	2243812.3	1439516.1	55.9
营业收入	756768.4	437321.0	73.0
营业成本	446467.0	353765.4	26.2
营业税金及附加	5480.2	6516.7	-15.9
销售费用	43040.8	37948.6	13.4
管理费用	185474.3	175580.3	5.6
其中：税金	1764.5	1375.2	28.3
差旅费	1642.5	1603.5	2.4
财务费用	33965.0	103480.7	-67.2
其中：利息支出	16979.2	5682.6	198.8
资产减值损失	4702.6	4817.0	-2.4
公允价值变动收益	2829.3	4281.8	-33.9
投资收益	1337.7	2516.2	-46.8
营业利润	-104258.4	-68302.6	52.6
营业外收入	51973.3	24699.1	110.4
其中：政府补助	40106.5	17928.5	123.7
应付职工薪酬	133707.8	117523.2	13.8
本年应交增值税	5295.9	2592.6	104.3

A-2-1续表1

单位：万元

指　标	2022年	2021年	比上年增长（%）
执行政府会计制度准则			
存货	79271.7	94258.0	-15.9
固定资产原价	12237369.0	10775858.3	13.6
资产总计	10049696.9	10071384.1	-0.2
负债合计	2883524.4	2954701.5	-2.4
本年收入合计	5070055.2	4758488.3	6.5
其中：事业收入	1801118.0	1767564.8	1.9
经营收入	161588.3	168434.9	-4.1
本年支出合计	4985113.5	4685270.9	6.4
其中：工资福利支出	1684955.5	1638461.3	2.8
商品和服务支出	1509006.0	1413579.7	6.8
其中：取暖费	26036.9	27235.2	-4.4
差旅费	10259.2	12658.0	-19.0
因公出国（境）费用	174.2	253.2	-31.2
劳务费	162452.3	164014.4	-1.0
工会经费	15960.6	15211.8	4.9
福利费	15845.7	15244.0	3.9
对个人和家庭的补助	815502.7	714076.0	14.2
其中：抚恤金	5315.7	5955.0	-10.7
生活补助	205008.8	144727.5	41.7
救济费	329364.7	300596.6	9.6
助学金	3243.2	2983.7	8.7
奖励金	5757.0	10217.3	-43.7
生产补贴	277.0	244.5	13.3
经营支出	53119.2	61702.4	-13.9
销售税金	1730.7	2515.1	-31.2

A－2－1续表2

单位：万元

指　标	2022年	2021年	比上年增长 (%)
执行民间非营利组织单位会计制度			
存货	62095.9	110635.2	-43.9
固定资产原价	5746480.2	5570287.3	3.2
资产总计	2957985.1	2821196.6	4.8
负债合计	1664848.3	1939179.3	-14.1
本年收入合计	3196715.2	4009408.7	-20.3
其中：捐赠收入	44229.1	43227.5	2.3
会费收入	28662.3	37393.7	-23.3
政府补助收入	191806.8	164916.2	16.3
本年费用合计	2207254.6	1997390.3	10.5
其中：业务活动成本	1271270.5	1138334.4	11.7
其中：人员费用	431818.9	448213.7	-3.7
日常费用	369906.9	346755.8	6.7
固定资产折旧	127194.4	85867.6	48.1
税费	8052.0	7449.7	8.1
管理费用	642930.1	598445.9	7.4
其中：人员费用	230430.1	241853.4	-4.7
日常费用	147168.8	156536.5	-6.0
固定资产折旧	53896.2	55260.1	-2.5
税费	10280.4	9964.1	3.2
净资产变动额	682839.5	175961.1	288.1

A-2-2 提供住宿的民政服务机构和社区养老情况与上年比较

指 标	机构和设施数（个）			职工人数（万人）		
	2022年	2021年	比上年增长（%）	2022年	2021年	比上年增长（%）
机构和设施合计	**390233**	**360391**	**8.3**	**139.9**	**131.5**	**6.4**
机构合计	**43410**	**42696**	**1.7**	**62.4**	**61.0**	**2.2**
养老机构和设施	**387410**	**357656**	**8.3**	**133.8**	**125.4**	**6.8**
机构养老	40587	39961	1.6	56.3	54.9	2.5
社会福利院	1493	1521	-1.8	4.8	4.8	0.6
特困人员救助供养机构	16913	17292	-2.2	13.3	12.9	2.7
其他各类养老机构	22181	21148	4.9	38.3	37.3	2.7
社区养老	346823	317695	9.2	77.5	70.4	10.1
未登记的特困人员救助供养机构	3083	3394	-9.2	1.6	1.8	-9.8
全托服务社区养老服务机构和设施	14781	17063	-13.4	7.9	8.9	-10.7
日间照料社区养老服务机构和设施	131785	117843	11.8	33.2	32.4	2.4
互助型社区养老服务设施	153048	147735	3.6	23.4	23.7	-1.1
其他社区养老服务机构和设施	44126	31660	39.4	11.4	3.7	208.6
精神疾病服务机构	**142**	**140**	**1.4**	**2.2**	**2.1**	**3.4**
社会福利医院	142	140	1.4	2.2	2.1	3.4
儿童福利和救助保护机构	**925**	**815**	**13.5**	**1.7**	**1.6**	**5.7**
儿童福利院	529	539	-1.9	1.4	1.4	0.3
未成年人救助保护机构	396	276	43.5	0.4	0.3	33.2
其他提供住宿机构	**1756**	**1780**	**-1.3**	**2.1**	**2.3**	**-9.0**
流浪乞讨人员救助管理机构	1573	1562	0.7	1.7	1.7	1.3
其他提供住宿的机构	183	218	-16.1	0.4	0.6	-37.8

A-2-2续表

指　标	床位数（万张）			收留抚养救助人数（万人）		
	2022年	2021年	比上年增长(%)	2022年	2021年	比上年增长(%)
机构和设施床位合计	**856.3**	**842.8**	**1.6**	**262.3**	**273.6**	**-4.1**
机构合计	**545.2**	**530.5**	**2.8**	**229.9**	**238.1**	**-3.4**
养老机构和设施	**829.4**	**815.9**	**1.7**	**250.3**	**261.0**	**-4.1**
机构养老	518.3	503.6	2.9	217.9	225.5	-3.3
社会福利院	36.9	38.1	-3.0	17.0	18.3	-7.4
特困人员救助供养机构	182.5	178.8	2.0	77.3	81.0	-4.6
其他各类养老机构	298.9	286.7	4.2	123.6	126.1	-2.0
社区养老	311.1	312.3	-0.4	32.4	35.5	-8.7
未登记的特困人员救助供养机构	18.0	20.1	-10.4	6.1	7.3	-16.0
全托服务社区养老服务机构和设施	48.4	51.6	-6.2	11.0	12.9	-14.9
日间照料社区养老服务机构和设施	108.8	107.7	1.0	—	—	—
互助型社区养老服务设施	135.9	132.9	2.3	15.3	15.3	-0.1
其他社区养老服务机构和设施	—	—	—	—	—	—
精神疾病服务机构	**7.2**	**7.1**	**1.7**	**5.8**	**5.8**	**-0.9**
社会福利医院	7.2	7.1	1.7	5.8	5.8	-0.9
儿童福利和救助保护机构	**10.1**	**9.8**	**3.1**	**4.2**	**4.4**	**-3.8**
儿童福利院	8.9	8.9	-0.1	4.2	4.4	-4.6
未成年人救助保护机构	1.2	0.9	34.4	0.1	—	—
其他提供住宿机构	**9.5**	**10.0**	**-4.3**	**2.0**	**2.4**	**-17.5**
流浪乞讨人员救助管理机构	8.1	8.5	-3.7	1.3	1.6	-18.4
其他提供住宿的机构	1.4	1.5	-7.7	0.7	0.8	-15.7

A-2-3 孤儿、家庭收养登记与上年比较

单位：人、件、元/人·月

指　标	2022年	2021年	比上年增长 (%)
孤儿	**157969**	**172716**	**-8.5**
集中养育孤儿	47409	53302	-11.1
集中养育孤儿基本生活保障平均标准	1802.3	1697.4	6.2
社会散居孤儿	110560	119414	7.4
社会散居孤儿基本生活保障平均标准	1364.7	1257.2	8.6
事实无人抚养儿童	**364918**	**314423**	**16.1**
事实无人抚养儿童基本生活保障平均标准	1359.5	1248.1	8.9
儿童关爱保护			
儿童督导员	50484	52803	-4.4
儿童主任	650897	651480	-0.1
家庭收养登记	**8432**	**12447**	**-32.3**
#港澳台及华侨收养登记	23	16	43.8
被收养人合计（人）	8432	12447	-32.3
#女性	4714	7034	-33.0
#残疾儿童	78	115	-32.2
#儿童福利机构抚养的孤儿	1982	3386	-41.5
社会散居孤儿	714	1601	-55.4
儿童福利机构抚养的未成年人	639	1184	-46.0
生父母有特殊困难无力抚养的子女	1038	1145	-9.3

A-2-4 社会救助与上年比较

指 标	单位	2022年	2021年	比上年增长(%)
城市最低生活保障	**万人**	**682.4**	**737.8**	**-7.5**
老年人	万人	138.1	139.8	-1.2
青壮年	万人	435.9	482.4	-9.6
在职人员	万人	5.5	6.7	-18.7
灵活就业	万人	132.4	142.8	-7.3
登记失业	万人	46.3	54.2	-14.7
无就业条件	万人	251.7	278.6	-9.6
未成年人	万人	108.5	115.6	-6.2
# 女性	万人	320.1	345.2	-7.3
# 残疾人	万人	143.0	147.6	-3.1
# 重度残疾人	万人	73.3	73.9	-0.7
城市最低生活保障户数	万户	423.8	454.9	-6.8
城市低保资金支出	亿元	483.3	484.1	-0.2
平均保障标准	元／人·月	752.3	711.4	5.7
农村最低生活保障	**万人**	**3349.6**	**3474.5**	**-3.6**
农村最低生活保障户数	万户	1896.7	1945.0	-2.5
农村低保支出	亿元	1463.6	1349.0	8.5
平均保障标准	元／人·月	582.1	530.2	9.8
特困人员救助供养	**万人**	**469.5**	**470.1**	**-0.1**
农村特困人员	万人	434.5	437.3	-0.7
农村特困支出	亿元	477.1	429.4	11.1
城市特困人员	万人	35.0	32.8	6.9
城市特困支出	亿元	55.9	49.7	12.5
临时救助	**万人次**	**1100.1**	**1198.6**	**-8.2**
本地户籍	万人次	1073.9	1192.4	-9.9
非本地户籍	万人次	26.2	6.2	–
临时救助支出	亿元	120.0	138.4	-13.3
流浪乞讨人员救助	**万人次**	**75.1**	**74.6**	**0.6**
# 未成年人	万人次	2.2	2.4	-10.3
其他生活救助（传统救济）	**万人**	**15.8**	**30.1**	**-47.4**

A-2-5　分地区城市最低生活保障平均标准与上年比较

单位：元/人·月

地　区	2022年	2021年	比上年增长 (%)
全　国	**752.3**	**711.4**	**5.7**
北　京	1320.0	1245.0	6.0
天　津	1010.0	1010.0	–
河　北	710.6	710.6	–
山　西	629.0	615.0	2.3
内蒙古	801.7	762.5	5.1
辽　宁	725.6	705.9	2.8
吉　林	612.4	612.4	–
黑龙江	683.5	650.2	5.1
上　海	1420.0	1330.0	6.8
江　苏	824.8	803.2	2.7
浙　江	1083.2	935.3	15.8
安　徽	738.3	686.3	7.6
福　建	832.5	714.6	16.5
江　西	830.7	768.6	8.1
山　东	898.6	814.5	10.3
河　南	638.2	604.6	5.6
湖　北	703.1	674.2	4.3
湖　南	618.7	591.0	4.7
广　东	950.8	914.8	3.9
广　西	785.3	772.7	1.6
海　南	628.0	576.8	8.9
重　庆	717.0	636.0	12.7
四　川	690.7	623.8	10.7
贵　州	678.7	651.1	4.2
云　南	702.7	667.9	5.2
西　藏	987.8	970.9	1.7
陕　西	652.4	651.1	0.2
甘　肃	691.5	650.6	6.3
青　海	700.8	665.2	5.3
宁　夏	649.1	609.2	6.6
新　疆	637.9	586.0	8.9

A-2-6　分地区农村最低生活保障平均标准与上年比较

单位：元/人·月

地　区	2022年	2021年	比上年增长 (%)
全　国	**582.1**	**530.2**	**9.8**
北　京	1320.0	1245.0	6.0
天　津	1010.0	1010.0	–
河　北	501.3	463.4	8.2
山　西	517.4	473.5	9.3
内蒙古	595.0	555.1	7.2
辽　宁	551.8	505.3	9.2
吉　林	444.6	444.6	–
黑龙江	494.7	441.0	12.2
上　海	1420.0	1330.0	6.8
江　苏	810.2	790.9	2.4
浙　江	1083.2	935.3	15.8
安　徽	727.5	684.9	6.2
福　建	828.2	711.3	16.4
江　西	628.4	543.3	15.7
山　东	721.0	633.9	13.7
河　南	442.7	398.5	11.1
湖　北	546.3	504.8	8.2
湖　南	466.1	438.0	6.4
广　东	765.8	733.8	4.4
广　西	514.4	451.5	13.9
海　南	577.2	501.2	15.2
重　庆	591.2	524.3	12.8
四　川	514.0	443.5	15.9
贵　州	473.8	389.9	21.5
云　南	454.1	411.3	10.4
西　藏	430.0	422.0	1.9
陕　西	448.7	444.1	1.0
甘　肃	448.2	409.1	9.6
青　海	469.4	410.3	14.4
宁　夏	492.4	431.1	14.2
新　疆	503.3	456.4	10.3

A-2-7 分地区孤儿基本生活保障平均标准与上年比较

单位：元/人·月

地区	集中养育平均保障标准			社会散居平均保障标准		
	2022年	2021年	比上年增长(%)	2022年	2021年	比上年增长(%)
全国	**1802.3**	**1697.4**	**6.2**	**1364.7**	**1257.2**	**8.5**
北京	2450.0	2200.0	11.4	2450.0	2200.0	11.4
天津	2590.0	2590.0	–	2590.0	2590.0	–
河北	1782.2	1481.6	20.3	1344.6	1063.1	26.5
山西	1720.0	1494.0	15.1	1148.0	1003.4	14.4
内蒙古	1960.0	1893.0	3.5	1669.2	1608.8	3.8
辽宁	2134.5	2011.5	6.1	1782.6	1592.7	11.9
吉林	1500.0	1500.0	–	1100.0	1100.0	–
黑龙江	1906.1	1869.8	1.9	1518.5	1418.0	7.1
上海	2100.0	2100.0	–	1900.0	1900.0	–
江苏	2690.0	2604.2	3.3	2060.7	1959.0	5.2
浙江	2475.6	2168.8	14.1	2003.2	1712.9	16.9
安徽	1662.7	1591.7	4.5	1289.5	1212.3	6.4
福建	1843.6	1814.9	1.6	1478.7	1453.5	1.7
江西	1622.8	1599.8	1.4	1214.0	1180.1	2.9
山东	2192.9	1991.2	10.1	1756.3	1589.8	10.5
河南	1443.5	1370.7	5.3	1054.3	974.4	8.2
湖北	2311.4	2189.6	5.6	1446.9	1369.7	5.6
湖南	1447.0	1441.6	0.4	1006.7	1003.7	0.3
广东	2141.3	2074.1	3.2	1707.1	1627.0	4.9
广西	1438.8	1347.6	6.8	1022.5	962.5	6.2
海南	1736.4	1668.2	4.1	1338.0	1266.0	5.7
重庆	1579.4	1476.5	7.0	1382.0	1277.6	8.2
四川	1602.4	1445.1	10.9	1196.6	951.1	25.8
贵州	1700.0	1576.1	7.9	1200.0	1067.6	12.4
云南	2000.3	1991.5	0.4	1300.3	1291.5	0.7
西藏	1151.5	1153.9	-0.2	873.5	983.2	-11.2
陕西	1438.9	1389.8	3.5	1075.4	1009.7	6.5
甘肃	1451.8	1355.7	7.1	1132.4	1059.3	6.9
青海	1450.0	1391.2	4.2	1050.0	1001.1	4.9
宁夏	1500.0	1215.8	23.4	1000.0	937.0	6.7
新疆	1572.8	1399.1	12.4	1140.7	1004.3	13.6

A-2-8 社区服务与上年比较

指　标	单位	2022年	2021年	比上年增长(%)
社区服务				
社区综合服务机构和设施	**个**	**590762**	**567077**	**4.2**
社区服务指导中心	个	473	490	-3.5
社区服务中心	个	29520	28892	2.2
社区服务站	个	512877	485964	5.5
社区专项服务机构和设施	个	47892	51731	-7.4
社区养老服务机构和设施	**个**	**346823**	**317695**	**9.2**
未登记的特困人员救助供养机构	个	3083	3394	-9.2
全托服务社区养老服务机构和设施	个	14781	17063	-13.4
日间照料社区养老服务机构和设施	个	131785	117843	11.8
互助型社区养老服务设施	个	153048	147735	3.6
其他社区养老服务机构和设施	个	44126	31660	39.4
城市社区综合服务设施覆盖率	%	100.0	100.0	—
农村社区综合服务设施覆盖率	%	84.6	79.5	5.1（百分点）
社区养老床位数	**张**	**3111026**	**3123254**	**-0.4**
日间照料床位	张	2215596	2188316	1.2
全托服务床位	张	895430	934938	-4.2
社会捐赠接收工作站、点数	**个**	14903	14459	3.1
社会捐赠接收工作站数	个	11223	10425	7.7
慈善超市数	个	3680	4034	-8.8

A-3-1 社会组织与上年比较

单位：个、亿元

指　标	2022年	2021年	比上年增长 (%)
社会组织合计	**891267**	**901870**	**-1.2**
社会组织捐赠收入	1085.3	1192.5	-9.0
社会团体	**370093**	**371110**	**-0.3**
按活动区域分			
全国性	1995	1972	1.2
省级	32210	32105	0.3
地级	90761	90690	0.1
县级	245127	246343	-0.5
基金会	**9319**	**8877**	**5.0**
按性质分			
具有公开募捐资格的基金会	2214	2189	1.1
不具有公开募捐资格的基金会	7105	6688	6.2
民办非企业单位	**511855**	**521883**	**-1.9**
按性质分			
法人	460652	466525	-1.3
合伙	5678	6681	-15.0
个体	45525	48677	-6.5

注：由于社会组织年检工作滞后于年报汇总工作，社会组织捐赠数据为2021年数据。

A-3-2　基层群众性自治组织与上年比较

单位：个、人

指　标	2022年	2021年	比上年增长 (%)
居委会	**117938**	**116551**	**1.2**
居民小组	1330522	1352311	-1.6
居民委员会成员人数	663419	656784	1.0
#女性	359920	357397	0.7
居委会选举情况			
当年完成选举的居委会数	10972	83084	-86.8
当年完成选举的居委会选民登记总数	24333250	163088582	-85.1
#本届登记选民数	17007512	135480803	-87.4
参加投票人数	11428109	99078676	-88.5
村委会	**489403**	**489573**	–
村民小组	3928737	3949785	-0.5
村民委员会成员人数	2153850	2088515	3.1
#女性	562203	560730	0.3
村委会选举情况			
当年完成选举的村委会数	36961	367931	-90.0
当年完成选举的村委会选民登记总数	59535527	504565484	-88.2
#本届登记选民数	40694019	455224294	-91.1
参加投票人数	35274698	393012862	-91.0

A-3-3 其他社会服务与上年比较

指　标	单位	2022年	2021年	比上年增长 (%)
婚姻服务				
婚姻登记机构	个	1103	1069	3.2
办理婚姻登记业务的处数	处	4310	4372	-1.4
结婚登记	对	6834972	7643017	-10.6
内地居民登记结婚对数	对	6818568	7627020	-10.6
初婚人数	人	10517560	11578043	-9.2
再婚人数	人	3152384	3707991	-15.0
#女性	人	1763574	2053962	-14.1
恢复结婚	对	416459	495607	-16.0
涉外及华侨、港澳台居民登记结婚	对	16404	15997	2.5
结婚率	‰	4.8	5.4	-0.6 (千分点)
离婚登记	对	2879214	2839266	1.4
民政部门办理离婚对数	对	2100242	2141205	-1.9
内地居民办理离婚	对	2097385	2138974	-1.9
涉外及华侨、港澳台居民登记离婚	对	2857	2231	28.1
各级法院办理离婚件数	件	778972	698061	11.6
离婚率	‰	2.0	2.0	–
殡葬服务				
殡葬服务机构	个	4474	4373	2.3
火化炉数	台	7293	7043	3.5
穴位数	个	24722119	23696646	4.3
安葬数	具	18305578	17357020	5.5

A-3-4　其他社会服务机构财务状况与上年比较

单位：万元

指　标	2022年	2021年	比上年增长(%)
执行企业会计制度			
存货	853471.0	811375.8	5.2
固定资产原价	2072198.2	1705034.9	21.5
累计折旧	604076.0	493371.9	22.4
其中：本年折旧	84506.5	80122.0	5.5
资产总计	6748224.6	5592067.5	20.7
负债合计	4096874.8	3189534.3	28.4
营业收入	2004205.5	2042199.8	-1.9
营业成本	828818.3	745471.2	11.2
营业税金及附加	21829.2	14212.3	53.6
销售费用	174721.6	160578.1	8.8
管理费用	406386.8	364930.6	11.4
其中：税金	45888.4	16528.1	177.6
差旅费	1640.3	3454.6	-52.5
财务费用	31039.8	50257.1	-38.2
其中：利息支出	12648.0	14575.7	-13.2
资产减值损失	6442.8	783.2	722.6
公允价值变动收益	160.2	155.2	3.2
投资收益	57846.3	36499.0	58.5
营业利润	599800.8	537105.6	11.7
营业外收入	86649.2	84732.9	2.3
其中：政府补助	13769.5	6889.3	99.9
应付职工薪酬	200017.5	178432.4	12.1
本年应交增值税	18112.8	11513.6	57.3

A−3−4续表1

单位：万元

指　标	2022年	2021年	比上年增长 (%)
执行政府会计制度准则			
存货	91697.0	90171.5	1.7
固定资产原价	3189215.8	2950342.4	8.1
资产总计	4045365.4	3630698.3	11.4
负债合计	718337.9	604856.1	18.8
本年收入合计	1931781.5	1870260.4	3.3
其中：事业收入	874519.8	834150.0	4.8
经营收入	433283.2	444076.3	-2.4
本年支出合计	1786411.3	1742311.8	2.5
其中：工资福利支出	558298.9	538521.5	3.7
商品和服务支出	648556.6	609737.3	6.4
其中：取暖费	5384.3	4736.8	13.7
差旅费	2803.9	4341.1	-35.4
因公出国（境）费用	4.5	2.7	66.7
劳务费	63871.8	61258.1	4.3
工会经费	5831.4	5111.6	14.1
福利费	7097.5	7352.6	-3.5
对个人和家庭的补助	51281.8	52473.2	-2.3
其中：抚恤金	988.5	1190.5	-17.0
生活补助	7888.8	8490.1	-7.1
救济费	1983.6	1763.8	12.5
助学金	74.2	84.3	-12.0
奖励金	2703.4	2206.3	22.5
生产补贴	19.0	105.8	-82.0
经营支出	205821.9	224576.4	-8.4
销售税金	2096.0	2887.0	-27.4

A−3−4续表2

单位：万元

指　标	2022年	2021年	比上年增长 (%)
执行民间非营利组织单位会计制度			
存货	10111.1	8705.1	16.2
固定资产原价	113878.3	107000.7	6.4
资产总计	143572.5	113092.1	27.0
负债合计	76177.0	47002.2	62.1
本年收入合计	50380.4	46077.2	9.3
其中：捐赠收入	24.5	20.7	18.4
会费收入	673.8	714.4	-5.7
政府补助收入	1592.3	2404.1	-33.8
本年费用合计	31303.1	29005.8	7.9
其中：业务活动成本	18985.3	13295.9	42.8
其中：人员费用	4313.9	3225.6	33.7
日常费用	7900.2	2912.6	171.2
固定资产折旧	2590.5	1900.9	36.3
税费	129.2	130.9	-1.3
管理费用	7727.4	11577.0	-33.3
其中：人员费用	3138.0	2540.5	23.5
日常费用	2222.2	1325.6	67.6
固定资产折旧	1223.7	682.7	79.2
税费	36.2	5749.8	-99.4
净资产变动额	1971.2	2434.5	-19.0

第四部分

历年统计资料

B-1-1 县级及以上行政区划

单位：个

年份	省级	地级（不含地级市）	县级（不含县级市、市辖区）	市	#地级市	#县级市	市辖区	县级合计
1978	30	212	2153	193	98	92	408	2653
1979	30	211	2153	216	104	109	428	2690
1980	30	211	2151	223	107	113	511	2775
1981	30	208	2144	233	108	122	514	2780
1982	30	210	2140	245	112	130	527	2797
1983	30	178	2091	289	144	142	552	2785
1984	30	175	2069	300	147	150	595	2814
1985	30	165	2046	324	162	159	621	2826
1986	30	159	2017	353	166	184	629	2830
1987	30	156	1986	381	170	208	632	2826
1988	31	151	1936	434	183	248	647	2831
1989	31	151	1919	450	185	262	648	2829
1990	31	151	1903	467	185	279	651	2833
1991	31	151	1894	479	187	289	650	2833
1992	31	148	1848	517	191	323	662	2833
1993	31	139	1795	570	196	371	669	2835
1994	31	127	1735	622	206	413	697	2845
1995	31	124	1716	640	210	427	706	2849
1996	31	117	1696	666	218	445	717	2858
1997	33	110	1693	668	222	442	727	2862
1998	33	104	1689	668	227	437	737	2863
1999	34	95	1682	667	236	427	749	2858
2000	34	74	1674	663	259	400	787	2861
2001	34	67	1660	662	265	393	808	2861
2002	34	57	1649	660	275	381	830	2860
2003	34	51	1642	660	282	374	845	2861
2004	34	50	1636	661	283	374	852	2862
2005	34	50	1636	661	283	374	852	2862
2006	34	50	1635	656	283	369	856	2860
2007	34	50	1635	655	283	368	856	2859
2008	34	50	1635	655	283	368	856	2859
2009	34	50	1636	654	283	367	855	2858
2010	34	50	1633	657	283	370	853	2856
2011	34	48	1627	657	284	369	857	2853
2012	34	48	1624	657	285	368	860	2852
2013	34	47	1613	658	286	368	872	2853
2014	34	45	1596	653	288	361	897	2854
2015	34	43	1568	656	291	361	921	2850
2016	34	41	1537	657	293	360	954	2851
2017	34	40	1526	661	294	363	962	2851
2018	34	40	1506	672	293	375	970	2851
2019	34	40	1494	684	293	387	965	2846
2020	34	40	1483	685	293	388	973	2844
2021	34	40	1472	691	293	394	977	2843
2022	34	40	1472	691	293	394	977	2843

B-1-2 乡级行政区划

单位：个

年份	乡级	镇	乡	民族乡	街道	区公所
1978	6195	2173				4022
1979	10424	2361			4444	3619
1980						
1981	11434	2678			4965	3791
1982						
1983	49695	2968	35514		5304	5909
1984	106439	7186	85290		5844	8119
1985	104900	9140	82450	3144	5402	7908
1986	83954	10718	61353	2936	5718	6165
1987	81025	11103	58739	3020	5680	5503
1988	65345	11481	45195	1571	5099	3570
1989	65419	11873	44624	1755	5420	3502
1990	65188	12084	44397	1980	5269	3438
1991	63391	12455	42654	1403	5186	3096
1992	54830	14539	33827	1348	5233	1231
1993	54863	15805	32445	1351	5470	1143
1994	54605	16702	31463	1322	5372	1068
1995	53360	17532	29502	1330	5596	730
1996	51336	18171	27056	1383	5565	544
1997	50967	18925	25966	1545	5678	398
1998	50999	19216	25712	1517	5732	339
1999	50750	19756	24745	1222	5904	345
2000	51024	20312	24555	1356	5902	255
2001	46369	20358	20012	1165	5972	27
2002	44822	20600	18640	1162	5516	66
2003	44067	20226	18064	1149	5751	26
2004	43275	19892	17534	1127	5829	20
2005	41636	19522	15951	1093	6152	11
2006	41040	19369	15306	1089	6355	10
2007	40813	19249	15120	1094	6434	10
2008	40828	19234	15067	1097	6524	3
2009	40858	19322	14848	1098	6686	2
2010	40906	19410	14571	1096	6923	2
2011	40466	19683	13587	1086	7194	2
2012	40446	19881	13281	1064	7282	2
2013	40497	20117	12812	1035	7566	2
2014	40381	20401	12282	1020	7696	2
2015	39789	20515	11315	991	7957	2
2016	39862	20883	10872	989	8105	2
2017	39888	21116	10529	982	8241	2
2018	39945	21297	10253	981	8393	2
2019	38755	21013	9221	966	8519	2
2020	38741	21157	8809	962	8773	2
2021	38558	21322	8309	958	8925	2
2022	38602	21389	8227	957	8984	2

注：乡包括民族乡、苏木、民族苏木。

B-1-3 全国人口情况

单位：万人、%

年份	总人口			65周岁及以上老年人口	65周岁及以上人口比重	60周岁及以上老年人口	60周岁及以上人口比重
		城镇	乡村				
1978	96259	17245	79014				
1979	97542	18495	79047				
1980	98705	19140	79565				
1981	100072	20171	79901				
1982	101654	21480	80174	4991	4.9		
1983	103008	22274	80734				
1984	104357	24017	80340				
1985	105851	25094	80757				
1986	107507	26366	81141				
1987	109300	27674	81626	5968	5.4		
1988	111026	28661	82365				
1989	112704	29540	83164				
1990	114333	30195	84138	6368	5.6		
1991	115823	31203	84260				
1992	117171	32175	84996				
1993	118517	33173	85344				
1994	119850	34169	85681				
1995	121121	35174	85947	7510	6.2		
1996	122389	37304	85085	7833	6.4		
1997	123626	39449	84177	8085	6.5		
1998	124761	41608	83153	8359	6.7		
1999	125786	43748	82038	8679	6.9		
2000	126743	45906	80837	8821	7.0		
2001	127627	48064	79563	9062	7.1		
2002	128453	50212	78241	9377	7.3		
2003	129227	52376	76851	9692	7.5		
2004	129988	54283	75705	9857	7.6		
2005	130756	56212	74544	10055	7.7	14408	11.0
2006	131448	57706	73742	10419	7.9	14901	11.3
2007	132129	59379	72750	10636	8.1	15340	11.6
2008	132802	60667	72135	10956	8.3	15989	12.0
2009	133450	62186	71288	11309	8.5	16714	12.5
2010	134091	66558	67415	11883	8.9	17765	13.3
2011	134735	69079	65656	12288	9.1	18499	13.7
2012	135404	71182	64222	12714	9.4	19390	14.3
2013	136072	73111	62961	13161	9.7	20243	14.9
2014	136782	74916	61866	13755	10.1	21242	15.5
2015	137462	77116	60346	14386	10.5	22200	16.1
2016	138271	79298	58973	15003	10.8	23086	16.7
2017	139008	81347	57661	15831	11.4	24090	17.3
2018	139538	83137	56401	16658	11.9	24949	17.9
2019	140005	84843	55162	17603	12.6	25388	18.1
2020	141178	90199	50979	19064	13.5	26402	18.7
2021	141260	91425	49835	20056	14.2	26736	18.9
2022	141175	92071	49104	20978	14.9	28004	19.8

注：本表资料来源于国家统计局。

B-1-4 民政部门登记和管理的机构和设施（按登记类型分类）

单位：万个

年份	合计	事业单位及设施合计	事业单位	企业性质机构	社会组织	社会服务类	自治组织	行政机关
1978	1.1	1.1		0.1				
1979	1.3	1.2		0.1				
1980	1.4	1.3		0.1				
1981	1.5	1.3		0.2				
1982	1.7	1.6		0.2				
1983	40.2	1.9		0.6			37.7	
1984	103.6	2.6		0.7			100.3	
1985	107.7	3.3		1.5			103.0	
1986	101.2	3.9		2.0			95.3	
1987	100.1	4.2		2.8			93.2	
1988	106.7	4.3		4.0	0.4		97.8	
1989	111.8	4.4		4.2	0.5		102.8	
1990	119.8	4.5		4.2	1.1		110.0	
1991	129.2	4.7		4.4	8.3		111.9	
1992	136.1	4.8		5.0	15.5		110.8	
1993	139.7	5.3		5.7	16.8		112.0	
1994	140.3	5.2		6.0	17.4		111.7	
1995	133.7	5.2		6.0	18.1		104.4	
1996	133.9	5.3		5.9	18.5		104.2	
1997	131.4	5.3		5.6	18.1		102.4	
1998	122.2	5.4		5.1	16.6		95.2	
1999	115.7	5.4		4.5	14.3		91.6	
2000	109.5	6.1		4.1	15.3		84.0	
2001	109.8	5.7		3.8	21.1		79.2	0.6
2002	110.5	5.8		3.6	24.5		76.7	0.5
2003	109.9	5.8		3.4	26.7		74.0	0.4
2004	111.1	6.7		3.2	28.9		72.2	0.4
2005	112.6	6.6		3.1	32.0		70.9	0.4
2006	115.7	6.7		3.0	35.4		70.5	0.4
2007	117.7	7.0		2.5	38.7		69.5	0.3
2008	119.2	6.6		2.4	41.4		68.8	0.4
2009	125.9	12.1		2.3	43.1		68.4	0.3
2010	126.6	11.6		2.2	44.6	6.3	68.2	0.3
2011	129.4	13.1		2.2	46.2	6.6	67.9	0.3
2012	146.2	26.3		2.0	49.9	7.5	68.0	0.3
2013	156.2	31.4	2.6	1.8	54.7	8.0	68.3	0.3
2014	166.5	36.0	2.9	1.7	60.6	8.8	68.2	0.3
2015	176.5	40.7	3.1	1.5	66.2	9.9	68.1	0.3
2016	174.5	37.9	3.1	0.1	70.2	10.4	66.2	0.3
2017	182.1	39.7	2.9	0.1	76.2	11.3	66.1	0.3
2018	187.6	40.7	2.3	0.2	81.7	12.5	65.0	0.3
2019	201.4	50.2	2.5	0.3	86.6		64.3	0.3
2020	229.3	77.8	2.5	0.6	89.4		61.5	0.3
2021	238.0	86.4	2.5	0.8	90.2	13.7	60.6	0.3
2022	250.1	99.4	2.5	0.9	89.1	13.9	60.7	0.3

B-1-5　民政部门登记和管理的机构和设施（按国民经济行业分类）

单位：万个

年份	合计	社会工作	成员组织	社会组织	自治组织	其他社会服务机构	其他事业单位	行政机关
1978	1.1	0.8				0.3		
1979	1.3	1.0				0.3		
1980	1.4	1.1				0.3		
1981	1.5	1.2				0.3		
1982	1.7	1.4				0.3		
1983	40.2	2.2	37.7		37.7	0.3		
1984	103.6	3.0	100.3		100.3	0.3		
1985	107.7	4.5	103.0		103.0	0.3		
1986	101.2	5.6	95.3		95.3	0.3		
1987	100.1	6.6	93.2		93.2	0.3		
1988	106.7	8.1	98.3	0.4	97.8	0.3		
1989	111.8	8.3	103.3	0.5	102.8	0.3		
1990	119.8	8.4	111.1	1.1	110.0	0.3		
1991	129.2	8.7	120.2	8.3	111.9	0.3		
1992	136.1	9.5	126.3	15.5	110.8	0.3		
1993	139.7	10.7	128.7	16.8	112.0	0.3		
1994	140.3	10.9	129.1	17.4	111.7	0.3		
1995	133.6	10.9	122.4	18.1	104.4	0.3		
1996	133.9	10.9	122.7	18.5	104.2	0.3		
1997	131.4	10.6	120.5	18.1	102.4	0.3		
1998	122.2	10.2	111.8	16.6	95.2	0.3		
1999	115.7	9.5	105.9	14.3	91.6	0.3		
2000	109.5	9.8	99.3	15.3	84.0	0.3		
2001	109.8	9.2	100.3	21.1	79.2	0.3		0.6
2002	110.5	9.1	101.2	24.5	76.7	0.3		0.5
2003	109.9	8.9	100.7	26.7	74.0	0.3		0.4
2004	111.1	9.6	101.1	28.9	72.2	0.3		0.4
2005	112.6	9.5	102.9	32.0	70.9	0.3		0.4
2006	115.7	9.2	105.9	35.4	70.5	0.5		0.4
2007	117.7	9.0	108.2	38.7	69.5	0.5		0.3
2008	119.2	8.4	110.2	41.4	68.8	0.6		0.4
2009	125.9	13.8	111.5	43.1	68.4	0.6		0.3
2010	126.6	13.2	112.8	44.6	68.2	0.6		0.3
2011	129.4	14.6	114.1	46.2	67.9	0.7		0.3
2012	146.2	27.5	117.9	49.9	68.0	0.6	0.2	0.3
2013	156.1	32.3	123.0	54.7	68.3	0.6	0.2	0.3
2014	166.8	37.1	128.8	60.6	68.2	0.7	0.2	0.3
2015	176.5	41.3	134.3	66.2	68.1	0.7	0.2	0.3
2016	174.5	42.3	136.4	70.2	66.2	0.6	0.2	0.3
2017	182.1	44.4	142.2	76.2	66.1	0.5	0.2	0.3
2018	187.6	45.9	146.7	81.7	65.0	0.5	0.2	0.3
2019	201.4	56.6	150.9	86.6	64.3	0.5	0.2	0.3
2020	229.3	84.4	150.9	89.4	61.5	0.5	0.2	0.3
2021	238.0	92.9	150.9	90.2	60.6	0.5	0.1	0.3
2022	250.1	105.5	149.9	89.1	60.7	0.6	0.1	0.3

注：自2012年起，社会工作中包含其他社区服务机构和设施。

B-1-6 民政部门登记和管理的机构和设施职工

单位：万人

年份	合计							行政机关	乡、镇、街道民政助理员
		社会工作	成员组织			其他社会服务机构	其他事业单位		
				社会组织	自治组织				
1978	19.7	19.7							
1979	21.9	21.9							
1980	25.3	25.3							
1981	27.8	27.8							
1982	29.1	29.1							
1983	41.5	41.5							
1984	48.0	48.0							
1985	497.9	83.4	414.5		414.5				
1986	506.2	104.1	402.1		402.1				
1987	529.1	132.2	396.9		396.9				
1988	569.6	166.9	402.7		402.7				
1989	587.5	171.5	416.0		416.0				
1990	631.8	179.3	452.5		452.5				
1991	661.2	192.7	468.5		468.5				
1992	691.3	213.9	477.4		477.4				
1993	733.9	230.0	503.9		503.9				
1994	749.6	243.1	506.5		506.5				
1995	694.2	245.7	448.5		448.5				
1996	676.0	229.2	446.8		446.8				
1997	666.8	238.2	428.6		428.6			14.3	
1998	634.4	225.0	409.4		409.4			14.8	
1999	615.1	213.7	401.4		401.4			14.8	5.9
2000	566.8	203.4	363.4		363.4			13.5	5.7
2001	565.2	202.4	362.8		362.8			12.1	4.6
2002	526.2	192.4	333.8		333.8			11.2	4.1
2003	551.8	193.0	358.8		358.8			10.8	3.7
2004	532.4	197.8	334.6		334.6			11.3	3.9
2005	500.6	189.5	311.1		311.1			8.4	5.5
2006	895.5	183.0	712.5	425.2	287.3			8.3	4.6
2007	930.0	190.4	739.6	456.9	282.7			8.4	4.7
2008	958.7	206.9	751.8	475.8	276.0			8.7	4.5
2009	1029.3	207.5	821.8	544.7	277.1			8.8	4.7
2010	1129.5	234.0	895.5	618.2	277.3			8.9	5.0
2011	1120.8	235.7	876.6	599.3	277.3	8.5		9.0	4.9
2012	1144.7	241.4	892.5	613.3	279.2	8.6	2.2	9.3	5.2
2013	1197.6	269.2	917.3	636.6	280.7	9.1	2.0	9.4	5.2
2014	1250.9	277.3	962.5	682.3	280.2	9.3	1.9	9.5	5.4
2015	1308.9	281.9	1015.7	734.8	280.9	9.5	1.8	9.5	5.3
2016	1239.3	185.7	1043.0	763.7	279.3	9.0	1.6	9.6	5.3
2017	1355.8	199.8	1145.5	864.7	280.8	9.0	1.6	9.8	5.6
2018	1470.0	200.1	1259.7	980.4	279.4	8.7	1.5	9.5	5.8
2019	1545.7	248.4	1286.8	1009.2	277.6	8.6	1.8	8.6	5.8
2020	1644.8	355.9	1330.8	1061.9	268.9	9.3	1.9	8.5	5.7
2021	1730.4	396.4	1375.2	1100.0	274.5	9.4	2.0	8.6	5.7
2022	1781.3	429.0	1400.5	1108.3	281.7	9.8	1.9	8.6	5.7

注：合计数不含行政机关人员和民政助理员。

B-1-7　社会工作师和助理社会工作师

单位：人

年份	社会工作师		助理社会工作师	
	报考人数	考试通过人数	报考人数	考试通过人数
2008	77698	4192	60139	20648
2009	46015	4227	38204	6611
2010	25547	2664	46047	5428
2011	25500	2338	54515	8068
2012	34245	6104	92621	23846
2013	48287	11658	121937	27300
2014	62881	7427	144813	28431
2015	79535	13155	196965	34274
2016	88974	17772	210267	64638
2017	106810	13972	225941	25251
2018	130428	23843	293789	89087
2019	167447	21285	386066	73220
2020	175264	32323	427482	101880
2021	237063	16348	572794	52870
2022	207073	27676	551705	165411

B-1-8 民政服务对象及民政从业人员性别情况

年份	城市最低生活保障人数（万人）	女性	农村最低生活保障人数（万人）	女性	农村特困人员人数（万人）	女性	本年在站救助人次数（人次）	女性
1996	84.9							
1997	87.9							
1998	184.1							
1999	256.9							
2000	402.6							
2001	1170.7		304.6					
2002	2064.7		407.8					
2003	2246.8		367.1				634528	
2004	2205.0		488.0				820254	
2005	2234.2	592.4	825.0	235.1			1196305	209632
2006	2240.1	787.5	1593.1	455.1			1295506	221164
2007	2272.1	922.5	3566.3	1169.2	531.3	137.5	1544492	281987
2008	2334.8	947.7	4305.5	1337.0	548.6	127.5	1573484	269609
2009	2345.6	961.4	4760.0	1502.4	553.4	123.9	1680532	281387
2010	2310.5	943.4	5214.0	1673.4	556.3	120.7	1719008	314866
2011	2276.8	920.2	5305.7	1700.6	551.0	115.6	2409701	373103
2012	2143.5	889.9	5344.5	1814.5	545.6	109.4	2765761	383262
2013	2064.2	867.0	5388.0	1866.5	537.3	102.0	3479536	609333
2014	1877.0	792.4	5207.2	1826.4	529.1	94.1	2953359	568551
2015	1701.1	727.1	4903.6	1795.0	516.7	87.2	3233912	608786
2016	1480.2	643.6	4586.5	1774.2	496.9	76.2	2886925	467503
2017	1261.0	561.4	4045.2	1649.2	466.9	61.5	1665633	257040
2018	1007.0	451.6	3519.1	1476.5	455.0	57.0	1220283	169045
2019	860.9	386.3	3455.4	1502.8	439.1	47.0	1000958	130783
2020	805.1	372.2	3620.8	1673.4	446.3	49.1	589501	73984
2021	737.8	345.2	3474.5	1627.8	437.3	45.4	491355	59991
2022	682.4	320.1	3349.6	1582.8	434.5	42.9	329863	43244

B-1-8续表

年份	社会团体负责人（万人）	女性	基金会负责人（人）	女性	民办非企业单位负责人（万人）	女性	居委会主任（万人）	女性	村委会主任（万人）	女性
1996										
1997										
1998										
1999	47.6	6.0			0.9	0.2				
2000	45.4	6.1			3.2	0.7				
2001	43.3	5.7			10.1	3.6				
2002	45.5	6.1			14.4	5.1				
2003	51.8	6.2			16.6	5.8				
2004	56.0	6.6			19.1	6.5				
2005	64.0	6.9	2940	450	23.1	7.0				
2006	36.4	7.0	3014	738	20.9	6.5				
2007	39.2	7.9	3113	925	25.9	7.4	8.2	3.7	61.1	9.1
2008	49.5	10.2	3231	600	30.6	8.9	7.8	3.4	57.6	5.9
2009	49.4	9.4	3856	637	31.1	9.6	7.8	3.4	56.3	6.2
2010	56.9	9.1	4797	1019	35.7	10.1	8.1	3.5	56.3	5.9
2011	59.4	8.2	6257	1388	33.6	11.0	8.0	3.5	54.5	6.1
2012	61.6	9.1	6896	1167	35.9	11.9	9.1	3.8	58.7	6.9
2013	61.0	10.0	7331	1429	37.7	12.6	9.4	3.9	58.7	7.0
2014	63.9	10.7	8952	1687	41.3	13.9	9.6	3.9	58.4	7.2
2015	66.3	12.2	12491	2852	48.4	16.0	9.9	4.1	57.9	6.7
2016	73.8	12.7	11902	2504	51.6	18.0	10.3	4.1	55.8	5.9
2017	76.3	14.1	13640	3259	56.8	20.2	10.5	4.2	55.2	5.9
2018	83.0	16.4	15758	3110	69.1	25.9	10.6	4.2	53.9	6.0
2019	86.4	14.9	17781	2980	78.5	29.3	10.8	4.3	53.0	6.3
2020	83.1	14.2	19988	3892	82.5	30.8	11.1	4.3	50.0	4.9
2021	95.0	14.7	23507	6296	87.9	34.0	11.6	4.8	48.8	5.4
2022	98.3	15.2	25194	7119	89.8	34.9	11.7	4.8	48.8	5.3

B-1-9 民政部门登记和管理的机构固定资产原价

单位：亿元

年份	合计							行政机关
		社会工作	成员组织	社会组织	自治组织	其他社会服务	其他事业单位	
1982								
1983	13.0	13.0						
1984	14.9	14.9						
1985	20.1	20.1						
1986	24.2	24.2						
1987	28.7	28.7						
1988	40.8	40.8						
1989	44.1	44.1						
1990	51.7	51.7						
1991	63.6	63.6						
1992	75.6	75.6						
1993	100.3	100.3						
1994	119.0	119.0						
1995	142.6	142.6						
1996	168.1	168.1						
1997	211.5	211.5						
1998	962.4	962.4						
1999	1017.3	1017.3						
2000	1199.3	1199.3						
2001	1317.0	1317.0						
2002	1394.9	1394.9						
2003	1644.3	1644.3						
2004	1755.6	1755.6						62.8
2005	3032.9	1858.0	1174.9		1174.9			64.9
2006	3972.4	2103.0	1869.4	423.0	1446.4			94.3
2007	3840.2	1934.3	1905.9	682.0	1223.9			132.8
2008	4592.8	2186.8	2273.1	805.8	1467.3			132.9
2009	5198.0	2326.4	2752.4	1030.0	1722.4			119.2
2010	6589.3	2671.9	3795.6	1864.1	1931.5			121.8
2011	6676.7	2790.4	3684.2	1885.0	1799.2	231.0		284.2
2012	6675.4	2898.9	3477.7	1425.4	2052.3	251.8	47.0	344.1
2013	6810.2	3030.7	3465.7	1496.6	1969.1	267.0	46.8	185.4
2014	7212.9	3273.0	3609.3	1560.6	2048.6	283.8	46.8	169.3
2015	8183.1	2892.2	4950.4	2311.1	2639.3	292.0	48.5	251.5
2016	5393.6	1238.6	3807.3	2740.0	1067.3	293.3	54.4	192.4
2017	5434.8	1422.9	3635.7	2802.2	833.5	318.4	57.6	224.3
2018	5736.2	1206.6	4129.3	3542.3	587.0	345.9	54.5	247.8
2019	6515.3	1555.0	4525.7	3889.1	636.6	358.1	76.5	285.8
2020	7278.0	1715.1	5616.3	4793.1	823.2	418.6	86.1	305.6
2021	8610.0	1918.0	6664.5	5840.9	823.6	476.2	118.9	399.0
2022	9538.8	2170.9	7292.8	6521.3	771.5	537.5	123.6	470.1

B-1-10 历年国家财政支出和民政事业费支出情况

单位：亿元

年份	国家财政支出	民政事业费支出	占国家财政支出%
1950	68.04	1.32	1.94
1951	122.32	1.37	1.12
1952	175.78	2.83	1.61
1953	220.50	3.55	1.61
1954	280.93	6.04	2.15
1955	474.29	4.98	1.05
“一五”时期	**1367.89**	**25.99**	**1.90**
1956	536.79	5.69	1.06
1957	303.43	5.31	1.75
1958	408.75	3.27	0.80
1959	553.09	4.48	0.81
1960	652.25	7.24	1.11
“二五”时期	**3760.99**	**53.03**	**1.41**
1961	367.66	9.89	2.69
1962	305.33	7.45	2.44
1963	339.15	8.75	2.58
1964	398.77	16.15	4.05
1965	467.10	10.79	2.31
“三五”时期	**2523.24**	**35.83**	**1.42**
1966	540.49	8.81	1.63
1967	441.40	8.21	1.86
1968	359.62	5.61	1.56
1969	525.20	6.67	1.27
1970	646.53	6.53	1.01
“四五”时期	**3924.37**	**46.70**	**1.19**
1971	734.41	6.83	0.93
1972	768.87	8.15	1.06
1973	810.57	9.97	1.23
1974	792.98	9.04	1.14
1975	820.00	12.71	1.55
“五五”时期	**5198.77**	**84.22**	**1.62**
1976	804.48	16.17	2.01
1977	842.27	18.53	2.20
1978	1122.09	13.71	1.22
1979	1281.79	18.33	1.43
1980	1228.83	17.48	1.42
“六五”时期	**7483.18**	**113.85**	**1.52**
1981	1138.41	19.23	1.69
1982	1229.98	19.19	1.56
1983	1409.52	21.61	1.53
1984	1701.02	24.24	1.43
1985	2004.25	29.58	1.48
“七五”时期	**12865.67**	**208.49**	**1.62**
1986	2204.91	34.41	1.56
1987	2262.18	35.93	1.59
1988	2491.21	39.56	1.59
1989	2823.78	46.65	1.65
1990	3083.59	51.94	1.68
“八五”时期	**24387.46**	**386.59**	**1.59**
1991	3386.62	62.54	1.85
1992	3742.20	63.71	1.70
1993	4642.30	69.87	1.51
1994	5792.62	87.02	1.50
1995	6823.72	103.45	1.52
“九五”时期	**57043.46**	**840.90**	**1.47**
1996	7937.55	121.15	1.53
1997	9233.56	133.52	1.45
1998	10798.18	161.84	1.50
1999	13187.67	194.70	1.48
2000	15886.50	229.69	1.45
“十五”时期	**127800.69**	**2471.74**	**1.93**
2001	18902.58	284.75	1.51
2002	22053.15	392.27	1.78
2003	24649.95	498.92	2.02
2004	28486.89	577.39	2.03
2005	33930.28	718.41	2.12
“十一五”时期	**318970.83**	**9156.70**	**2.87**
2006	40422.73	915.35	2.26
2007	49781.35	1215.49	2.44
2008	62592.66	2146.45	3.43
2009	76299.93	2181.90	2.86
2010	89874.16	2697.51	3.00
“十二五”时期	**703076.19**	**20529.88**	**2.92**
2011	109247.79	3229.14	2.96
2012	125952.97	3683.74	2.92
2013	140212.10	4276.50	3.05
2014	151785.56	4414.10	2.91
2015	175877.77	4926.40	2.80
“十三五”时期	**1096208.82**	**24537.21**	**2.24**
2016	187755.21	5440.15	2.90
2017	203085.49	5932.68	2.92
2018	220906.07	4076.93	1.85
2019	238874.02	4279.24	1.79
2020	245588.03	4808.21	1.96
“十四五”时期	**506931.20**	**9769.39**	**1.93**
2021	246322.00	4679.01	1.90
2022	260609.20	5090.38	1.95

B-1-11　民政事业费支出按用项分类

单位：亿元

年份	民政事业费总支出	抚恤	离休费	社会福利及其他社会救济费	最低生活保障事业费	自然灾害救济费	退休费	其他民政事业费
1978	13.7	2.8		4.4		4.2	2.3	
1979	18.4	3.5		5.2		6.8	2.9	
1980	17.5	4.4		5.2		4.5	3.4	
“六五”时期	**114.2**	**27.3**	**0.9**	**32.1**		**35.2**	**16.8**	**1.7**
1981	19.2	4.4		5.1		6.3	3.4	
1982	19.6	4.8		5.1		6.0	3.5	
1983	21.6	5.3		6.5		6.4	3.4	
1984	24.2	6.1	0.2	8.0		6.9	3.0	
1985	29.6	6.7	0.7	7.4		9.6	3.5	1.7
“七五”时期	**208.4**	**59.2**	**11.4**	**46.7**		**56.4**	**22.0**	**12.8**
1986	34.4	8.4	1.2	8.3		10.7	3.8	1.9
1987	35.9	9.6	1.8	8.6		9.9	4.1	2.0
1988	39.6	11.0	2.3	9.0		10.4	4.3	2.5
1989	46.6	14.0	2.9	10.0		12.3	4.6	2.9
1990	51.9	16.2	3.2	10.8		13.1	5.2	3.5
“八五”时期	**386.6**	**107.8**	**23.2**	**75.6**		**94.1**	**45.5**	**40.5**
1991	62.5	16.8	3.6	11.7		20.9	5.4	4.2
1992	63.7	18.0	4.2	12.4		17.1	6.6	5.4
1993	69.9	20.1	3.6	14.5		14.9	8.3	8.4
1994	87.0	24.4	5.5	17.3		17.7	12.1	10.1
1995	103.5	28.5	6.3	19.7		23.5	13.1	12.4

年份	民政事业费总支出	抚恤	军队离退休、退职费	社会福利及其他社会救济费	最低生活保障事业费	自然灾害救济费	地方离、退休人员费	其他民政事业费
“九五”时期	**840.9**	**220.6**	**76.9**	**201.8**	**48.7**	**171.5**	**58.0**	**112.2**
1996	121.2	31.9	6.2	22.8	3.0	30.8	13.9	15.5
1997	133.5	36.1	12.4	27.1	2.9	28.7	10.3	19.0
1998	161.8	39.4	15.2	34.0	7.1	41.2	10.9	21.3
1999	194.7	49.7	18.4	52.5	13.8	35.6	11.2	27.2
2000	229.7	63.5	24.7	65.4	21.9	35.2	11.7	29.2

年份	民政事业费总支出	抚恤	退役安置	社会福利	社会救助	城市低保及其他城市社会救济	农村低保及其他农村社会救济	医疗救助	自然灾害生活救助	离退休人员经费	其他
“十五”时期	**2471.8**	**479.8**	**302.7**	**206.8**	**924.3**	**660.0**	**176.5**	**11.0**	**247.6**	**66.9**	**242.6**
2001	284.8	69.5	31.2	30.1	90.6	49.6	10.9		41.0	13.0	8.4
2002	392.3	74.7	49.5	29.2	138.3	108.7	14.2		40.0	13.2	47.3
2003	498.9	87.9	59.0	39.8	192.2	153.1	23.8		52.9	13.1	54.0
2004	577.4	104.1	74.1	52.1	223.6	172.7	47.7	3.2	51.1	13.9	58.5
2005	718.4	143.6	88.9	55.6	279.6	191.9	79.9	7.8	62.6	13.7	74.4

B-1-11续表

单位：亿元

年份	民政事业费总支出	抚恤	退役安置	社会福利	社会救助	城市低保及其他城市社会救济	农村低保及其他农村社会救济	医疗救助	自然灾害生活救助	离退休人员经费	其他
“十一五”时期	**9156.8**	**1316.2**	**956.0**	**490.0**	**3673.6**	**1941.7**	**1710.7**	**436.1**	**1205.0**	**125.7**	**975.4**
2006	915.4	178.8	115.7	65.3	372.0	224.2	126.6	21.2	79.0	14.0	90.6
2007	1215.5	210.8	165.0	87.6	509.7	277.4	189.8	42.5	79.8	24.8	137.8
2008	2146.5	253.6	180.6	103.1	806.7	393.4	326.8	86.5	609.8	26.5	166.2
2009	2181.9	310.3	225.7	124.1	1098.1	482.1	487.9	128.1	199.2	30.0	194.5
2010	2697.5	362.7	269.0	109.9	1302.0	564.6	579.6	157.8	237.2	30.4	386.3

年份	民政事业费总支出	抚恤	退役安置	社会福利	社会救助	城乡低保	其他社会救助	医疗救助	自然灾害生活救助	民政管理事务	行政事业单位养老支出	其他
“十二五”时期	**20520.0**	**2887.1**	**2149.2**	**1993.1**	**10349.7**	**7586.3**	**1471.4**	**1292.0**	**743.7**	**1496.1**	**212.2**	**688.9**
2011	3229.2	428.3	302.3	232.2	1766.3	1327.6	222.4	216.3	128.7	220.8	35.3	115.3
2012	3683.8	517.0	372.1	319.5	1866.1	1392.3	243.2	230.6	163.4	248.5	39.0	158.2
2013	4276.5	618.4	435.3	397.6	2172.4	1623.6	291.4	257.4	178.7	296.7	43.6	133.8
2014	4404.1	636.6	456.8	481.0	2197.5	1592.0	321.5	284.0	124.4	330.5	44.2	133.1
2015	4926.4	686.8	582.7	562.8	2347.4	1650.8	392.9	303.7	148.5	399.6	50.1	148.5
“十三五”时期	**24537.2**	**1597.1**	**1349.0**	**5294.8**	**12319.9**	**8637.1**	**2974.2**	**708.5**	**284.1**	**2441.9**	**228.2**	**1022.3**
2016	5440.2	769.8	625.6	753.4	2492.8	1702.4	458.0	332.3	156.1	441.7	48.4	152.2
2017	5932.7	827.3	723.4	920.5	2609.8	1692.3	541.3	376.2	128.0	501.0	47.9	175.0
2018	4076.9			1064.8	2224.0	1632.1	591.9			500.3	38.2	249.6
2019	4279.2			1228.8	2281.4	1646.7	634.7			497.7	46.1	225.2
2020	4808.2			1327.3	2711.9	1963.6	748.3			501.2	47.6	220.3

年份	民政事业费总支出	社会福利	社会救助	城乡低保	民政管理事务	行政事业单位养老支出	其他
“十四五”时期	**9769.4**	**2985.1**	**5257.3**	**3779.9**	**1029.8**	**74.9**	**422.3**
2021	4679.0	1402.4	2549.4	1833.0	493.8	33.3	200.1
2022	5090.4	1582.7	2707.9	1946.9	536.0	41.6	222.2

注：2018年民政机构改革，抚恤、退役安置、医疗救助、救灾等职能从民政部门转出。

B-1-12　中央财政转移支付的民政事业费

单位：万元

年份	合计	中央级民政事业费	中央专项转移支付				
				抚恤、退休、救济费	救灾	社会福利救济事业费	其他
1978	11	11					
1979	44	44					
1980	103	103					
“六五”时期	**335594**	**1108**	**334486**	**63306**	**270745**	**220**	**215**
1981	138	138					
1982	74120	78	74042	14247	59795		
1983	74368	163	74205	14205	60000		
1984	78872	286	78586	18586	60000		

年份	合计	中央级民政事业费	中央专项转移支付					
				抚恤	安置	救灾	社会福利救济事业费	其他
1985	108096	443	107653	9698	6570	90950	220	215
“七五”时期	**778310**	**9267**	**769043**	**148718**	**105230**	**512500**		
1986	132802	2526	130276	16396	9285	102000		
1987	133877	2742	131135	21726	19409	90000		
1988	158355	1297	157058	24110	21948	111000		
1989	174374	1185	173189	43206	26483	103500		
1990	178902	1517	177385	43280	28105	106000		
“八五”时期	**1488090**	**15897**	**1472193**	**328272**	**315101**	**828820**		
1991	309432	1792	307640	49010	34210	224420		
1992	209360	3217	206143	52156	40587	113400		
1993	238083	3108	234975	60494	53481	121000		
1994	353831	4077	349754	79084	90670	180000		
1995	377384	3703	373681	87528	96153	190000		
“九五”时期	**2943934**	**104302**	**2839632**	**749824**	**773058**	**1122750**	**190000**	**4000**
1996	426354	6371	419983	102394	102589	215000		
1997	455309	5954	449355	110430	114925	220000		4000
1998	568049	50783	517266	120000	149516	247750		

B-1-12续表

单位：亿元

年份	合计	中央级民政事业费	中央专项转移支付	抚恤	安置	福利	低保	临时救助	流浪乞讨救助	医疗救助	救灾	其他
1999	62.8	1.2	61.6	18.0	17.6		4.0				22.0	
2000	86.6	2.9	83.7	23.7	23.0		15.0				22.0	
“十五”时期	**1004.3**	**11.9**	**992.4**	**212.1**	**217.3**		**373.1**			**12.0**	**170.1**	**7.9**
2001	109.6	1.4	108.2	26.3	28.7		23.0				30.2	
2002	140.2	1.8	138.4	31.6	37.0		45.5				24.3	
2003	213.6	1.8	211.8	37.1	39.2		92.0			3.0	40.5	0.1
2004	227.7	3.9	223.8	40.7	47.4		100.6			3.0	32.0	0.1
2005	313.2	2.9	310.3	76.4	65.0		112.0			6.0	43.1	7.7
“十一五”时期	**4745.9**	**87.0**	**4658.9**	**767.6**	**699.9**		**1941.6**			**319.6**	**856.1**	**74.2**
2006	406.8	2.8	404.0	111.7	73.9		136.0			14.3	49.4	18.7
2007	507.7	3.3	504.4	110.9	117.4		189.9			36.3	49.9	0.1
2008	1207.7	26.6	1181.1	142.1	142.9		363.1			54.5	478.4	0.1
2009	1232.5	5.5	1227.0	187.3	160.2		620.0			84.5	174.7	0.3
2010	1391.2	48.8	1342.4	215.6	205.5		632.6			130.0	103.7	55.0
“十二五”时期	**10189.2**	**61.5**	**10127.7**	**1668.5**	**1390.9**	**258.0**	**5312.0**	**73.0**		**785.6**	**489.5**	**150.2**
2011	1817.4	9.4	1808.0	277.4	206.4	25.2	1004.7			150.0	84.0	60.3
2012	1804.6	10.0	1794.6	333.3	265.4	42.0	870.5			150.0	112.7	20.7
2013	2163.5	13.7	2149.7	369.8	277.4	54.4	1168.8			156.7	101.9	20.8
2014	2117.8	12.8	2105.0	338.0	288.8	63.4	1101.3	32.0		165.0	96.3	20.2
2015	2285.9	15.6	2270.3	350.0	352.9	73.0	1166.7	41.0		163.9	94.6	28.2
“十三五”时期	**9812.8**	**80.1**	**9732.7**	**803.6**	**833.7**	**79.1**	**7181.1**		**20.0**	**355.8**	**137.9**	**312.8**
2016	2500.6	16.6	2484.0	390.9	384.7	79.1	1341.5		20.0	177.9	54.0	27.3
2017	2519.1	26.9	2492.3	412.7	449.0		1326.6			177.9	83.9	42.2
2018	1498.5	12.9	1485.6				1399.5					86.1
2019	1578.8	12.1	1566.6				1471.7					94.9
2020	1715.8	11.6	1704.2				1641.8					62.3

年份	合计	中央级民政事业费	中央专项转移支付	困难群众救助补助资金	彩票公益金	中央预算内基本建设投资
“十四五”时期	**3323.6**	**58.2**	**3265.4**	**3023.0**	**99.5**	**142.9**
2021	1608.8	30.7	1578.1	1476.2	43.5	58.4
2022	1714.8	27.5	1687.3	1546.8	56.0	84.5

B-1-13 彩票公益金支出

单位：亿元

年份	合计	抚恤	退役安置	社会福利	低保及其他社会救济	医疗救助	自然灾害生活救助	其他
“十一五”时期	**485.3**	**17.6**	**6.0**	**204.9**	**26.2**	**48.8**		**175.6**
2006	52.6	2.6	1.0	24.1	3.3			21.6
2007	77.6	3.0	0.9	35.5	4.3			33.9
2008	119.2	3.7	1.3	44.9	7.2	17.5		38.5
2009	113.4	3.4	1.2	49.3	5.9	15.5		38.0
2010	122.5	4.9	1.6	51.1	5.5	15.8		43.6
“十二五”时期	**1002.6**	**30.5**	**2.6**	**596.4**	**42.7**	**90.4**	**8.8**	**206.7**
2011	127.9	4.8	0.4	61.4	7.4	16.3	0.8	36.6
2012	159.0	5.4	0.5	92.2	7.3	16.8	1.3	35.6
2013	195.5	7.5	0.6	117.1	8.7	17.5	2.6	41.5
2014	231.3	5.9	0.9	143.6	10.0	19.1	2.2	49.4
2015	288.9	6.9	0.2	182.1	9.3	20.7	1.9	43.6
“十三五”时期	**1285.0**	**13.3**	**1.4**	**864.3**	**53.5**	**40.1**	**6.2**	**306.2**
2016	268.3	7.1	0.8	172.9	10.4	19.6	2.7	54.7
2017	275.2	6.2	0.6	173.6	14.9	20.5	3.5	55.9
2018	251.7			171.5	9.1			71.1
2019	259.9			185.6	8.6			65.8
2020	229.9			160.7	10.5			58.7
“十四五”时期	**409.7**			**304.8**	**9.5**			**95.4**
2021	196.8			146.6	5.2			45.0
2022	212.9			158.2	4.3			50.4

B-1-14 中央彩票公益金安排情况

单位：亿元

年份	合计	中央级	转移支付						
				养老	残疾人	儿童	社会公益	医疗救助	居家和社区养老服务改革试点
“十五”时期	**14.9**		**14.9**	**0.7**		**2.1**	**0.2**	**12.0**	
2001									
2002									
2003	3.0		3.0					3.0	
2004	5.9		5.9	0.7		2.1	0.2	3.0	
2005	6.0		6.0					6.0	
“十一五”时期	**112.3**	**2.5**	**109.8**	**21.6**		**16.4**	**1.8**	**70.0**	
2006	14.0	0.1	13.9	1.6		3.2	0.1	9.0	
2007	17.0	0.9	16.1	1.5		1.2	0.3	13.0	
2008	28.1	0.1	28.0	4.8		6.7	0.6	16.0	
2009	26.6	0.1	26.5	7.8		2.1	0.7	16.0	
2010	26.5	1.3	25.2	5.9		3.2	0.1	16.0	
“十二五”时期	**220.8**	**8.2**	**212.6**	**75.8**	**25.3**	**22.9**	**8.6**	**80.0**	
2011	30.0	1.3	28.7	7.9		3.5	1.4	16.0	
2012	36.0	2.3	33.7	10.7	1.0	4.4	1.7	16.0	
2013	48.7	1.8	46.9	22.2	2.0	5.1	1.7	16.0	
2014	36.0	1.1	34.9	10.2	3.0	4.0	1.7	16.0	
2015	70.1	1.7	68.4	24.9	19.4	6.0	2.1	16.0	
“十三五”时期	**216.8**	**3.9**	**213.0**	**68.1**	**20.0**	**28.8**	**10.1**	**36.0**	**49.9**
2016	54.4	1.8	52.6	13.1	3.0	6.0	2.5	18.0	10.0
2017	54.4	0.8	53.6	13.2	4.9	4.9	2.6	18.0	10.0
2018	39.8	0.9	39.0	14.8	5.6	6.8	1.7		10.0
2019	48.7	0.2	48.5	22.2	5.4	8.2	2.8		10.0
2020	19.5	0.2	19.3	4.8	1.1	2.9	0.5		9.9
“十四五”时期	**99.6**	**0.1**	**99.5**	**35.2**	**9.4**	**9.4**	**23.5**		**22.0**
2021	43.6	0.1	43.5	15.3	4.1	4.1	9.0		11.0
2022	56.0		56.0	19.9	5.3	5.3	14.5		11.0

B-1-15　民政事业基本建设投资（按投资来源分类）

单位：亿元、个、万平方米

年份	计划总投资	本年完成投资						本年完工项目个数
			国家投资	国内贷款	自筹		其他	
						彩票公益金		
1989	5.8	2.0	0.7	0.1	0.8		0.2	
1990	6.9	2.4	0.8	0.1	1.0		0.3	
“八五”时期	**63.4**	**27.6**	**10.3**	**1.2**	**13.4**		**2.8**	
1991	7.0	3.0	1.0	0.1	1.5		0.3	
1992	7.3	3.2	1.0	0.1	1.9		0.4	
1993	12.8	5.6	1.4	0.2	3.4		0.7	
1994	15.5	6.2	2.3	0.5	2.9		0.6	
1995	20.9	9.6	4.6	0.3	3.8		0.9	
“九五”时期	**237.9**	**89.8**	**21.3**	**5.9**	**54.3**	**6.8**	**8.3**	**2793**
1996	29.8	10.1	2.1	0.4	6.4		1.1	
1997	35.7	13.8	2.7	0.8	8.6		1.6	
1998	41.0	16.6	2.8	0.8	11.1		1.9	
1999	63.2	24.7	6.0	2.3	14.6	3.5	1.8	1456
2000	68.2	24.7	7.7	1.6	13.6	3.3	1.9	1337
“十五”时期	**376.9**	**151.7**	**47.9**	**8.8**	**78.4**	**21.0**	**16.6**	**22117**
2001	77.5	30.8	10.4	2.2	15.1	3.6	3.1	1360
2002	88.7	30.1	9.5	1.4	15.9	3.3	3.3	3659
2003	87.3	30.0	9.9	1.7	15.1	3.5	3.3	3867
2004	89.7	29.2	8.9	2.4	14.4	4.7	3.5	8982
2005	33.8	31.6	9.1	1.0	17.9	5.8	3.5	4249
“十一五”时期	**485.6**	**487.8**	**210.7**	**12.4**	**148.8**	**96.8**	**82.3**	**62453**
2006	34.8	33.5	9.9	0.9	19.9	8.4	2.5	3626
2007	47.6	47.7	14.5	3.0	26.9	13.0	2.9	2446
2008	63.5	66.6	26.6	1.9	34.6	16.5	3.2	3906
2009	166.5	157.0	70.6	3.7	67.4	26.6	15.3	6457

年份	本年计划总投资	本年完成投资						本年完工项目个数（规模）
			国家投资	国内贷款	利用外资	彩票公益金	其他	
2010	173.2	183.0	89.1	2.9	0.2	32.3	58.5	46018
“十二五”时期	**1234.7**	**1268.1**	**499.9**	**19.6**	**5.8**	**288.3**	**454.5**	**38309**
2011	217.3	218.5	78.5	6.2	0.5	53.4	79.9	4533
2012	222.3	234.7	104.2	3.8	1.1	51	74.6	6095
2013	311.9	292.8	120.1	1.4	1.7	64.7	104.8	15328
2014	266	282.2	104.3	3.5	1.7	57.5	115.3	11355
2015	217.2	239.9	92.8	4.7	0.8	61.7	79.9	1048
“十三五”时期	**860.5**	**1018.7**	**381.7**	**16.8**	**0.9**	**238.9**	**380.4**	**5017**
2016	208.9	245.8	84.4	2.7	–	68.4	90.3	1243
2017	180.3	209.2	77.8	5.2	0.1	55.3	70.9	1154
2018	157.9	188.0	71.9	2.7	0.3	48.0	65.1	669
2019	156.0	184.8	72.6	3.4	0.1	37.9	70.7	900
2020	157.4	190.9	75.0	2.8	0.4	29.3	83.4	1051
“十四五”时期	**311.3**	**373.7**	**127.0**	**16.8**	**1.1**	**39.9**	**188.9**	**1716.7**
2021	167.2	201.3	60.5	11.2	0.9	23.0	105.8	1001.4
2022	144.1	172.4	66.5	5.6	0.2	16.9	83.1	715.3

注：自2015年起，本年完工项目个数指标更改为本年完工项目规模，单位为万平方米。

B-1-16 国家预算内基本建设投资（按项目分类）

单位：亿元

年份	国家预算内基本建设投资	优抚安置单位	社区服务设施	收养性福利机构	殡葬	救助	其他
1989	0.7						0.7
1990	0.8			0.2	0.1		0.5
“八五”时期	**10.3**	**4.2**		**1.4**	**1.1**	**0.2**	**3.4**
1991	1.0	0.1		0.2	0.1		0.6
1992	1.0			0.2			0.8
1993	1.4			0.2	0.4		0.8
1994	2.3	1.2		0.3	0.3		0.5
1995	4.6	2.9		0.5	0.3	0.2	0.7
“九五”时期	**21.3**	**2.0**	**1.6**	**6.6**	**6.5**		**4.6**
1996	2.1	0.1		0.5	0.5		1.0
1997	2.7			0.7	1.1		0.9
1998	2.8	0.2		1.8	0.8		
1999	6.0	0.9	0.6	1.5	1.7		1.3
2000	7.7	0.8	1.0	2.1	2.4		1.4
“十五”时期	**47.9**	**5.0**	**9.4**	**14.3**	**9.2**		**10.0**
2001	10.4	0.7	1.5	3.1	2.1		3.0
2002	9.5	0.7	2.1	2.8	1.9		2.0
2003	9.9	1.2	2.4	3.3	1.5		1.5
2004	9.0	1.1	2.3	2.5	1.1		2.0
2005	9.1	1.3	1.1	2.6	2.6		1.5
“十一五”时期	**210.8**	**27.8**	**31.5**	**85.2**	**19.2**	**8.1**	**39.0**
2006	9.9	1.8	0.8	3.9	1.4	0.3	1.6
2007	14.5	2.5	0.9	6.5	2.4	0.4	1.8
2008	26.6	8.2	1.9	8.5	3.7	1.1	3.2
2009	70.6	7.4	14.0	30.1	5.7	2.5	11.0
2010	89.2	7.9	13.9	36.2	6.0	3.8	21.4
“十二五”时期	**499.9**	**20.8**	**29.4**	**277.3**	**12.9**	**63.5**	**95.9**
2011	78.5	9.5	11.1	31.1	5.8	3.8	17.2
2012	104.2	11.3	18.3	45.1	7.1	6.1	16.2

年份	国家预算内基本建设投资	提供住宿的民政服务机构	养老机构	精神疾病服务机构	儿童福利和救助保护机构	不提供住宿的民政服务机构	其他
2013	120.1	76.2	66.5	3.2	4.6	22.2	21.7
2014	104.3	66.4	58.1	2.7	4.5	16.2	21.7
2015	92.8	58.5	51.6	2.2	4.0	15.2	19.1
“十三五”时期	**381.7**	**251.3**	**209.8**	**13.7**	**20.9**	**27.1**	**103.3**
2016	84.4	54.0	46.7	2.3	4.1	10.0	20.4
2017	77.8	50.7	40.4	3.7	5.9	10.5	16.6
2018	71.9	53.7	46.3	2.7	4.0	3.3	14.9
2019	72.6	47.6	38.2	1.7	4.1	1.7	23.3
2020	75.0	45.3	38.2	3.3	2.8	1.6	28.1
“十四五”时期	**127.0**	**81.6**	**70.4**	**3.0**	**5.5**	**1.8**	**43.6**
2021	60.5	36.3	29.3	1.7	3.8	0.8	23.4
2022	66.5	45.3	41.1	1.3	1.7	1.0	20.2

B-1-17　中央预算内

年份	项目合计（个）	投资合计	本级情况				养老	
			本级项目数	本级投资	地方项目小计	补助地方投资小计	项目数	资金额
1990		0.1		0.1				
“八五”时期		**0.2**		**0.2**				
1991		0.2		0.2				
“十五”时期	**24**	**0.8**	**24**	**0.8**				
2001	3	0.3	3	0.3				
2002	10	0.2	10	0.2				
2003	6	0.1	6	0.1				
2004	3	0.1	3	0.1				
2005	2	0.1	2	0.1				
“十一五”时期	**2088**	**35.9**	**18**	**5.5**	**2070**	**30.37**	**189**	**5.0**
2006	2	0.2	2	0.2				
2007	218	2.8	5	0.8	213	2.0		
2008	575	6.8	3	2.1	572	4.7		
2009	774	13.0	4	1.3	770	11.7	63	2.0
2010	519	13.1	4	1.1	515	12.0	126	3
“十二五”时期	**1874**	**143.2**	**51**	**6.9**	–	**136.3**	**1364**	**108.0**
2011	433	26.0	4	0.7	429	25.3	338	9
2012	699	33.3	7	0.31	692	33.0	669	31
2013	742	17.2	7	0.21	735	17.0	357	15

年份	建设规模	投资合计	本级情况				养老	
			建设规模	本级投资	建设规模	补助地方投资小计	建设规模	资金额
2014	385.5	30.3	7.6	1.3	377.9	29.0	330.0	25.0
2015	368.4	36.4	25.4	4.4	343.0	32.0	302.0	28.0
“十三五”时期	–	**227.9**	–	**15.4**	–	**212.5**	–	**148.0**
2016	329.5	39.3	32.2	1.3	297.3	38.0	206.4	28.0

年份	建设规模	投资合计	本级情况				养老	
			建设规模	本级投资	建设规模	补助地方投资小计	建设规模	资金额
2017	–	44.2	–	2.2	–	42.0	–	30.0
2018	–	47.6	–	4.6	–	43.0	–	31.0
2019	–	52.7	–	6.3	–	46.4	–	32.0
2020	–	44.1	–	1.0	–	43.1	–	28.0
“十四五”时期	–	**144.6**	–	**2.6**	–	**142.0**	–	**105.3**
2021	–	60.5	–	2.1	–	58.4	–	40.0
2022	–	84.1	–	0.5	–	83.6	–	65.3

基本建设投资

单位：个、亿元、万平方米

补助地方情况									
精神卫生		儿童		流浪		社区		烈建	
项目数	资金额	项目数	资金额	项目数	资金额	项目数	资金额	项目数	资金额
26	**4.4**	**134**	**5.0**	**254**	**5.0**	**1334**	**6.0**	**133**	**5.0**
		15	0.5	28	0.8	170	0.7		
		32	1.3	65	1.4	475	2.0		
		33	1.3	78	1.4	463	2.0	133	5.0
26	4.37	54	1.9	83	1.4	226	1.3		
131	**20.3**		**0.0**		**4.0**	**401**	**4.0**		
91	16.3								
						23	2		
						378	2		

补助地方情况					
儿童和精神病人		社会事务		社区	
建设规模	资金额	建设规模	资金额	建设规模	资金额
22.3	2.0			25.6	2.0
17.5	2.0			23.5	2.0
–	–	–	–	–	–
44.7	5.0	46.2	5.0		

补助地方情况	
社会福利	
建设规模	资金额
–	12.0
–	12.0
–	14.4
–	15.1
–	**36.7**
–	18.4
–	18.3

B-2-1 提供住宿的民政服务机构

单位：个

年份	合计	养老机构	精神疾病服务机构	儿童福利和救助保护机构	其他提供住宿机构	
						救助管理站
1978	8571	8365	139	67		
1979	8988	8801	135	52		
1980	9669	9460	150	59		
1981	10031	9813	155	63		
1982	12275	12046	165	64		
1983	15807	15582	165	60		
1984	22796	22566	167	63		
1985	29100	28852	161	59	28	
1986	35008	34750	166	58	34	
1987	37372	37109	170	60	33	
1988	39030	38767	173	62	28	
1989	39743	39472	180	64	27	
1990	40583	40340	181	62		
1991	42264	42013	188	63		
1992	43319	43063	189	67		
1993	43681	43375	190	67	49	
1994	43240	42911	188	73	68	
1995	43074	42735	190	77	72	
1996	42829	42518	155	84	72	
1997	42385	42027	192	91	75	
1998	42131	41755	195	105	76	
1999	40430	40030	191	110	99	
2000	40491	39321	201	126	843	
2001	38785	38106	200	160	319	
2002	38200	37591	200	178	231	
2003	37294	36224	205	192	1587	
2004	38593	37880	211	208	1320	
2005	42487	40641	226	224	1396	
2006	43187	40964	219	249	1755	
2007	44958	42713	234	269	1742	
2008	41099	38674	244	290	1891	
2009	43944	39671	266	419	3588	
2010	44482	39904	251	480	3847	
2011	45973	42828	251	638	2256	1547
2012	48078	44304	257	724	2793	1770
2013	45977	42475	261	803	2438	1891
2014	36810	33044	254	890	2622	1949
2015	31187	27753	242	753	2439	1766
2016	31912	28592	244	705	2371	1736
2017	31929	28770	242	663	2254	1623
2018	31291	28671	145	651	1824	1534
2019	37021	34369	138	686	1828	1545
2020	40852	38158	141	760	1793	1555
2021	42696	39961	140	815	1780	1562
2022	43410	40587	142	925	1756	1573

B-2-2 提供住宿的民政服务机构床位

单位：万张、张/千人

年份	合计	养老床位	精神疾病服务床位	儿童福利和救助保护床位	其他提供住宿床位	救助管理站	每千人口拥有民政服务床位数	每千老年人口拥有养老床位数
1978	16.3	15.7	0.6				0.2	
1979	22.6	20.1	2.1	0.4			0.2	
1980	24.2	21.3	2.4	0.5			0.2	
1981	25.3	22.2	2.5	0.6			0.3	
1982	28.2	24.8	2.8	0.6			0.3	
1983	32.4	29.0	2.8	0.6			0.3	
1984	42.5	39.0	2.9	0.6			0.4	
1985	49.1	45.7	2.9	0.5	0.2		0.5	
1986	58.7	55.0	3.1	0.6	0.3		0.5	
1987	64.9	61.0	3.3	0.6	0.3		0.6	
1988	69.5	65.5	3.4	0.6	0.2		0.6	
1989	73.8	69.5	3.6	0.7	0.2		0.7	
1990	78.0	73.5	3.7	0.8			0.7	
1991	82.8	78.3	3.8	0.7			0.7	
1992	89.8	85.2	3.8	0.8			0.8	
1993	92.7	87.8	4.0	0.9	0.4		0.8	
1994	95.5	90.6	4.0	0.9	0.5		0.8	
1995	97.6	92.5	4.0	1.1	0.6		0.8	
1996	100.8	95.6	4.0	1.2	0.6		0.8	
1997	103.1	97.8	4.0	1.3	0.6		0.8	
1998	105.8	100.2	4.1	1.5	0.6		0.8	
1999	108.9	102.4	4.1	1.6	0.8		0.9	
2000	113.0	104.5	4.1	1.8	2.6		0.9	
2001	140.7	114.6	4.2	2.3	19.6		1.1	
2002	141.5	114.9	4.3	2.5	19.8		1.1	
2003	142.9	120.6	4.5	2.7	15.1		1.1	
2004	157.2	139.5	4.5	3.0	10.2		1.2	
2005	180.7	158.1	4.4	3.2	15.0		1.4	11.0
2006	204.5	179.6	4.4	3.2	17.3		1.6	12.1
2007	269.6	242.9	4.7	3.4	18.6		2.0	15.8
2008	300.3	267.4	5.4	4.3	23.2		2.3	16.7
2009	326.5	293.5	5.9	4.8	22.3		2.5	17.6
2010	349.6	316.1	6.1	5.5	21.9		2.6	17.8
2011	396.4	369.2	6.5	6.8	13.9	7.1	2.9	20.0
2012	449.3	416.5	6.7	8.7	17.4	9.0	3.3	21.5
2013	462.4	429.5	7.4	9.8	15.7	9.7	3.9	24.4
2014	426.0	390.2	8.0	10.8	17.0	9.9	4.5	27.2
2015	393.2	358.2	7.9	10.0	17.1	10.3	5.3	30.3
2016	414.0	378.8	8.4	10.0	16.7	10.2	5.5	31.6
2017	419.6	383.5	8.8	10.3	17.1	10.1	5.7	30.9
2018	408.1	379.4	6.3	9.7	12.7	10.2	5.4	29.1
2019	467.4	438.8	6.5	9.9	12.2	9.6	5.7	30.5
2020	515.4	488.2	6.7	10.1	10.4	8.4	6.0	31.1
2021	530.5	503.6	7.1	9.8	10.0	8.5	6.0	30.5
2022	545.2	518.3	7.2	10.1	9.5	8.1	6.1	29.6

B-2-3　提供住宿的民政服务机构收养人员情况

单位：万人

年份	合计	养老机构	精神疾病服务机构	儿童福利和救助保护机构	其他提供住宿机构
1978	16.3	14.0	1.9	0.4	
1979	18.6	16.3	1.9	0.4	
1980	19.1	16.7	2.0	0.4	
1981	19.7	17.0	2.2	0.5	
1982	22.5	19.7	2.3	0.5	
1983	25.9	23.0	2.4	0.5	
1984	34.1	31.0	2.6	0.5	
1985	40.8	37.5	2.6	0.5	0.2
1986	47.4	43.9	2.8	0.5	0.2
1987	51.8	48.2	2.9	0.5	0.2
1988	54.8	51.1	3.0	0.6	0.1
1989	56.9	53.0	3.1	0.6	0.2
1990	59.9	56.1	3.2	0.6	
1991	64.6	60.8	3.2	0.6	
1992	69.6	65.6	3.3	0.7	
1993	72.4	68.0	3.4	0.7	0.3
1994	73.6	69.2	3.3	0.8	0.3
1995	74.7	70.1	3.2	1.0	0.4
1996	76.9	72.3	3.1	1.1	0.4
1997	78.5	73.7	3.2	1.2	0.4
1998	80.0	74.9	3.2	1.4	0.5
1999	82.7	77.6	3.2	1.4	0.5
2000	85.4	78.6	3.2	1.8	1.8
2001	88.5	82.0	3.3	2.1	1.1
2002	91.6	85.0	3.4	2.2	1.0
2003	96.5	89.1	3.5	2.5	1.4
2004	110.9	103.9	3.6	2.8	0.6
2005	123.6	116.2	3.7	2.9	0.8
2006	147.0	138.5	3.8	3.2	1.5
2007	200.0	191.3	4.1	3.0	1.6
2008	240.0	211.5	4.5	3.4	20.6
2009	256.0	227.5	5.0	3.7	19.8
2010	278.2	247.0	5.3	4.2	21.7
2011	293.4	279.7	5.5	4.6	3.6
2012	309.5	293.6	5.8	5.4	4.7
2013	322.5	307.4	6.0	5.6	3.5
2014	337.0	320.4	6.5	5.9	4.2
2015	231.7	214.8	6.4	5.6	4.9
2016	236.3	219.8	6.9	5.5	4.2
2017	228.8	211.1	7.4	5.9	4.4
2018	211.9	197.6	5.4	4.9	4.0
2019	231.6	217.5	5.5	4.8	3.8
2020	235.6	222.4	5.7	4.6	3.0
2021	238.1	225.5	5.8	4.4	2.4
2022	229.9	217.9	5.8	4.2	2.0

B-2-4 按城乡分类的提供住宿的民政服务机构情况

年份	单位数（个）	城市	农村	床位数（万张）	城市	农村	收养人数（万人）	城市	农村
1978	8571	728	7843	16.3	0.1	16.2	16.3	5.7	10.6
1979	8988	1518	7470	22.6	6.4	16.2	18.6	8.0	10.6
1980	9669	1407	8262	24.2	7.1	17.1	19.1	7.9	11.2
1981	10031	1487	8544	25.3	7.4	17.9	19.7	8.2	11.5
1982	12275	1689	10586	28.2	7.6	20.6	22.5	8.7	13.8
1983	15807	1760	14047	32.4	7.7	24.7	25.9	9.0	16.9
1984	22796	1925	20871	42.5	8.5	34.0	34.1	10.0	24.1
1985	29100	5478	23622	49.1	18.2	30.9	40.8	14.6	26.2
1986	35008	8330	26678	58.7	23.6	35.1	47.4	18.9	28.5
1987	37372	9358	28014	64.9	25.8	39.1	51.8	20.5	31.3
1988	39030	10498	28532	69.5	28.4	41.1	54.8	22.3	32.5
1989	39743	10118	29625	73.8	28.7	45.1	56.9	22.3	34.6
1990	40583	12697	27886	78.0	34.5	43.5	59.9	26.8	33.1
1991	42264	13197	29067	82.8	36.7	46.1	64.6	28.5	36.1
1992	43319	16847	26472	89.8	44.6	45.2	69.6	34.5	35.1
1993	43681	17400	26281	92.7	47.0	45.7	72.4	37.2	35.2
1994	43240	18035	25205	95.5	50.0	45.5	73.6	39.1	34.5

年份	单位数（个）	国有社会福利院	社会办敬老院	床位数（万张）	国有社会福利院	社会办敬老院	收养人数（万人）	国有社会福利院	社会办敬老院
1995	43074	11184	31890	97.6	18.6	79.0	74.7	14.4	60.3
1996	42829	11216	31613	100.8	19.2	81.6	76.9	14.8	62.1
1997	42385	10417	31968	103.1	19.9	83.2	78.5	15.4	63.1
1998	42131	9895	32236	105.8	21.0	84.8	80.0	16.1	63.9
1999	40430	3086	37344	108.9	23.6	85.3	82.7	17.9	64.8

B-2-4 续表

年份	单位数（个）	城市	农村	床位数（万张）	城市	农村	收养人数（万人）	城市	农村
2000	40491	14915	25576	113	57.4	55.6	85.4	42.6	42.8
2001	38785	12135	26650	140.7	72.3	68.4	88.5	39.6	48.9
2002	38200	12503	25697	141.5	75.3	66.2	91.6	42.2	49.4
2003	37294	12951	24343	142.9	75.3	67.6	96.5	46.1	50.4
2004	38593	12151	26442	157.2	79.7	77.5	110.9	51.5	59.4
2005	42487	12806	29681	180.7	91.2	89.5	123.6	55.7	67.9
2006	43187	11814	31373	204.5	90.9	113.6	147.0	55.0	92.0
2007	44958	10274	34684	269.6	89.8	179.8	200.0	43.9	149.3
2008	41099	10731	30368	300.3	107.2	193.1	240.0	79.5	160.5
2009	43944	12658	31286	326.5	117.7	208.8	256.0	83.0	173.0
2010	44482	13010	31472	349.6	124.7	224.9	278.2	95.7	182.5
2011	45973	13833	32140	396.4	154.5	241.9	293.4	100.9	192.5
2012	48078	15291	32787	449.3	188.3	261.1	309.5	109.5	200.0
2013	45977	15730	30247	462.4	189.6	272.8	322.5	121.3	201.2
2014	36810	16549	20261	426.0	206.4	219.6	334.0	127.6	206.4
2015	31187	15600	15587	393.2	216.1	177.1	231.7	116.5	115.2
2016	31912	16514	15398	414.0	234.1	179.9	236.3	123.1	113.2
2017	31929	16923	15006	419.6	242.9	176.7	228.8	127.3	101.3
2018	31291	17406	13885	408.1	253.9	154.2	211.9	124.9	87.0
2019	37021	21089	15932	467.4	302.9	164.5	231.6	143.9	87.7
2020	40852	23699	17153	515.4	340.6	174.8	235.6	152.2	83.4
2021	42696	25404	17292	530.5	351.6	178.8	238.1	157.1	81.0
2022	43410	26497	16913	545.2	362.7	182.5	229.9	152.6	77.3

B-2-5 老年人和残疾人福利

单位：万人

年份	老年人福利				残疾人福利	
	高龄补贴老年人数	护理补贴老年人数	养老服务补贴老年人数	老龄综合补贴老年人数	困难残疾人生活补贴人数	重度残疾人护理补贴人数
2006	233.5					
2007	247.1					
2008	349.3					
2009	430.9					
2010	576.4					
2011	883.1					
2012	1257.7					
2013	1557.9	11.7	101.9			
2014	1719.6	20.0	154.7			
2015	2155.1	26.5	257.9			
2016	2355.4	40.5	282.9		521.3	500.0
2017	2682.2	61.3	354.4		1019.2	1053.7
2018	2972.3	74.8	521.7	3.0	1005.8	1193.0
2019	2963.0	66.3	516.3	33.5	1085.7	1368.5
2020	3104.4	81.3	535.0	132.9	1214.0	1475.1
2021	3246.6	90.3	573.6	84.2	1194.1	1503.2
2022	3406.4	94.4	574.9	67.4	1178.5	1545.4

B-2-6 孤儿和家庭收养登记

单位：人、元/人·月、件

年份	孤儿数			集中养育平均保障标准	社会散居平均保障标准	收养登记总数
		集中养育孤儿	社会散居孤儿			
2008	67921					42550
2009	127599					44260
2010	252110					34529
2011	509695	77144	432551			31424
2012	570075	95251	474824			27278
2013	548845	93899	454946			24460
2014	525179	93522	431657			22772
2015	502105	91712	410393			22348
2016	460450	87502	372948			18736
2017	409840	86025	323815			18820
2018	305110	69760	235350	1344.0	924.0	16267
2019	233117	64482	168635	1499.2	1073.5	13044
2020	193281	58989	134292	1611.3	1184.3	11103
2021	172716	53302	119414	1697.4	1257.2	12447
2022	157969	47409	110560	1802.3	1364.7	8432

B-2-7　城市社会救济和城市最低生活保障

单位：万人

年份	城市居民传统救济总人数	城市居民传统定救人数	城市精减退职老职工人数	40%救济对象人数	定量救济人数
1980	32.9	22.9	10.0		
1981	31.5	21.5	10.0		
1982	34.7	21.4	13.3		
1983	47.1	22.6	24.5		
1984	207.4	160.6	46.8	25.3	
1985	30.0	18.2	11.8	6.4	5.4
1986	49.0	35.6	13.4	7.1	6.3
1987	29.8	16.2	13.6	7.2	6.4
1988	32.9	17.6	15.3	7.7	7.6
1989	30.5	16.2	14.3	7.1	7.2
1990	41.8	16.4	25.4	16.4	9.0
1991	33.7	16.1	17.6	8.5	9.0
1992	39.5	19.2	20.3	9.7	10.6
1993	24.6	13.8	10.8	5.0	5.8
1994	23.0	12.4	10.6	4.9	5.7
1995	109.0	55.2	53.8	23.9	29.9
1996	120.1	66.5	53.6	23.6	30.0

注：1984年的精减退职老职工人数含农村的数据。

B-2-7续表

单位：万人

年份	城市最低生活保障人数	在职人员	下岗人员	退休人员	失业人员	“三无”人员	其他人员
1996	84.9						
1997	87.9						
1998	184.1						
1999	256.9						
2000	402.6						
2001	1170.7						
2002	2064.7	186.8	554.5	90.8	358.3	91.9	783.1
2003	2246.8	179.3	518.4	90.7	409.0	99.9	949.3
2004	2205.0	141.0	468.9	73.1	423.1	95.4	1003.5
2005	2234.2	114.1	430.7	61.3	410.1	95.8	1122.1
2006	2240.1	97.6	350.0	53.2	420.8	93.1	1225.3

年份	城市最低生活保障人数	残疾人	“三无”人员	老年人	成年人				未成年人	城市特困人员
					在职人员	灵活就业	登记失业	无就业条件		
2007	2272.1	161.0	125.8	298.4	93.9	343.8	627.2	364.3	544.6	
2008	2334.8	169.1	106.9	316.7	82.2	381.7	564.3	402.2	587.7	
2009	2345.6	181.0	94.1	333.5	79.0	432.2	510.2	410.9	579.8	
2010	2310.5	180.7	89.3	338.6	68.2	432.4	492.8	420.0	558.5	
2011	2276.8	184.1	80.3	346.9	61.5	429.7	472.5	426.7	539.5	
2012	2143.5	174.5	64.9	339.3	49.6	459.3	400.4	422.1	472.8	
2013	2064.2	169.2	58.0	330.3	45.1	462.1	365.5	416.8	444.5	
2014	1877.0	161.1	50.0	315.8	37.5	425.8	312.5	398.7	386.7	
2015	1701.1	165.7	43.8	293.5	31.1	377.3	264.1	394.0	341.0	
2016	1480.2	156.5		258.0	22.7	304.4	252.9	370.9	271.4	9.1
2017	1261.0	159.9		219.0	18.6	265.0	153.5	399.6	205.4	25.4
2018	1007.0	145.5		180.4	14.0	219.2	109.2	320.6	163.6	27.7
2019	860.9	139.4		158.6	10.2	171.8	81.0	300.3	138.9	29.5
2020	805.1	146.2		148.1	8.9	155.9	68.7	295.9	127.5	31.2
2021	737.8	147.6		139.8	6.7	142.8	54.2	278.6	115.6	32.8
2022	682.4	143.0		138.1	5.5	132.4	46.3	251.7	108.5	35.0

注：2016年开始，城市低保中的“三无”人员纳入特困人员救助供养保障。

B-2-8 农村社会救济和农村最低生活保障

单位：万人、万户

年份	农村社会救济总人数	农村定期定量救济人数	农村精减退职老职工人数	40%救济对象人数	定量救济人数
1980	4651.8	4641.8	10.0		
1981	4265.1	4255.1	10.0		
1982	4270.7	4257.4	13.3		
1983	3526.7	3502.2	24.5		
1984	3842.7	3795.9	46.8	25.3	
1985	116.7	75.1	41.6	18.1	23.5
1986	103.0	63.1	39.9	18.1	21.7
1987	92.2	53.2	39.0	17.7	21.3
1988	93.0	54.1	38.9	17.6	21.4
1989	75.7	35.0	40.7	18.3	22.3
1990	100.2	46.7	53.5	23.6	29.9
1991	97.0	43.8	53.2	23.5	29.8
1992	97.5	45.6	51.9	23.3	28.6
1993	80.1	36.3	43.8	19.5	24.3
1994	82.1	38.5	43.6	19.2	24.3
1995	98.3	55.2	43.1	19.0	24.1
1996	109.2	66.5	42.7	18.6	24.1
1997	104.5	51.4	53.1	23.2	29.8
1998	120.5	65.6	54.9	24.9	30.0
1999	107.1	55.6	51.5	22.5	28.7
2000	112.2	62.5	49.7	22.1	27.6
2001	130.5	80.7	49.8	21.3	27.8
2002	138.7	90.0	48.7	20.9	27.8

注：1984年以前的“农村社会救济总人数”含应保未保的农村救济人数。

B-2-8续表

单位：万人、万户

年份	农村困难群众救助总人数	农村最低生活保障人数	农村特困户救助人数	农村困难群众救助总户数	农村最低生活保障户数	困难户	其他	农村特困户救助户数	困难户	其他	农村特困供养户数	农村传统救济人数
2001	385.3	304.6	80.7									
2002	497.8	407.8	90.0	156.7	156.7							
2003	1160.5	367.1	793.4	632.8	146.5	114.5	32.0	282.1	192.7	89.3	204.2	
2004	1402.1	488.0	914.1	780.8	197.9	165.2	33.6	317.1	260.4	56.6	265.8	
2005	1891.8	825.0	1066.8	1061.0	356.5	298.8	57.7	354.8	290.4	64.4	349.7	
2006	2987.8	1593.1	775.8	1606.3	777.2			325.8			503.3	115.6

年份	农村救助总人数	农村最低生活保障人数	农村特困人员集中供养人数	农村特困人员分散供养人数	传统救济人数
2007	4172.6	3566.3	138.0	393.3	75.0
2008	4926.3	4305.5	155.6	393.0	72.2
2009	5375.6	4760.0	171.8	381.6	62.2
2010	5829.8	5214.0	177.4	378.9	59.5
2011	5925.4	5305.7	184.5	366.5	68.7
2012	5969.7	5344.5	185.3	360.3	79.6
2013	5998.3	5388.0	183.5	353.8	73.0
2014	5810.8	5207.2	174.3	354.8	74.5
2015	5484.1	4903.6	162.3	354.4	63.8
2016	5143.6	4586.5	139.7	357.2	60.2
2017	4573.8	4045.2	99.6	367.2	61.8
2018	4030.9	3519.1	86.2	368.8	56.8
2019	3931.9	3455.4	75.0	364.1	37.4
2020	4099.4	3620.8	73.9	372.4	32.3
2021	3941.9	3474.5	69.2	368.1	30.1
2022	3799.9	3349.6	64.4	370.1	15.8

B-2-9 最低生活保障平均标准

年份	城市最低生活保障平均标准（元/人·月）	农村最低生活保障平均标准（元/人·月）
2004	152.0	
2005	156.0	
2006	169.6	70.9
2007	182.4	70.0
2008	205.3	82.3
2009	227.8	100.8
2010	251.2	117.0
2011	287.6	143.2
2012	330.1	172.3
2013	373.3	202.8
2014	410.5	231.4
2015	451.1	264.8
2016	494.6	312.0
2017	540.6	358.4
2018	579.7	402.8
2019	624.0	444.6
2020	677.6	496.9
2021	711.4	530.2
2022	752.3	582.1

B-2-10　流浪乞讨人员救助

年份	救助站（个）	未成年人救助保护机构（个）	流浪乞讨人员救助总数（人次）	未成年人救助总数（人次）	救助类单位床位总数（张）	未成年人救助保护机构床位（张）
1978	783					
1979	845					
1980	665					
1981	598					
1982	610					
1983	615					
1984	628					
1985	636					
1986	647					
1987	639					
1988	644					
1989	669					
1990	666					
1991	691					
1992	692					
1993	719					
1994	712					
1995	722					
1996	720					
1997	728					
1998	742					
1999	800					
2000	857					
2001	838					
2002	861					
2003	864		634528	60257		
2004	977		820254	104455	47086	
2005	1079	40	1196305	120487	45603	1849
2006	1189	50	1295506	129337	45661	1133
2007	1261	90	1544492	159989	46800	3621
2008	1334	88	1573484	155794	50642	3543
2009	1372	116	1680532	167283	51049	3670
2010	1448	145	1719008	146329	55562	5221
2011	1547	241	2409701	178705	71109	8165
2012	1770	261	2765761	152070	99901	10038
2013	1891	274	3484727	183802	108360	11499
2014	1949	345	3474544	128033	110806	11584
2015	1766	275	3752106	166723	113402	10682
2016	1736	240	3338221	167029	112944	10473
2017	1623	194	2188572	93783	109683	8411
2018	1534	176	1572077	76380	109683	7681
2019	1545	202	1333365	61919	104524	8334
2020	1555	252	840816	31268	94102	9924
2021	1562	276	746077	24331	93643	9096
2022	1573	396	750592	21837	93672	12221

B-2-11 福利彩票

年份	福利彩票发行管理单位（个）	福利彩票销售额（亿元）	筹集公益金（亿元）	公益金支出（亿元）
“七五”时期		**14.2**	**4.6**	
1986				
1987		0.2	0.1	
1988		3.8	1.2	
1989		3.8	1.3	
1990		6.5	2.0	
“八五”时期		**115.2**	**34.3**	
1991		7.7	2.5	
1992		13.8	4.1	
1993		18.4	5.5	
1994		18.0	5.3	
1995		57.3	16.9	
“九五”时期		**358.7**	**103.4**	**72.7**
1996		64.8	19.1	
1997		36.4	10.1	
1998		63.2	19.6	14.1
1999	1169	104.4	30.4	19.9
2000	1253	89.9	24.2	38.7
“十五”时期		**1145.2**	**393.6**	**161.9**
2001	1185	139.6	41.9	19.7
2002	1121	168.0	58.8	25.5
2003	1145	200.1	70.0	30.6
2004	1128	226.4	79.2	33.8
2005	1113	411.2	143.7	52.3
“十一五”时期		**3455.4**	**1130.2**	**484.0**
2006	989	495.7	171.5	52.6
2007	985	631.6	215.7	77.6
2008	999	604.0	199.0	119.2
2009	988	756.1	246.3	113.4
2010	993	968.0	297.7	121.2
“十二五”时期		**8628.4**	**2488.2**	**1002.6**
2011	974	1278.0	382.0	127.9
2012	955	1510.3	446.1	159.0
2013	940	1765.3	510.7	195.5
2014	893	2059.7	585.7	231.3
2015	861	2015.1	563.7	288.9
“十三五”时期		**9837.6**	**2858.9**	**1284.7**
2016	788	2064.9	592.0	268.3
2017	729	2169.8	621.4	275.2
2018	700	2245.6	643.6	251.4
2019	702	1912.4	557.3	259.9
2020	688	1444.9	444.6	229.9
“十四五”时期		**2903.8**	**904.6**	**409.7**
2021	655	1422.5	443.6	196.8
2022	642	1481.3	461.0	212.9

B-2-12 社区服务机构和设施

单位：个

年份	合计	社区服务中心	其他社区服务机构	便民利民网点
1988	69699		69699	
1989	71357		71357	
1990	84757		84757	
1991	89918		89918	
1992	112171		112171	
1993	92946	3711	89235	169503
1994	98679	4034	94645	204229
1995	115175	4380	110795	234024
1996	132309	5055	127254	259201
1997	138366	5113	133253	307226
1998	154196	6154	148042	345075
1999	164962	7623	157339	405740
2000	187888	6444	181444	451567
2001	201758	6179	195579	539544
2002	206743	7898	198845	622986
2003	203945	7520	196425	668418
2004	205926	7804	198122	703760
2005	203275	8479	194796	664764
2006	160007	8565	151442	457896

B-2-12续表

单位：个

年份	社区服务机构和设施合计	社区指导中心	社区服务中心	社区服务站	其他社区服务机构	便民利民网点
2007	134852		9319	50116	75417	892656
2008	146322		9873	30021	106428	748684
2009	146341		10003	53170	83168	692625
2010	152941		12720	44237	95984	539136
2011	160352		14391	56156	89805	452868
2012	200162	809	15497	87931	95925	397222
2013	251939	890	19014	108377	123658	358518

年份	社区服务机构和设施合计	社区指导中心	社区服务中心	社区服务站	社区养老照料机构和设施	社区互助型的养老设施	未登记的特困人员供养机构	其他社区服务机构和设施
2014	310652	918	23088	120188	18927	40357		107174
2015	360956	863	24138	128083	26067	62027		119778
2016	386186	809	23493	137533	34924	76374		113053
2017	407453	619	25015	142823	43212	82648		113136
2018	426524	569	27635	148779	44558	91057	3991	109935
2019	527757	548	27489	224986	63618	101276	4312	105528

年份	合计	社区综合服务机构和设施	社区指导中心	社区服务中心	社区服务站	社区专项服务机构和设施	社区养老服务机构和设施	未登记的特困人员救助供养机构	全托服务社区养老服务机构和设施	日间照料社区养老服务机构和设施	互助型社区养老服务设施	其他社区养老服务机构和设施
2020	801789	510510	503	27835	420552	61620	291279	3660	20368	109306	147485	10460
2021	884772	567077	490	28892	485964	51731	317695	3394	17063	117843	147735	31660
2022	937585	590762	473	29520	512877	47892	346823	3083	14781	131785	153048	44126

B-3-1 社会组织

单位：个、亿元

年份	社会组织合计	社会团体	基金会	民办非企业单位	社会组织捐赠收入合计
1988	4446	4446			
1989	4544	4544			
1990	10855	10855			
1991	82814	82814			
1992	154502	154502			
1993	167506	167506			
1994	174060	174060			
1995	180583	180583			
1996	184821	184821			
1997	181318	181318			
1998	165600	165600			
1999	142665	136764		5901	2.0
2000	153322	130668		22654	3.9
2001	210939	128805		82134	4.1
2002	244509	133297		111212	7.9
2003	266612	141167	954	124491	11.9
2004	289432	153359	892	135181	16.9
2005	319762	171150	975	147637	29.0
2006	354393	191946	1144	161303	40.1
2007	386916	211661	1340	173915	81.9
2008	413660	229681	1597	182382	265.2
2009	431069	238747	1843	190479	417.2
2010	445631	245256	2200	198175	417.0
2011	461971	254969	2614	204388	393.5
2012	499268	271131	3029	225108	470.8
2013	547245	289026	3549	254670	458.8
2014	606048	309736	4117	292195	524.9
2015	662425	328500	4784	329141	610.3
2016	702405	335932	5559	360914	786.7
2017	761539	354794	6307	400438	729.2
2018	817360	366234	7034	444092	919.7
2019	866335	371638	7585	487112	873.2
2020	894162	374771	8432	510959	1059.1
2021	901870	371110	8877	521883	1192.5
2022	891267	370093	9319	511855	1085.3

注：2001年以前的基金会含在社会团体内。

B-3-2 自治组织

年份	自治组织合计（万个）	居民委员会（个）	居民小组（万个）	居民委员会成员（万人）	村民委员会（万个）	村民小组（万个）	村民委员会成员（万人）
1979		46810					
1980							
1981		57169					
1982							
1983	37.7	65519			31.2		
1984	100.3	75609			92.7		
1985	103.0	80943		34.9	94.9		379.6
1986	95.3	86824		36.2	86.6		365.9
1987	93.2	86799		37.0	84.5		359.9
1988	97.8	95684		36.1	88.3		366.6
1989	102.8	93691		36.6	93.4		379.4
1990	110.0	98814		43.1	100.1		409.4
1991	111.9	100347		44.1	101.9		424.4
1992	110.8	104136		46.5	100.4		430.9
1993	112.0	107173		47.9	101.3		456.0
1994	111.7	110112		48.0	100.7		458.5
1995	104.4	111860		48.0	93.2		400.5
1996	104.2	113690		49.3	92.8		397.5
1997	102.4	117915	108.3	49.8	90.6	535.8	378.8
1998	95.2	119042	117.2	50.8	83.3	537.1	358.6
1999	91.6	114815	124.7	50.1	80.1	555.7	351.3
2000	84.0	108424	127.2	48.4	73.2	553.4	315.0
2001	79.2	91893	125.9	46.4	70.0	541.9	316.4
2002	76.7	86087	124.4	39.6	68.1	528.6	294.2
2003	74.1	77431	122.2	39.7	66.3	519.2	319.1
2004	72.2	77884	129.6	42.5	64.4	507.9	292.1
2005	70.9	79947	123.3	45.4	62.9	490.5	265.7
2006	70.4	80717	123.5	44.3	62.4	453.3	243.0
2007	69.5	82006	122.3	41.6	61.3	466.9	241.1
2008	68.8	83413	128.7	42.2	60.4	480.9	233.9
2009	68.4	84689	129.5	43.1	59.9	480.5	234.0
2010	68.2	87057	130.7	43.9	59.5	479.1	233.4
2011	67.9	89480	134.0	45.4	59.0	476.4	231.9
2012	68.0	91153	133.5	46.9	58.8	469.4	232.3
2013	68.3	94620	135.7	48.4	58.9	466.4	232.3
2014	68.2	96693	135.8	49.7	58.5	470.4	230.5
2015	68.1	96679	134.7	51.2	58.1	469.2	229.7
2016	66.2	103292	142.0	54.0	55.9	447.8	225.3
2017	66.1	106491	137.1	56.5	55.4	439.7	224.3
2018	65.0	107869	156.3	57.9	54.2	449.1	221.5
2019	64.3	109620	145.6	59.6	53.3	419.3	218.0
2020	61.5	113089	123.6	61.6	50.2	376.1	207.3
2021	60.6	116551	135.2	65.7	49.0	395.0	208.9
2022	60.7	117938	133.1	66.3	48.9	392.9	215.4

B-3-3 结婚登记

年份	结婚登记（万对）	内地居民登记结婚（万对）	涉外及华侨、港澳台登记结婚（万对）	结婚登记人数（万人）	初婚人数（万人）	再婚人数（万人）	#女（万人）	#恢复结婚（万对）	结婚率（‰）
1978	597.8	597.8							6.2
1979	637.1	636.3	0.8						6.7
1980	720.9	719.8	1.1						7.3
1981	1041.7	1040.3	1.4						10.4
1982	836.9	835.5	1.4						8.3
1983	765.4	764.2	1.3						7.5
1984	784.8	783.4	1.4						7.5
1985	831.3	829.1	2.2						7.9
1986	884.0	882.3	1.7						8.2
1987	926.7	924.7	2.0						8.6
1988	899.2	897.2	2.0						8.3
1989	937.2	935.2	2.0						8.4
1990	951.1	948.7	2.4						8.2
1991	953.6	951.0	2.6						8.3
1992	957.5	954.5	3.0						8.3
1993	915.4	912.2	3.3						7.8
1994	932.4	929.0	3.4						7.8
1995	934.1	929.7	4.4						7.7
1996	938.7	934.0	4.7	1877.4	1781.7	86.2	41.1	4.8	7.7
1997	914.1	909.1	5.1	1828.3	1726.0	92.2	46.3	6.3	7.4
1998	891.7	886.7	5.0	1783.4	1675.4	97.9	49.8	6.9	7.2
1999	885.3	879.9	5.4	1770.6	1659.4	100.5	50.0	5.8	7.1

注：$结婚率=\frac{登记结婚对数}{（当年期初人口数+当年期末人口数）/2}\times 1000‰$

B-3-3续表

年份	结婚登记（万对）	内地居民登记结婚（万对）	涉外及华侨、港澳台登记结婚（万对）	结婚登记人数（万人）	初婚人数（万人）	再婚人数（万人）	#女（万人）	#恢复结婚（万对）	结婚率（‰）
2000	848.5	842.0	6.5	1697.0	1581.4	102.6	50.8	5.6	6.7
2001	805.0	797.1	7.9	1610.0	1481.7	112.5	58.0	6.3	6.3
2002	786.0	778.8	7.3	1572.0	1440.3	117.2	60.2	6.8	6.1
2003	811.4	803.5	7.8	1622.8	1483.9	123.3	60.7	6.8	6.3
2004	867.2	860.8	6.4	1734.4	1569.6	152.0	77.1	8.5	6.7
2005	823.1	816.6	6.4	1646.2	1483.0	163.1	74.3	11.5	6.3
2006	945.0	938.2	6.8	1890.0	1705.6	184.4	86.7	10.7	7.2
2007	991.4	986.3	5.1	1982.8	1779.7	203.1	97.3	13.9	7.5
2008	1098.3	1093.2	5.1	2196.6	1972.5	224.1	108.0	16.2	8.3
2009	1212.4	1207.5	4.9	2424.8	2168.8	256.0	124.7	18.1	9.1
2010	1241.0	1236.1	4.9	2482.0	2200.9	281.1	138.8	19.0	9.3
2011	1302.4	1297.5	4.9	2604.8	2309.9	294.9	146.5	21.0	9.7
2012	1323.6	1318.3	5.3	2647.2	2361.2	286.0	145.8	23.0	9.8
2013	1346.9	1341.4	5.5	2693.8	2386.0	307.9	156.5	30.0	9.9
2014	1306.7	1302.0	4.7	2613.5	2286.8	326.7	168.7	34.8	9.6
2015	1224.7	1220.6	4.1	2449.4	2109.0	340.4	177.2	39.9	9.0
2016	1142.8	1138.6	4.2	2285.6	1913.3	372.4	195.0	47.4	8.3
2017	1063.1	1059.0	4.1	2126.2	1746.3	379.9	201.4	52.3	7.7
2018	1013.9	1009.1	4.8	2027.9	1598.7	429.2	230.6	56.3	7.3
2019	927.3	922.4	4.9	1854.7	1398.7	455.9	246.8	61.9	6.6
2020	814.3	812.6	1.7	1628.7	1228.6	400.1	219.0	55.5	5.8
2021	764.3	762.7	1.6	1528.6	1157.8	370.8	205.4	49.6	5.4
2022	683.5	681.9	1.6	1367.0	1051.8	315.2	176.4	41.6	4.8

B-3-4 离婚登记

年份	离婚总数（万对）	民政部门登记离婚数（万对）			法院部门判决、调解离婚数（万件）	离婚率（‰）
			内地居民登记离婚数（万对）	涉外及华侨、港澳台登记离婚（对）		
1978	28.5	17.0	17.0		11.5	0.2
1979	31.9	19.3	19.3	82	12.6	0.3
1980	34.1	18.0	18.0	330	16.1	0.4
1981	38.9	18.7	18.7	46	20.2	0.4
1982	42.8	21.1	21.1	116	21.7	0.4
1983	41.8	19.7	19.7	126	22.1	0.4
1984	45.4	19.9	19.9	110	25.5	0.4
1985	45.8	19.6	19.6	108	26.2	0.4
1986	50.6	21.4	21.4	205	29.2	0.5
1987	58.1	23.6	23.6	220	34.5	0.6
1988	65.5	26.4	26.4	310	39.1	0.6
1989	75.3	28.8	28.7	518	46.5	0.7
1990	80.0	30.1	30.0	602	49.9	0.7
1991	83.1	30.1	30.0	588	53.0	0.7
1992	85.0	31.6	31.5	833	53.4	0.7
1993	91.0	33.6	33.5	968	57.4	0.8
1994	98.2	35.5	35.4	737	62.7	0.8
1995	105.6	36.8	36.7	813	68.8	0.9
1996	113.4	39.4	39.3	1175	74.0	0.9
1997	119.9	44.0	43.9	1385	75.9	1.0
1998	119.2	46.6	46.5	948	72.6	1.0
1999	120.2	47.8	47.7	975	72.4	1.0

注：$离婚率=\frac{离婚对数}{（当年期初人口数+当年期末人口数）/2}\times 1000‰$

B-3-4续表

年份	离婚总数（万对）	民政部门登记离婚数（万对）		法院部门判决、调解离婚数（万件）	离婚率（‰）
		内地居民登记离婚数（万对）	涉外及华侨、港澳台登记离婚（对）		
2000	121.3	48.9	48.8	1075	72.4	1.0
2001	125.0	52.8	52.5	2856	72.2	1.0
2002	117.7	57.3	56.8	5221	60.4	0.9
2003	133.0	69.0	68.7	3333	64.0	1.1
2004	166.5	104.6	104.0	5830	61.9	1.3
2005	178.5	118.4	117.5	8267	60.1	1.4
2006	191.3	129.1	128.3	8414	62.2	1.5
2007	209.8	145.7	144.8	8852	64.1	1.6
2008	226.9	161.0	160.0	9470	65.9	1.7
2009	246.8	180.2	179.6	5608	66.6	1.9
2010	267.8	201.0	200.4	5783	66.8	2.0
2011	287.4	220.7	220.2	5761	66.7	2.1
2012	310.4	242.3	241.7	6161	68.1	2.3
2013	350.0	281.5	280.9	6538	68.5	2.6
2014	363.9	295.7	295.1	6714	67.9	2.7
2015	384.3	314.9	314.3	6237	69.3	2.8
2016	415.8	348.6	348.0	6315	67.2	3.0
2017	437.4	370.4	369.8	6307	66.9	3.2
2018	446.1	381.2	380.5	7567	64.9	3.2
2019	470.1	404.7	404.0	7104	65.3	3.4
2020	433.9	373.6	373.2	4125	60.3	3.1
2021	283.9	214.1	213.9	2231	69.8	2.0
2022	287.9	210.0	209.7	2857	77.9	2.0

B-3-5 殡葬服务

年份	殡仪馆（个）	公墓（个）	殡仪服务站（个）	殡葬管理机构（个）	火化炉（台）
1978					*1712*
1979					*2300*
1980					*2510*
1981					*2586*
1982					*2622*
1983					*2622*
1984					*2686*
1985	*9*	*24*		*122*	*2729*
1986	*5*	*25*		*143*	*2745*
1987	*6*	*29*		*195*	*2752*
1988	*14*	*37*		*219*	*2729*
1989	*17*	*50*		*217*	*2768*
1990	1260	73		211	2795
1991	1283	84		234	2714
1992	1288	88		228	2852
1993	1264	136		296	2891
1994	1272	163		284	2882
1995	1281	209		302	2927
1996	1283	256		313	3005
1997	1289	359		340	2959
1998	1310	425		374	3157
1999	1318	624		402	3340
2000	1363	692		466	3565
2001	1415	757		540	4299
2002	1486	854		542	3945
2003	1515	855		599	4159
2004	1549	937		633	4792
2005	1594	1009		681	5037
2006	1635	1109		805	5649
2007	1708	1162		799	4838
2008	1692	1209		853	4789
2009	1729	1266		901	5123
2010	1724	1308		919	5229
2011	1745	1406		952	5209
2012	1782	1597		978	5539
2013	1784	1535		1063	5743
2014	1801	1617		1141	5908
2015	1821	1582		1127	6063
2016	1775	1386		1005	6206
2017	1760	1420		952	6361
2018	1730	1367		946	6444
2019	1677	1443	50	890	6400
2020	1722	1536	78	865	6619
2021	1774	1659	111	815	7043
2022	1778	1761	120	815	7293

注：1．斜体数据经过修正。

2．1989年以前部分数据统计不完全。

第五部分

当年分地区统计资料

C-1-1 省级行政区划

单位：个

地 区	省级合计	直辖市	省	自治区	特别行政区
全 国	**34**	**4**	**23**	**5**	**2**
北 京	1	1			
天 津	1	1			
河 北	1		1		
山 西	1		1		
内蒙古	1			1	
辽 宁	1		1		
吉 林	1		1		
黑龙江	1		1		
上 海	1	1			
江 苏	1		1		
浙 江	1		1		
安 徽	1		1		
福 建	1		1		
江 西	1		1		
山 东	1		1		
河 南	1		1		
湖 北	1		1		
湖 南	1		1		
广 东	1		1		
广 西	1			1	
海 南	1		1		
重 庆	1	1			
四 川	1		1		
贵 州	1		1		
云 南	1		1		
西 藏	1			1	
陕 西	1		1		
甘 肃	1		1		
青 海	1		1		
宁 夏	1			1	
新 疆	1			1	
香 港	1				1
澳 门	1				1
台 湾	1		1		

C-1-2 地级与县级行政区划

单位：个

地区	地级合计	地级市	地区	自治州	盟	县级合计	市辖区	县级市	县	自治县	旗	自治旗	特区	林区
全　国	**333**	**293**	**7**	**30**	**3**	**2843**	**977**	**394**	**1301**	**117**	**49**	**3**	**1**	**1**
北　京						16	16							
天　津						16	16							
河　北	11	11				167	49	21	91	6				
山　西	11	11				117	26	11	80					
内蒙古	12	9			3	103	23	11	17		49	3		
辽　宁	14	14				100	59	16	17	8				
吉　林	9	8		1		60	21	20	16	3				
黑龙江	13	12	1			121	54	21	45	1				
上　海						16	16							
江　苏	13	13				95	55	21	19					
浙　江	11	11				90	37	20	32	1				
安　徽	16	16				104	45	9	50					
福　建	9	9				84	31	11	42					
江　西	11	11				100	27	12	61					
山　东	16	16				136	58	26	52					
河　南	17	17				157	54	21	82					
湖　北	13	12		1		103	39	26	35	2				1
湖　南	14	13		1		122	36	19	60	7				
广　东	21	21				122	65	20	34	3				
广　西	14	14				111	41	10	48	12				
海　南	4	4				25	10	5	4	6				
重　庆						38	26		8	4				
四　川	21	18		3		183	55	19	105	4				
贵　州	9	6		3		88	16	10	50	11			1	
云　南	16	8		8		129	17	18	65	29				
西　藏	7	6	1			74	8		66					
陕　西	10	10				107	31	7	69					
甘　肃	14	12		2		86	17	5	57	7				
青　海	8	2		6		44	7	5	25	7				
宁　夏	5	5				22	9	2	11					
新　疆	14	4	5	5		107	13	28	60	6				

C-1-3 乡级行政区划

单位：个

地区	乡级合计	镇	乡合计	乡	民族乡	苏木	民族苏木	街道	区公所
全国	**38602**	**21389**	**8227**	**7116**	**957**	**153**	**1**	**8984**	**2**
北京	343	143	35	30	5			165	
天津	252	125	3	2	1			124	
河北	2254	1325	618	580	38			310	1
山西	1278	631	430	430				217	
内蒙古	1025	509	270	99	17	153	1	246	
辽宁	1354	640	201	147	54			513	
吉林	961	426	181	153	28			354	
黑龙江	1315	574	334	282	52			407	
上海	215	106	2	2				107	
江苏	1237	701	17	16	1			519	
浙江	1364	618	258	244	14			488	
安徽	1522	1011	224	215	9			287	
福建	1108	653	252	233	19			203	
江西	1578	832	560	552	8			186	
山东	1825	1072	57	57				696	
河南	2458	1180	586	574	12			692	
湖北	1257	761	161	151	10			335	
湖南	1944	1134	388	305	83			422	
广东	1612	1112	11	4	7			489	
广西	1253	806	312	253	59			135	
海南	218	175	21	21				22	
重庆	1031	625	161	147	14			245	
四川	3101	2016	626	543	83			459	
贵州	1509	831	314	122	192			364	
云南	1424	666	537	397	140			221	
西藏	699	142	534	525	9			23	
陕西	1316	973	17	17				326	
甘肃	1356	892	337	305	32			127	
青海	404	140	222	194	28			42	
宁夏	243	103	90	90				50	
新疆	1146	467	468	426	42			210	1

C-1-4 民政部门

地区	单位数	年末职工人数	#女性	受教育程度	
				大学专科	大学本科及以上
全国	**3274**	**85781**	**32203**	**27577**	**47326**
中央级	1	321	102	1	320
北京	18	1516	708	208	1186
天津	17	530	208	102	382
河北	184	6106	2433	1959	2497
山西	129	1434	431	437	816
内蒙古	118	2943	1162	999	1657
辽宁	116	2141	767	563	1402
吉林	70	891	237	162	598
黑龙江	139	2319	896	774	1317
上海	18	652	342	24	589
江苏	115	3143	986	695	2197
浙江	102	2931	1105	574	2138
安徽	121	2270	787	690	1440
福建	95	1651	545	508	908
江西	115	3167	900	1219	1088
山东	167	5049	1849	1461	3195
河南	178	6496	2457	2531	2709
湖北	120	3439	1246	1233	1693
湖南	142	5802	2170	2342	2764
广东	150	4329	1768	1150	2883
广西	126	2064	794	673	1254
海南	23	699	243	222	332
重庆	40	944	403	244	677
四川	211	5164	1974	1841	2792
贵州	99	3662	1417	1316	2113
云南	148	4080	1588	1354	2324
西藏	82	1229	622	360	637
陕西	118	3163	1062	1188	1559
甘肃	103	3222	1066	1071	1555
青海	54	910	337	273	513
宁夏	28	743	328	216	456
新疆	127	2771	1270	1187	1335

行政机构

单位：个、人

职业资格水平		年龄结构			
助理社会工作师	社会工作师	35岁及以下	36岁至45岁	46岁至55岁	56岁及以上
2741	**2947**	**19878**	**30096**	**27649**	**8158**
		60	169	61	31
47	33	307	564	502	143
15		90	184	181	75
114	129	1307	2309	1994	496
15	22	204	369	670	191
75	77	755	986	949	253
10	19	353	758	775	255
		146	280	342	123
32	32	599	763	812	145
10	15	165	210	205	72
343	263	623	982	1152	386
250	231	580	975	1021	355
169	151	479	709	794	288
76	156	341	409	648	253
65	56	608	1196	1036	327
197	428	1182	1813	1576	478
177	161	1727	2290	1986	493
115	125	710	986	1194	549
227	276	1173	2173	1826	630
160	183	1153	1409	1369	398
15	34	385	546	884	249
26	10	198	232	220	49
42	58	227	237	311	169
103	137	1200	1901	1614	449
92	96	988	1434	1007	233
126	77	816	1509	1382	373
23	6	633	431	155	10
37	37	868	1145	890	260
131	89	899	1294	822	207
12	7	221	376	268	45
14	25	174	275	242	52
23	14	707	1182	761	121

C-1-4续表

地 区	职工按行政层级分				乡、镇、街道民政助理员
	中央级	省级	地级	县级	
全 国	**321**	**3621**	**11258**	**70581**	**56859**
中央级	321				
北 京		300		1216	592
天 津		122		408	326
河 北		111	568	5427	4128
山 西		78	230	1126	1484
内蒙古		82	338	2523	1588
辽 宁		74	549	1518	1419
吉 林		97	224	570	958
黑龙江		121	429	1769	1383
上 海		229		423	399
江 苏		126	551	2466	1719
浙 江		113	340	2478	2215
安 徽		104	426	1740	2135
福 建		97	246	1308	1610
江 西		80	320	2767	2076
山 东		107	615	4327	3158
河 南		127	706	5663	3341
湖 北		104	461	2874	1781
湖 南		138	625	5039	3363
广 东		138	904	3287	2473
广 西		86	388	1590	2142
海 南		76	109	514	273
重 庆		143		801	2308
四 川		135	605	4424	3599
贵 州		81	415	3166	2237
云 南		142	486	3452	2557
西 藏		91	257	881	739
陕 西		102	321	2740	2272
甘 肃		127	573	2522	2222
青 海		74	152	684	504
宁 夏		92	106	545	295
新 疆		124	314	2333	1563

单位：人、万元

政府会计制度准则（行政单位）财务指标		
固定资产原价	本年收入合计	本年支出合计
4700505.8	**14322555.6**	**14674507.3**
16140.6	21110.2	24164.9
219985.4	779454.6	806810.7
28272.1	241712.6	243912.9
155396.1	369850.6	379595.0
143736.0	524754.3	545474.9
263988.4	300202.2	305048.9
88579.8	339209.5	355312.3
44287.8	57761.4	54301.9
78267.6	154778.4	153905.0
150910.6	1497588.2	1465536.5
180223.3	734345.7	735327.6
179695.8	1411133.0	1448913.1
92941.0	474880.0	490225.4
196450.6	323436.6	357087.1
56767.5	180462.5	189283.1
155054.9	534803.7	535609.2
101392.6	317136.6	303276.3
131931.7	354058.7	357779.4
155284.8	609253.8	621583.8
360927.1	1054649.8	1046796.2
157347.5	621992.6	678968.8
51371.6	135525.9	192091.3
63756.2	194699.2	211404.0
165661.3	574395.1	602703.0
194510.3	568584.5	583707.5
272336.2	698910.1	702256.3
348581.4	173444.7	189652.2
158491.5	315140.9	320108.4
74735.7	125262.6	108744.3
84192.1	174593.7	175699.2
108640.0	158231.7	168357.0
220648.3	301192.2	320871.1

C-1-5 民政部门登记和管理

地 区	机构和设施数	按登记类型分				
		市场监管部门登记	编制部门登记	民政部门登记	自治组织	设施和多牌子机构
全 国	**2500926**	**8847**	**24564**	**891941**	**607341**	**969339**
中央级	2320		18	2302		
北 京	30156	177	401	12654	7214	9720
天 津	19299	53	59	6484	5351	7353
河 北	175386	449	599	37944	53532	82900
山 西	69640	103	329	18724	21737	28764
内蒙古	36586	66	441	16879	13696	5529
辽 宁	69889	206	294	26987	16140	26288
吉 林	42374	633	723	13038	11365	16681
黑龙江	51078	482	451	20200	12209	17769
上 海	41902	92	250	17320	6163	18094
江 苏	130551	611	1344	79306	21345	28013
浙 江	159900	458	820	72116	25100	61456
安 徽	85423	466	458	36907	18009	29614
福 建	90834	324	606	34629	17253	38052
江 西	97149	177	1767	28545	21284	45401
山 东	225620	702	814	66489	61410	96295
河 南	171406	1017	2408	50700	52042	65303
湖 北	111100	281	1713	31581	26399	51209
湖 南	139882	312	2278	37740	29315	70317
广 东	163771	389	1769	71612	26513	63549
广 西	73549	165	604	28955	16482	27400
海 南	15755	15	71	8923	3392	3355
重 庆	55252	636	595	18302	11230	24529
四 川	118054	494	2260	44998	34368	36000
贵 州	67411	160	876	15110	17932	33347
云 南	59735	151	1062	22502	14865	21180
西 藏	11666		85	666	5564	5352
陕 西	67075	74	635	31024	20077	15292
甘 肃	53389	49	294	20604	17434	15019
青 海	17086	9	48	6145	4664	6220
宁 夏	12089	40	88	4488	2852	4622
新 疆	35599	56	404	8067	12404	14716

的机构和设施总表

单位：个、人

按行业分类分				年末职工人数	#女性
*社会工作	*成员组织	*其他社会服务	其他事业单位		
1055442	**1499282**	**5577**	**1339**	**17813230**	**6950789**
4	2302		14	50216	22499
11453	19868	47	34	315571	193309
7883	11835	26	14	128266	63843
85328	91476	220	28	1231549	381220
29679	40461	83	31	437159	155034
6437	30575	150	25	255304	93140
28864	43127	565	66	441361	206853
18392	24403	188	4	171865	61754
20407	32409	161	20	251766	94118
22684	23483	90	32	559615	267002
48928	100651	287	47	969266	282764
70644	97216	307	138	1033000	495018
32639	54916	175	23	664935	250320
40733	51882	205	56	487216	175568
47419	49829	135	153	757725	221781
99981	127899	301	42	1700476	755101
69850	102742	398	111	1203570	458024
53577	57980	228	56	609784	253485
73285	67055	233	83	867791	339698
66723	98125	315	31	1421827	671289
28254	45437	161	56	501970	203329
3695	12315	20	4	110848	37388
26538	29532	155	25	404581	211665
40414	79366	311	125	849564	336241
34461	33042	152	29	405817	131828
22288	37367	217	29	502866	151441
5441	6230	4		83600	17015
16717	51101	154	27	563146	159715
15810	38038	83	15	323500	66621
6609	10809	15	3	125950	32783
4831	7340	50	3	60913	25304
15474	20471	141	15	322213	135639

注：“成员组织”中的一些机构，也隶属于行业分类中的“社会工作”类和“其他社会服务”类行业，在计算“机构和设施数”时，对其进行了剔重处理。

C-1-5续表1

地区	受教育程度		按登记类型分			
	大学专科人数	大学本科及以上人数	市场监管部门登记	编制部门登记	民政部门登记	设施和多牌子机构
全　国	**3438639**	**3089886**	**147422**	**324433**	**11089381**	**6251994**
中央级	582	45485		1383	48833	
北　京	82136	134644	4498	8839	217751	84483
天　津	22934	43589	1147	2015	66973	58131
河　北	171059	110965	5422	11984	771240	442903
山　西	74286	51050	1164	6050	237120	192825
内蒙古	52738	32880	836	7372	162236	84860
辽　宁	107930	93947	3126	9375	246299	182561
吉　林	26422	10612	5969	10059	79231	76606
黑龙江	41527	26081	2460	10008	102831	136467
上　海	90412	167391	4750	8386	414274	132205
江　苏	137390	125029	13582	20406	703724	231554
浙　江	255426	244170	9411	13471	670823	339295
安　徽	191885	129431	5626	6895	452308	200106
福　建	76044	57459	5426	5691	255225	220874
江　西	103868	84364	2647	12422	483871	258785
山　东	419924	415265	11183	14264	1121260	553769
河　南	234646	175882	10841	26330	647853	518546
湖　北	124155	84613	5113	19578	315428	269665
湖　南	172126	150556	6104	20085	537421	304181
广　东	304706	354375	12067	26019	1018052	365689
广　西	63410	36043	4019	12983	304758	180210
海　南	17653	15377	573	992	72403	36880
重　庆	115957	103559	8932	6564	236878	152207
四　川	174775	142814	9311	22591	552729	264933
贵　州	77275	49176	4865	7419	179092	214441
云　南	74283	64389	3909	8040	330599	160318
西　藏	5578	6540		1745	12753	69102
陕　西	74766	49012	1767	9681	406386	145312
甘　肃	42511	23052	936	4799	208013	109752
青　海	17117	8469	126	863	81810	43151
宁　夏	11957	7607	948	1762	29214	28989
新　疆	73161	46060	664	6362	121993	193194

单位：人

职业资格水平		年龄结构			
助理社会工作师人数	社会工作师人数	35岁及以下人数	36岁至45岁人数	46岁至55岁人数	56岁及以上人数
264281	**217239**	**5999233**	**5861645**	**3976716**	**1852617**
16	45	11613	21082	15938	1583
10394	5908	111103	145003	32354	26510
6108	2604	39206	47409	32152	7726
6329	13811	576237	321193	226566	105920
4896	4137	140117	139061	102859	54461
2779	1963	88450	85737	57965	22779
20522	7955	141519	154034	101433	42203
3392	2810	40629	86987	34257	9985
4475	2749	66235	99638	62290	22766
4583	25014	112891	157249	151295	137071
16690	9106	323877	367137	201904	75385
33234	20249	307270	284567	267961	162105
7064	4235	215347	270714	137606	37203
6588	4257	143207	173051	120138	49933
6657	2202	215421	287215	165933	88098
36186	33775	555322	516239	404863	212047
10459	6705	436964	374511	257368	131989
8987	3270	192125	215833	143898	51862
8551	6177	291268	283521	200568	90836
26369	32711	614410	403942	257168	111933
2389	1126	159256	165342	118317	57439
555	221	34582	45591	21894	8748
12369	6016	158419	107575	89509	36848
9596	6164	277957	292452	166210	98377
2957	1186	143998	140391	94352	26244
1502	702	146563	169894	125967	59304
264	297	30242	26991	19382	6630
4061	4157	158227	171754	177460	52423
1376	1019	88616	121542	77834	32239
1319	1163	38338	46364	23148	16608
944	948	19516	21831	15197	4369
2670	4557	120308	117795	72930	10993

C-1-5续表2

地　区	企业会计制度财务指标			
	固定资产原价	营业收入	费用合计	营业利润
全　国	**5847449.2**	**2774898.8**	**879872.2**	**494419.1**
中央级	34168.4	13127.1	7898.1	-2530.3
北　京	184621.9	185558.2	82210.2	11509.1
天　津	59543.1	26751.4	12678.0	12086.4
河　北	149811.4	32400.9	18015.9	-4623.8
山　西	48679.0	19850.1	9484.3	1403.7
内蒙古	41537.2	10312.1	5197.2	836.7
辽　宁	149155.4	47289.9	14981.5	9281.2
吉　林	45876.0	7368.1	3521.0	1271.2
黑龙江	63157.4	21475.7	8050.1	4118.6
上　海	403615.7	684081.6	136248.6	346401.7
江　苏	288633.5	113786.0	29720.7	43401.4
浙　江	169469.9	147539.0	56320.8	9537.1
安　徽	231649.8	31934.7	9786.1	4891.0
福　建	1028694.9	141145.7	31874.2	18869.2
江　西	89522.5	63631.2	14543.3	2010.9
山　东	260446.8	201771.3	17793.4	3653.6
河　南	256812.1	41610.7	17418.0	2761.8
湖　北	151838.7	197953.1	46913.1	30101.1
湖　南	263903.6	48833.0	23365.9	-1380.0
广　东	342604.4	249816.1	97322.8	4810.4
广　西	130635.7	45455.7	25590.7	-381.0
海　南	29083.2	11326.7	4080.4	-458.6
重　庆	357481.7	99448.6	75983.1	1179.8
四　川	260014.4	146576.2	51376.6	3051.5
贵　州	242209.9	100836.4	44153.3	2246.7
云　南	332788.7	30873.3	11365.8	1796.6
西　藏	120.0			
陕　西	83798.5	29346.0	14240.0	-11668.9
甘　肃	38119.8	12828.7	3328.6	6.3
青　海	54470.0			
宁　夏	24074.8	8207.3	5245.6	-335.6
新　疆	30910.8	3764.0	1164.9	571.3

单位：万元

政府会计制度准则（事业单位）财务指标			民间非营利组织会计制度财务指标		
固定资产原价	本年收入合计	本年支出合计	固定资产原价	本年收入合计	本年费用合计
16923156.5	**7472401.0**	**7248370.7**	**72617489.3**	**91910126.4**	**73667848.5**
431784.9	186823.3	187402.5	1749755.9	7473328.8	6170641.1
729502.8	528807.4	568152.0	2195112.0	6644616.1	6387374.5
210415.5	113920.5	110996.1	374205.4	562410.3	556066.1
522770.5	205806.8	204998.0	2968921.1	3778001.1	5058868.2
334929.2	115380.4	111895.4	1546925.6	468249.8	443576.0
330420.5	126246.2	120503.8	232062.0	206314.0	238617.3
353224.3	147440.6	145388.1	1823558.5	1140660.9	1058128.6
310768.5	132299.2	120674.5	24383.9	35738.9	35071.0
560357.6	190328.1	196082.8	131002.0	56148.9	112529.4
309668.7	414358.3	383766.1	3740300.9	8183247.4	7929816.9
1381664.2	525457.8	503707.7	2144722.2	5424417.2	4082405.7
648154.2	405398.2	398403.5	4451188.2	5674964.8	5328386.7
332138.4	139286.4	135735.1	2427560.0	956912.1	838434.0
240376.6	182855.2	176265.3	1230781.1	1154594.5	1095562.5
576685.5	138279.8	124855.4	631118.4	481692.4	615945.9
1407987.0	346493.6	341129.4	9653823.9	1926324.5	7306959.9
570433.6	188671.3	189068.6	4714735.8	1857854.5	1676654.9
932597.6	342817.3	320745.1	1133592.6	951043.3	857978.5
781795.0	330004.5	304458.7	1899981.9	1675107.6	1532037.8
1659742.8	1103645.6	983405.6	13775449.5	33244263.6	12553122.8
529223.8	266326.8	256538.9	1481004.5	1595705.9	1864908.0
136141.2	23595.3	35318.3	1145316.1	50593.0	90786.5
386797.5	234072.0	234325.3	3445245.4	2364281.7	2093328.0
832732.3	397120.1	402284.1	5123179.7	3027272.4	2832606.3
341013.5	95094.0	95141.4	596663.4	644525.3	558257.7
475998.7	102753.1	92465.0	2136534.4	1534592.6	1402442.7
84857.7	16689.7	23021.0	21992.2	24408.8	23210.6
591714.4	176196.3	176029.8	1275926.8	407427.1	525264.0
291702.4	126784.3	128411.0	167070.6	98106.7	121883.9
49585.8	15442.7	18076.9	75069.3	25155.1	19329.2
179745.6	37156.0	40887.6	134791.2	167703.9	159276.5
398226.2	116850.2	118237.7	165514.8	74463.2	98377.3

C-1-6 分地区民政事业

地 区	人均民政事业费支出（元/人）	民政事业费占财政支出比重（%）	每万人拥有民政服务机构和设施（个/万人）	每万人拥有民政服务机构和设施职工（人/万人）
全 国	**360.6**	**2.0**	**7.5**	**31.1**
北 京	833.0	2.4	5.3	34.3
天 津	468.2	2.3	5.8	31.3
河 北	218.1	1.7	11.5	37.0
山 西	380.8	2.3	8.5	29.1
内蒙古	577.8	2.4	2.7	15.7
辽 宁	314.2	2.1	7.0	31.8
吉 林	385.1	2.2	7.9	26.0
黑龙江	352.9	2.0	6.6	31.3
上 海	843.6	2.2	9.2	70.5
江 苏	330.5	1.9	5.8	29.8
浙 江	368.7	2.0	10.8	45.4
安 徽	399.4	2.9	5.4	23.1
福 建	275.1	2.0	9.8	39.5
江 西	378.1	2.3	10.5	38.1
山 东	269.9	2.3	9.9	35.9
河 南	239.7	2.2	7.1	34.9
湖 北	378.2	2.6	9.2	32.5
湖 南	286.7	2.1	11.1	32.5
广 东	279.8	1.9	5.3	22.5
广 西	357.4	3.1	5.6	21.2
海 南	254.0	1.2	3.6	21.1
重 庆	383.0	2.5	8.3	36.1
四 川	369.5	2.6	4.9	19.0
贵 州	409.6	2.7	9.0	34.5
云 南	399.5	2.8	4.8	20.7
西 藏	734.5	1.0	15.0	94.1
陕 西	374.2	2.2	4.3	18.1
甘 肃	580.5	3.4	6.4	17.7
青 海	789.3	2.4	11.1	42.2
宁 夏	569.2	2.6	6.7	26.0
新 疆	488.9	1.8	6.0	51.7

孤儿集中养育标准占当地人均消费支出比重（%）	孤儿社会散居标准占当地人均消费支出比重（%）	城市低保标准占当地城镇居民人均消费支出比重（%）	农村低保标准占当地农村居民人均消费支出比重（%）	农村低保标准占城市低保标准比例（%）
88.1	**66.7**	**29.7**	**42.0**	**77.4**
68.9	68.9	34.7	66.7	100.0
99.2	99.2	35.8	64.0	100.0
102.4	77.2	34.0	37.0	70.5
117.7	78.6	34.4	51.4	82.3
105.5	89.8	36.1	46.2	74.2
113.3	94.6	32.7	46.2	76.0
100.6	73.8	33.7	41.9	72.6
112.1	89.3	34.2	39.2	72.4
54.7	49.5	35.4	62.1	100.0
98.3	75.3	26.2	43.0	98.2
76.2	61.7	29.2	47.3	100.0
88.5	68.6	33.0	48.6	98.5
73.6	59.1	28.0	48.6	99.5
89.7	67.1	38.4	44.4	75.7
116.2	93.1	37.8	58.9	80.2
91.1	66.5	32.5	35.8	69.4
111.7	69.9	29.0	34.5	77.7
72.1	50.2	25.1	30.9	75.3
79.9	63.7	30.9	44.2	80.5
94.1	66.9	42.0	42.1	65.5
96.9	74.7	28.5	45.7	91.9
74.7	65.4	28.1	42.4	82.5
86.2	64.4	30.0	35.9	74.4
113.7	80.3	33.6	43.2	69.8
126.7	82.3	32.1	40.9	64.6
87.0	66.0	41.9	46.3	43.5
87.0	65.0	31.6	38.2	68.8
99.6	77.7	32.9	46.8	64.8
100.8	73.0	38.8	45.0	67.0
94.1	62.7	32.2	46.1	75.9
105.3	76.4	31.7	49.6	78.9

注：人口数、居民人均消费支出数据使用国家统计局发布数据。

C-1-6续表

地　区	每千名老年人拥有养老床位数（张/千人）	老龄补贴人数占老年人比例（%）	城市社区综合服务设施覆盖率（%）	农村社区综合服务设施覆盖率（%）
全　国	**29.6**	**14.8**	**100.0**	**84.6**
北　京	27.2	20.5	100.0	100.0
天　津	21.5	1.7	100.0	100.0
河　北	28.5	9.4	100.0	92.4
山　西	24.7	3.5	100.0	96.0
内蒙古	42.3	16.1	69.4	5.3
辽　宁	21.8	3.0	100.0	92.4
吉　林	26.8	2.1	100.0	100.0
黑龙江	28.0	2.9	100.0	100.0
上　海	27.4	71.4	76.0	83.2
江　苏	37.5	29.5	90.3	57.9
浙　江	29.0	11.0	100.0	97.7
安　徽	35.5	21.9	100.0	87.8
福　建	41.3	17.7	100.0	100.0
江　西	33.9	14.1	100.0	99.7
山　东	30.8	2.8	100.0	100.0
河　南	29.1	12.8	100.0	90.1
湖　北	37.5	12.2	100.0	89.6
湖　南	31.1	5.5	100.0	100.0
广　东	26.6	18.8	100.0	100.0
广　西	29.8	14.3	98.9	83.3
海　南	8.3	11.6	100.0	83.6
重　庆	28.9	8.1	100.0	91.6
四　川	24.3	18.1	79.2	32.9
贵　州	25.4	14.0	100.0	100.0
云　南	17.6	16.6	100.0	100.0
西　藏	36.3	3.6	100.0	77.2
陕　西	26.4	41.5	76.2	8.4
甘　肃	33.5	3.0	100.0	23.5
青　海	23.0	52.7	100.0	86.6
宁　夏	33.8	4.1	100.0	100.0
新　疆	27.8	13.1	100.0	89.0

每百户居民拥有的城乡社区综合服务设施面积（平方米）	残疾人两项补贴对象人数占持证残疾人数比例（%）	人均福利彩票销售额（元/人）	每万人口拥有持证社会工作者（人/万人）
39.7	**72.3**	**104.9**	**6.6**
17.5	37.1	164.0	17.9
49.9	49.7	101.4	9.7
31.6	68.9	64.9	2.2
62.6	63.7	69.2	3.7
15.1	81.0	133.2	5.1
40.5	66.5	121.9	6.1
17.2	72.9	91.9	7.0
37.5	66.6	78.9	3.9
45.4	49.1	138.2	13.2
25.4	78.3	107.1	11.7
61.7	68.0	189.1	23.7
27.3	93.6	78.5	3.9
62.9	88.3	105.4	9.3
51.7	74.8	68.5	2.9
90.6	68.3	90.4	5.9
43.9	72.5	50.1	1.9
42.7	73.2	102.7	6.2
44.8	74.2	88.6	3.1
15.5	85.4	136.5	11.6
23.5	80.5	73.3	2.1
21.9	77.2	45.2	2.1
66.1	55.4	106.4	6.4
17.5	67.5	93.4	5.2
38.4	58.0	76.1	1.5
29.9	65.4	164.0	2.9
130.2	105.1	129.1	0.8
11.4	83.7	143.1	5.4
13.9	73.8	81.4	2.7
67.1	89.8	157.1	2.0
36.1	87.7	191.8	5.7
80.4	69.2	229.3	2.2

注：残疾人两项补贴人数占比、老龄补贴人数占比均采用简单加总数据计算，暂无法区分一人同时享受两种或多种补贴情况，数据仅供参考分析。

C-1-7 社会工作者

地区	累计考试合格人数合计	高级社会工作师			
		累计考试合格人数	当年考试通过人数	当年报考人数	当年实考人数
全国	**930810**	**1568**	**392**	**6743**	**4498**
北京	39181	55			
天津	13208	4			
河北	16450	29	4	179	121
山西	12870	21	5	115	78
内蒙古	12183	26	7	263	185
辽宁	25590	15	4	252	171
吉林	16398	8		119	90
黑龙江	11961	23	10	131	108
上海	32629	60			
江苏	99965	114	33	562	344
浙江	156159	101	22	1025	532
安徽	24001	30	4	175	126
福建	38783	84	19	375	243
江西	12939	9	5	78	54
山东	60091	164	32	709	491
河南	18681	55	12	192	150
湖北	36506	45	15	176	131
湖南	20446	30	9	112	66
广东	147307	472	138	1126	813
广西	10427	9	4	83	52
海南	2204	7	3	19	15
重庆	20604	45	16	148	101
四川	43450	75	24	248	186
贵州	5673	10	5	63	39
云南	13474	23	7	136	100
西藏	275			1	1
陕西	21542	34	7	244	141
甘肃	6843	12	4	52	38
青海	1185	1		14	9
宁夏	4146	6	3	52	39
新疆	5639	1		94	74

职业资格水平

单位：人

社会工作师				助理社会工作师			
累计考试合格人数	当年考试通过人数	当年报考人数	当年实考人数	累计考试合格人数	当年考试通过人数	当年报考人数	当年实考人数
204367	**27676**	**207073**	**163068**	**724875**	**165411**	**551705**	**423022**
10306				28820			
3126				10078			
4544	661	5721	4199	11877	3539	12860	9645
3391	509	3939	3181	9458	2919	9234	7189
4088	662	6944	5588	8069	2927	10817	8534
6704	536	4644	3841	18871	2708	10011	8258
3199	260	2915	2415	13191	2303	9555	7731
2772	230	2956	2525	9166	2031	8111	7100
8743				23826			
21455	2251	15365	12277	78396	12631	42734	32285
30684	5484	40092	29404	125374	38009	126072	90423
5512	790	6332	4905	18459	4898	17624	13907
8596	1435	10231	7726	30103	10784	32887	23935
2343	479	3496	2565	10587	3659	13334	9336
18122	3231	21548	17249	41805	11937	34346	27237
4481	684	5370	4528	14145	3723	11252	9588
6290	1332	8044	6866	30171	9288	29978	25275
4761	661	4174	3356	15655	3031	9026	7137
27454	3904	24908	21340	119381	21618	59140	48591
2011	407	3513	2766	8407	2714	8931	7003
346	87	771	584	1851	661	3248	2373
4038	537	3592	2865	16521	4205	12625	9754
8186	1565	11052	8992	35189	9727	35761	28067
949	248	3444	2192	4714	1758	7553	5275
2416	595	6030	4745	11035	4465	16528	13169
46	16	404	300	229	90	848	640
5819	532	3671	2822	15689	2049	5834	4447
1499	264	2986	2001	5332	1405	6384	3890
227	23	417	273	957	201	1632	1035
883	137	1403	1187	3257	930	3811	3068
1376	156	3111	2376	4262	1201	11569	8130

C-1-8 1952—2022年民政

地 区	1952年	1953年	1954年	1955年	1956年	1957年	1958年
全 国	**28265**	**35484**	**60390**	**49842**	**56906**	**53119**	**32693**
中央级	6	443	20619	8736	270	85	82
北 京	198	237	276	247	584	302	376
天 津	208	315	131	157	217	240	194
河 北	2849	4558	4764	4526	9681	6640	2494
山 西	1253	1398	1531	1373	2096	1953	2279
内蒙古	912	370	306	364	625	417	505
辽 宁	611	1434	1392	1298	1638	1339	1098
吉 林	346	595	880	856	1331	1610	1126
黑龙江	640	831	912	952	1442	1336	948
上 海	550	306	411	729	1121	1073	464
江 苏	1980	1993	2051	3003	4052	5051	2617
浙 江	398	426	505	757	1430	988	672
安 徽	2051	4061	3382	3453	4748	4306	1642
福 建	828	732	789	933	1473	866	823
江 西	1519	1040	1368	2253	1889	1802	1717
山 东	2624	3993	5082	3975	3664	5261	3795
河 南	1440	2745	2307	2494	4360	5539	2990
湖 北	2719	1058	2765	2664	1306	1505	1210
湖 南	1255	1089	3381	2205	2259	2177	1344
广 东	1762	1454	1270	1407	2725	2729	1223
广 西	516	645	735	700	1414	1589	582
海 南							
重 庆							
四 川	1583	2035	2052	2646	3570	2606	1982
贵 州	368	686	633	567	618	494	331
云 南	630	695	875	740	908	599	514
西 藏			43	207	91		2
陕 西	519	1023	984	1135	1794	1250	588
甘 肃	390	1074	675	1171	1083	871	539
青 海	52	134	140	154	281	237	164
宁 夏							92
新 疆	58	114	131	140	236	254	300

事业费支出情况

单位：万元

1959年	1960年	1961年	1962年	1963年	1964年	1965年
44786	**72444**	**98912**	**74475**	**87533**	**161510**	**107869**
192	262	39			31	2325
751	824	658	542	638	816	1047
4148	5070	10807	5780	15681	31433	18545
1656	2659	2896	2556	2640	2361	2899
873	525	785	1468	1124	1360	1440
1249	4475	4392	3933	3467	3382	2942
764	1055	1271	1660	2138	2235	1798
782	991	1485	2151	2362	2796	2611
475	471	422	539	874	1074	1220
2956	4843	4107	4873	7282	11070	5506
874	857	1414	1597	1166	1152	1351
3169	3161	4704	3530	5431	10567	3347
4141	2823	2798	1493	1687	1394	1463
1691	2179	3224	3168	2273	3081	1989
4494	8141	11332	6963	7201	11079	15807
2672	10271	11417	8107	10099	48554	17841
2466	4428	4569	3767	3468	3319	2790
967	1690	4299	2697	2834	4522	2482
2982	4608	3475	2830	3146	3056	2664
903	997	2687	1505	2125	4006	1983
2583	6315	9758	5918	4227	4495	5179
613	750	2390	1429	1792	1808	1726
675	880	1692	773	1250	1494	1596
1	25	48	117		133	192
1109	1113	1530	1422	1640	1918	3137
681	1778	4522	2464	2988	2310	1611
447	576	1028	1005		465	695
239	428	303	365		378	284
233	249	860	1823		1212	1399

C-1-8续表1

地区	1966年	1967年	1968年	1969年	1970年	1971年	1972年
全国	**88112**	**81887**	**56154**	**66683**	**65349**	**68269**	**81549**
中央级	454	534	308	11			
北京	914	939	868	820	895	974	1192
天津		473	439	572	405	407	546
河北	12395	6983	4443	5333	2054	3591	5482
山西	4447	2692	2478	2579	4777	4563	4025
内蒙古	2182	2401	1194	842	891	649	1020
辽宁	2572	2781	2473	3542	2867	3922	4574
吉林	1704	1745	1579	1890	1837	1968	1753
黑龙江	2548	2169	1775	2355	2247	2317	2768
上海	1472	1654	1410	1359	1442	1554	1676
江苏	7298	5400	3756	3839	4191	4969	7368
浙江	1142	1366	1486	1481	1496	1517	2399
安徽	4119	6861	4025	4246	5547	3365	4639
福建	1673	1738	1727	1922	1463	1481	1721
江西	2145	2318	1637	1924	2047	2357	2357
山东	9458	9844	5878	7622	6442	9034	8801
河南	9303	8611	4105	6983	4947	4699	4799
湖北	2579	3177	2651	3509	4197	3116	3462
湖南	2141	2562	1848	2019	1668	1602	2272
广东	2454	2644	2046	2639	2734	2410	2800
广西	1997	2541	1641	1607	1555	1827	1713
海南							
重庆							
四川	4774	4067	3374	3439	3678	4518	5615
贵州	1730	1926	1224	1314	1646	1535	2116
云南	1772	1412	807	1018	2460	1454	1746
西藏	374			96	100	104	173
陕西	3623	1874	1477	1733	1778	2099	2415
甘肃	1161	1963	671	989	952	968	2206
青海	409	185	190	246	207	291	366
宁夏	272	287	200	238	242	354	810
新疆	1000	740	444	516	584	651	727

单位：万元

1973年	1974年	1975年	1976年	1977年	1978年	1979年
99675	**90406**	**127082**	**161690**	**185288**	**137135**	**183279**
8	10				11	44
1506	1284	1461	1742	3068	1990	2238
762	937	881	933	13670	1061	1482
8727	5925	5960	7041	36568	11605	9140
4696	3587	3420	4111	4813	5437	8154
1914	1575	1559	2502	1873	2040	5922
5590	3902	18731	14705	7427	6103	5607
2174	2500	2448	2834	3677	3869	3477
3701	3884	3701	4176	5463	5545	5149
1885	2088	2263	2469	2581	2777	3290
6988	7258	8001	7719	8031	9208	10019
2103	1973	1984	2424	2641	2853	3475
4625	3981	5828	15690	6300	6756	13263
2142	2150	1991	2432	2826	2730	3272
4039	3220	2964	3606	3981	3953	8610
8110	8601	10417	9746	10599	12292	15169
5474	4190	24152	40056	21437	14140	19495
4747	3487	4471	5463	5160	6149	9597
3321	2580	2942	3442	3550	4380	6747
4041	5051	3836	4884	5546	5435	8146
1597	1669	1653	1963	2355	2073	4019
6780	5936	6061	9037	12602	8511	12722
3574	1955	2352	2748	3296	2740	4767
1509	2245	2242	3428	3783	2948	3478
228	195	206	289	270	379	1366
3435	2986	2579	3174	4575	4834	5780
3421	4183	2603	2240	5485	4030	5204
311	342	521	407	514	696	853
1369	1813	600	1150	1780	1090	1040
896	909	1255	1279	1417	1500	1754

C-1-8续表2

地区	1980年	1981年	1982年	1983年	1984年	1985年	1986年
全国	**174769**	**192267**	**191874**	**216116**	**242371**	**295841**	**344064**
中央级	103	138	78	163	286	443	2526
北京	2802	3167	3416	4063	4904	5719	7287
天津	1474	1670	1669	2194	3101	3583	4113
河北	11165	13597	10179	9692	12427	16654	16581
山西	6749	7893	7854	7015	7924	10683	10193
内蒙古	5714	6218	5135	7379	7909	9030	11684
辽宁	6671	8073	10591	11727	11741	18341	22112
吉林	4482	4970	4951	6300	5952	8391	13570
黑龙江	5370	6562	8005	9546	8782	10119	13791
上海	3375	3381	3215	3170	3540	4467	5503
江苏	11269	12914	11991	14750	16403	16254	20586
浙江	3703	3897	4070	4808	6480	8174	10211
安徽	9385	9550	7521	12093	14059	14340	13524
福建	3625	4268	4773	5506	5601	8298	7657
江西	6289	5309	6183	7093	8360	8364	9768
山东	16327	14126	18998	17811	17413	22757	22496
河南	12007	10921	12862	15216	13710	18456	20939
湖北	9265	12458	7956	10798	10760	11860	14581
湖南	7026	8924	7546	10428	10373	12357	15013
广东	8337	7767	9550	9035	12337	14516	15526
广西	3213	3674	3897	4779	6382	9438	9634
海南							
重庆							
四川	12063	15429	14542	13943	17823	20667	24973
贵州	4123	4718	4354	5211	5833	9182	8657
云南	4172	4599	4231	5251	7025	10137	13752
西藏	1704	1208	1151	1357	1821	1391	1789
陕西	5390	8198	6271	5820	6313	7545	8586
甘肃	4801	4338	5778	4902	8983	6541	7655
青海	862	915	1068	1270	1674	1918	2134
宁夏	1385	1118	1819	2329	1497	1826	1990
新疆	1918	2267	2220	2467	2958	4395	4768

单位：万元

1987年	1988年	1989年	1990年	1991年	1992年	1993年
359278	**395646**	**466492**	**519383**	**625359**	**637097**	**698708**
2742	1297	1185	1517	1792	3217	3108
8906	11355	12805	14738	16249	19073	26105
4531	5209	5861	6585	7176	8173	9218
20578	24272	26484	32162	30785	33344	38161
11833	13977	15845	15976	17378	19264	19515
10867	11254	10975	13510	13449	14250	15314
18104	19595	22233	26318	26380	29561	32903
14016	10692	11439	14155	14619	16553	18461
13686	14205	15127	15982	18411	19734	19377
5603	3965	4741	5364	6270	7742	10368
21208	23816	27647	33150	50604	48290	47590
12353	16113	18710	21111	22094	22124	26924
12942	14854	16444	19755	80611	39002	26982
9238	10332	11213	13935	15070	18423	20141
11546	13240	15076	15791	16915	21249	21410
29017	31890	39382	44965	46744	52525	62616
22760	21784	26566	24275	27675	31304	34498
14846	17804	20704	21092	23318	23677	28918
15167	19110	22384	24981	23436	24712	29096
17076	16675	20206	21863	25022	29602	43983
9054	9757	11955	11313	12728	14317	16760
	2338	3659	3366	3843	4270	4630
25524	28123	32186	36228	39004	42563	49037
9092	9408	11568	12079	11043	11761	15154
12712	14934	31640	33901	38725	41026	30502
1828	1795	2116	2909	3499	2647	2598
9299	10602	12277	13688	13412	16805	20107
7238	8346	7681	8813	9124	11256	12186
1837	1750	1802	2086	2036	2387	2965
1780	2609	1805	2000	2206	2456	2464
4896	4549	4776	5775	5741	5790	7617

C－1－8续表3

地　区	1994年	1995年	1996年	1997年	1998年	1999年	2000年
全　国	**870194**	**1034502**	**1211500**	**1335202**	**1618445**	**1946843**	**2296954**
中央级	4077	3703	6371	5954	50783	11856	29338
北　京	36146	44073	54012	61184	74406	97748	150746
天　津	11970	15023	17254	19738	20952	20611	30547
河　北	48303	58804	74364	71151	79064	88202	113381
山　西	22995	31008	37882	37150	39519	45466	56815
内蒙古	18378	20470	26012	26773	35484	35659	44674
辽　宁	44239	60067	59580	65370	74946	85394	131675
吉　林	24648	30876	31416	33928	52337	53311	51153
黑龙江	26195	28798	30459	33020	55977	60566	61753
上　海	15557	19773	23984	30860	37336	54151	87021
江　苏	59349	69907	80163	93383	108862	121349	159691
浙　江	40044	43610	50852	60657	65733	88269	97755
安　徽	26883	37348	43979	50559	56473	72895	72568
福　建	25502	31904	34498	46134	49421	50996	67797
江　西	23815	30354	33883	35962	47177	45334	49521
山　东	71995	76826	88009	101613	112960	131746	159315
河　南	44163	52458	59353	64155	68311	80338	102698
湖　北	39148	40291	50385	58511	85285	75622	113381
湖　南	35093	42680	53778	48234	54533	73272	80343
广　东	53653	64806	75354	88748	96993	112133	144461
广　西	30480	28730	36280	28944	30995	31950	35135
海　南	6163	7210	8828	8274	9472	10818	13568
重　庆				25048	35054	51123	55934
四　川	59629	70257	77059	63016	72283	89492	105249
贵　州	15641	20528	26419	27866	27126	30834	36085
云　南	31529	36916	46048	52043	53384	63169	78944
西　藏	5304	4466	5228	6987	11749	6824	9920
陕　西	20404	26336	32108	31702	25791	43230	54365
甘　肃	13897	17748	21484	20366	20554	26371	35251
青　海	3454	4342	6473	8088	8669	23784	16159
宁　夏	3244	3458	4279	4397	5442	8651	13775
新　疆	8297	11732	15706	25387	22690	55676	56940

单位：万元

2001年	2002年	2003年	2004年	2005年	2006年	2007年
2847548	**3922695**	**4989171.8**	**5773906.5**	**7184146**	**9153527**	**12154874**
13965	18467	18027.2	39289.8	37423	27907	32841
196540	233429	303795.3	327957.0	370918	450229	575756
41580	58202	62682.2	71091.4	92462	121917	149046
125698	153525	185640.8	216769.6	283480	356510	488387
71776	105897	124002.5	147569.6	192257	236469	339210
55328	70606	99367.7	126236.7	141727	187147	283105
180547	227704	279736.9	304551.2	368476	437608	575209
76026	118392	166702.2	182133.4	218688	284676	341920
80658	177852	167487.2	193823.3	222865	376619	478896
121538	167719	222539.6	228764.3	282196	316864	406118
170800	205763	256062.6	309196.0	419996	502744	632560
124023	159432	189645.4	294720.4	354320	415110	508925
89476	138918	208605.9	195411.9	250782	312519	490974
68897	85353	94060.8	139539.3	157015	226313	247500
57966	92013	149217.2	176371.5	225667	340990	434664
180470	233918	283989.3	311522.3	408419	526836	715079
117574	159157	221712.8	251438.9	337872	425038	598726
122382	167653	229233.9	270653.4	345556	440298	514067
104818	158443	210815.4	252891.5	326694	422998	521304
198362	278022	341821.0	386221.4	483430	635940	720130
49819	82929	109901.0	113722.5	156841	175928	247212
15372	18032	24304.1	27949.8	38103	49003	65929
70571	117114	125112.4	145713.0	174682	216847	307697
139493	194774	244374.4	302566.3	376043	500440	734868
51264	67973	82093.5	102696.6	151257	181266	264299
98782	115945	150814.0	183854.7	202346	228950	420914
14979	15358	17912.7	23199.7	22574	30224	38363
72136	103474	147038.8	149120.1	186935	244342	365358
42851	58315	75346.0	91876.1	111530	149598	226791
19790	24812	36616.0	39139.1	47402	51844	81455
21289	28724	30448.1	34071.3	35346	57593	79705
52768	104762	130065.0	133844.4	160847	222762	267867

C−1−8续表4

地　区	2008年	2009年	2010年	2011年	2012年	2013年	2014年
全　国	**21464484**	**21819430.2**	**26975149.0**	**32291356.0**	**36837379.4**	**42765370.8**	**44041244.2**
中央级	263213	55240.2	488035.9	93505.4	100110.8	137419.9	128646.0
北　京	575302	745435.4	982144.3	1031493.0	1260515.9	1555734.8	1600353.6
天　津	196893	244982.6	313824.7	375011.5	444250.9	552118.0	591814.0
河　北	678036	843485.2	969269.1	1244217.3	1438698.1	1672465.7	1653297.9
山　西	457567	562518.4	634004.6	876097.5	936468.5	1130400.3	1144649.5
内蒙古	420111	575897.9	768526.2	968084.5	1127395.6	1236610.0	1409253.2
辽　宁	724799	887386.5	1066504.6	1347428.2	1567755.2	1672890.8	1694087.8
吉　林	470519	642777.6	750632.3	801698.3	765275.0	986245.5	942015.8
黑龙江	643011	800947.6	854398.8	1050480.9	1152380.1	1589618.1	1373441.2
上　海	515828	557187.9	572521.7	662862.5	727872.8	832211.6	857287.8
江　苏	811832	996449.2	1265312.3	1711513.8	1970955.5	2335259.9	2460508.3
浙　江	610800	704117.9	884859.5	1061597.3	1253870.2	1428845.7	1502557.1
安　徽	659432	804010.6	971558.4	1263090.4	1421837.3	1601142.2	1699609.2
福　建	282403	322487.9	422187.8	503195.6	614533.8	729824.6	775607.4
江　西	596019	693704.1	847650.9	986614.7	1075144.7	1224409.1	1472214.2
山　东	885720	1122739.0	1437374.8	1691804.7	2183629.3	2502270.9	2706751.9
河　南	785189	1035342.8	1230796.6	1586875.1	1740800.2	2097496.0	2054924.0
湖　北	748412	897367.7	1082788.8	1408483.1	1531263.7	1849392.5	1852790.6
湖　南	771404	997685.9	1165255.4	1545645.5	2003252.4	1996276.3	2085354.4
广　东	834465	1021108.9	1154286.9	1480652.6	1668953.2	1981669.0	2237116.3
广　西	410162	492763.3	731162.4	971372.9	1173997.1	1292515.6	1391271.4
海　南	96527	142315.6	190264.1	223849.3	240254.6	254400.4	287775.5
重　庆	435014	514479.6	674873.3	783120.4	907587.4	999446.7	1027739.5
四　川	4848630	2289514.1	2408738.2	2168767.6	2375722.4	2880631.2	2917857.6
贵　州	443051	560108.4	728242.8	1116447.6	1248670.9	1341494.8	1391678.3
云　南	687354	930167.6	1224026.2	1432131.1	1730472.3	1845730.7	1979476.0
西　藏	69982	82169.4	85017.8	130279.7	155073.7	156074.8	136789.5
陕　西	849627	867024.3	1139380.6	1356364.3	1424205.1	1838401.7	1679000.3
甘　肃	1063855	577204.8	740624.8	1000902.5	1051754.7	1299304.5	1214834.5
青　海	123508	189659.7	330701.5	359785.5	341516.9	377594.3	381598.0
宁　夏	110375	143479.2	161335.6	195226.4	220055.6	266258.2	264662.5
新　疆	395446	519670.9	698848.1	862756.8	983105.5	1101217.0	1126280.9

单位：万元

2015年	2016年	2017年	2018年	2019年	2020年	2021年	2022年
49264448.4	**54401503.4**	**59326813.1**	**40769320.0**	**42792437.9**	**48082138.5**	**46790091.8**	**50903809.6**
155949.2	165749.1	269330.6	128747.8	121352.7	115741.3	244602.0	220310.8
2220633.5	2558934.6	2830370.7	1410839.6	1638311.6	1712782.0	1623058.1	1819331.2
769084.9	895069.9	976094.3	723647.0	697325.4	658421.3	636545.0	638218.7
1805161.2	2115331.3	2491031.8	1267321.2	1451118.4	1832081.1	1587262.2	1618368.9
1201392.7	1291517.7	1427974.2	965414.8	1068424.9	1146730.5	1166474.6	1325410.9
1410121.9	1400524.5	1530138.7	1229044.8	1242620.6	1329014.9	1274615.7	1387242.6
1844543.3	1845473.1	2000385.4	1345926.0	1136119.9	1200285.6	1202052.6	1318689.9
1057440.4	1041251.7	1229440.2	833078.7	865328.9	866067.3	866096.2	904275.6
1504605.0	1526756.7	1621673.2	1016669.9	939507.0	996573.0	981255.1	1093610.1
966471.0	1532275.2	1774025.0	1440387.9	1639409.9	1729957.3	1714316.5	2087868.4
2605552.1	2872252.8	3252262.8	2541719.9	2511988.2	2692853.3	2671536.5	2813882.4
1674651.1	1899440.0	2100207.6	1423390.2	1610842.0	1914409.0	1971280.5	2424988.2
1812233.9	1970515.8	2205766.4	1654232.3	1907107.4	2151662.1	2170879.9	2446945.0
903162.9	1041706.7	1038592.5	812950.4	896362.5	1035956.8	1052031.8	1152313.8
1571857.7	1717261.4	1868755.5	1436320.2	1434244.3	1474742.5	1526123.8	1711855.5
2871388.9	3048812.9	3394553.1	1570595.4	1691002.8	2147801.8	2542677.2	2742618.5
2292633.2	2469598.6	2606924.3	1762338.9	1979422.4	2324396.7	2186332.6	2366254.1
2269799.1	2423266.1	2564107.9	1776866.8	1849894.4	2270361.0	2022914.8	2210302.4
2305544.2	2716411.4	2759086.8	1707022.3	1730690.3	1803685.7	1793504.6	1893264.5
2595187.3	3056715.3	3723480.8	2631089.6	2826465.3	3112302.8	3242658.5	3541215.8
1492923.0	1577969.5	1785362.3	1301233.1	1437469.5	2056114.3	1630503.9	1803658.2
296623.7	300733.3	299638.3	299986.6	259235.4	256183.2	248377.8	260908.9
1146517.8	1299701.7	1563300.9	1091804.0	1071546.9	1166173.6	1161259.1	1230563.0
3152459.5	3486433.8	3663630.9	2489797.5	2512033.7	2927582.6	2786479.7	3094372.2
1472311.4	1602657.5	1734040.9	1363187.2	1445052.1	1767795.9	1509244.3	1579465.4
2310934.8	2348845.7	2404442.3	1799879.2	1865562.9	2150926.9	1873080.7	1874895.0
175034.3	235821.1	273337.7	221186.6	201015.4	235165.5	253883.5	267351.6
1847868.8	2020674.1	2099088.3	1385599.4	1483555.2	1530428.6	1447753.1	1480424.9
1367615.6	1631306.1	1490098.4	1254450.3	1283731.0	1357819.5	1358773.4	1446509.2
462567.9	492304.9	577580.9	404933.9	459092.4	491604.4	470326.4	469608.7
409809.1	420877.6	426405.6	375733.0	386732.1	390738.4	389597.8	414398.7
1292369.0	1395313.3	1345684.8	1103925.5	1149872.4	1235779.6	1184593.9	1264686.5

C-1-9 民政事业费中央

地　区	合计	困难群众救助补助资金
全　国	**16873294**	**15468326**
北　京	13208	10408
天　津	45550	41582
河　北	664910	617851
山　西	457628	418359
内蒙古	565879	523159
辽　宁	429546	387582
吉　林	410114	370361
黑龙江	599727	555540
上　海	15865	13933
江　苏	175850	155887
浙　江	100412	85930
安　徽	791653	711065
福　建	176698	161803
江　西	721017	666701
山　东	484943	452286
河　南	900697	788795
湖　北	854645	775274
湖　南	847840	791324
广　东	264613	230187
广　西	920725	856627
海　南	100404	93660
重　庆	390086	335170
四　川	1297830	1198509
贵　州	1060769	976043
云　南	1142634	1071151
西　藏	123290	97294
陕　西	651666	607848
甘　肃	1154256	1088205
青　海	304137	273144
宁　夏	252174	241917
新　疆	902429	832698
兵　团	52099	38033

专项拨款对账单简表

单位：万元

彩票公益金	中央预算内投资
559665	**845303**
2800	
2658	1310
20077	26982
10229	29040
11548	31172
15018	26946
8476	31277
17966	26221
1212	720
18490	1473
13690	792
37248	43340
9885	5010
25263	29053
27608	5049
51047	60855
31223	48148
29560	26956
32176	2250
22601	41497
3142	3602
8769	46147
29344	69977
27884	56842
16574	54909
25996	
11015	32803
12762	53289
3639	27354
3911	6346
26234	43497
1620	12446

C-1-10 民政事业费中央

地 区	困难群众救助补助资金合计	财社〔2022〕44号 财政部 民政部《关于下达2022年中央财政困难群众救助补助资金预算的通知》
全 国	**15468326**	**15468326**
北 京	10408	10408
天 津	41582	41582
河 北	617851	617851
山 西	418359	418359
内蒙古	523159	523159
辽 宁	387582	387582
吉 林	370361	370361
黑龙江	555540	555540
上 海	13933	13933
江 苏	155887	155887
浙 江	85930	85930
安 徽	711065	711065
福 建	161803	161803
江 西	666701	666701
山 东	452286	452286
河 南	788795	788795
湖 北	775274	775274
湖 南	791324	791324
广 东	230187	230187
广 西	856627	856627
海 南	93660	93660
重 庆	335170	335170
四 川	1198509	1198509
贵 州	976043	976043
云 南	1071151	1071151
西 藏	97294	97294
陕 西	607848	607848
甘 肃	1088205	1088205
青 海	273144	273144
宁 夏	241917	241917
新 疆	832698	832698
兵 团	38033	38033

专项拨款对账单明细表

单位：万元

彩票公益金合计	中央集中彩票公益金	财社〔2022〕79号 财政部 民政部《关于下达2022年中央集中彩票公益金支持社会福利事业专项资金预算的通知》
559665	**335082**	**335082**
2800	932	932
2658	1411	1411
20077	16088	16088
10229	8859	8859
11548	7512	7512
15018	11144	11144
8476	6955	6955
17966	9333	9333
1212	1212	1212
18490	11351	11351
13690	6008	6008
37248	15902	15902
9885	5988	5988
25263	11828	11828
27608	18176	18176
51047	24100	24100
31223	14410	14410
29560	18530	18530
32176	13566	13566
22601	16427	16427
3142	1991	1991
8769	7839	7839
29344	25964	25964
27884	12948	12948
16574	14005	14005
25996	8260	8260
11015	10499	10499
12762	11111	11111
3639	3464	3464
3911	2577	2577
26234	15283	15283
1620	1409	1409

C-1-10续表

地　区	中央专项彩票公益金	财社〔2022〕78号 财政部 民政部《关于下达2022年中央专项彩票公益金支持居家和社区基本养老服务提升行动项目资金预算的通知》	财综〔2022〕45号 财政部《关于下达2022年中央专项彩票公益金支持地方社会公益事业发展资金预算的通知》	财社〔2021〕20号 财政部《关于下达2021年中央专项彩票公益金支持地方社会公益事业发展资金预算的通知》
全　国	**224583**	**110000**	**106875**	**7708**
北　京	1868	868	1000	
天　津	1247	447	800	
河　北	3989	3989		
山　西	1370	1370		
内蒙古	4036	4036		
辽　宁	3874	3874		
吉　林	1521	1521		
黑龙江	8633	6533	2100	
上　海				
江　苏	7139	7139		
浙　江	7682	7682		
安　徽	21346	3646	17700	
福　建	3897	3897		
江　西	13435	13435		
山　东	9432	9432		
河　南	26947	1447	25500	
湖　北	16813	6333	10480	
湖　南	11030	11030		
广　东	18610	1910	16700	
广　西	6174	4324	1850	
海　南	1151	151	1000	
重　庆	930	930		
四　川	3380	3380		
贵　州	14936	5948	1280	7708
云　南	2569	2569		
西　藏	17736	136	17600	
陕　西	516	516		
甘　肃	1651	1651		
青　海	175	175		
宁　夏	1334	740	594	
新　疆	10951	680	10271	
兵　团	211	211		

单位：万元

预算内投资合计	发改投资〔2022〕219号 国家发展改革委《关于下达积极应对人口老龄化工程和托育建设2022年中央预算内投资计划的通知》	发改投资〔2022〕345号 国家发展改革委《关于下达社会服务设施兜底线工程2022年中央预算内投资计划的通知》	发改投资〔2022〕825号 国家发展改革委《关于下达河南郑州等地特大暴雨洪涝灾害灾后恢复重建2022年中央预算内投资计划的通知》
845303	**653000**	**183216**	**9087**
1310	1310		
26982	17815	9167	
29040	21934	7106	
31172	20762	10410	
26946	21732	5214	
31277	23118	8159	
26221	17520	8701	
720		720	
1473	690	783	
792		792	
43340	35226	8114	
5010	2339	2671	
29053	22253	6800	
5049	1611	3438	
60855	44130	7638	9087
48148	42986	5162	
26956	19362	7594	
2250	2250		
41497	35017	6480	
3602		3602	
46147	38750	7397	
69977	58230	11747	
56842	46387	10455	
54909	46853	8056	
32803	25800	7003	
53289	42344	10945	
27354	19114	8240	
6346	5616	730	
43497	31817	11680	
12446	8034	4412	

C-1-11 民政事业费预算

地　区	本年预算指标合计	上年结转预算指标	本级财政安排预算指标	本年上级下达预算指标
全　国	**51992852.5**	**1306912.1**	**50791732.6**	**67722988.0**
中央级	274560.5	53931.5	17093923.4	
北　京	1715668.7	60044.0	1664735.0	253046.7
天　津	605908.9	31485.6	528873.3	88244.7
河　北	1688583.3	42022.7	984868.9	2475210.4
山　西	1108482.0	69637.3	582333.0	1943238.7
内蒙古	1471219.6	68192.3	837705.7	2554162.6
辽　宁	1447109.3	24377.1	995780.3	1502793.3
吉　林	915996.5		505882.5	1455121.5
黑龙江	1131027.0	27737.5	504152.6	1896091.2
上　海	2018281.3	4205.0	1998211.3	29137.5
江　苏	2758876.3	12936.9	2570089.4	1391792.6
浙　江	2502181.8	40315.2	2363404.5	1268632.8
安　徽	2495366.1	17050.1	1687350.8	2789313.4
福　建	1194628.3	40583.6	979923.1	1147330.5
江　西	1736210.3	18235.8	997257.5	2976294.4
山　东	2761612.6	56169.4	2225225.3	2850940.4
河　南	2456753.1	14764.3	1542642.4	3761380.2
湖　北	2331888.4	124848.9	1382130.1	3431380.6
湖　南	1876617.6	11293.4	1017504.2	3357677.4
广　东	3403183.3	54917.9	3086031.8	2985440.7
广　西	1905613.8	68587.1	918338.8	3714956.5
海　南	302868.0	21317.1	181971.2	248663.3
重　庆	1311660.9	43958.6	877616.3	1138892.1
四　川	3126561.8	83500.0	1748744.3	4822446.2
贵　州	1825295.2	104204.1	660585.7	3681407.7
云　南	1989513.5	30750.1	837545.3	4147994.8
西　藏	266355.4	22935.3	120130.1	359609.0
陕　西	1579162.4	23903.2	905727.2	2634385.0
甘　肃	1515193.7	26639.8	335783.0	3911529.0
青　海	498412.3	27708.7	166566.6	1002253.6
宁　夏	480239.4	51241.4	176824.0	916083.2
新　疆	1297821.2	29418.2	313875.0	2987538.0

指标来源情况表

单位：万元

本年下达所属地方预算指标	划转平级其他部门预算指标	一般公共预算财政拨款	上年结转预算指标	本级财政安排预算指标
67722988.0	**105792.2**	**46602922.4**	**816273.5**	**45813774.3**
16873294.4		94048.3	21057.9	15541316.4
239838.7	22318.3	1251352.1	39598.6	1223650.7
42694.7		571366.6	27187.1	502597.5
1810300.4	3218.3	1508161.2	14044.8	877546.8
1485610.7	1116.3	951286.7	49941.3	481686.7
1988283.6	557.4	1324794.6	25315.7	777436.4
1073247.3	2594.1	1331705.4	20227.0	892064.1
1045007.5		857528.0		486527.9
1296364.2	590.1	1050450.1	23017.9	472169.9
13272.5		1928011.9	3146.4	1910932.5
1215942.6		2625296.1	10482.4	2460352.5
1168220.8	1949.9	2034753.3	12240.5	1937729.5
1997660.4	687.8	2330894.1	7455.8	1611334.3
970632.5	2576.4	1054675.2	27129.0	867798.1
2255277.4	300.0	1607940.5	6987.8	934251.7
2365997.4	4725.1	2566542.9	34679.1	2080342.7
2860683.2	1350.6	2106071.2	3612.6	1313780.2
2576735.6	29735.6	2074352.6	113009.3	1212837.9
2509837.4	20.0	1716527.9	7372.0	913946.3
2720827.7	2379.4	3132581.9	51096.4	2851298.7
2794231.5	2037.1	1716424.1	21933.0	838817.3
148259.3	824.3	282374.7	15214.5	174101.7
748806.1		1130427.1	25299.1	770188.0
3524616.2	3512.5	2826435.9	43167.9	1585880.2
2620638.3	264.0	1634716.8	59352.8	599321.1
3005360.8	21415.9	1854057.8	24074.5	760884.7
236319.0		227520.6	15178.1	115048.5
1982719.0	2134.0	1391797.6	17921.7	768158.5
2757273.0	1485.1	1389665.0	12104.0	290829.6
698116.6		431928.0	23745.9	135038.1
663909.2		438119.5	38524.6	157677.9
2033010.0		1161114.7	22155.8	268227.9

C-1-11续表1

地　区	本年上级下达预算指标	本年下达所属地方预算指标	划转平级其他部门预算指标	彩票公益金预算指标
全　国	**62009977.2**	**61968397.3**	**68705.3**	**2745302.5**
中央级		15468326.0		390.5
北　京	189855.2	179447.2	22305.2	73515.8
天　津	81612.7	40030.7		28627.3
河　北	2272515.4	1654241.4	1704.4	99730.9
山　西	1791749.3	1371309.1	781.5	62121.6
内蒙古	2369137.9	1847092.0	3.4	90075.2
辽　宁	1380605.3	958981.9	2209.1	92610.2
吉　林	1337531.7	966531.6		23420.6
黑龙江	1762266.8	1206649.0	355.5	44595.4
上　海	26064.7	12131.7		57375.4
江　苏	1327513.3	1173052.1		94126.3
浙　江	1054909.0	968979.0	1146.7	204674.4
安　徽	2525942.0	1813157.2	680.8	97688.8
福　建	1043851.7	882048.7	2054.9	107955.8
江　西	2791982.4	2125281.4		54243.5
山　东	2623996.3	2171710.1	765.1	156901.4
河　南	3115478.4	2326683.4	116.6	148772.1
湖　北	3124600.5	2349326.5	26768.6	131696.8
湖　南	3075712.1	2280502.5		112657.3
广　东	2821129.9	2590943.1		195064.1
广　西	3459366.6	2602739.9	952.9	99278.3
海　南	231687.1	137889.3	739.3	11458.2
重　庆	1019327.5	684387.5		66606.1
四　川	4467853.4	3267994.5	2471.1	151038.2
贵　州	3373353.7	2397310.8		110637.6
云　南	3898329.9	2827178.9	2052.4	93099.5
西　藏	281572.8	184278.8		38653.6
陕　西	2405420.1	1797578.5	2124.2	107026.7
甘　肃	3665589.0	2577384.0	1473.6	58644.4
青　海	901525.4	628381.4		29872.1
宁　夏	862387.0	620470.0		34060.0
新　疆	2727110.1	1856379.1		68684.4

单位：万元

上年结转 预算指标	本级财政安排 预算指标	本年上级下达 预算指标	本年下达所属地方 预算指标	划转平级其他部门 预算指标
297282.5	**2475064.6**	**3278712.5**	**3291489.2**	**14267.9**
140.5	559915.4		559665.4	
4266.9	66462.0	63191.5	60391.5	13.1
4243.9	21725.4	4012.0	1354.0	
10557.7	71033.1	126474.0	106820.0	1513.9
9471.7	44506.9	60905.5	52427.7	334.8
34125.1	43843.0	99971.7	87310.6	554.0
3220.1	80619.6	83948.9	74793.4	385.0
	15583.7	29745.8	21908.9	
1264.6	25677.2	60021.4	42133.2	234.6
649.2	55514.2	2352.8	1140.8	
2454.5	71855.8	62606.7	42790.7	
25345.6	166442.0	212139.8	198449.8	803.2
3361.5	57216.1	150149.4	113037.2	1.0
9620.4	88971.9	88448.8	78563.8	521.5
2121.9	27158.6	100753.0	75490.0	300.0
18015.6	114878.0	212517.1	184909.3	3600.0
5574.3	92150.8	305263.8	254216.8	
5762.6	94961.2	168916.1	137693.1	250.0
1684.8	87105.0	212454.6	188567.1	20.0
3695.2	161572.1	159810.8	127634.6	2379.4
27609.0	50152.2	135192.9	112591.6	1084.2
4365.1	4926.9	9019.2	6768.0	85.0
13557.5	44049.6	27270.6	18271.6	
30658.7	92076.8	151993.8	122649.7	1041.4
28332.3	54684.8	137528.0	109643.5	264.0
6318.0	71069.0	127785.9	111211.9	861.5
7757.2	4900.4	78036.2	52040.2	
4822.7	91192.4	138768.9	127747.5	9.8
8350.3	37543.6	90861.0	78099.0	11.5
3924.2	22308.9	22904.2	19265.2	
11290.7	18858.3	37548.2	33637.2	
4720.7	36109.7	118119.9	90265.9	

C-1-11续表2

地　区	预算内投资资金预算指标	上年结转预算指标	本级财政安排预算指标	本年上级下达预算指标	本年下达所属地方预算指标	划转平级其他部门预算指标
全　国	**939187.2**	**80077.0**	**914206.9**	**2254421.3**	**2287939.0**	**21579.0**
中央级			845303.0		845303.0	
北　京						
天　津	1364.6	54.6		2620.0	1310.0	
河　北	46522.9	14748.0	4792.9	76221.0	49239.0	
山　西	36297.7	7587.7		90522.0	61812.0	
内蒙古	38488.0	7316.0		85053.0	53881.0	
辽　宁	8491.0		9786.0	37827.0	39122.0	
吉　林	35047.9		3770.9	87844.0	56567.0	
黑龙江	30477.2	2156.2	2100.0	73803.0	47582.0	
上　海	10949.7		10229.7	720.0		
江　苏	1473.0			1473.0		
浙　江	792.0			1584.0	792.0	
安　徽	50156.7	6092.0	2308.7	113222.0	71466.0	
福　建	8010.0		3000.0	15030.0	10020.0	
江　西	30489.0	1236.0	200.0	83559.0	54506.0	
山　东	6264.0	1575.0		14427.0	9378.0	360.0
河　南	61029.6	174.6		178973.0	118118.0	
湖　北	54932.6	4089.1	5412.5	137864.0	89716.0	2717.0
湖　南	29702.9	870.0	942.6	68018.3	40128.0	
广　东	11165.8		8915.8	4500.0	2250.0	
广　西	52132.5	10635.5		108051.0	66554.0	
海　南	4655.4	300.4		7957.0	3602.0	
重　庆	48022.0	1875.0		92294.0	46147.0	
四　川	73740.8		5113.8	202599.0	133972.0	
贵　州	66098.0	12856.0		166926.0	113684.0	
云　南	36407.0			121879.0	66970.0	18502.0
西　藏						
陕　西	35903.0		3200.0	90096.0	57393.0	
甘　肃	59381.3	6092.3		155079.0	101790.0	
青　海	36523.6	38.6	9131.0	77824.0	50470.0	
宁　夏	6346.0			16148.0	9802.0	
新　疆	58323.0	2380.0		142308.0	86365.0	

单位：万元

其他民政事业费预算指标	上年结转预算指标	本级财政安排预算指标	本年上级下达预算指标	本年下达所属地方预算指标	划转平级其他部门预算指标
1705440.4	**113279.1**	**1588686.8**	**179877.0**	**175162.5**	**1240.0**
180121.7	32733.1	147388.6			
390800.8	16178.5	374622.3			
4550.4		4550.4			
34168.3	2672.2	31496.1			
58776.0	2636.6	56139.4	61.9	61.9	
17861.8	1435.5	16426.3			
14302.7	930.0	13310.6	412.1	350.0	
5504.3	1298.8	4205.5			
21944.3	409.4	21534.9			
37980.9		37881.1	199.6	99.8	
261962.1	2729.1	259233.0			
16626.5	140.8	16491.7			6.0
23987.3	3834.2	20153.1			
43537.3	7890.1	35647.2			
31904.3	1899.7	30004.6			
140880.2	5402.8	136711.4	161665.0	161665.0	1234.0
70906.4	1987.9	68918.5			
17729.5	1366.6	15510.3	1492.4	639.8	
64371.5	126.3	64245.2			
37778.9	8409.6	29369.3	12346.0	12346.0	
4379.7	1437.1	2942.6			
66605.7	3227.0	63378.7			
75346.9	9673.4	65673.5			
13842.8	3663.0	6579.8	3600.0		
5949.2	357.6	5591.6			
181.2		181.2			
44435.1	1158.8	43176.3	100.0		
7503.0	93.2	7409.8			
88.6		88.6			
1713.9	1426.1	287.8			
9699.1	161.7	9537.4			

C-1-12 民政事业费预

地 区	预算指标合计			
	2022年	2021年	增长（%）	2022年
全 国	**50799050.4**	**46285174.9**	**9.8**	**17093923.4**
中央级	220629.0	201598.6	9.4	220629.0
北 京	1677943.0	1511849.2	11.0	13208.0
天 津	574423.3	585088.0	-1.8	45550.0
河 北	1649732.4	1566204.7	5.3	664910.0
山 西	1039961.0	1024871.5	1.5	457628.0
内蒙古	1403584.7	1268791.6	10.6	565879.0
辽 宁	1425326.3	1249427.4	14.1	429546.0
吉 林	915996.5	886318.4	3.3	410114.0
黑龙江	1103879.6	991768.8	11.3	599727.0
上 海	2014076.3	1677445.6	20.1	15865.0
江 苏	2745939.4	2586291.6	6.2	175850.0
浙 江	2463816.5	1982622.3	24.3	100412.0
安 徽	2479003.8	2148523.9	15.4	791653.0
福 建	1156621.1	1049608.2	10.2	176698.0
江 西	1718274.5	1519460.0	13.1	721017.0
山 东	2710168.3	2523752.5	7.4	484943.0
河 南	2443174.7	2229600.5	9.6	900697.0
湖 北	2236775.1	2073287.2	7.9	854645.0
湖 南	1865344.2	1714550.3	8.8	847840.0
广 东	3350644.8	3088754.1	8.5	264613.0
广 西	1839063.8	1593964.5	15.4	920725.0
海 南	282375.2	243638.8	15.9	100404.0
重 庆	1267702.3	1161088.4	9.2	390086.0
四 川	3056046.1	2716222.0	12.5	1297830.0
贵 州	1719184.3	1548176.1	11.0	1060769.4
云 南	1980179.3	1894383.1	4.5	1142634.0
西 藏	243420.1	248674.3	-2.1	123290.0
陕 西	1557393.2	1476300.0	5.5	651666.0
甘 肃	1490267.0	1412028.6	5.5	1154256.0
青 海	470703.6	502694.6	-6.4	304137.0
宁 夏	428998.0	380788.2	12.7	252174.0
新 疆	1268403.0	1227401.9	3.3	954528.0

算与上年比较

单位：万元

中央安排预算指标		地方安排预算指标		
2021年	增长（%）	2022年	2021年	增长（%）
15982800.6	**7.0**	**33705127.0**	**30302374.3**	**11.2**
201598.6	9.4			
14041.0	-5.9	1664735.0	1497808.2	11.1
45589.0	-0.1	528873.3	539499.0	-2.0
644003.0	3.2	984822.4	922201.7	6.8
472681.0	-3.2	582333.0	552190.5	5.5
501689.0	12.8	837705.7	767102.6	9.2
402781.0	6.6	995780.3	846646.4	17.6
386415.0	6.1	505882.5	499903.4	1.2
575048.0	4.3	504152.6	416720.8	21.0
19653.0	-19.3	1998211.3	1657792.6	20.5
169103.0	4.0	2570089.4	2417188.6	6.3
96193.0	4.4	2363404.5	1886429.3	25.3
712278.0	11.1	1687350.8	1436245.9	17.5
177097.0	-0.2	979923.1	872511.2	12.3
662477.0	8.8	997257.5	856983.0	16.4
455557.0	6.5	2225225.3	2068195.5	7.6
857963.0	5.0	1542477.7	1371637.5	12.5
792982.0	7.8	1382130.1	1280305.2	8.0
796355.0	6.5	1017504.2	918195.3	10.8
243299.0	8.8	3086031.8	2845455.1	8.5
861906.0	6.8	918338.8	732058.5	25.4
107793.0	-6.9	181971.2	135845.8	34.0
328204.0	18.9	877616.3	832884.4	5.4
1149532.0	12.9	1758216.1	1566690.0	12.2
895202.0	18.5	658414.9	652974.1	0.8
1018432.0	12.2	837545.3	875951.1	-4.4
151522.0	-18.6	120130.1	97152.3	23.7
576932.0	13.0	905727.2	899368.0	0.7
1094114.0	5.5	336011.0	317914.6	5.7
341491.0	-10.9	166566.6	161203.6	3.3
219318.0	15.0	176824.0	161470.2	9.5
1011552.0	-5.6	313875.0	215849.9	45.4

C-1-13 民政事业费预算

地　区	全国预算安排合计	中央安排合计	全省安排合计	省级	市级
全　国	**50799050.4**	**17093923.4**	**33705127.0**	**9076760.5**	**5213756.4**
中央级	220629.0	220629.0			
北　京	1677943.0	13208.0	1664735.0	411601.2	
天　津	574423.3	45550.0	528873.3	61161.2	
河　北	1649732.4	664910.0	984822.4	235779.3	151841.9
山　西	1039961.0	457628.0	582333.0	22831.9	179297.9
内蒙古	1403584.7	565879.0	837705.7	397717.0	169725.7
辽　宁	1425326.3	429546.0	995780.3	72417.7	306964.4
吉　林	915996.5	410114.0	505882.5	138814.2	74455.6
黑龙江	1103879.6	599727.0	504152.6	80174.9	76248.4
上　海	2014076.3	15865.0	1998211.3	163757.6	
江　苏	2745939.4	175850.0	2570089.4	387950.6	393352.7
浙　江	2463816.5	100412.0	2363404.5	481817.5	273949.2
安　徽	2479003.8	791653.0	1687350.8	158623.8	265112.1
福　建	1156621.1	176698.0	979923.1	276577.0	170927.6
江　西	1718274.5	721017.0	997257.5	415027.6	67720.8
山　东	2710168.3	484943.0	2225225.3	546313.2	485446.7
河　南	2443174.7	900697.0	1542477.7	569509.9	130764.8
湖　北	2236775.1	854645.0	1382130.1	449081.4	294960.0
湖　南	1865344.2	847840.0	1017504.2	420712.4	164715.0
广　东	3350644.8	264613.0	3086031.8	987572.0	745453.5
广　西	1839063.8	920725.0	918338.8	492851.0	117253.1
海　南	282375.2	100404.0	181971.2	25481.8	50688.8
重　庆	1267702.3	390086.0	877616.3	474612.2	
四　川	3056046.1	1297830.0	1758216.1	454186.4	310043.4
贵　州	1719184.3	1060769.4	658414.9	246215.3	131438.0
云　南	1980179.3	1142634.0	837545.3	353463.1	127681.6
西　藏	243420.1	123290.0	120130.1	13323.5	28661.4
陕　西	1557393.2	651666.0	905727.2	253830.2	365047.7
甘　肃	1490267.0	1154256.0	336011.0	238085.0	45779.6
青　海	470703.6	304137.0	166566.6	63906.6	5384.8
宁　夏	428998.0	252174.0	176824.0	103739.0	21805.6
新　疆	1268403.0	954528.0	313875.0	79626.0	59036.1

指标各级安排情况表

单位：万元

县级及以下	一般公共预算财政拨款	中央安排	全省安排	省级
19414610.1	**45820187.2**	**15541316.4**	**30278870.8**	**7833229.1**
	72990.4	72990.4		
1253133.8	1234058.7	10408.0	1223650.7	341538.6
467712.1	544179.5	41582.0	502597.5	51129.6
597201.2	1495351.3	617851.0	877500.3	201469.8
380203.2	900045.7	418359.0	481686.7	11010.9
270263.0	1300595.4	523159.0	777436.4	353874.0
616398.2	1279646.1	387582.0	892064.1	38097.6
292612.7	856888.9	370361.0	486527.9	130388.2
347729.3	1027709.9	555540.0	472169.9	66549.5
1834453.7	1924865.5	13933.0	1910932.5	126676.9
1788786.1	2616239.5	155887.0	2460352.5	385150.6
1607637.8	2023659.5	85930.0	1937729.5	387210.3
1263614.9	2322399.3	711065.0	1611334.3	138708.5
532418.5	1029601.1	161803.0	867798.1	248539.5
514509.1	1600952.7	666701.0	934251.7	398267.6
1193465.4	2532628.7	452286.0	2080342.7	500843.2
842203.0	2102410.5	788795.0	1313615.5	375820.1
638088.7	1988111.9	775274.0	1212837.9	408178.4
432076.8	1705270.3	791324.0	913946.3	326756.5
1353006.3	3081485.7	230187.0	2851298.7	979542.4
308234.7	1695444.3	856627.0	838817.3	440378.0
105800.6	267761.7	93660.0	174101.7	22481.8
403004.1	1105358.0	335170.0	770188.0	401169.1
993986.3	2793184.1	1198509.0	1594675.1	386207.4
280761.6	1573193.3	976043.0	597150.3	197099.9
356400.6	1832035.7	1071151.0	760884.7	316080.1
78145.2	212342.5	97294.0	115048.5	9111.3
286849.3	1376006.5	607848.0	768158.5	198788.2
52146.4	1379034.6	1088205.0	290829.6	206549.0
97275.2	408182.1	273144.0	135038.1	41407.1
51279.4	399594.9	241917.0	157677.9	85459.0
175212.9	1138958.9	870731.0	268227.9	58746.0

C-1-13续表1

地 区	市级	县级及以下	彩票公益金	中央安排
全 国	**4328951.4**	**18116690.3**	**2475969.5**	**559915.4**
中央级			250.0	250.0
北 京		882112.1	69262.0	2800.0
天 津		451467.9	24383.4	2658.0
河 北	113968.6	562061.9	91110.1	20077.0
山 西	143246.9	327428.9	54735.9	10229.0
内蒙古	157693.9	265868.5	55391.0	11548.0
辽 宁	266534.9	587431.6	95637.6	15018.0
吉 林	68281.6	287858.1	24059.7	8476.0
黑龙江	72081.9	333538.5	43643.2	17966.0
上 海		1784255.6	56726.2	1212.0
江 苏	340269.4	1734932.5	90345.8	18490.0
浙 江	149865.1	1400654.1	180132.0	13690.0
安 徽	238280.1	1234345.7	94464.1	37248.0
福 建	143163.8	476094.8	98856.9	9885.0
江 西	60433.9	475550.2	52421.6	25263.0
山 东	404145.0	1175354.5	142486.0	27608.0
河 南	115790.7	822004.7	143197.8	51047.0
湖 北	229975.1	574684.4	126184.2	31223.0
湖 南	163431.3	423758.5	116665.0	29560.0
广 东	591348.9	1280407.4	193748.1	32176.0
广 西	109562.0	288877.3	72753.2	22601.0
海 南	49968.7	101651.2	8068.9	3142.0
重 庆		369018.9	52818.6	8769.0
四 川	258656.5	949811.2	122097.7	29344.0
贵 州	126703.6	273346.8	82569.2	27884.4
云 南	98949.7	345854.9	87643.0	16574.0
西 藏	28485.9	77451.3	30896.4	25996.0
陕 西	293118.2	276252.1	102207.4	11015.0
甘 肃	39272.3	45008.3	50533.6	12762.0
青 海	498.8	93132.2	25947.9	3639.0
宁 夏	21056.2	51162.7	22769.3	3911.0
新 疆	44168.4	165313.5	63963.7	27854.0

单位：万元

全省安排	省级	市级	县级及以下
1916054.1	**916613.5**	**563688.1**	**435752.5**
66462.0	57615.0		8847.0
21725.4	10031.6		11693.8
71033.1	34309.5	17764.5	18959.1
44506.9	1961.6	35324.2	7221.1
43843.0	43843.0		
80619.6	24534.1	27142.2	28943.3
15583.7	8426.0	5403.1	1754.6
25677.2	11536.4	3649.4	10491.4
55514.2	10154.2		45360.0
71855.8	2800.0	32538.6	36517.2
166442.0	75001.0	49845.6	41595.4
57216.1	19570.1	23602.6	14043.4
88971.9	27247.8	20047.6	41676.5
27158.6	16760.0	7286.9	3111.7
114878.0	45470.0	58973.5	10434.5
92150.8	87160.0	2584.3	2406.5
94961.2	36566.0	36046.3	22348.9
87105.0	82932.2		4172.8
161572.1	8029.6	99487.9	54054.6
50152.2	46300.0	2250.8	1601.4
4926.9	3000.0	475.1	1451.8
44049.6	17399.5		26650.1
92753.7	29317.3	42860.2	20576.2
54684.8	49115.4	4724.1	845.3
71069.0	37383.0	28376.6	5309.4
4900.4	4212.2		688.2
91192.4	40613.5	45025.4	5553.5
37771.6	31536.0	2249.4	3986.2
22308.9	14628.5	4886.0	2794.4
18858.3	18280.0	578.3	
36109.7	20880.0	12565.5	2664.2

C-1-13续表2

地区	预算内投资资金	中央安排	全省安排	省级	市级	县级及以下
全国	**914206.9**	**845303.0**	**68903.9**	**35857.0**	**9791.5**	**23255.4**
中央级						
北京						
天津	1310.0	1310.0				
河北	31774.9	26982.0	4792.9			4792.9
山西	29040.0	29040.0				
内蒙古	31172.0	31172.0				
辽宁	36732.0	26946.0	9786.0	9786.0		
吉林	35047.9	31277.0	3770.9		770.9	3000.0
黑龙江	28321.0	26221.0	2100.0		300.0	1800.0
上海	10949.7	720.0	10229.7	10000.0		229.7
江苏	1473.0	1473.0				
浙江	792.0	792.0				
安徽	45648.7	43340.0	2308.7			2308.7
福建	8010.0	5010.0	3000.0			3000.0
江西	29253.0	29053.0	200.0			200.0
山东	5049.0	5049.0				
河南	60855.0	60855.0				
湖北	53560.5	48148.0	5412.5			5412.5
湖南	27898.6	26956.0	942.6		300.0	642.6
广东	11165.8	2250.0	8915.8		8412.8	503.0
广西	41497.0	41497.0				
海南	3602.0	3602.0				
重庆	46147.0	46147.0				
四川	75090.8	69977.0	5113.8	5000.0	7.8	106.0
贵州	56842.0	56842.0				
云南	54909.0	54909.0				
西藏						
陕西	36003.0	32803.0	3200.0	3200.0		
甘肃	53289.0	53289.0				
青海	36485.0	27354.0	9131.0	7871.0		1260.0
宁夏	6346.0	6346.0				
新疆	55943.0	55943.0				

单位：万元

其他民政事业费支出	中央安排	全省安排	省级	市级
1588686.8	**147388.6**	**1441298.2**	**291060.9**	**311325.4**
147388.6	147388.6			
374622.3		374622.3	12447.6	
4550.4		4550.4		
31496.1		31496.1		20108.8
56139.4		56139.4	9859.4	726.8
16426.3		16426.3		12031.8
13310.6		13310.6		13287.3
4205.5		4205.5	2089.0	217.1
21534.9		21534.9	16926.5	
37881.1		37881.1		20544.7
259233.0		259233.0	19606.2	74238.5
16491.7		16491.7	345.2	3229.4
20153.1		20153.1	789.7	7716.2
35647.2		35647.2		
30004.6		30004.6		22328.2
136711.4		136711.4	106529.8	12389.8
68918.5		68918.5	4337.0	28938.6
15510.3		15510.3	11023.7	983.7
64245.2		64245.2		46203.9
29369.3		29369.3	6173.0	5440.3
2942.6		2942.6		245.0
63378.7		63378.7	56043.6	
65673.5		65673.5	33661.7	8518.9
6579.8		6579.8		10.3
5591.6		5591.6		355.3
181.2		181.2		175.5
43176.3		43176.3	11228.5	26904.1
7409.8		7409.8		4257.9
88.6		88.6		
287.8		287.8		171.1
9537.4		9537.4		2302.2

C-1-14 民政事业费

地 区	民政事业费实际支出	社会福利	儿童福利	集中养育孤儿生活补助	社会散居孤儿生活补助	事实无人抚养儿童基本生活保障支出
全 国	**50903809.6**	**15827010.1**	**994953.4**	**127890.4**	**185751.5**	**457626.4**
中央级	220310.8					
北 京	1819331.2	1156240.2	28170.1	4313.8	695.0	2457.4
天 津	638218.7	174656.4	14223.2	3409.1	395.2	2271.7
河 北	1618368.9	470483.2	24485.2	3436.0	5644.8	13016.5
山 西	1325410.9	329321.5	17367.1	3702.6	3190.7	8022.8
内蒙古	1387242.6	324663.6	12766.4	1461.1	2208.1	6506.5
辽 宁	1318689.9	238177.8	14977.2	1874.0	4361.3	5864.0
吉 林	904275.6	197586.0	7609.7	1767.3	2967.3	2223.6
黑龙江	1093610.1	211283.3	11194.4	1828.4	4251.9	3889.9
上 海	2087868.4	1105079.1	9618.3	2590.9	512.7	1694.9
江 苏	2813882.4	1547744.9	89400.7	7570.5	7116.3	32684.4
浙 江	2424988.2	1120676.7	62070.7	5531.3	2784.1	16912.0
安 徽	2446945.0	636173.5	44663.9	3747.7	5628.4	31306.2
福 建	1152313.8	415784.7	25932.2	2285.0	3126.7	18162.9
江 西	1711855.5	395074.9	27885.4	2432.0	4171.8	18379.8
山 东	2742618.5	894170.8	82571.1	4570.4	13643.7	43629.8
河 南	2366254.1	694565.4	58461.3	7451.1	16428.0	29082.8
湖 北	2210302.4	616333.6	32743.8	5426.2	6195.0	18634.6
湖 南	1893264.5	469633.6	41909.9	4931.0	11618.2	20778.4
广 东	3541215.8	1434152.1	82346.6	17866.0	12172.2	42974.5
广 西	1803658.2	382243.3	38701.0	2893.6	9998.7	22270.6
海 南	260908.9	77592.5	8091.3	785.6	1684.4	1651.5
重 庆	1230563.0	262832.0	13716.5	1306.0	3385.1	7041.2
四 川	3094372.2	958236.4	65988.5	4436.5	23787.5	31081.2
贵 州	1579465.4	286214.9	44579.1	3527.8	11130.0	25336.4
云 南	1874895.0	373773.9	43524.0	5299.5	13035.9	21072.1
西 藏	267351.6	61283.8	7601.1	3588.4	1367.0	1364.4
陕 西	1480424.9	310049.8	17913.0	3682.2	3447.1	6470.8
甘 肃	1446509.2	236970.5	28256.3	2915.6	5932.4	16804.2
青 海	469608.7	109273.9	5029.7	508.9	1820.0	1320.1
宁 夏	414398.7	86665.1	8270.2	603.3	1777.8	4067.0
新 疆	1264686.5	250072.7	24885.5	12148.6	1274.2	654.2

支出情况

单位：万元

其他儿童福利	老年福利	高龄补贴	护理补贴	养老服务补贴	综合补贴	其他老年福利支出
223685.1	**4230474.9**	**2725950.5**	**277346.1**	**335288.5**	**122889.5**	**769000.3**
20703.9	332305.7	116825.6	184166.9	10530.7	1295.5	19487.0
8147.2	35694.3	4434.1			9762.0	21498.2
2387.9	113695.7	68243.3	6874.2	14213.6	56.0	24308.6
2451.0	33225.5	12465.4	3164.7	1130.2	44.7	16420.5
2590.7	106595.0	79736.8		7231.4	3380.7	16246.1
2877.9	47568.1	34550.3	4603.7	2617.9	1148.2	4648.0
651.5	26051.3	15134.4	854.6	1638.3	1354.5	7069.5
1224.2	41812.4	25102.9	2591.6	165.8	308.1	13644.0
4819.8	766382.3	667724.4	1483.4	30935.0	6.6	66232.9
42029.5	421846.1	256284.2	21861.2	74156.4	5829.5	63714.8
36843.3	178453.9	59204.0	2733.8	44815.5	4047.6	67653.0
3981.6	186756.6	101791.5	9667.7	42965.0	694.2	31638.2
2357.6	98276.3	47950.5	873.6	16023.6	216.7	33211.9
2901.8	141708.4	85536.5	6775.8	7558.2	1114.4	40723.5
20727.2	122516.3				88734.3	33782.0
5499.4	241898.6	180368.0	2344.9	1010.2	654.0	57521.5
2488.0	152290.5	119612.1	7957.6	12044.4		12676.4
4582.3	92592.3	60937.6		9123.9	14.3	22516.5
9333.9	310531.4	246335.1	3497.0	19840.4	532.9	40326.0
3538.1	101993.0	82870.3		713.4	6.7	18402.6
3969.8	26396.4	23443.4	948.8	529.0	127.2	1348.0
1984.2	53295.7	24619.9	8596.8	11464.0	129.6	8485.4
6683.3	227574.9	162435.7		11336.0	215.5	53587.7
4584.9	76850.6	58781.7	306.6	202.9	20.0	17539.4
4116.5	90331.5	71564.8	666.6	498.3	874.3	16727.5
1281.3	4628.0	1280.8	472.4	5.4		2869.4
4312.9	31599.3	18336.4	373.9	205.4		12683.6
2604.1	27962.2	432.9	4377.7	7884.4	1626.2	13641.0
1380.7	59844.1	40959.0	1682.3	6331.8		10871.0
1822.1	23182.9	16921.6	450.0	94.9	427.4	5289.0
10808.5	56615.6	42067.3	20.3	22.5	268.4	14237.1

C-1-14续表1

地区	养老服务	养老机构建设补助资金	养老机构运营补助资金	其他养老服务支出	残疾人福利	困难残疾人生活补贴
全 国	**1700788.1**	**745800.4**	**458012.6**	**496975.1**	**4122800.0**	**1882878.7**
中央级						
北 京	91997.3	3296.7	58062.7	30637.9	101445.9	78493.4
天 津	5123.3	2302.1	1300.7	1520.5	49070.0	15521.2
河 北	56257.2	23460.0	22338.0	10459.2	106863.4	49928.7
山 西	43400.4	28195.8	7479.9	7724.7	65500.9	21849.5
内蒙古	26647.3	8420.3	7281.2	10945.8	75085.5	38779.0
辽 宁	27963.3	9278.0	11045.9	7639.4	78924.0	34047.0
吉 林	12572.3	3003.4	4799.2	4769.7	57475.8	26995.9
黑龙江	15305.2	3072.0	4572.5	7660.7	68893.7	27808.7
上 海	76448.4	16433.2	29842.9	30172.3	100234.0	38419.8
江 苏	139902.1	54736.6	29962.3	55203.2	576083.8	465573.3
浙 江	232245.2	113315.3	65230.6	53699.3	293341.9	109525.4
安 徽	78895.3	22594.7	23287.0	33013.6	183493.2	89344.9
福 建	49640.1	20062.3	18173.5	11404.3	119732.8	57915.9
江 西	38570.9	22474.8	5435.5	10660.6	93977.3	45989.1
山 东	135600.6	35697.4	46542.9	53360.3	351441.8	123930.0
河 南	68184.4	35142.1	8920.4	24121.9	206653.0	71848.3
湖 北	73975.0	37691.5	20903.4	15380.1	130828.8	45300.4
湖 南	48828.1	23209.3	14105.5	11513.3	145899.6	62182.1
广 东	68536.7	25173.8	18878.8	24484.1	486598.9	103809.4
广 西	13451.1	8265.0	1116.9	4069.2	105937.4	44586.4
海 南	2393.6	1009.7	780.9	603.0	27411.8	6312.0
重 庆	49288.9	31016.3	8584.0	9688.6	50056.4	18486.4
四 川	139360.7	82231.4	17670.1	39459.2	210199.3	105526.8
贵 州	22142.2	19425.8	871.0	1845.4	46624.3	15239.8
云 南	40333.0	25658.3	5871.7	8803.0	90441.4	44566.7
西 藏	11749.8	7522.7	1644.2	2582.9	21289.5	9868.3
陕 西	38590.1	18286.4	11557.1	8746.6	94250.7	47498.8
甘 肃	50265.6	34269.3	7679.2	8317.1	76995.4	35008.1
青 海	9984.9	6096.3	545.3	3343.3	17350.7	8412.5
宁 夏	10237.4	8635.4	631.0	971.0	29776.6	14290.2
新 疆	22897.7	15824.5	2898.3	4174.9	60922.2	25820.7

单位：万元

重度残疾人护理补贴	康复辅具	其他残疾人福利	殡葬	殡仪馆（火葬场）经费	其他殡葬类单位经费
2071078.9	**17851.5**	**150990.9**	**1694414.0**	**1183109.0**	**511305.0**
17143.9	2543.3	3265.3	81145.5	62845.2	18300.3
31009.0	1482.4	1057.4	48158.9	29606.0	18552.9
55731.4	17.0	1186.3	82489.3	62101.8	20387.5
43436.3		215.1	98674.4	75702.1	22972.3
35939.7	50.0	316.8	30996.5	23334.6	7661.9
39078.3	207.9	5590.8	35875.9	28915.9	6960.0
30240.5	105.4	134.0	35982.4	32825.3	3157.1
40459.3		625.7	24007.2	13843.7	10163.5
48361.7	202.0	13250.5	2760.1	2048.1	712.0
101179.5	39.3	9291.7	120245.9	95044.9	25201.0
179039.0		4777.5	161007.6	103877.8	57129.8
91112.7	498.7	2536.9	76216.5	58964.7	17251.8
60666.1	585.3	565.5	57504.1	39322.4	18181.7
40267.4	46.0	7674.8	33926.1	22288.9	11637.2
223736.9	311.6	3463.3	92988.1	67859.5	25128.6
93322.9	130.0	41351.8	43520.2	32300.3	11219.9
82979.0		2549.4	102034.0	73960.8	28073.2
79001.3	471.9	4244.3	56422.6	41039.2	15383.4
362634.8	557.2	19597.5	183638.4	105073.5	78564.9
58705.5	1779.3	866.2	35200.6	29863.7	5336.9
20947.8		152.0	3411.6		3411.6
26101.8	2566.5	2901.7	29796.3	25774.6	4021.7
96802.5	1325.3	6544.7	80961.1	64114.0	16847.1
30454.6	65.6	864.3	29933.8	11273.3	18660.5
40947.3	2619.4	2308.0	36730.5	7949.4	28781.1
8180.4	174.2	3066.6	1456.2	1308.8	147.4
43990.1	431.0	2330.8	38907.3	30451.7	8455.6
38509.5	898.0	2579.8	23649.8	20279.0	3370.8
8380.2	340.2	217.8	7671.5	588.4	7083.1
13611.6	4.0	1870.8	2263.4	543.2	1720.2
29107.9	400.0	5593.6	36838.2	20008.2	16830.0

C-1-14续表2

地　区	社会福利事业单位	社会福利院经费	儿童福利院经费	精神病人福利院经费
全　国	**2121448.5**	**765494.8**	**250689.2**	**427802.5**
中央级				
北　京	68555.1	42668.9	6540.5	169.7
天　津	21409.7	2936.7	572.5	11152.9
河　北	61028.9	17332.3	2441.0	7191.1
山　西	57575.2	16366.3	9715.9	16141.1
内蒙古	45976.5	14275.0	5103.4	16407.5
辽　宁	26975.2	9932.9	2103.3	
吉　林	47956.0	20790.0	1703.8	16850.6
黑龙江	49130.2	17046.4	4588.1	14431.9
上　海	133816.8	48062.6	15669.9	34329.9
江　苏	153279.7	65819.0	16112.0	49392.4
浙　江	140489.6	58976.7	18161.9	27060.4
安　徽	52005.1	16841.8	10675.5	190.7
福　建	54495.3	17147.5	5982.2	21252.4
江　西	44252.4	12670.4	2331.8	635.0
山　东	65220.8	20389.8	11852.8	
河　南	60552.9	17405.2	7824.3	6859.3
湖　北	107922.9	61986.4	9457.1	1852.2
湖　南	76251.7	26683.7	5062.7	21909.6
广　东	265435.7	83359.7	21163.1	31265.8
广　西	75045.8	18812.1	10310.1	30502.2
海　南	4353.5	2518.9	40.3	
重　庆	50049.5	18996.3	7781.1	17863.8
四　川	195430.3	53442.9	14785.5	74274.1
贵　州	45578.4	10162.0	8454.2	12798.2
云　南	45352.7	12599.4	5665.4	5607.3
西　藏	11524.8	3236.5	6932.1	
陕　西	80000.3	36910.1	19876.4	1230.9
甘　肃	21515.7	7381.3	6299.2	2412.9
青　海	6511.4	5683.8	234.7	342.9
宁　夏	11912.5	8190.7	3254.0	67.6
新　疆	41843.9	16869.5	9994.4	5610.1

单位：万元

补贴安置农场经费	流浪乞讨人员救助管理机构经费	未成年人救助保护机构经费	其他社会福利单位	其他社会福利支出
11058.4	**178651.3**	**32972.5**	**454779.8**	**962131.2**
	4516.6		14659.4	452620.6
	1656.8	0.6	5090.2	977.0
	3965.0	706.7	29392.8	25663.5
	2632.6	926.3	11793.0	13578.0
	3624.5	359.8	6206.3	26596.4
180.0	2253.4	5.1	12500.5	5894.1
	3914.8	1.0	4695.8	9938.5
2924.6	1616.0	277.2	8246.0	940.2
	17329.3		18425.1	15819.2
	7640.3	770.7	13545.3	46986.6
	16087.5	1535.1	18668.0	53067.8
148.8	5155.5	1885.8	17107.0	14142.9
758.8	2908.7	261.2	6184.5	10203.9
	4552.3	1836.1	22226.8	14754.4
150.2	6826.6	1178.0	24823.4	43832.1
	8244.3	2364.2	17855.6	15295.0
	10116.2	402.2	24108.8	16538.6
10.0	5491.2	557.0	16537.5	7729.4
	31683.0	8011.6	89952.5	37064.4
432.1	4791.6	198.4	9999.3	11914.4
	65.2	86.3	1642.8	5534.3
	3115.7	418.2	1874.4	16628.7
	12117.1	3507.4	37303.3	38721.6
3287.1	2907.3	292.6	7677.0	20506.5
2436.4	5495.2	2706.0	10843.0	27060.8
	393.1		963.1	3034.4
610.3	6771.6	1769.9	12831.1	8789.1
120.1	826.4	796.1	3679.7	8325.5
	56.0		194.0	2881.6
	265.2		135.0	1022.1
	1632.3	2119.0	5618.6	6069.6

C−1−14续表3

地　区	社会救助	最低生活保障	城市最低生活保障	城市最低生活保障金	城市最低生活保障对象临时补贴
全　国	**27079399.5**	**19469310.4**	**4832840.3**	**4614717.8**	**210947.2**
中央级					
北　京	266469.1	181624.1	120416.8	113510.1	6906.7
天　津	237948.5	172749.6	99002.7	93103.0	5808.4
河　北	923315.4	641938.7	84801.2	80773.0	3968.2
山　西	776836.5	568486.1	124795.5	121597.8	2866.7
内蒙古	905931.0	740247.8	188583.1	184919.7	3663.4
辽　宁	721872.4	539067.1	228767.9	214221.7	14504.5
吉　林	562425.4	446191.6	236571.9	229802.1	6769.8
黑龙江	775648.5	623930.8	321190.9	317124.7	3083.7
上　海	587898.1	266935.2	226420.2	207849.8	18570.4
江　苏	837361.9	470402.2	80327.7	76744.7	3515.2
浙　江	783645.9	614780.3	67620.3	61140.5	6094.2
安　徽	1622250.0	1223555.6	216091.2	204640.2	10652.0
福　建	543175.6	358118.7	51458.0	47757.3	3700.7
江　西	1120054.2	925887.4	202052.9	194613.7	6982.2
山　东	1463687.5	897908.4	90383.6	82546.4	6890.4
河　南	1415558.2	958447.1	148949.0	140567.0	8254.9
湖　北	1257863.0	823871.6	195920.7	162458.8	33456.0
湖　南	1112714.5	695338.1	197350.9	186241.5	11109.4
广　东	1255115.9	831586.2	150281.5	144275.8	3952.2
广　西	1152689.6	887317.2	184743.3	180175.1	4299.3
海　南	131684.5	93781.7	20372.6	20246.1	126.5
重　庆	782584.8	500533.8	169674.0	158143.8	11364.1
四　川	1786787.5	1291086.9	241960.5	236437.5	5523.0
贵　州	1132068.1	951990.8	317728.2	310485.1	7239.2
云　南	1278714.7	1033051.7	210967.7	208818.1	2092.1
西　藏	106349.3	55885.9	22300.6	22201.7	31.0
陕　西	919872.5	714468.1	135982.0	127380.9	8463.1
甘　肃	1117837.7	750809.6	224867.1	221454.6	3412.5
青　海	305838.1	223299.0	63463.8	61100.2	2363.6
宁　夏	259771.2	230672.5	51686.9	48130.6	3543.6
新　疆	935429.9	755346.6	158107.6	156256.3	1740.2

单位：万元

农村最低生活保障	农村最低生活保障金	农村最低生活保障对象临时补贴	临时救助合计	临时救助	流浪乞讨人员救助
14636470.1	**13966388.6**	**625857.9**	**1433349.6**	**1199642.1**	**233707.5**
61207.3	58039.0	2965.3	12274.4	2242.8	10031.6
73746.9	65455.6	3205.0	30379.3	27045.3	3334.0
557137.5	526950.2	29946.4	34151.6	25212.2	8939.4
443690.6	433459.6	9006.7	32126.2	26229.1	5897.1
551664.7	541161.7	9820.8	33354.6	31168.3	2186.3
310299.2	294393.5	15738.7	12968.6	10342.1	2626.5
209619.7	198660.3	10959.4	18042.0	16051.3	1990.7
302739.9	297409.2	5330.7	22515.8	19785.0	2730.8
40515.0	36190.8	4324.2	8563.0	1458.0	7105.0
390074.5	371229.8	17124.7	50118.7	21148.5	28970.2
547160.0	496702.3	46372.5	35059.7	25635.0	9424.7
1007464.4	965500.6	41069.2	30971.9	22539.9	8432.0
306660.7	295076.5	11214.7	46303.6	37504.2	8799.4
723834.5	700208.8	20655.7	36540.2	28235.5	8304.7
807524.8	752499.3	44477.6	37278.7	28381.8	8896.9
809498.1	755655.7	53732.9	27956.0	20081.7	7874.3
627950.9	519098.7	108852.2	54630.8	41249.4	13381.4
497987.2	469739.9	28247.3	82447.8	64938.0	17509.8
681304.7	652598.1	14448.9	51615.1	20215.7	31399.4
702573.9	686756.3	15562.1	32009.0	25301.3	6707.7
73409.1	72771.4	637.7	8819.2	6375.5	2443.7
330859.8	310229.4	20461.4	40608.7	37636.5	2972.2
1049126.4	1024330.8	24795.6	60826.0	51116.5	9709.5
634262.6	625229.5	9018.6	38187.3	34097.5	4089.8
822084.0	811920.3	10111.2	76534.8	71960.7	4574.1
33585.3	33140.3	41.9	29289.4	27991.1	1298.3
578486.1	551072.7	26856.0	66553.7	59803.3	6750.4
525942.5	511699.7	14242.8	217691.7	213767.4	3924.3
159835.2	155522.1	4313.1	48126.7	47690.3	436.4
178985.6	165060.6	13925.0	17035.6	16655.4	380.2
597239.0	588625.9	8399.6	140369.5	137782.8	2586.7

C−1−14续表4

地　区	特困人员救助供养	城市特困人员救助供养	城市特困人员救助供养金	城市特困人员临时补贴	农村特困人员救助供养
全　国	**5329629.4**	**558950.1**	**530181.7**	**28768.4**	**4770679.3**
中央级					
北　京	24691.3	6616.5	6304.7	311.8	18074.8
天　津	27770.4	5629.3	5271.4	357.9	22141.1
河　北	232039.6	7147.0	6987.5	159.5	224892.6
山　西	132510.7	5025.2	4977.0	48.2	127485.5
内蒙古	118184.5	26953.9	25856.5	1097.4	91230.6
辽　宁	158977.1	20479.5	20078.2	401.3	138497.6
吉　林	86234.3	14123.4	13840.8	282.6	72110.9
黑龙江	123583.5	24178.5	23942.4	236.1	99405.0
上　海	14816.4	9118.2	8934.6	183.6	5698.2
江　苏	263402.4	13654.2	13449.0	205.2	249748.2
浙　江	80852.7	8524.3	8151.4	372.9	72328.4
安　徽	354178.7	16063.6	15656.9	406.7	338115.1
福　建	123955.7	15103.3	14804.1	299.2	108852.4
江　西	148695.9	15921.9	15450.9	471.0	132774.0
山　东	513872.6	11024.8	10530.7	494.1	502847.8
河　南	414977.3	14730.0	14479.1	250.9	400247.3
湖　北	360254.0	30309.0	27097.2	3211.8	329945.0
湖　南	322504.4	24370.5	23788.9	581.6	298133.9
广　东	345505.1	42496.2	41707.9	788.3	303008.9
广　西	221466.5	33848.2	25880.3	7967.9	187618.3
海　南	28843.9	5871.2	3795.3	2075.9	22972.7
重　庆	209259.2	95280.0	91537.3	3742.7	113979.2
四　川	396331.5	47210.4	46516.1	694.3	349121.1
贵　州	137709.7	12094.2	12058.7	35.5	125615.5
云　南	159520.8	19445.3	16997.7	2447.6	140075.5
西　藏	20297.9	1991.1	1989.4	1.7	18306.8
陕　西	134116.7	7125.1	6659.5	465.6	126991.6
甘　肃	104844.6	9904.2	9055.3	848.9	94940.4
青　海	29431.9	3629.6	3518.3	111.3	25802.3
宁　夏	11187.8	1404.8	1271.6	133.2	9783.0
新　疆	29612.3	9676.7	9593.0	83.7	19935.6

单位：万元

农村特困人员救助供养金	农村特困人员临时补贴	其他社会救助	其他城市生活救助（含传统救济）	其他农村生活救助（含传统救济）
4609149.7	**161529.6**	**847110.1**	**497220.6**	**349889.5**
17089.2	985.6	47879.3	44663.4	3215.9
21112.6	1028.5	7049.2	3206.2	3843.0
217636.4	7256.2	15185.5	4012.3	11173.2
125637.7	1847.8	43713.5	6591.1	37122.4
90469.8	760.8	14144.1	7218.0	6926.1
132300.9	6196.7	10859.6	6733.8	4125.8
69381.1	2729.8	11957.5	10441.2	1516.3
97862.2	1542.8	5618.4	1113.8	4504.6
4563.4	1134.8	297583.5	285688.1	11895.4
243747.3	6000.9	53438.6	24710.3	28728.3
69602.5	2725.9	52953.2	11407.4	41545.8
328368.5	9746.6	13543.8	3395.3	10148.5
107381.5	1470.9	14797.6	1621.0	13176.6
129490.8	3283.2	8930.7	5047.5	3883.2
473614.4	29233.4	14627.8	2692.8	11935.0
390522.8	9724.5	14177.8	2122.9	12054.9
286024.7	43920.3	19106.6	6678.8	12427.8
291618.2	6515.7	12424.2	2772.1	9652.1
300119.2	2889.7	26409.5	12803.6	13605.9
184334.1	3284.2	11896.9	894.4	11002.5
22859.4	113.3	239.7	36.4	203.3
109699.9	4279.3	32183.1	20946.8	11236.3
345421.7	3699.4	38543.1	8208.0	30335.1
124687.4	928.1	4180.3	572.6	3607.7
139525.8	549.7	9607.4	1548.9	8058.5
18198.8	108.0	876.1	185.9	690.2
119582.4	7409.2	4734.0	1135.8	3598.2
93700.7	1239.7	44491.8	11535.2	32956.6
25427.2	375.1	4980.5	330.3	4650.2
9424.2	358.8	875.3	873.0	2.3
19744.9	190.7	10101.5	8033.7	2067.8

C－1－14续表5

地 区	民政管理事务	行政运行	一般行政管理事务	机关服务	社会组织管理
全 国	**5359908.7**	**1482884.6**	**310642.4**	**44804.6**	**118961.3**
中央级	43384.9	8456.0	6476.0	2832.7	5741.5
北 京	185613.6	55200.6	40391.3	1961.9	6505.7
天 津	198063.8	17162.8	1530.9		1717.5
河 北	191193.9	99294.5	12580.4	1028.7	1447.2
山 西	114053.0	28624.9	8241.7	874.6	536.4
内蒙古	89221.9	32788.8	6297.2	1413.9	822.6
辽 宁	302488.5	27016.0	8609.0	1505.1	587.4
吉 林	102627.4	28528.2	3812.3	1228.0	563.5
黑龙江	86583.7	25579.7	4378.3	797.0	315.8
上 海	271161.2	29140.8	8132.1		8608.8
江 苏	259847.3	92772.6	16239.8	1015.3	10593.1
浙 江	415129.8	87954.2	20432.6	2641.9	21209.9
安 徽	137377.9	40067.8	13658.3	2303.8	4154.0
福 建	121514.9	34690.7	4510.4	970.4	2290.5
江 西	175904.1	47074.1	12361.9	1531.1	2771.8
山 东	315770.0	97705.1	6621.5	1033.6	3704.8
河 南	140861.3	61157.0	13906.2	4548.0	1611.5
湖 北	275080.8	61553.8	22739.8	1481.9	7320.7
湖 南	209616.7	73426.9	22179.6	1750.5	4124.5
广 东	553273.1	124523.2	17718.7	1682.7	19339.9
广 西	103210.9	37498.3	4673.9	774.3	1501.4
海 南	32511.2	6832.5	3302.1	248.6	918.5
重 庆	136134.8	30110.5	1930.0	449.1	1202.0
四 川	207057.0	79830.3	10317.6	6019.9	6063.9
贵 州	112693.9	57865.4	4680.0	214.5	395.6
云 南	141142.2	53386.2	8609.6	1986.9	1578.5
西 藏	60110.5	32390.8	2478.5	1280.1	61.7
陕 西	201499.4	33276.7	8841.6	1168.6	1190.4
甘 肃	49299.1	23619.7	6245.2	1055.6	281.0
青 海	31932.1	11411.6	1368.9	316.4	647.7
宁 夏	41991.0	14802.7	3604.6	17.7	603.3
新 疆	53558.8	29142.2	3772.4	671.8	550.2

单位：万元

行政区划和地名管理	基层政权建设和社区治理	其他民政管理事务	行政事业单位养老支出	其他
62576.5	**1646120.0**	**1693919.3**	**415509.0**	**2221982.3**
604.1	206.1	19068.5	6503.0	170422.9
330.6	10693.5	70530.0	28964.2	182044.1
	143778.3	33874.3	6497.0	21053.0
3923.7	25463.8	47455.6	23667.9	9708.5
1943.8	36556.0	37275.6	8395.5	96804.4
1288.3	10139.4	36471.7	10087.1	57339.0
830.5	195916.3	68024.2	10668.5	45482.7
553.8	46081.7	21859.9	3945.0	37691.8
1231.6	24836.9	29444.4	9796.7	10297.9
106.7	5871.6	219301.2	8375.7	115354.3
2456.9	76409.8	60359.8	38690.1	130238.2
6998.7	150688.8	125203.7	24915.7	80620.1
1613.2	31256.9	44323.9	11921.7	39221.9
2231.4	34363.3	42458.2	16693.1	55145.5
3360.9	44175.1	64629.2	4034.5	16787.8
2772.2	154830.1	49102.7	16481.4	52508.8
2408.2	20227.4	37003.0	15959.0	99310.2
3858.3	121806.4	56319.9	11645.5	49379.5
2471.6	61779.0	43884.6	8372.1	92927.6
3779.3	191643.7	194585.6	58294.9	240379.8
1511.4	12955.0	44296.6	9305.9	156208.5
861.3	2248.8	18099.4	1643.5	17477.2
1266.1	68189.5	32987.6	12023.2	36988.2
6656.1	28066.1	70103.1	27003.1	115288.2
1070.2	20021.5	28446.7	7738.6	40749.9
725.6	9894.9	64960.5	11018.9	70245.3
176.2	1188.2	22535.0	4029.7	35578.3
5122.8	101720.5	50178.8	4788.9	44214.3
870.0	2151.1	15076.5	3394.2	39007.7
89.6	3242.0	14855.9	1772.0	20792.6
854.2	6599.6	15508.9	4361.9	21609.5
609.2	3118.7	15694.3	4520.5	21104.6

C-1-15 民政事业费

地 区	集中养育孤儿支出水平	社会散居孤儿支出水平	困难残疾人生活补贴支出水平	重度残疾人护理补贴支出水平
全 国	**27186.4**	**16801.0**	**1597.7**	**1340.1**
北 京	46285.4	42638.0	6798.6	1838.5
天 津	93144.8	24855.4	3299.0	2222.2
河 北	22679.9	16830.1	935.1	756.3
山 西	19284.4	13890.7	855.7	1114.2
内蒙古	22004.5	18143.8	1195.3	1191.7
辽 宁	12074.7	24501.7	1181.1	933.4
吉 林	13774.8	15446.6	967.2	917.8
黑龙江	27703.0	20501.0	867.5	1138.5
上 海	26600.6	47472.2	4604.1	2275.7
江 苏	37890.4	23000.3	6846.7	1510.8
浙 江	42712.7	25518.8	3728.3	2687.4
安 徽	24070.0	15708.6	986.6	997.4
福 建	24256.9	23421.0	1588.8	1451.7
江 西	20575.3	15175.7	951.3	879.0
山 东	27188.6	22792.7	2174.0	1803.6
河 南	20789.9	13545.5	771.4	784.6
湖 北	49194.9	17760.9	929.5	1130.3
湖 南	31833.4	12698.9	1022.8	932.4
广 东	31671.7	20478.1	2434.9	3151.7
广 西	19969.6	13469.9	965.4	941.1
海 南	42010.7	35914.7	1308.2	1942.1
重 庆	21030.6	13358.7	913.3	886.0
四 川	21673.2	15139.7	1291.5	872.9
贵 州	27475.1	14895.6	446.9	797.1
云 南	51054.9	19626.5	860.4	883.5
西 藏	10788.9	14136.5	1146.8	2507.6
陕 西	21508.2	15320.4	714.0	1039.5
甘 肃	22636.7	14611.8	1270.8	1036.2
青 海	16522.7	31652.2	949.2	1197.3
宁 夏	26230.4	38647.8	1405.1	1381.2
新 疆	38518.1	33888.3	1422.1	1367.1

注：表中支出水平是按照民政事业费支出项目与民政对象、民政机构简单算术平均计算。

支出水平

单位：元/人·年、元/个·年

康复辅具机构（站）补助水平	殡葬类单位补助水平	社会福利院补助水平	儿童福利院补助水平
4086000.0	**862420.9**	**4020734.1**	**3924674.9**
16765000.0	4946027.0	52544125.0	4234500.0
6068000.0	8405227.3	12193000.0	58500.0
	939408.8	4611360.0	1990500.0
	1474125.0	4231050.0	9421555.6
	498772.4	2622173.9	5928500.0
	130024.0	1415145.8	1025214.3
	9504.2	2349750.0	1198785.7
	668000.0	3214804.4	3231230.8
117000.0	97534.3	26361277.8	76617500.0
	903639.3	11824092.6	11435500.0
	1242360.0	6780833.3	3980344.8
445000.0	1067979.0	2471909.1	3621777.8
	557751.6	2197831.2	3098800.0
	453318.2	911289.2	1627625.0
	1019124.3	9603277.8	8663384.6
	219455.1	1859228.9	3782611.1
	934048.3	3131094.0	3974227.3
4719000.0	933291.4	2132932.6	1513000.0
140000.0	2899765.2	6847412.4	4600651.2
1464000.0	427873.8	1908595.5	2949947.4
	1795579.0	6297250.0	403000.0
	363553.4	6679214.3	15409600.0
4275000.0	390776.9	3525066.7	2074763.6
524000.0	1237492.5	1199637.9	2197720.0
26194000.0	1107363.2	2310000.0	2474090.9
	491333.3	9623500.0	6395444.4
4310000.0	410299.2	6785482.8	12031571.4
3589000.0	116291.7	1083282.6	2641200.0
2443000.0	71583.3	3919833.3	94000.0
	344977.8	16098800.0	4507571.4
	2089985.9	1059738.1	1231638.3

C-1-15续表

地区	社会福利医院补助水平	城市最低生活保障支出水平	农村最低生活保障支出水平	城市特困人员供养支出水平
全国	**26564718.3**	**6762.0**	**4169.6**	**15960.8**
北京	1697000.0	16239.2	15816.2	46140.2
天津	106699000.0	14350.3	11174.9	32112.4
河北	32753500.0	5513.3	3557.0	13597.8
山西	31267000.0	6244.8	4772.5	13072.8
内蒙古	27183000.0	7280.5	4197.0	22444.8
辽宁		7751.8	4583.8	16742.6
吉林	19999375.0	7476.4	3826.5	14826.2
黑龙江	8966750.0	7031.2	3604.3	17695.0
上海	114433000.0	15897.3	11419.9	29994.1
江苏	41053909.1	9174.0	6670.1	14353.2
浙江	86932500.0	10753.0	9801.2	23521.8
安徽	635666.7	7407.2	5683.8	13459.2
福建	18787272.7	7043.4	5847.7	23322.0
江西	1043333.3	6611.3	4863.3	14088.9
山东		8888.5	5835.7	18150.8
河南	17501000.0	4372.7	2756.0	13425.1
湖北	5840666.7	6313.9	3975.4	21805.0
湖南	17469833.3	5402.5	3305.2	13134.9
广东	118936500.0	9759.5	5633.4	21617.8
广西	57352600.0	4677.4	2881.1	16163.6
海南		6291.9	5104.7	35156.9
重庆	35727600.0	7253.9	5559.4	12207.3
四川	38635333.3	4533.9	2989.6	12834.8
贵州	10772272.7	5363.6	3673.8	15163.2
云南	9060500.0	5643.6	3601.3	19671.5
西藏		9458.8	2536.1	53096.0
陕西	7139000.0	7742.7	4984.5	13835.2
甘肃	7440666.7	7003.0	3421.9	18290.3
青海	1714500.0	9143.0	5476.5	19608.9
宁夏	350000.0	6941.0	4676.5	11078.9
新疆	5081250.0	6519.6	4729.7	15939.2

单位：元/人·年、元/个·年、元/人次

农村特困人员供养支出水平	流浪乞讨人员救助单位补助水平	救助流浪乞讨人员每次支出水平	临时救助支出水平
10980.4	**1186935.0**	**4484.9**	**1090.5**
35165.0	4559818.2	11995.2	2858.9
21831.1	1234814.8	17256.7	4041.6
9009.3	1568315.8	6230.0	1429.9
10138.6	921421.9	2655.6	1468.4
10888.9	496886.4	1669.2	1756.2
11088.3	423629.0	1164.1	1035.5
9510.9	414729.2	3682.4	855.4
10901.7	426687.5	3008.2	1038.4
32048.4	2960416.7	7194.2	1046.0
12972.0	2733037.7	15967.7	1152.4
22852.6	1070988.6	3877.8	2829.1
10422.7	1405333.3	4482.0	2353.6
18038.1	1833208.3	8135.5	1504.2
10667.7	1456964.9	7999.9	1573.3
15118.6	1186253.3	7968.6	1596.3
8366.7	684721.7	3066.7	1116.3
13977.6	1105900.8	5446.2	2110.4
8505.4	1412080.7	2556.6	1155.9
15168.4	2638605.0	6161.6	1994.7
7920.7	651233.0	3183.5	459.9
10140.2	4887400.0	6549.7	1057.7
11700.4	803297.3	2740.9	3159.1
8622.6	478300.5	2229.5	1222.7
13601.8	870170.2	4304.2	1507.4
11762.9	579000.0	3095.6	718.5
14551.2	3245750.0	6281.1	5028.6
10192.6	833382.7	3012.0	1117.9
9979.8	1090083.3	4469.1	1094.2
16711.3	872800.0	1036.1	1981.0
11948.0	316833.3	3472.2	1587.5
11947.5	808343.8	2914.9	525.6

C-1-16 民政事业费

地 区	收入合计	上年结余	本年收入合计	本年实际支出
全 国	**52933731.4**	**1838642.3**	**51095089.1**	**50903809.6**
中央级	279577.2	55655.4	223921.8	220310.8
北 京	1939061.0	146672.7	1792388.3	1819331.2
天 津	648375.3	10797.1	637578.2	638218.7
河 北	1661432.6	38040.2	1623392.4	1618368.9
山 西	1390270.3	75114.9	1315155.4	1325410.9
内蒙古	1427803.2	57899.4	1369903.8	1387242.6
辽 宁	1334593.5	16484.5	1318109.0	1318689.9
吉 林	904275.6		904275.6	904275.6
黑龙江	1109711.0	22104.1	1087606.9	1093610.1
上 海	2211863.7	73697.5	2138166.2	2087868.4
江 苏	2855822.0	39658.3	2816163.7	2813882.4
浙 江	2502671.5	48601.3	2454070.2	2424988.2
安 徽	2480432.7	17026.3	2463406.4	2446945.0
福 建	1210379.2	68488.6	1141890.6	1152313.8
江 西	1728424.9	16394.4	1712030.5	1711855.5
山 东	2812523.9	62067.6	2750456.3	2742618.5
河 南	2462350.0	63905.5	2398444.5	2366254.1
湖 北	2311776.0	128497.3	2183278.7	2210302.4
湖 南	1905736.9	8603.8	1897133.1	1893264.5
广 东	3726847.9	189458.8	3537389.1	3541215.8
广 西	1911986.3	90468.1	1821518.2	1803658.2
海 南	291889.3	30695.9	261193.4	260908.9
重 庆	1286856.8	51916.9	1234939.9	1230563.0
四 川	3174366.3	85809.4	3088556.9	3094372.2
贵 州	1820167.1	160732.8	1659434.3	1579465.4
云 南	1952500.2	63594.7	1888905.5	1874895.0
西 藏	302978.1	34782.0	268196.1	267351.6
陕 西	1510750.8	17337.1	1493413.7	1480424.9
甘 肃	1515764.4	35705.5	1480058.9	1446509.2
青 海	497638.4	41195.9	456442.5	469608.7
宁 夏	459677.2	58441.9	401235.3	414398.7
新 疆	1305228.1	28794.4	1276433.7	1264686.5

收支简表

单位：万元

收支结余	用事业基金弥补收支差额	结余分配	年末净结余
2029921.8	**12996.0**	**60919.6**	**1981998.2**
59266.4	4124.2	6692.9	56697.7
119729.8		522.2	119207.6
10156.6		8.8	10147.8
43063.7			43063.7
64859.4	427.0	183.2	65103.2
40560.6	107.2		40667.8
15903.6			15903.6
16100.9			16100.9
123995.3		2896.8	121098.5
41939.6	2610.5		44550.1
77683.3	-1751.3	5021.5	70910.5
33487.7			33487.7
58065.4	2985.5	855.8	60195.1
16569.4			16569.4
69905.4		222.1	69683.3
96095.9			96095.9
101473.6	549.7	4126.1	97897.2
12472.4			12472.4
185632.1	110.0	4129.6	181612.5
108328.1		5659.0	102669.1
30980.4		7.8	30972.6
56293.8	3617.6	3312.3	56599.1
79994.1		6855.4	73138.7
240701.7	77.1	20070.8	220708.0
77605.2		331.6	77273.6
35626.5			35626.5
30325.9		23.7	30302.2
69255.2	138.5		69393.7
28029.7			28029.7
45278.5			45278.5
40541.6			40541.6

C-1-17 民政事业费

地 区	上年结余合计	社会福利	社会救助	民政管理事务	行政事业单位养老支出	其他款项用于民政支出
全 国	**1838642.3**	**815979.3**	**499671.9**	**217594.0**	**10704.8**	**294692.3**
中央级	55655.4			32958.2	3268.2	19429.0
北 京	146672.7	112278.2	6684.3	8711.1	449.6	18549.5
天 津	10797.1	2600.0	2842.4	2732.8	33.5	2588.4
河 北	38040.2	20336.1	6458.2	7957.3	993.0	2295.6
山 西	75114.9	22340.0	44846.6	1356.9	0.2	6571.2
内蒙古	57899.4	26558.6	14138.7	11893.6	67.4	5241.1
辽 宁	16484.5	6495.5	1765.8	3316.0	35.0	4872.2
吉 林						
黑龙江	22104.1	10332.9	8510.5	1246.2	1784.5	230.0
上 海	73697.5	46262.7	12430.9	12546.1	402.8	2055.0
江 苏	39658.3	14602.4	3049.1	3754.7	20.6	18231.5
浙 江	48601.3	38599.0	2588.6	5874.9	26.0	1512.8
安 徽	17026.3	11706.4	4461.1	631.0	0.2	227.6
福 建	68488.6	35432.5	9992.8	15919.0	817.3	6327.0
江 西	16394.4	5224.4	2637.3	617.0	193.6	7722.1
山 东	62067.6	38806.9	10458.1	11875.9	26.3	900.4
河 南	63905.5	41724.6	7426.6	4103.7	546.0	10104.6
湖 北	128497.3	17017.9	105255.5	4254.7		1969.2
湖 南	8603.8	1488.1	1300.9	2772.6		3042.2
广 东	189458.8	50677.1	71545.7	15538.3	519.4	51178.3
广 西	90468.1	45783.2	15174.7	6743.0	144.8	22622.4
海 南	30695.9	9700.7	7321.1	2889.0	179.6	10605.5
重 庆	51916.9	32026.5	7418.4	8385.6	284.9	3801.5
四 川	85809.4	57653.6	8584.0	5807.4	38.1	13726.3
贵 州	160732.8	79002.8	50959.9	15979.3	41.9	14748.9
云 南	63594.7	27382.4	7754.8	13287.5	261.5	14908.5
西 藏	34782.0	6161.8	10526.2	4530.0	13.0	13551.0
陕 西	17337.1	7470.2	4381.4	4607.8	89.7	788.0
甘 肃	35705.5	12893.5	12611.7	1144.7	8.9	9046.7
青 海	41195.9	16701.0	14749.5	913.9	14.2	8817.3
宁 夏	58441.9	13743.3	25440.8	4626.0	444.6	14187.2
新 疆	28794.4	4977.0	18356.3	619.8		4841.3

收支明细表

单位：万元

本年收入合计	社会福利	社会救助	民政管理事务	行政事业单位养老支出	其他款项用于民政支出
51095089.1	**16012095.2**	**27023529.1**	**5356308.2**	**413944.7**	**2289211.9**
223921.8			40412.9	6001.7	177507.2
1792388.3	1134815.5	260655.9	185467.6	28966.9	182482.4
637578.2	176721.8	237203.8	197648.1	6476.3	19528.2
1623392.4	478764.2	922573.0	189049.5	22802.0	10203.7
1315155.4	332943.0	761621.7	115561.8	8363.7	96665.2
1369903.8	321209.2	898604.7	82502.0	9961.0	57626.9
1318109.0	235986.4	724213.0	303969.8	10641.9	43297.9
904275.6	197436.0	562425.4	102627.4	3945.0	37841.8
1087606.9	207387.1	772174.9	79000.9	9772.2	19271.8
2138166.2	1133475.5	593239.9	277073.4	8427.8	125949.6
2816163.7	1544728.6	838652.9	257292.0	38788.6	136701.6
2454070.2	1137670.7	786459.0	420757.0	24875.8	84307.7
2463406.4	654649.0	1619768.5	136751.0	11921.5	40316.4
1141890.6	410165.9	540629.0	119277.4	16736.0	55082.3
1712030.5	384496.9	1118588.9	179864.3	3916.6	25163.8
2750456.3	904695.1	1460253.8	317361.1	16189.0	51957.3
2398444.5	719167.7	1411796.2	139419.5	15768.6	112292.5
2183278.7	614289.2	1225830.8	273044.9	11710.6	58403.2
1897133.1	469887.4	1111758.4	210435.0	8376.2	96676.1
3537389.1	1459311.1	1228825.6	559536.9	58034.9	231680.6
1821518.2	401268.4	1150224.6	104805.8	9357.2	155862.2
261193.4	78079.8	131280.8	32462.2	1681.8	17688.8
1234939.9	274770.8	781936.7	131452.7	12108.6	34671.1
3088556.9	955758.2	1784712.0	209093.7	27298.6	111694.4
1659434.3	331762.2	1164693.4	112071.0	7710.1	43197.6
1888905.5	380243.2	1283990.0	138441.3	11016.9	75214.1
268196.1	64237.3	107839.7	59668.7	4340.1	32110.3
1493413.7	311715.9	922653.0	202173.6	4772.2	52099.0
1480058.9	244788.6	1131095.9	51604.8	3406.6	49163.0
456442.5	105646.1	297430.2	32027.3	1772.4	19566.5
401235.3	81415.2	259274.6	40619.2	4282.6	15643.7
1276433.7	264609.2	933122.8	54835.4	4521.3	19345.0

C-1-17续表

地　区	本年支出合计	社会福利	社会救助	民政管理事务	行政事业单位养老支出	其他款项用于民政支出
全　国	**50903809.6**	**15827010.1**	**27079399.5**	**5359908.7**	**415509.0**	**2221982.3**
中央级	220310.8			43384.9	6503.0	170422.9
北　京	1819331.2	1156240.2	266469.1	185613.6	28964.2	182044.1
天　津	638218.7	174656.4	237948.5	198063.8	6497.0	21053.0
河　北	1618368.9	470483.2	923315.4	191193.9	23667.9	9708.5
山　西	1325410.9	329321.5	776836.5	114053.0	8395.5	96804.4
内蒙古	1387242.6	324663.6	905931.0	89221.9	10087.1	57339.0
辽　宁	1318689.9	238177.8	721872.4	302488.5	10668.5	45482.7
吉　林	904275.6	197586.0	562425.4	102627.4	3945.0	37691.8
黑龙江	1093610.1	211283.3	775648.5	86583.7	9796.7	10297.9
上　海	2087868.4	1105079.1	587898.1	271161.2	8375.7	115354.3
江　苏	2813882.4	1547744.9	837361.9	259847.3	38690.1	130238.2
浙　江	2424988.2	1120676.7	783645.9	415129.8	24915.7	80620.1
安　徽	2446945.0	636173.5	1622250.0	137377.9	11921.7	39221.9
福　建	1152313.8	415784.7	543175.6	121514.9	16693.1	55145.5
江　西	1711855.5	395074.9	1120054.2	175904.1	4034.5	16787.8
山　东	2742618.5	894170.8	1463687.5	315770.0	16481.4	52508.8
河　南	2366254.1	694565.4	1415558.2	140861.3	15959.0	99310.2
湖　北	2210302.4	616333.6	1257863.0	275080.8	11645.5	49379.5
湖　南	1893264.5	469633.6	1112714.5	209616.7	8372.1	92927.6
广　东	3541215.8	1434152.1	1255115.9	553273.1	58294.9	240379.8
广　西	1803658.2	382243.3	1152689.6	103210.9	9305.9	156208.5
海　南	260908.9	77592.5	131684.5	32511.2	1643.5	17477.2
重　庆	1230563.0	262832.0	782584.8	136134.8	12023.2	36988.2
四　川	3094372.2	958236.4	1786787.5	207057.0	27003.1	115288.2
贵　州	1579465.4	286214.9	1132068.1	112693.9	7738.6	40749.9
云　南	1874895.0	373773.9	1278714.7	141142.2	11018.9	70245.3
西　藏	267351.6	61283.8	106349.3	60110.5	4029.7	35578.3
陕　西	1480424.9	310049.8	919872.5	201499.4	4788.9	44214.3
甘　肃	1446509.2	236970.5	1117837.7	49299.1	3394.2	39007.7
青　海	469608.7	109273.9	305838.1	31932.1	1772.0	20792.6
宁　夏	414398.7	86665.1	259771.2	41991.0	4361.9	21609.5
新　疆	1264686.5	250072.7	935429.9	53558.8	4520.5	21104.6

单位：万元

年末结余合计	社会福利	社会救助	民政管理事务	行政事业单位养老支出	其他款项用于民政支出
1981998.2	**980508.9**	**468844.1**	**222615.6**	**9830.2**	**300199.4**
56697.7			31050.0	2766.9	22880.8
119207.6	91211.0	861.6	8565.2	452.2	18117.6
10147.8	4656.6	2097.6	2266.2	12.8	1114.6
43063.7	31234.5	5627.0	5812.9	127.1	262.2
65103.2	26826.4	29631.2	3016.4	0.1	5629.1
40667.8	22873.5	6812.4	5171.2	179.2	5631.5
15903.6	5415.7	4106.4	4797.3	8.4	1575.8
16100.9	6436.7	5036.9	617.1	1760.0	2250.2
121098.5	71556.4	18091.6	18458.3	433.4	12558.8
44550.1	15195.5	5616.9	2282.8	119.1	21335.8
70910.5	54774.9	5401.7	8227.4	71.0	2435.5
33487.7	30477.9	1979.6	4.1		1026.1
60195.1	31721.1	7445.0	13890.2	860.2	6278.6
16569.4	3630.8	1172.0	4008.6	75.7	7682.3
69683.3	48370.3	7024.4	12924.8	6.1	1357.7
96095.9	73077.3	3664.6	2763.1	355.6	16235.3
97897.2	13764.7	73223.3	5818.8	65.1	5025.3
12472.4	2957.0	649.8	3590.7	4.1	5270.8
181612.5	47879.6	69525.6	22286.9	344.1	41576.3
102669.1	63280.1	13501.9	7331.5	196.1	18359.5
30972.6	10536.0	6917.4	2840.0	217.9	10461.3
56599.1	41316.9	6774.3	3715.1	370.2	4422.6
73138.7	48320.1	6508.5	7844.0	333.6	10132.5
220708.0	104556.4	83585.2	15356.4	13.4	17196.6
77273.6	34708.6	13044.8	10950.1	259.5	18310.6
35626.5	9115.3	12016.6	4088.2	323.4	10083.0
30302.2	14577.9	6695.9	5282.0	73.0	3673.4
69393.7	29571.6	26033.5	3464.9	21.3	10302.4
28029.7	13073.2	6344.9	1005.8	14.6	7591.2
45278.5	8458.4	24944.2	3289.2	365.3	8221.4
40541.6	20934.5	14509.3	1896.4	0.8	3200.6

C-1-18 民政事业基本

地 区	在建项目规模	使用彩票公益金项目规模	在建项目总投资	开工累计完成投资	本年计划投资	本年实际完成投资
全 国	**21555162**	**2900751**	**7222516.7**	**3994148.0**	**1440626.1**	**1723764.9**
中央级	207511		225980.0	224223.0	5087.3	5021.3
北 京	129059	7647	93012.4	32528.1	6300.6	7041.1
天 津	136719		74972.0	58281.5	10109.8	9443.0
河 北	1256234	75215	326354.7	175034.4	78116.8	83080.3
山 西	1584749	119260	515162.4	270947.8	128469.2	133576.2
内蒙古	714527	84541	294389.6	169610.3	42515.3	61831.3
辽 宁	143870	19419	43893.5	17449.4	4947.5	14067.4
吉 林	30426	6686	15427.6	5456.0	2455.0	5456.0
黑龙江	78822	2500	29683.6	12006.2	9459.5	11155.2
上 海	129329		139867.3	63796.3	1140.8	11208.0
江 苏	677164	18840	316624.4	234523.5	99768.3	117455.5
浙 江	737478	187436	411668.3	256060.2	70601.5	70318.4
安 徽	949092	18980	209837.9	127120.0	74729.0	90065.1
福 建	690722	20285	178818.6	114890.2	44375.8	48690.6
江 西	1597342	418740	210353.7	137612.0	78113.6	89718.4
山 东	658687	59982	237562.5	129031.0	27177.7	40919.9
河 南	428723	30130	109017.3	58296.3	23423.1	29233.0
湖 北	1171339	186309	326099.5	237693.1	87214.7	107530.3
湖 南	989641	92247	323499.5	205399.9	77385.0	99083.3
广 东	1997442	842353	1352405.1	591942.6	150164.0	169622.0
广 西	769272	159582	237932.9	128281.0	39404.3	51781.1
海 南	245570		15357.9	12836.9	2834.1	3187.0
重 庆	721088	144628	290028.2	141296.6	85151.6	85302.8
四 川	623872	8390	228567.0	122731.1	61326.5	82596.4
贵 州	2235658	202572	349867.6	163387.5	78590.3	96168.9
云 南	863559	37489	155207.2	75967.0	36464.7	59407.7
西 藏	25140	23900	8804.9	6804.9	2852.1	6804.9
陕 西	835746	12913	259035.3	75137.0	26481.7	34021.2
甘 肃	241762	25987	91592.8	49023.5	30076.8	30729.8
青 海	304653	48563	38499.4	14098.3	10988.5	13898.3
宁 夏	134893	22829	47109.6	36637.6	4518.6	15687.3
新 疆	245073	23328	65884.0	46044.8	40382.4	39663.2

建设投资情况总表

单位：平方米、万元、张

国家预算内投资	国内贷款	利用外资	福利彩票公益金	其他	本年完工项目规模	未投入使用项目建设床位数
665321.0	**55887.7**	**2474.7**	**168793.8**	**831287.7**	**7153198**	**199205**
5021.3						
2089.6			1408.5	3543.0	9192	2416
6763.2			679.8	2000.0	38220	
35943.1			5752.3	41384.9	525801	8891
40706.5	2200.0		3077.2	87592.5	249130	8245
24690.1			8423.4	28717.8	240455	10070
12257.3			1655.5	154.6	39354	3079
4093.0			241.0	1122.0	15390	757
7731.2			544.4	2879.6	45360	880
11208.0					20882	1124
17355.3			2241.0	97859.2	458381	4224
33448.9	3700.0		13455.0	19714.5	211950	6247
40363.3	10325.9	462.7	2331.8	36581.4	214433	9456
20331.0			1430.7	26928.9	227918	2387
24327.9	660.0	15.0	21837.8	42877.7	1155020	11804
1575.0			3536.0	35808.9	383092	9594
11713.2			2190.7	15329.1	45528	2910
34817.5	200.0		9005.7	63507.1	580807	8898
33862.9	9443.6		8229.5	47547.3	222365	5505
76844.8			8708.5	84068.7	234109	33055
18518.6			9424.8	23837.7	180317	9964
2608.0				579.0	89743	301
26296.7	7285.0		15618.5	36102.6	406863	10326
40253.1			3158.7	39184.6	271938	10499
23323.5	21373.2	1997.0	10415.7	39059.5	578674	8469
27844.0			6065.1	25498.6	101752	5625
			6804.9		16953	286
21178.8	700.0		1626.6	10515.8	98144	5957
16672.4			3829.5	10227.9	89403	2710
7459.1			6207.9	231.3	195652	10017
6721.1			3836.6	5129.6	95486	1152
29302.6			7056.7	3303.9	110886	4357

C-1-19 提供住宿的民政服务

地 区	在建项目规模	使用彩票公益金项目规模	在建项目总投资	开工累计完成投资	本年计划投资	本年实际完成投资
全 国	**9654371**	**2187515**	**4205055.0**	**2257840.2**	**815861.7**	**1012704.5**
北 京	112147	7647	72922.4	16288.4	5182.1	5922.6
天 津						
河 北	412252	55486	139432.7	80369.6	27264.6	33332.1
山 西	423877	110835	191805.0	117645.1	27442.2	28739.4
内蒙古	434928	75558	162399.1	86491.5	22328.7	32222.2
辽 宁	118615	15669	35307.5	14860.7	4627.5	11478.7
吉 林	29780	6346	15356.6	5385.0	2455.0	5385.0
黑龙江	43186		15498.0	5855.5	4355.5	5855.5
上 海	84189		108395.7	52585.8	1140.8	6110.4
江 苏	299134	18840	220156.8	155248.4	52490.8	74650.1
浙 江	443240	177695	246135.6	171024.8	46568.1	47727.1
安 徽	394417	16230	129451.6	76045.0	44210.2	54856.2
福 建	180852	9600	73356.7	47729.6	17456.2	21092.6
江 西	644765	154601	153988.1	97816.7	55617.3	61849.5
山 东	428251	30300	206657.9	107834.9	23212.2	36844.6
河 南	114513	30130	38975.7	20121.3	8635.6	12079.3
湖 北	441196	77061	175950.7	133770.5	48116.1	64288.0
湖 南	240893	51663	106337.7	86429.8	21619.6	37465.2
广 东	1796600	842053	1079254.5	471010.8	128634.3	147237.1
广 西	466771	129638	169907.5	88543.1	31259.0	31481.9
海 南	15846		5306.8	4977.6	23.1	
重 庆	454425	82707	168338.9	79526.5	64091.9	61055.2
四 川	487542	8390	182400.7	95089.2	42852.6	58669.8
贵 州	422940	155778	112193.8	61406.8	36295.3	44120.0
云 南	200916	29207	75122.6	41671.1	24784.6	29566.9
西 藏	23800	23800	7509.0	6509.0	2652.1	6509.0
陕 西	382591	6058	167119.3	47515.2	21549.0	28775.9
甘 肃	144469	5397	47412.1	24546.1	20682.8	20444.5
青 海	168178	31263	26956.5	9241.1	2823.6	9041.1
宁 夏	66322	17729	29981.1	25304.3	2353.6	10884.6
新 疆	177736	17834	41424.4	26996.8	25137.3	25020.0

机构基本建设投资情况

单位：平方米、万元、张

国家预算内投资	国内贷款	利用外资	福利彩票公益金	其他	本年完工项目规模	未投入使用项目建设床位数
453372.8	**15676.7**	**2269.7**	**124803.5**	**416581.8**	**3679349**	**197191**
971.1			1408.5	3543.0	3480	2416
14575.4			3323.9	15432.8	253739	8891
12501.1			1773.3	14465.0	128965	8205
18472.0			5989.5	7760.7	214292	10070
9791.7			1615.5	71.5	38504	2679
4093.0			201.0	1091.0	15390	757
4560.0			95.5	1200.0	16900	880
6110.4					20882	1124
4801.1			1642.4	68206.6	211761	4224
23010.8	3700.0		11764.0	9252.3	173500	6247
29789.5		462.7	2113.5	22490.5	135802	9456
9488.4			553.2	11051.0	87427	2387
14232.0			16264.4	31353.1	406548	11789
1575.0			3344.5	31925.1	162514	9594
7868.2			662.7	3548.4	35614	2910
25481.9	200.0		6033.7	32572.4	211824	8898
17883.8	500.0		4897.5	14183.9	144798	5505
71708.4			8670.8	66857.9	207337	33055
13184.3			6524.2	11773.4	161201	9601
					5112	301
22218.2	5000.0		10540.8	23296.2	221520	10206
34418.8			3043.4	21207.6	190452	10499
19688.5	6276.7	1807.0	8315.7	8032.1	212934	8465
23082.8			4370.7	2113.4	70324	4965
			6509.0		16057	286
18191.4			1024.8	9559.7	74863	5957
16122.4			2410.0	1912.1	58217	2678
5089.6			3820.2	131.3	81127	9997
5041.1			2546.6	3296.9	40700	1152
19421.9			5344.2	253.9	77565	3997

C-1-20 不提供住宿的民政服务

地 区	在建项目规模	使用彩票公益金项目规模	在建项目总投资	开工累计完成投资	本年计划投资
全 国	**228911**	**57063**	**48620.1**	**33520.9**	**26210.0**
北 京					
天 津					
河 北	5928		635.7	923.9	212.0
山 西	2300		210.0	125.2	210.0
内蒙古					
辽 宁	14325	750	5202.0	1250.0	140.0
吉 林					
黑龙江					
上 海					
江 苏	52843		9341.5	9126.5	8941.5
浙 江					
安 徽					
福 建					
江 西	6980	5980	461.5	521.5	340.5
山 东	180		76.0	76.0	76.0
河 南					
湖 北	1300		74.0	74.0	74.0
湖 南				111.0	
广 东	76		16.0	16.0	16.0
广 西	10424	5525	2507.2	1507.2	539.3
海 南	2567		1363.1	1254.3	428.0
重 庆	83751	31712	12008.6	11374.6	9986.6
四 川	725		228.0	228.0	228.0
贵 州	2325	230	260.0	232.0	141.0
云 南	21912	6062	7422.0	1119.2	571.0
西 藏	800		1000.0		
陕 西	2300	1500	574.8	478.8	454.8
甘 肃	3675	304	1440.0	1205.8	840.0
青 海	5700	5000	2148.0	885.6	
宁 夏					
新 疆	10800		3651.7	3011.3	3011.3

机构基本建设投资情况

单位：平方米、万元、张

本年实际完成投资	国家预算内投资	福利彩票公益金	其他	本年完工项目规模	未投入使用项目建设床位数
30878.8	**10318.8**	**6148.0**	**14412.0**	**182691**	**2014**
906.3	32.1	404.0	470.2	6120	
125.2			125.2	2300	40
1250.0	1140.0	40.0	70.0	750	400
8941.5	1930.5		7011.0	52843	
521.5		375.0	146.5	4390	15
76.0			76.0	180	
74.0	74.0			1300	
111.0		111.0			
16.0		16.0		76	
713.3	176.2	537.1		3765	363
368.9	328.0		40.9	2567	
11154.6	3170.7	3111.5	4872.4	84001	120
228.0	228.0			725	
211.0		71.0	140.0	2040	4
600.0	204.0	332.0	64.0	2764	660
				800	
478.8	24.0	54.8	400.0	3400	
1205.8		210.0	995.8	3175	32
885.6		885.6		4700	20
3011.3	3011.3			6795	360

C-1-21 其他社会服务机构

地 区	在建项目规模	使用彩票公益金项目规模	在建项目总投资	开工累计完成投资	本年计划投资
全 国	**10602646**	**510939**	**2459431.0**	**1336399.1**	**537422.1**
北 京	11200		18971.5	15121.2	
天 津	136719		74972.0	58281.5	10109.8
河 北	822654	18929	176562.7	91636.8	49999.2
山 西	1158572	8425	323147.4	153177.5	100817.0
内蒙古	254354	8983	120600.7	75535.6	19686.6
辽 宁	10930	3000	3384.0	1338.7	180.0
吉 林					
黑龙江	35636	2500	14185.6	6150.7	5104.0
上 海					
江 苏	312655		81932.1	68835.0	34301.0
浙 江	291938	9741	163230.7	83632.4	23499.7
安 徽	495672	2400	52910.9	34856.4	22667.9
福 建	479640	45	100537.9	62542.8	22175.6
江 西	870627	186389	52138.3	35512.0	18674.0
山 东	205287	29682	13412.0	8605.8	2236.0
河 南	288592		57878.8	28094.0	6787.5
湖 北	618437	109248	110983.8	70449.1	35525.2
湖 南	595045	40084	198289.3	110647.7	47090.2
广 东	154520		229857.2	119678.3	21025.7
广 西	226236	2826	52881.9	31602.5	6205.3
海 南	211759		6119.0	4109.7	1783.0
重 庆	133704		100849.7	41564.5	8175.3
四 川	82536		28574.8	25501.1	16423.4
贵 州	1806324	46495	236581.8	100894.2	41342.0
云 南	638584	1757	71438.3	31977.4	10784.1
西 藏					
陕 西	450855	5355	91341.2	27143.0	4477.9
甘 肃	83452	20286	38784.0	22721.6	8554.0
青 海	115300	5600	6077.9	2422.6	5547.9
宁 夏	60809	5100	13429.5	8603.3	2165.0
新 疆	50609	4094	20358.0	15763.7	12084.8

基本建设投资情况

单位：平方米、万元

本年实际完成投资	国家预算内投资	国内贷款	福利彩票公益金	其他	本年完工项目规模
603799.7	**169445.1**	**40174.5**	**24453.2**	**369726.9**	**3077101**
9443.0	6763.2		679.8	2000.0	38220
48200.9	21335.6		1383.4	25481.9	259342
104711.6	28205.4	2200.0	1303.9	73002.3	117865
22708.9	4984.6		767.2	16957.1	11163
1338.7	1325.6			13.1	100
5299.7	3171.2		448.9	1679.6	28460
32550.3	10315.5		598.6	21636.2	191094
22038.3	10438.1		1691.0	9909.2	36150
23975.3	3559.8	10325.9	102.3	9987.3	75481
23080.3	9795.6		5.0	13279.7	110661
23585.6	8295.9	660.0	3944.5	10685.2	688012
2345.8			191.5	2154.3	220398
9281.0	3845.0			5436.0	9914
38714.9	8559.2		2018.0	28137.7	364483
58393.7	15979.1	8943.6	3181.0	30290.0	71647
21131.4	4216.4			16915.0	26696
14927.3	1319.6		1558.3	12049.4	14797
2280.0	2280.0				66666
9813.6	907.8	2285.0	185.8	6435.0	52134
21804.3	4633.8			17170.5	80761
50983.4	3472.0	15060.0	1674.0	30777.4	358865
28041.5	3459.9		1260.4	23321.2	28564
4766.5	2963.4	700.0	547.0	556.1	19881
8529.5	550.0		659.5	7320.0	28011
2422.6	2308.0		14.6	100.0	102700
2072.7			640.0	1432.7	48550
11358.9	6760.4		1598.5	3000.0	26486

C-1-22 其他基本

地 区	在建项目规模	使用彩票公益金项目规模	在建项目总投资	开工累计完成投资	本年计划投资
全 国	**1069234**	**145234**	**509410.6**	**366387.8**	**61132.3**
中央级	207511		225980.0	224223.0	5087.3
北 京	5712		1118.5	1118.5	1118.5
天 津					
河 北	15400	800	9723.6	2104.1	641.0
山 西					
内蒙古	25245		11389.8	7583.2	500.0
辽 宁					
吉 林	646	340	71.0	71.0	
黑龙江					
上 海	45140		31471.6	11210.5	
江 苏	12532		5194.0	1313.6	4035.0
浙 江	2300		2302.0	1403.0	533.7
安 徽	59003	350	27475.4	16218.6	7850.9
福 建	30230	10640	4924.0	4617.8	4744.0
江 西	74970	71770	3765.8	3761.8	3481.8
山 东	24969		17416.6	12514.3	1653.5
河 南	25618		12162.8	10081.0	8000.0
湖 北	110406		39091.0	33399.5	3499.4
湖 南	153703	500	18872.5	8211.4	8675.2
广 东	46246	300	43277.4	1237.5	488.0
广 西	65841	21593	12636.3	6628.2	1400.7
海 南	15398		2569.0	2495.3	600.0
重 庆	49208	30209	8831.0	8831.0	2897.8
四 川	53069		17363.5	1912.8	1822.5
贵 州	4069	69	832.0	854.5	812.0
云 南	2147	463	1224.3	1199.3	325.0
西 藏	540	100	295.9	295.9	200.0
陕 西					
甘 肃	10166		3956.7	550.0	
青 海	15475	6700	3317.0	1549.0	2617.0
宁 夏	7762		3699.0	2730.0	
新 疆	5928	1400	449.9	273.0	149.0

建设投资情况

单位：平方米、万元

本年实际完成投资	国家预算内投资	国内贷款	利用外资	福利彩票公益金	其他	本年完工项目规模
76381.9	**32184.3**	**36.5**	**205.0**	**13389.1**	**30567.0**	**214057**
5021.3	5021.3					
1118.5	1118.5					5712
641.0				641.0		6600
6900.2	1233.5			1666.7	4000.0	15000
71.0				40.0	31.0	
5097.6	5097.6					
1313.6	308.2				1005.4	2683
553.0					553.0	2300
11233.6	7014.0			116.0	4103.6	3150
4517.7	1047.0			872.5	2598.2	29830
3761.8	1800.0		15.0	1253.9	692.9	56070
1653.5					1653.5	
7872.7				1528.0	6344.7	
4453.4	702.4			954.0	2797.0	3200
3113.4				40.0	3073.4	5920
1237.5	920.0			21.7	295.8	
4658.6	3838.5			805.2	14.9	554
538.1					538.1	15398
3279.4				1780.4	1499.0	49208
1894.3	972.5			115.3	806.5	
854.5	163.0	36.5	190.0	355.0	110.0	4835
1199.3	1097.3			102.0		100
295.9				295.9		96
550.0				550.0		
1549.0	61.5			1487.5		7125
2730.0	1680.0			650.0	400.0	6236
273.0	109.0			114.0	50.0	40

C-2-1 社会

地 区	机构和设施数	市场监管部门登记	编制部门登记	民政部门登记	设施及多牌子机构
全 国	**1055442**	**7227**	**19747**	**60281**	**968187**
中央级	4		4		
北 京	11453	138	329	1276	9710
天 津	7883	41	30	461	7351
河 北	85328	428	368	1670	82862
山 西	29679	75	248	609	28747
内蒙古	6437	23	312	598	5504
辽 宁	28864	120	156	2364	26224
吉 林	18392	589	575	610	16618
黑龙江	20407	455	300	1916	17736
上 海	22684	33	188	4386	18077
江 苏	48928	543	1086	19354	27945
浙 江	70644	318	532	8389	61405
安 徽	32639	428	309	2319	29583
福 建	40733	231	429	2051	38022
江 西	47419	138	1519	386	45376
山 东	99981	633	557	2586	96205
河 南	69850	877	2031	1703	65239
湖 北	53577	234	1462	755	51126
湖 南	73285	258	2012	778	70237
广 东	66723	307	1526	1409	63481
广 西	28254	126	427	358	27343
海 南	3695	7	56	278	3354
重 庆	26538	579	483	987	24489
四 川	40414	399	1895	2187	35933
贵 州	34461	68	786	275	33332
云 南	22288	104	865	164	21155
西 藏	5441		82	8	5351
陕 西	16717	33	510	909	15265
甘 肃	15810	15	240	547	15008
青 海	6609	1	41	347	6220
宁 夏	4831	10	73	127	4621
新 疆	15474	16	316	474	14668

工作总表

单位：个、人

年末职工人数	#女性	按登记类型分			
		市场监管部门登记	编制部门登记	民政部门登记	设施及多牌子机构
4290380	**1641550**	**123010**	**237209**	**496593**	**3433568**
471	275		471		
73398	42438	4448	6688	16254	46008
41799	20702	950	1163	6474	33212
270583	91614	4909	8333	21280	236061
100149	38025	798	4644	8342	86365
35823	18356	568	5351	6713	23191
126794	66898	1308	2216	19957	103313
57326	26091	4960	7190	7833	37343
93723	38742	2308	6700	11225	73490
170778	52528	2034	6849	60521	101374
248643	93463	13117	16087	100170	119269
293742	122017	7691	9209	43696	233146
138542	53836	5494	3821	20586	108641
161482	54842	3097	3714	13203	141468
169970	50405	1998	9987	7505	150480
359681	135737	10767	9330	31971	307613
336963	104092	9059	19551	19497	288856
185818	74708	4706	15391	8827	156894
211255	80896	5193	16813	8737	180512
276374	105284	11509	18337	19243	227285
104397	40777	3759	9961	6793	83884
21444	6501	415	878	1946	18205
113250	51951	8036	5070	8996	91148
153705	62513	7916	18272	18266	109251
128496	38409	1666	5642	3319	117869
94159	32432	2583	6230	2938	82408
34214	6759	332	1372	81	32429
68924	29576	1046	7505	9358	51015
42885	16633	832	3614	3335	35104
24941	7648	84	710	2736	21411
18110	8810	634	1335	1535	14606
132541	68592	793	4775	5256	121717

C-2-1续表1

地区	受教育程度		职业资格水平	
	大学专科人数	大学本科及以上人数	助理社会工作师人数	社会工作师人数
全国	**815644**	**471545**	**99992**	**60646**
中央级	48	422		6
北京	17041	17774	5081	2713
天津	7098	12613	3972	1794
河北	33291	11697	2048	2142
山西	18956	11868	2054	1540
内蒙古	9238	7174	726	665
辽宁	33128	22658	6258	4408
吉林	6270	3844	900	538
黑龙江	21413	13736	2658	1451
上海	22123	14807	3237	2428
江苏	42244	25971	7119	3984
浙江	61755	47537	13236	7490
安徽	32830	12149	1928	1165
福建	28997	14197	4002	2521
江西	20119	7234	3040	861
山东	71397	38101	4558	2828
河南	48847	21080	2821	1936
湖北	33019	12631	3259	1344
湖南	46343	17922	2667	1569
广东	52413	42622	11105	5358
广西	15607	9700	1303	734
海南	2859	1264	128	76
重庆	31130	17430	6173	2518
四川	34422	16144	4314	2562
贵州	25517	11322	796	440
云南	18129	8597	656	387
西藏	2230	1960	199	165
陕西	12920	8672	1739	1573
甘肃	10191	8034	725	571
青海	5762	1933	811	680
宁夏	3721	1776	315	157
新疆	46586	28676	2164	4042

单位：人

年龄结构			
35岁及以下人数	36岁至45岁人数	46岁至55岁人数	56岁及以上人数
1021812	**1409074**	**1206987**	**535598**
195	188	57	31
16698	22456	23403	10240
13900	14115	9080	2938
58551	87882	83844	38696
22046	35123	30401	11991
10218	12590	9367	3437
27808	46874	35196	14744
9628	24754	20183	2754
21420	35763	25219	10484
31812	43600	47467	46833
62254	90328	68652	26446
56929	76554	89025	60137
28824	51470	42403	11820
33770	52758	51259	22813
36271	68076	47555	17010
79251	110089	104867	53540
58018	102997	108699	64511
40562	70347	50428	19014
47819	68653	67588	25609
76432	83253	62241	20167
30598	33432	28744	10046
4820	7718	6525	2348
28186	30174	30688	12117
37406	49763	37167	14801
41634	47852	31334	6844
28143	33209	24291	7477
14933	10359	6536	2384
16211	23298	20335	5932
13523	16537	9229	3048
8902	9628	5311	1099
5287	7074	4630	1119
59763	42160	25263	5168

C-2-1续表2

地区	企业会计制度财务指标			
	固定资产原价	营业收入	费用合计	营业利润
全国	**3725283.8**	**752344.6**	**257760.1**	**-102603.2**
中央级				
北京	130595.2	105311.7	58314.5	-29956.9
天津	6649.6	4834.3	5530.7	208.6
河北	114212.1	11894.0	7337.3	-5051.3
山西	12234.4	1299.9	569.6	-269.6
内蒙古	11048.4	961.1	288.0	-10.0
辽宁	23231.1	1196.9	637.5	-10.8
吉林	33209.5	244.3	896.3	-336.5
黑龙江	36853.7	2504.0	1823.7	10.4
上海	36555.8	14517.5	3632.4	-540.9
江苏	228917.5	33535.1	11652.9	-4693.9
浙江	103889.8	26004.3	13149.7	-2523.8
安徽	210943.8	9432.4	2675.2	-99.8
福建	883463.8	9322.6	4930.0	-2377.3
江西	45052.2	27577.2	4302.9	266.5
山东	223228.0	178087.4	5697.3	-564.0
河南	183056.5	15790.1	5393.7	82.5
湖北	75915.2	45039.7	12777.0	-771.6
湖南	162862.3	18525.4	10189.7	-4688.7
广东	263339.9	110769.1	47598.8	-25851.6
广西	66508.8	10248.6	7334.1	-5327.2
海南	23257.7	4383.0	1107.0	-464.6
重庆	282021.8	51991.3	20506.9	-2868.4
四川	164972.0	52469.2	22913.4	-13483.7
贵州	53343.3	6073.2	3111.0	-1719.9
云南	289410.1	5802.4	2396.8	131.7
西藏	120.0			
陕西	50780.6	3061.0	1741.6	-729.9
甘肃	7514.6	587.0	775.6	-594.3
青海	631.0			
宁夏	1220.3	187.7	461.8	-366.2
新疆	244.8	694.2	14.7	-2.0

单位：万元

政府会计制度准则（事业单位）财务指标			民间非营利组织会计制度财务指标		
固定资产原价	本年收入合计	本年支出合计	固定资产原价	本年收入合计	本年费用合计
12237369.0	**5070055.2**	**4985113.5**	**5746480.2**	**3195441.6**	**2205861.7**
286547.4	145204.8	142018.2			
486055.8	288103.3	293094.1	197718.7	218498.6	255916.3
114373.0	58012.7	60248.1	587238.1	184780.2	21973.8
354919.2	151148.1	148895.6	284676.8	108844.3	111889.0
232507.5	90630.9	85463.2	190461.4	30611.2	29544.4
268713.9	96355.1	90491.5	116958.6	29803.5	24996.6
148732.2	37047.6	36676.0	210134.2	37034.7	31056.6
196924.1	121193.1	110648.2	21621.5	9537.5	10632.3
389476.1	122241.6	142859.4	218527.9	11458.9	15884.0
239309.4	363709.0	335339.6	271559.3	580495.1	569550.0
987539.8	340803.9	335676.1	616016.6	304218.5	179895.4
406292.2	228683.8	225768.2	177952.7	114416.9	96394.4
245030.8	79945.3	79055.6	304860.9	64636.7	59999.2
156702.0	128638.4	119489.0	76654.3	42972.2	41489.5
520112.5	100290.6	84981.2	255065.9	24458.3	25479.2
1168627.8	222441.5	220779.0	850742.7	65806.1	139876.5
428187.9	131088.7	130422.0	192592.5	31459.5	34300.0
728915.9	240145.5	218073.7	92959.9	23162.5	21709.0
664103.8	272869.5	253295.7	103430.4	25539.7	20591.0
880443.1	562598.8	555556.6	105317.3	154737.0	157816.0
389640.4	216780.2	207505.1	138114.2	30440.0	25177.1
126805.4	20953.4	32522.0	59991.0	1951.9	100440.6
297246.2	183494.9	188693.6	71919.5	42073.3	39233.3
654774.6	297409.2	309565.2	162113.2	67767.6	54209.1
298984.7	82844.8	82174.4	60057.7	18435.8	18357.3
381945.6	79114.9	72624.0	43990.5	902177.7	6930.6
73963.1	17283.7	23606.3	6.0	1.4	
388776.9	141024.2	142954.5	203952.4	33892.3	32329.9
260147.2	110176.0	111954.4	42164.8	7889.7	4022.1
46451.2	15108.5	15655.5	5030.0	8227.7	1515.7
91200.4	31263.6	34920.5	32861.3	7416.5	8950.3
323918.9	93449.6	94107.0	51789.9	12696.3	65702.5

C-2-2 提供住宿的民政

地区	单位数	按登记类型分			
		市场监管部门登记	编制部门登记	民政部门登记	一个机构多块牌子
全国	**43410**	**6975**	**17538**	**17952**	**945**
中央级	1		1		
北京	617	106	183	326	2
天津	435	38	24	356	17
河北	1883	404	345	1115	19
山西	862	75	180	561	46
内蒙古	693	20	231	428	14
辽宁	2389	105	142	1914	228
吉林	1623	589	469	564	1
黑龙江	2099	448	214	1429	8
上海	724	30	47	640	7
江苏	2626	534	986	1056	50
浙江	1791	316	455	975	45
安徽	2713	427	252	2015	19
福建	941	231	398	297	15
江西	1964	138	1472	347	7
山东	2506	561	479	1445	21
河南	3703	826	1927	926	24
湖北	2146	233	1347	508	58
湖南	2514	256	1883	342	33
广东	2058	304	1363	355	36
广西	769	122	283	298	66
海南	80	7	46	24	3
重庆	1255	579	442	234	
四川	2859	386	1797	523	153
贵州	1031	65	718	220	28
云南	1011	104	781	126	
西藏	83		81		2
陕西	888	32	429	411	16
甘肃	379	15	180	171	13
青海	85	1	35	44	5
宁夏	158	10	63	79	6
新疆	524	13	285	223	3

服务机构总表

单位：个

按床位数分						
0～49张	50～99张	100～199张	200～299张	300～399张	400～499张	500张以上
11860	**12478**	**11690**	**3705**	**1746**	**659**	**1272**
		1				
74	165	213	68	31	25	41
145	99	118	32	18	3	20
438	589	555	149	76	33	43
279	272	200	51	23	12	25
192	179	204	46	43	9	20
1222	574	359	125	57	22	30
754	436	268	77	40	12	36
1042	513	304	107	55	25	53
39	165	255	118	60	35	52
390	596	817	418	201	88	116
363	569	486	168	98	31	76
390	703	1086	332	109	39	54
344	218	183	80	44	23	49
702	646	433	87	40	17	39
348	700	811	310	140	49	148
832	1335	1061	279	124	26	46
302	610	850	217	81	27	59
657	1002	579	128	59	23	66
790	483	411	168	87	46	73
237	170	208	73	34	18	29
28	15	21	8	3		5
357	425	321	89	25	10	28
629	920	874	237	104	32	63
385	319	211	67	28	9	12
337	307	247	62	33	8	17
12	10	36	9	6	4	6
255	176	257	87	78	11	24
150	97	81	22	15	7	7
28	28	18	5	1	1	4
23	36	49	21	11	3	15
116	121	173	65	22	11	16

C−2−2续表1

地 区	年末职工人数	#女性	按登记类型分			
			市场监管部门登记	编制部门登记	民政部门登记	一个机构多块牌子
全 国	**623803**	**385610**	**109931**	**218783**	**282795**	**12294**
中央级	254	176		254		
北 京	19957	12952	3846	5367	10701	43
天 津	7604	4700	823	1172	5487	122
河 北	30235	20425	4587	8084	17286	278
山 西	13090	7885	640	3948	7853	649
内蒙古	10107	5618	205	4048	5643	211
辽 宁	22556	14207	1142	1963	16280	3171
吉 林	18063	7134	4560	5885	7607	11
黑龙江	16810	8669	1873	6013	8808	116
上 海	32313	24342	1693	3336	27218	66
江 苏	51851	30786	12597	15409	22701	1144
浙 江	33318	24077	7222	7801	17870	425
安 徽	27787	13656	4955	3497	19163	172
福 建	13169	8206	2868	3588	6612	101
江 西	18887	10173	1726	9803	7233	125
山 东	46357	32630	10108	8500	27484	265
河 南	41911	22504	8286	19033	14126	466
湖 北	26943	16226	4312	14687	7377	567
湖 南	28024	16468	4916	15937	6389	782
广 东	38273	26205	10082	17630	10086	475
广 西	19761	13664	2810	9524	6401	1026
海 南	1534	938	415	741	375	3
重 庆	16118	10376	7754	4835	3529	
四 川	33705	19902	7269	17779	7375	1282
贵 州	9478	5834	1361	4949	2867	301
云 南	10937	6959	2307	6009	2621	
西 藏	1687	1014		1671		16
陕 西	14159	8062	659	6702	6497	301
甘 肃	5456	2987	410	3464	1500	82
青 海	1156	518	5	665	462	24
宁 夏	3119	2225	370	1349	1346	54
新 疆	9184	6092	130	5140	3898	16

单位：人

受教育程度		职业资格水平		人员性质	
大学专科人数	大学本科及以上人数	助理社会工作师人数	社会工作师人数	管理人员	专业技术技能人员
105865	**72809**	**10063**	**10225**	**158679**	**465124**
44	209		3	34	220
3135	2592	201	212	3934	16023
1019	1239	112	121	1912	5692
4319	2164	442	463	5912	24323
2417	1935	92	188	3365	9725
2099	1590	106	255	2756	7351
2849	1911	252	328	7595	14961
1132	1082	74	98	6106	11957
2661	1930	127	211	5476	11334
4283	2828	297	304	6107	26206
9096	7162	1184	1091	9823	42028
4829	3093	333	368	2832	30486
4152	2103	482	442	9373	18414
2308	1760	332	289	3402	9767
2631	1059	799	279	6012	12875
8530	4448	115	347	13642	32715
5200	3212	759	726	11829	30082
4261	2508	398	245	7404	19539
6330	4448	618	567	7357	20667
5887	5890	1095	778	9066	29207
5176	3727	406	397	4160	15601
283	173	26	18	446	1088
2409	1795	247	330	4421	11697
7289	5079	565	794	10727	22978
2427	1662	139	199	3312	6166
2413	1960	142	220	2874	8063
333	202	39	23	488	1199
3350	2107	232	318	4107	10052
1691	843	95	143	1637	3819
239	231	63	26	314	842
799	576	52	64	658	2461
2274	1291	239	378	1598	7586

C−2−2续表2

地 区	年龄结构			
	35岁及以下人数	36岁至45岁人数	46岁至55岁人数	56岁及以上人数
全 国	**129369**	**161089**	**214323**	**119022**
中央级	136	85	24	9
北 京	3307	3934	8551	4165
天 津	1350	1955	2631	1668
河 北	5334	8761	10566	5574
山 西	3121	3651	4063	2255
内蒙古	2262	2915	3512	1418
辽 宁	3691	5918	8231	4716
吉 林	2020	4032	10004	2007
黑龙江	2433	5363	6484	2530
上 海	4213	6098	13103	8899
江 苏	12730	13330	16240	9551
浙 江	6174	5718	11159	10267
安 徽	4609	7714	10293	5171
福 建	2850	3224	4216	2879
江 西	3058	4572	6484	4773
山 东	8619	7245	15996	14497
河 南	8079	11656	14150	8026
湖 北	5090	8309	8789	4755
湖 南	6644	8524	9166	3690
广 东	7904	10583	13998	5788
广 西	6112	6097	5376	2176
海 南	469	440	505	120
重 庆	2670	3394	6043	4011
四 川	9607	9746	9365	4987
贵 州	2749	2883	2857	989
云 南	3329	3351	3214	1043
西 藏	937	511	194	45
陕 西	3847	4691	3930	1691
甘 肃	1880	1871	1413	292
青 海	273	550	271	62
宁 夏	850	1064	953	252
新 疆	3022	2904	2542	716

单位：人、张

年末床位数	按登记类型分			
	市场监管部门登记	编制部门登记	民政部门登记	一个机构多块牌子
5451763	**951350**	**2036097**	**2385659**	**78657**
171		171		
115356	22028	31207	62099	22
58337	11666	5808	40648	215
237175	44729	56961	134401	1084
96330	5742	22806	64894	2888
86888	2255	30430	53276	927
194250	10498	17403	133345	33004
153196	40722	49222	63152	100
200905	23190	51275	124698	1742
151782	9019	14163	128541	59
458389	94373	181249	178088	4679
266529	51231	65568	148186	1544
377134	71496	36993	266705	1940
128568	32508	34266	60677	1117
191291	13055	113639	64392	205
420632	105294	67336	246293	1709
409003	93389	191357	122707	1550
296644	38305	182727	72199	3413
269784	46410	166809	53175	3390
262586	60793	129771	69921	2101
103166	21638	27769	49939	3820
10181	2260	4898	2963	60
133672	55215	50648	27809	
350923	54637	226734	61596	7956
93660	10745	55124	25776	2015
101179	17512	67392	16275	
15806		15522		284
116463	4553	64306	46211	1393
39825	2638	20621	16114	452
9876	10	5732	3835	299
29354	4164	9589	15171	430
72708	1275	38601	32573	259

C-2-2续表3

地　区	年末收养人数	#女性	按登记类型分		
			市场监管部门登记	编制部门登记	民政部门登记
全　国	**2299156**	**752363**	**335171**	**899621**	**1036999**
中央级	65	26		65	
北　京	43210	23169	7122	10757	25331
天　津	24126	9490	2818	3381	17920
河　北	108722	34062	15669	25377	67409
山　西	38384	8217	2176	11190	23964
内蒙古	43357	11700	856	15098	27305
辽　宁	98262	29159	4198	8284	72017
吉　林	76517	29004	21038	23090	32374
黑龙江	90249	22394	9748	23755	56362
上　海	82441	49669	2298	8036	72107
江　苏	175123	53306	32773	68366	72351
浙　江	108186	57826	18824	27106	61772
安　徽	135751	30379	20940	10669	103666
福　建	43614	17541	7668	12392	23345
江　西	92308	25568	5492	56187	30555
山　东	157230	66980	34915	24452	97474
河　南	167975	39691	31367	84953	51187
湖　北	112695	34446	13239	71933	26534
湖　南	119473	32300	14634	82376	21018
广　东	98395	47007	23295	44786	29866
广　西	35155	13234	5459	9627	18582
海　南	4336	1292	1031	2169	1132
重　庆	65577	27175	27734	24465	13378
四　川	171336	38776	20614	119043	29789
贵　州	35592	8584	3505	22879	8687
云　南	34902	9120	3761	24506	6635
西　藏	8759	2707		8622	
陕　西	60467	12585	1504	38990	19267
甘　肃	17515	3661	1114	11254	4924
青　海	4811	830	10	2500	2221
宁　夏	8427	2820	889	3452	4035
新　疆	36196	9645	480	19861	15792

单位：人、人天

	按年龄分			年在院（站）人天数
一个机构多块牌子	老年人	青壮年	少年儿童	
27365	**2092875**	**129804**	**63687**	**618113552**
	36	28	1	36221
	39284	2285	1203	15238357
7	22191	1163	599	6483436
267	103079	3997	1393	33621503
1054	33892	2272	1759	11677369
98	37739	3963	1569	10470766
13763	92250	4520	1262	20520719
15	71490	3317	1702	24067636
384	82615	5933	1420	16523305
	77645	3023	1100	20275749
1633	164738	6200	3361	47903156
484	101051	5396	1357	40625925
476	129028	3059	2980	36712294
209	37158	5075	1287	10381344
74	85705	5053	1320	22342609
389	155240	137	1424	39887245
468	154208	8588	4286	42921624
989	103183	6837	1746	32804999
1445	107728	7401	3044	28838347
448	85502	4695	6168	29209858
1487	28841	3770	2167	8922579
4	3676	326	216	620530
	61053	3522	895	19909109
1890	152547	14734	3372	48311513
521	27525	5533	2386	9973611
	27297	5467	1988	8255621
137	5459	292	3008	2021449
706	53034	4649	2221	15592417
223	13489	2060	1822	3441035
80	3303	393	1113	762046
51	6678	1392	341	2215502
63	26211	4724	5177	7545678

C-2-2续表4

地 区	企业会计制度财务指标			
	固定资产原价	营业收入	费用合计	营业利润
全 国	**3684902.4**	**733330.9**	**251452.2**	**-100545.6**
中央级				
北 京	129813.3	104261.9	57689.8	-29673.7
天 津	6562.6	4834.3	5530.7	210.3
河 北	113824.0	11894.0	7314.7	-5036.7
山 西	12234.3	1299.9	569.6	-269.6
内蒙古	11028.1	961.1	288.0	-10.0
辽 宁	23162.8	1186.4	630.3	-10.4
吉 林	33209.5	244.3	896.3	-336.5
黑龙江	36853.7	2504.0	1823.7	10.4
上 海	33121.0	13224.2	3632.4	-398.8
江 苏	227757.9	33535.1	11601.3	-4640.1
浙 江	103879.8	25961.3	13141.1	-2523.8
安 徽	210116.8	8814.4	2675.2	-99.8
福 建	883318.6	9191.1	4795.6	-2253.0
江 西	44655.7	27473.2	4237.2	262.4
山 东	222660.4	177593.6	5410.5	-390.3
河 南	182509.7	15693.9	5341.3	91.3
湖 北	75252.2	44448.7	12777.0	-771.6
湖 南	160893.3	16244.9	9148.7	-4688.7
广 东	255349.6	110317.4	47359.6	-25719.8
广 西	66208.8	10198.6	7334.1	-5324.5
海 南	23254.7	4383.0	1107.0	-464.6
重 庆	280942.7	51726.5	20294.5	-2660.7
四 川	159220.8	41178.1	19394.0	-12628.3
贵 州	53319.9	6023.7	3105.1	-1727.4
云 南	289365.2	5796.2	2393.7	131.7
西 藏	120.0			
陕 西	36766.1	2873.2	1711.7	-659.9
甘 肃	7513.6	586.0	772.6	-595.3
青 海	630.0			
宁 夏	1220.3	187.7	461.8	-366.2
新 疆	137.0	694.2	14.7	-2.0

单位：万元

政府会计制度准则（事业单位）财务指标			民间非营利组织会计制度财务指标		
固定资产原价	本年收入合计	本年支出合计	固定资产原价	本年收入合计	本年费用合计
10266772.1	**3545881.5**	**3484437.9**	**5375758.0**	**2450989.3**	**1491946.7**
18288.5	21235.9	12568.8			
429565.1	148130.6	146408.3	190865.3	194853.7	238395.0
94358.0	49349.2	49538.6	586122.0	180992.9	21043.3
306123.1	92862.5	93782.4	279367.2	105769.9	107135.2
185091.3	73372.1	71350.9	185394.8	28071.0	27066.3
205556.1	62194.8	62959.2	115526.6	29391.6	24301.1
43153.8	17876.0	18206.4	205032.3	35668.0	29290.5
177802.8	68323.3	68134.4	21591.5	9517.5	10610.3
361971.1	78554.9	98729.9	217933.9	11150.9	15729.8
207318.2	161836.9	152039.6	197132.5	244554.9	203726.2
859679.3	272333.3	271916.6	488773.0	84211.6	92345.1
331691.3	177661.4	173375.7	155932.4	93263.1	74027.6
178556.3	55237.4	55188.2	300910.2	61706.5	57793.8
137624.5	91607.5	85060.4	72447.5	40078.6	38934.6
467538.3	64033.5	48738.3	253850.8	23921.1	25327.8
939902.9	170223.2	165970.3	841528.0	58095.0	132462.7
338471.0	91159.7	90168.1	184001.0	28454.0	33201.4
650452.3	163699.8	153430.5	92193.3	22577.9	21030.8
593740.2	232209.3	212710.9	100621.8	21732.0	19172.3
794642.4	483809.0	472861.2	76505.4	107598.6	99999.4
337865.9	175433.6	167513.0	137679.3	28367.5	24960.8
113026.7	9141.3	20406.0	59855.5	1853.9	1459.3
276595.7	113668.5	115957.7	68328.7	27284.1	24562.7
609543.6	251848.8	249554.3	130719.5	43646.0	39232.5
267522.2	58020.0	57486.0	57880.4	17342.7	17357.4
320026.1	52665.5	46546.3	43899.4	902145.1	6876.2
71680.8	14182.9	20482.7			
317000.9	95988.8	96840.2	190946.0	27119.8	28799.6
231933.4	96657.6	98329.4	37617.7	3814.7	3055.5
34923.6	6909.0	7342.9	3305.6	996.7	247.4
76261.1	23221.7	27805.3	32127.5	4153.1	8511.6
288865.6	72433.5	73035.4	47668.9	12656.9	65290.5

C-2-3 养老

地 区	单位数	按登记类型分			
		市场监管部门登记	编制部门登记	民政部门登记	一个机构多块牌子
全 国	**40587**	**6975**	**15459**	**17817**	**336**
北 京	584	106	152	326	
天 津	405	38	11	356	
河 北	1805	404	279	1114	8
山 西	782	75	137	558	12
内蒙古	628	20	183	421	4
辽 宁	2311	105	131	1908	167
吉 林	1553	589	401	563	
黑龙江	2013	448	132	1429	4
上 海	687	30	21	636	
江 苏	2469	534	895	1033	7
浙 江	1671	316	379	974	2
安 徽	2619	427	177	2013	2
福 建	861	231	332	294	4
江 西	1895	138	1411	346	
山 东	2417	561	410	1445	1
河 南	3559	826	1807	921	5
湖 北	2000	233	1254	508	5
湖 南	2337	256	1739	331	11
广 东	1886	304	1231	348	3
广 西	642	122	199	298	23
海 南	73	7	41	22	3
重 庆	1197	579	386	232	
四 川	2553	386	1614	512	41
贵 州	938	65	648	212	13
云 南	899	104	673	122	
西 藏	70		68		2
陕 西	789	32	342	408	7
甘 肃	308	15	134	152	7
青 海	62	1	24	35	2
宁 夏	137	10	48	78	1
新 疆	437	13	200	222	2

机构总表

单位：个

按床位数分						
0～49张	50～99张	100～199张	200～299张	300～399张	400～499张	500张以上
10356	**11916**	**11315**	**3550**	**1665**	**617**	**1168**
66	155	206	64	30	25	38
122	97	115	32	18	3	18
389	572	549	145	76	32	42
226	262	192	46	23	10	23
159	165	195	43	41	8	17
1189	548	345	121	57	22	29
714	426	260	75	38	12	28
992	506	288	104	53	23	47
21	155	255	116	59	35	46
310	563	797	410	194	84	111
295	534	478	166	94	31	73
358	679	1064	323	107	36	52
301	206	176	70	40	21	47
653	641	425	85	39	14	38
294	685	804	302	137	48	147
756	1298	1041	275	122	22	45
212	582	831	212	80	26	57
576	952	550	124	55	20	60
699	451	387	158	79	44	68
162	144	193	68	31	17	27
26	14	18	7	3		5
338	404	313	85	24	10	23
451	874	837	214	97	31	49
343	303	194	59	24	8	7
269	287	232	56	32	8	15
9	10	35	9	5	1	1
191	160	248	84	75	10	21
113	83	73	17	8	7	7
15	23	17	3	1	1	2
14	31	46	19	9	3	15
93	106	151	58	14	5	10

C−2−3续表1

地 区	年末职工人数	#女性	按登记类型分			
			市场监管部门登记	编制部门登记	民政部门登记	一个机构多块牌子
全 国	**563248**	**351258**	**109931**	**166223**	**281229**	**5865**
北 京	18744	12252	3846	4197	10701	
天 津	6888	4319	823	578	5487	
河 北	28974	19743	4587	7025	17279	83
山 西	11131	6765	640	2300	7818	373
内蒙古	8444	4808	205	2566	5620	53
辽 宁	21606	13830	1142	1791	16220	2453
吉 林	16307	6313	4560	4147	7600	
黑龙江	14543	7734	1873	3779	8808	83
上 海	30571	23117	1693	1737	27141	
江 苏	48522	28765	12597	12524	22652	749
浙 江	31622	23078	7222	6445	17867	88
安 徽	26315	12858	4955	2213	19138	9
福 建	11327	7111	2868	1846	6586	27
江 西	17682	9554	1726	8732	7224	
山 东	44744	31735	10108	7146	27484	6
河 南	39537	21290	8286	17169	14022	60
湖 北	24757	15046	4312	12973	7377	95
湖 南	23892	14106	4916	12124	6288	564
广 东	33467	23641	10082	13582	9771	32
广 西	16460	11502	2810	6878	6401	371
海 南	1431	895	415	654	359	3
重 庆	14874	9671	7754	3631	3489	
四 川	26253	15278	7269	11245	7252	487
贵 州	7676	4715	1361	3485	2749	81
云 南	9576	6231	2307	4717	2552	
西 藏	1321	779		1305		16
陕 西	12612	7345	659	5362	6451	140
甘 肃	4108	2210	410	2374	1271	53
青 海	751	321	5	338	388	20
宁 夏	2606	1865	370	885	1341	10
新 疆	6507	4381	130	2475	3893	9

单位：人

受教育程度		职业资格水平		人员性质	
大学专科人数	大学本科及以上人数	助理社会工作师人数	社会工作师人数	管理人员	专业技术技能人员
87016	**47408**	**7817**	**7236**	**139517**	**423731**
2920	1800	149	167	3295	15449
851	777	90	89	1577	5311
3927	1691	368	389	5517	23457
1794	997	65	125	2905	8226
1479	843	80	151	2226	6218
2500	1573	235	298	7071	14535
730	552	69	72	5494	10813
1975	1116	90	127	4671	9872
3876	1908	236	198	5598	24973
8210	5361	981	862	9072	39450
4448	2201	212	200	2196	29426
3741	1577	415	324	8812	17503
1713	1028	257	177	2947	8380
2205	784	772	263	5566	12116
7983	3620	52	76	13132	31612
4507	2425	659	561	10811	28726
3535	1707	329	160	6619	18138
4747	2701	493	453	6288	17604
4602	3837	764	537	7274	26193
4237	2434	256	270	3246	13214
260	127	24	10	399	1032
2097	1037	194	196	3914	10960
4645	2104	429	564	9049	17204
1768	876	85	132	2753	4923
2040	1257	85	122	2321	7255
236	122	9	16	360	961
2846	1499	163	251	3394	9218
1198	481	78	101	1193	2915
125	72	44	14	224	527
616	371	27	23	533	2073
1205	530	107	308	1060	5447

C-2-3续表2

地　区	年龄结构			
	35岁及以下人数	36岁至45岁人数	46岁至55岁人数	56岁及以上人数
全　国	**106910**	**141064**	**200103**	**115171**
北　京	3009	3468	8174	4093
天　津	1141	1673	2447	1627
河　北	4958	8253	10284	5479
山　西	2458	3007	3552	2114
内蒙古	1526	2474	3178	1266
辽　宁	3472	5567	7956	4611
吉　林	1513	3424	9506	1864
黑龙江	1885	4606	5764	2288
上　海	3583	5391	12794	8803
江　苏	11542	12230	15429	9321
浙　江	5606	5177	10702	10137
安　徽	4104	7243	9910	5058
福　建	2048	2679	3834	2766
江　西	2604	4239	6176	4663
山　东	7915	6754	15700	14375
河　南	7275	10785	13605	7872
湖　北	4368	7593	8214	4582
湖　南	4993	7163	8236	3500
广　东	6601	8823	12551	5492
广　西	4888	5023	4558	1991
海　南	444	395	480	112
重　庆	2354	2913	5680	3927
四　川	5809	7729	8103	4612
贵　州	1932	2367	2489	888
云　南	2885	2809	2922	960
西　藏	746	384	153	38
陕　西	3392	4021	3605	1594
甘　肃	1295	1498	1075	240
青　海	139	373	203	36
宁　夏	630	899	846	231
新　疆	1795	2104	1977	631

单位：人、张

年末床位数	按机构登记类型分				
	市场监管部门登记	编制部门登记	民政部门登记	一个机构多个牌子	其中：护理型床位
5182653	**951350**	**1803067**	**2378086**	**50150**	**2754319**
110224	22028	26097	62099		74276
56317	11666	4003	40648		28305
232699	44729	52829	134361	780	117554
90729	5742	18490	64734	1763	25246
81100	2255	25464	52881	500	25672
189026	10498	16082	133263	29183	30265
143420	40722	39646	63052		70013
190257	23190	41107	124698	1262	78631
145574	9019	8257	128298		77319
442989	94373	168214	178052	2350	277537
258615	51231	58737	148185	462	161391
366453	71496	28127	266670	160	223972
120493	32508	26838	60523	624	95833
186758	13055	109311	64392		108237
413878	105294	62174	246293	117	294073
398372	93389	182116	122310	557	235744
287589	38305	175865	72199	1220	172806
253500	46410	152434	52298	2358	144390
246594	60793	116526	68881	394	146870
94125	21638	21070	49939	1478	72707
9462	2260	4414	2728	60	3727
125079	55215	42205	27659		48458
316115	54637	196989	60609	3880	107133
83281	10745	46283	25416	837	28493
94163	17512	60449	16202		40104
10751		10467		284	991
109239	4553	57317	46141	1228	16681
33701	2638	16130	14639	294	15665
7291	10	3864	3232	185	562
27439	4164	8084	15131	60	10298
57420	1275	23478	32553	114	21366

C-2-3续表3

地 区	年在院总人天数	年末在院人数	#女性
全 国	**579786455**	**2179419**	**713838**
北 京	14661246	41644	22678
天 津	6043013	22851	9021
河 北	33170013	107360	33580
山 西	10644454	35708	7310
内蒙古	9551987	40573	11101
辽 宁	20303040	97453	28979
吉 林	21942981	72354	27990
黑龙江	15282470	85090	20824
上 海	18724694	78207	48083
江 苏	45630974	168175	50832
浙 江	39693242	105625	57056
安 徽	35625745	132267	29202
福 建	8990806	39298	16180
江 西	21825456	90664	25010
山 东	39274233	155226	66310
河 南	41739501	164167	38521
湖 北	31700088	109466	33359
湖 南	26718399	111815	29868
广 东	27048254	92249	44658
广 西	7247648	30469	11467
海 南	547863	4202	1270
重 庆	18595452	61965	25952
四 川	42108032	152733	32161
贵 州	8478540	30219	7081
云 南	7282552	31217	7940
西 藏	1381182	5836	1973
陕 西	14810317	57707	11828
甘 肃	2699672	14815	2934
青 海	533460	3497	524
宁 夏	2022371	7847	2601
新 疆	5508770	28720	7545

单位：人天、人

按登记类型分			
市场监管部门登记	编制部门登记	民政部门登记	一个机构多块牌子
335171	**788790**	**1033535**	**21923**
7122	9191	25331	
2818	2113	17920	
15669	24059	67399	233
2176	8774	23915	843
856	12526	27111	80
4198	7942	71973	13340
21038	18993	32323	
9748	18664	56362	316
2298	3929	71980	
32773	61995	72316	1091
18824	24792	61771	238
20940	7620	103640	67
7668	8279	23245	106
5492	54617	30555	
34915	22831	97474	6
31367	81377	51012	411
13239	69235	26534	458
14634	75193	20707	1281
23295	39375	29475	104
5459	5775	18582	653
1031	2051	1116	4
27734	20954	13277	
20614	101432	29327	1360
3505	18063	8496	155
3761	20894	6562	
	5699		137
1504	36286	19214	703
1114	9161	4336	204
10	1612	1802	73
889	2923	4008	27
480	12435	15772	33

C−2−3续表4

地区	按人员性质分			按年龄分		
	自费人员	特困人员	其他	老年人	青壮年	少年儿童
全国	**1238820**	**771734**	**168865**	**2070949**	**88355**	**20115**
北京	35439	3018	3187	39281	2284	79
天津	18419	1029	3403	21953	812	86
河北	79758	25275	2327	102735	3588	1037
山西	20808	13073	1827	33259	1454	995
内蒙古	26489	12481	1603	37337	2689	547
辽宁	76053	18463	2937	92190	4500	763
吉林	53853	15923	2578	70402	1695	257
黑龙江	65152	15130	4808	81167	3798	125
上海	63078	1500	13629	76903	1153	151
江苏	100561	56973	10641	162607	3963	1605
浙江	34879	7930	62816	100619	4839	167
安徽	61716	65031	5520	128877	2900	490
福建	27811	8975	2512	36402	2407	489
江西	46301	40218	4145	85288	4556	820
山东	108240	43544	3442	155099	127	
河南	75951	78612	9604	153915	8030	2222
湖北	51040	53346	5080	103020	6109	337
湖南	40910	62031	8874	105453	4719	1643
广东	68524	19323	4402	84847	3757	3645
广西	21101	7857	1511	27605	2341	523
海南	2379	1593	230	3676	326	200
重庆	44665	16504	796	59976	1753	236
四川	54143	95346	3244	147240	5076	417
贵州	9310	19354	1555	26975	2476	768
云南	9956	20407	854	26919	3803	495
西藏	6	5646	184	5459	292	85
陕西	20649	35454	1604	52920	4349	438
甘肃	3499	10439	877	13156	1194	465
青海	594	2280	623	3153	304	40
宁夏	3304	3899	644	6595	1226	26
新疆	14232	11080	3408	25921	1835	964

单位：人、人次、平方米

按自理能力分			康复和医疗门诊人次数	机构建筑面积
能力完好	部分失能	完全失能		
964687	**668326**	**546406**	**8404151**	**156549542**
8866	12448	20330	2013871	3736556
3282	9825	9744	40542	2387394
33268	35994	38098	151012	7201424
18607	9000	8101	49154	3907171
21581	9960	9032	47310	2468983
49269	27689	20495	90534	3611204
37509	16292	18553	25858	3656424
58463	16688	9939	41677	4251871
18224	32508	27475	307086	4384846
78603	45730	43842	504490	12269845
37622	44682	23321	977015	10559058
65961	43687	22619	60517	7782395
12157	12755	14386	317389	3863395
43916	27510	19238	174433	7547143
27568	66426	61232	32446	14967739
94502	44498	25167	256641	10240808
55422	26809	27235	438731	7439800
52365	34679	24771	299769	8038955
21920	30960	39369	1106354	7780178
6232	9566	14671	311135	3954388
2064	950	1188	19693	376403
34402	14886	12677	330529	3541659
94266	37330	21137	377732	8431585
18357	7320	4542	64502	2160420
12229	11333	7655	118395	2723702
3340	1796	700	1	520728
29108	17734	10865	109745	3337134
6597	5670	2548	50256	1804257
1776	1380	341	828	266692
2953	3213	1681	31657	1649445
14258	9008	5454	54849	1687940

C-2-3续表5

地 区	企业会计制度财务指标			
	固定资产原价	营业收入	费用合计	营业利润
全 国	**3684902.4**	**733330.9**	**251452.2**	**-100545.6**
北 京	129813.3	104261.9	57689.8	-29673.7
天 津	6562.6	4834.3	5530.7	210.3
河 北	113824.0	11894.0	7314.7	-5036.7
山 西	12234.3	1299.9	569.6	-269.6
内蒙古	11028.1	961.1	288.0	-10.0
辽 宁	23162.8	1186.4	630.3	-10.4
吉 林	33209.5	244.3	896.3	-336.5
黑龙江	36853.7	2504.0	1823.7	10.4
上 海	33121.0	13224.2	3632.4	-398.8
江 苏	227757.9	33535.1	11601.3	-4640.1
浙 江	103879.8	25961.3	13141.1	-2523.8
安 徽	210116.8	8814.4	2675.2	-99.8
福 建	883318.6	9191.1	4795.6	-2253.0
江 西	44655.7	27473.2	4237.2	262.4
山 东	222660.4	177593.6	5410.5	-390.3
河 南	182509.7	15693.9	5341.3	91.3
湖 北	75252.2	44448.7	12777.0	-771.6
湖 南	160893.3	16244.9	9148.7	-4688.7
广 东	255349.6	110317.4	47359.6	-25719.8
广 西	66208.8	10198.6	7334.1	-5324.5
海 南	23254.7	4383.0	1107.0	-464.6
重 庆	280942.7	51726.5	20294.5	-2660.7
四 川	159220.8	41178.1	19394.0	-12628.3
贵 州	53319.9	6023.7	3105.1	-1727.4
云 南	289365.2	5796.2	2393.7	131.7
西 藏	120.0			
陕 西	36766.1	2873.2	1711.7	-659.9
甘 肃	7513.6	586.0	772.6	-595.3
青 海	630.0			
宁 夏	1220.3	187.7	461.8	-366.2
新 疆	137.0	694.2	14.7	-2.0

单位：万元

政府会计制度准则（事业单位）财务指标			民间非营利组织会计制度财务指标		
固定资产原价	本年收入合计	本年支出合计	固定资产原价	本年收入合计	本年费用合计
7272087.5	**1812140.8**	**1783963.5**	**5299563.3**	**2442416.6**	**1483908.3**
179265.5	82488.3	79111.5	190865.3	194853.7	238395.0
64047.6	21306.6	21439.5	586122.0	180992.9	21043.3
252181.4	60970.3	61135.2	279108.3	105769.9	107033.1
89686.3	27171.9	25047.0	185272.7	28071.0	27066.3
120938.2	26532.8	26333.3	115438.6	29378.6	24280.1
34887.3	13231.1	13734.5	204844.3	35668.0	29290.5
113349.9	30431.2	28158.0	21541.5	9517.5	10610.3
230022.2	33664.2	48032.5	217933.9	11150.9	15729.8
115959.2	53726.2	52338.2	196440.5	243545.9	203002.7
428299.4	133944.2	131435.4	488420.0	84195.6	92276.7
222280.5	97164.5	94367.7	155907.4	93263.1	74027.6
112653.8	24524.7	24392.4	300745.2	61701.0	57578.3
77306.2	28078.5	26882.4	71846.4	40043.8	38899.3
448242.3	47036.5	37414.9	253845.8	23921.1	25327.8
862152.0	135192.9	131654.2	841528.0	58095.0	132462.7
285114.6	54549.9	53642.2	182806.5	27665.5	32387.0
581656.6	117638.9	106314.7	92193.3	22577.9	21030.8
461519.3	138407.8	116910.7	97063.1	21499.9	18963.4
591234.4	294018.2	281684.3	75098.8	104555.2	96793.9
144655.5	33003.2	32902.0	137679.3	28367.5	24960.8
110515.2	5902.6	17167.9	849.5	1853.9	1419.3
195385.7	63307.8	67051.9	68244.7	27019.6	24298.2
402399.9	74259.5	81184.5	128944.8	43369.0	39121.9
203372.5	23018.3	21588.1	56218.4	16834.7	16582.2
239863.3	24065.7	20877.7	43849.6	901971.0	6730.3
36533.4	2863.9	7162.0			
253134.9	50815.7	53488.4	190933.5	27119.8	28799.6
174323.4	80200.5	82428.7	32904.0	1624.9	1751.0
24787.5	2122.8	1743.3	3151.5	994.7	247.3
57525.8	16162.5	21234.0	32107.5	4138.1	8508.6
158793.7	16339.6	17106.4	47658.9	12656.9	65290.5

C-2-4 社会

地区	单位数	按床位数量分						
		0～49张	50～99张	100～199张	200～299张	300～399张	400～499张	500张以上
全国	**1493**	**163**	**243**	**400**	**237**	**171**	**92**	**187**
北京	8			1	1	1	3	2
天津	2			1	1			
河北	25	5	4	9	4	1	2	
山西	20	5	4	6	1	2		2
内蒙古	46	3	13	17	1	5	4	3
辽宁	48	1	6	14	9	8	5	5
吉林	60		10	15	11	10	4	10
黑龙江	46	1	3	14	12	8	1	7
上海	18			5	5	2	1	5
江苏	54	4	4	8	9	8	8	13
浙江	60	5	5	12	9	15	6	8
安徽	55	7	11	20	6	2	3	6
福建	77	9	11	15	14	9	5	14
江西	83	8	8	28	13	10	6	10
山东	18		2	6	1	3		6
河南	83	18	21	24	11	5	1	3
湖北	117	5	9	26	28	16	11	22
湖南	89	5	28	24	10	8	3	11
广东	97	11	15	29	9	11	7	15
广西	89	26	16	19	11	6	5	6
海南	4	1	2			1		
重庆	28	1	1	5	7	2	2	10
四川	120	10	12	34	24	17	7	16
贵州	58	9	17	19	8	3	1	1
云南	52	11	11	9	11	4	3	3
西藏	2			2				
陕西	29	4	5	4	5	7	2	2
甘肃	46	6	16	17	3	2		2
青海	12	3	2	4	1	1		1
宁夏	5	1	1	1				2
新疆	42	4	6	12	12	4	2	2

福利院

单位：个、人

年末职工人数	#女性	受教育程度		职业资格水平		按人员性质分	
		大学专科人数	大学本科及以上人数	助理社会工作师人数	社会工作师人数	管理人员	专业技术技能人员
47863	**30813**	**10356**	**11506**	**1763**	**2049**	**11531**	**36332**
899	610	228	517	23	26	220	679
87	45	28	49	7	4	20	67
680	387	199	244	10	70	155	525
601	369	148	199	6	31	185	416
1054	572	272	317	21	56	361	693
1478	918	287	414	43	45	401	1077
2079	759	163	274	11	13	770	1309
1434	671	314	360	9	45	422	1012
1572	1245	275	364	56	43	255	1317
3124	2030	645	1144	215	223	511	2613
3042	2318	373	477	76	132	369	2673
1329	926	256	237	65	66	405	924
2254	1452	423	385	63	105	490	1764
2239	1255	324	186	133	110	553	1686
1201	825	331	333	6	49	342	859
1660	925	384	363	57	75	532	1128
3583	2349	903	564	111	79	845	2738
3554	2443	1059	1125	154	144	731	2823
4205	3024	820	1112	254	180	828	3377
2258	1739	500	588	116	145	448	1810
192	134	125	48	8	3	65	127
1231	764	258	300	71	68	315	916
3171	2126	748	604	115	166	936	2235
814	508	224	249	37	28	263	551
876	549	179	266	21	51	223	653
22	14	15	7			11	11
984	546	239	333	33	44	300	684
829	469	231	150	15	27	261	568
200	76	29	24	6	2	49	151
284	188	105	138	4	4	82	202
927	577	271	135	17	15	183	744

C-2-4续表1

地 区	年龄结构				年末床位数	年在院总人天数	年末在院人数
	35岁及以下人数	36岁至45岁人数	46岁至55岁人数	56岁及以上人数			
全 国	**11093**	**15580**	**15864**	**5326**	**368992**	**49668834**	**169893**
北 京	248	268	294	89	3977	599247	1754
天 津	23	39	20	5	439	128380	345
河 北	159	280	196	45	3735	749146	2051
山 西	125	210	219	47	3352	637173	1810
内蒙古	251	387	307	109	9076	1287000	4464
辽 宁	223	483	575	197	12805	2217560	7222
吉 林	318	909	657	195	18284	2424165	7836
黑龙江	272	538	515	109	14299	1585165	6868
上 海	311	408	571	282	7436	959433	3177
江 苏	946	933	892	353	20109	3174450	10062
浙 江	438	675	1364	565	19246	3135652	10215
安 徽	265	410	520	134	10502	1313564	4141
福 建	490	465	702	597	21827	2153841	8351
江 西	360	657	751	471	20301	1945628	9245
山 东	392	413	296	100	6068	592510	2123
河 南	578	507	438	137	12016	1796244	5683
湖 北	788	1209	1220	366	37896	4059221	14148
湖 南	1135	1133	1082	204	22253	3602607	11662
广 东	858	1445	1573	329	26320	4448948	12866
广 西	494	897	761	106	14564	1468791	4765
海 南	53	69	63	7	550	79742	443
重 庆	215	352	418	246	11654	1603578	5128
四 川	879	1019	991	282	30380	4386827	15053
贵 州	217	309	253	35	7410	993251	2877
云 南	214	363	254	45	9081	998435	3978
西 藏	15	6	1		316	37230	102
陕 西	252	377	263	92	6449	1205408	3980
甘 肃	271	293	189	76	6119	733443	3589
青 海	31	89	62	18	2131	94241	812
宁 夏	59	132	65	28	1357	169402	487
新 疆	213	305	352	57	9040	1088552	4656

单位：人、张、人天

#女性	按人员性质分			按年龄分		
	自费人员	特困人员	其他	老年人	青壮年	少年儿童
64906	**69632**	**78380**	**21881**	**124657**	**28575**	**16661**
888	963	657	134	1165	539	50
77	50	278	17	90	255	
532	24	1713	314	812	452	787
634	306	1050	454	550	344	916
1096	702	3545	217	3209	1011	244
2278	3148	3540	534	5094	1839	289
3036	4497	2746	593	7223	554	59
2099	3001	3457	410	6077	771	20
2211	2890	178	109	3035	142	
3877	4898	4448	716	6603	2190	1269
6054	5597	1258	3360	9031	1078	106
1698	1809	1900	432	3097	592	452
3707	5381	2188	782	6701	1191	459
2511	4585	3788	872	7905	610	730
1093	940	1121	62	1998	125	
1489	255	4571	857	2140	1578	1965
5631	7000	6189	959	11918	2041	189
4622	3567	4581	3514	8042	2037	1583
6338	5483	4207	3176	6963	2271	3632
1935	1708	2480	577	3227	1088	450
130		282	161	74	172	197
2548	3390	1470	268	4079	874	175
5082	6997	7551	505	12760	2046	247
894	225	2041	611	1578	644	655
1168	773	3036	169	2884	659	435
50		19	83	17	2	83
930	398	2632	950	1741	1832	407
791	363	3016	210	2581	579	429
134	161	580	71	580	196	36
218	101	361	25	206	256	25
1155	420	3497	739	3277	607	772

C-2-4续表2

地 区	按护理类型分			康复和医疗门诊人次数	设有儿童部的社会福利院	家庭寄养儿童数量	机构建筑面积
	能力完好	部分失能	完全失能				
全 国	**56786**	**51011**	**62096**	**1619631**	**600**	**4727**	**13975107**
北 京	599	571	584	45363	2	2	176766
天 津	40	179	126	3940			10669
河 北	329	927	795	8255	14	179	214982
山 西	489	415	906	4402	16	721	219600
内蒙古	1601	1393	1470	24875	7		406339
辽 宁	2522	2183	2517	63199	16	2	148263
吉 林	4236	1950	1650	9627	4	1	652579
黑龙江	3932	1642	1294	5827	6		460130
上 海	473	794	1910	8497			258272
江 苏	2424	2570	5068	125134	30	85	904044
浙 江	3931	3325	2959	179339	25	9	836333
安 徽	1128	1575	1438	12087	39	1	430776
福 建	1981	2557	3813	152357	28	76	1024896
江 西	3168	2266	3811	30155	47	242	896715
山 东	480	1041	602		8		264480
河 南	1412	1999	2272	24146	52	124	472818
湖 北	5050	4390	4708	83966	34	50	1227920
湖 南	3724	3616	4322	78495	32	158	930256
广 东	1737	3501	7628	327310	68	229	970943
广 西	843	1152	2770	104459	27	219	544042
海 南	292	64	87		3	1	27476
重 庆	1794	1406	1928	144577	10	7	472802
四 川	6327	4669	4057	117145	43	100	953514
贵 州	1493	687	697	21995	25	37	208166
云 南	1358	1487	1133	6477	8	34	298864
西 藏	101	1					9211
陕 西	1054	1443	1483	9056	10	13	245891
甘 肃	1013	1509	1067	8414	16	94	255368
青 海	264	411	137	126	5		60191
宁 夏	208	125	154	16503	1	1	71790
新 疆	2783	1163	710	3905	24	2342	321011

单位：人、人次、个、平方米、万元

政府会计制度准则（事业单位）财务指标			民间非营利组织会计制度财务指标		
固定资产原价	本年收入合计	本年支出合计	固定资产原价	本年收入合计	本年费用合计
3219157.6	**900098.7**	**904165.4**	**30398.1**	**14815.6**	**11959.5**
94456.7	45260.4	45726.3			
4069.6	3448.3	3560.7			
37617.4	16294.4	16651.7			
60455.5	18391.5	15908.5			
74908.6	21278.7	20945.6			
4173.3	3855.3	3919.5	22.0	364.0	355.0
83340.0	22650.2	20608.4	2525.6	218.0	252.5
128833.4	16462.4	18081.4	2400.0	341.0	348.3
84172.5	46147.7	45615.3	162.0	516.3	552.6
186461.9	73009.4	73718.2	210.0		308.5
195182.7	63448.4	63662.0			
80498.7	20698.6	21099.8			
54118.3	24154.3	23052.8	13210.5	11003.8	8995.7
189819.1	18170.2	11537.9	3920.0		
463689.6	23331.3	27285.3			
75587.7	24068.5	24572.5			
341623.5	66334.4	59887.7	6771.6	788.9	
205887.7	69400.4	70339.6			
236462.4	130762.4	130590.6	200.4	864.6	815.2
60608.9	29751.1	29248.7			
5595.6	3903.7	3476.0			
84487.4	30875.3	31149.9	878.0	717.0	311.3
144584.1	46144.4	52606.0			
47857.9	12812.5	12817.7			
59591.3	11593.0	10982.7	86.0	2.0	9.4
2621.8					
51537.7	25575.8	28375.1			
71560.5	7304.2	9103.8	12.0		11.0
13744.1	1445.6	848.8			
20656.5	13281.1	18671.7			
54953.2	10245.2	10121.2			

C-2-5 特困人员

地 区	单位数	按床位数量分						
		0～49张	50～99张	100～199张	200～299张	300～399张	400～499张	500张以上
全 国	**16913**	**3978**	**5678**	**5253**	**1287**	**449**	**113**	**155**
北 京								
天 津								
河 北	296	33	65	106	45	21	14	12
山 西	293	68	122	76	12	3	1	11
内蒙古	145	26	53	46	14	5		1
辽 宁	305	61	105	86	35	15	1	2
吉 林	345	141	142	54	7	1		
黑龙江	103	5	17	27	20	14	7	13
上 海								
江 苏	897	64	180	348	183	78	28	16
浙 江	765	150	257	253	69	16	7	13
安 徽	1586	93	407	771	223	62	12	18
福 建	424	246	118	49	7	3		1
江 西	1335	558	481	254	37	5		
山 东	828	50	244	339	110	39	13	33
河 南	1743	381	731	490	104	34	2	1
湖 北	1059	67	317	541	101	28	3	2
湖 南	1640	436	746	400	46	10	1	1
广 东	1094	577	311	146	37	13	7	3
广 西	137	85	25	22	4			1
海 南	36	16	7	10	1	1		1
重 庆	360	106	116	122	15			1
四 川	1515	169	629	561	107	31	6	12
贵 州	625	272	213	120	14	6		
云 南	600	197	215	150	24	10	2	2
西 藏	68	9	10	33	9	5	1	1
陕 西	325	26	64	144	38	43	4	6
甘 肃	163	85	43	26	3	2	3	1
青 海	28	5	14	8	1			
宁 夏	55	4	10	26	9	2	1	3
新 疆	143	48	36	45	12	2		

救助供养机构

单位：个、人

年末职工人数	#女性	受教育程度		职业资格水平		按人员性质分	
		大学专科人数	大学本科及以上人数	助理社会工作师人数	社会工作师人数	管理人员	专业技术技能人员
132548	**71875**	**14562**	**5506**	**1522**	**1467**	**43731**	**88817**
5495	3579	785	263	39	35	1036	4459
3433	2062	487	242	14	31	998	2435
1557	670	219	145	12	4	449	1108
2980	1708	305	142	12	11	928	2052
2316	1123	138	49	10	34	1112	1204
2230	1137	315	150	15	15	723	1507
9424	5059	926	354	132	54	2234	7190
7875	5672	809	379	23	10	384	7491
12488	5222	1282	456	156	142	4901	7587
2035	1019	143	69	22	12	812	1223
6742	3255	702	156	258	73	2894	3848
11982	7850	1697	600	8	3	4363	7619
13891	6314	899	310	153	159	4408	9483
8047	4286	770	70	128	8	2734	5313
8060	3811	962	259	155	182	2926	5134
7127	4373	624	383	119	69	2361	4766
482	290	41	19	12	19	214	268
303	115	14	5			132	171
1817	902	146	45	6	31	633	1184
8583	4332	957	392	70	173	4451	4132
2842	1527	416	164	13	67	1369	1473
3483	2040	408	228	29	29	984	2499
1299	765	221	115	9	16	349	950
4558	2610	668	275	40	37	1373	3185
1253	658	313	115	42	34	487	766
167	86	45	10	21		70	97
759	530	109	63	7	6	187	572
1320	880	161	48	17	213	219	1101

C−2−5续表1

地 区	年龄结构			
	35岁及以下人数	36岁至45岁人数	46岁至55岁人数	56岁及以上人数
全 国	**20367**	**35680**	**48166**	**28335**
北 京				
天 津				
河 北	1182	1876	1644	793
山 西	610	887	1069	867
内蒙古	213	485	613	246
辽 宁	436	966	1132	446
吉 林	654	576	897	189
黑龙江	306	749	820	355
上 海				
江 苏	1320	2437	3942	1725
浙 江	965	1074	2500	3336
安 徽	1541	3394	4724	2829
福 建	183	523	810	519
江 西	577	1575	2762	1828
山 东	1386	1696	4487	4413
河 南	2070	3393	5195	3233
湖 北	1049	2709	2905	1384
湖 南	992	2525	3148	1395
广 东	856	1976	2953	1342
广 西	83	137	192	70
海 南	50	130	97	26
重 庆	198	405	792	422
四 川	1300	2927	2804	1552
贵 州	534	978	952	378
云 南	783	1157	1192	351
西 藏	731	378	152	38
陕 西	1188	1551	1396	423
甘 肃	286	492	414	61
青 海	39	80	40	8
宁 夏	144	255	306	54
新 疆	691	349	228	52

单位：人、张、人天

年末床位数	年在院总人天数	年末在院人数	#女性
1825052	**223201157**	**773224**	**134153**
50373	7869350	22259	2578
36033	4350243	14491	1381
16423	2324367	8296	553
33956	3530838	14710	2079
23065	3523408	11744	1998
27425	2652806	11981	1820
159050	19545682	58645	11693
91911	13434649	35150	15907
228204	22252528	79766	11742
28245	1958992	9237	2336
91538	12039521	46920	10339
132902	13025383	54049	11335
165448	19863031	72770	6526
131359	17514862	52468	10426
128266	16102970	62571	11831
75604	7311795	20864	7550
7896	417004	1834	438
3076	133065	1178	180
30287	4872124	15367	1865
174688	26581472	89694	7948
42163	4805777	16721	1981
49175	4130368	16689	3011
10435	1343952	5734	1923
52620	9231560	32839	3027
11275	1224332	6328	900
2112	257516	1167	198
8950	928213	3181	627
12573	1975349	6571	1961

C-2-5续表2

地　区	按人员性质分			按年龄分		
	自费人员	特困人员	其他	老年人	青壮年	少年儿童
全　国	**111700**	**613943**	**47581**	**737150**	**34719**	**1355**
北　京						
天　津						
河　北	3910	18058	291	20606	1575	78
山　西	5123	9023	345	13777	708	6
内蒙古	945	7067	284	7436	859	1
辽　宁	2234	11233	1243	13536	1024	150
吉　林	1787	9498	459	11381	360	3
黑龙江	2564	9124	293	10365	1515	101
上　海						
江　苏	11980	44966	1699	57598	809	238
浙　江	7782	5069	22299	33214	1911	25
安　徽	17443	60749	1574	77922	1815	29
福　建	3969	4357	911	8795	435	7
江　西	10494	34351	2075	43876	2985	59
山　东	14396	37668	1985	54049		
河　南	1021	68441	3308	68344	4369	57
湖　北	5139	44999	2330	49255	3087	126
湖　南	5686	53577	3308	60626	1917	28
广　东	8151	12352	361	20139	722	3
广　西	413	1288	133	1792	39	3
海　南	118	1049	11	1150	25	3
重　庆	1208	13884	275	14870	496	1
四　川	3522	83952	2220	86955	2584	155
贵　州	1275	14987	459	15520	1124	77
云　南	793	15461	435	13683	2956	50
西　藏	6	5627	101	5442	290	2
陕　西	1346	31311	182	31305	1526	8
甘　肃	133	5928	267	5923	376	29
青　海		1165	2	1131	34	2
宁　夏	161	2828	192	2516	664	1
新　疆	101	5931	539	5944	514	113

单位：人、人次、平方米

按护理类型分			康复和医疗门诊人次数	机构建筑面积
能力完好	部分失能	完全失能		
439761	**218059**	**115404**	**1042267**	**47654221**
9419	7275	5565	7725	1655996
7460	4070	2961	4803	1529748
4103	2259	1934	2012	497486
7306	4574	2830	6719	561145
5764	3746	2234	14772	687198
6879	3376	1726	9546	529082
38162	14214	6269	108214	3474728
14340	15007	5803	64622	3348495
45911	24232	9623	24185	4173741
4203	3254	1780	377	500437
28889	12821	5210	5681	3896518
11656	26038	16355	8000	4585525
50621	15744	6405	66816	3596524
32372	11143	8953	150287	3203085
36905	17113	8553	39412	3366534
8162	5839	6863	260682	2167741
686	765	383		140285
668	243	267		90890
11272	2502	1593	25052	739030
65023	16933	7738	103206	3578925
12828	2751	1142	10538	982181
6647	6273	3769	62744	1273486
3239	1795	700	1	511517
19449	9619	3771	15386	1256002
3386	2220	722	39577	562831
453	606	108	622	87055
1238	1247	696	2454	326213
2720	2400	1451	8834	331823

C-2-5续表3

地区	企业会计制度财务指标			
	固定资产原价	营业收入	费用合计	营业利润
全国	**214464.3**	**155205.1**	**9170.7**	**-803.1**
北京				
天津				
河北	5229.1	8.4	14.0	
山西	2630.9	426.7	386.2	-193.7
内蒙古	1818.2			
辽宁	55.7	22.0	66.0	
吉林	5000.0			
黑龙江	50.0	0.1		
上海				
江苏	4429.7		9.3	
浙江	33910.6	2082.9	1054.4	-370.9
安徽	26511.0	1179.9	582.7	29.2
福建	13866.3	1494.0	783.3	-23.3
江西	10790.1	23069.9	1827.1	330.5
山东	45910.8	116187.8	930.9	-385.2
河南	18467.2	1353.0	3.0	
湖北		50.6		
湖南	1889.1	258.3	54.5	
广东	237.0	5163.3	1088.2	-30.9
广西	1600.1	74.5	84.1	-75.2
海南	465.0			
重庆	2207.0	115.0	38.5	3.0
四川	18229.2	2845.0	1841.4	-7.0
贵州	4045.1		17.6	
云南	2786.6	296.6	77.1	1.6
西藏	120.0			
陕西	11955.8	74.3	182.3	-51.7
甘肃	1380.0			
青海	630.0			
宁夏	187.8	466.0	115.4	-29.5
新疆	62.0	36.8	14.7	

单位：万元

政府会计制度准则（事业单位）财务指标			民间非营利组织会计制度财务指标		
固定资产原价	本年收入合计	本年支出合计	固定资产原价	本年收入合计	本年费用合计
2746271.3	**517829.1**	**503415.6**	**675824.9**	**90135.6**	**113532.8**
153845.8	31738.1	32728.1	20783.0	4024.5	2318.7
20872.4	5258.7	5431.7	41115.5	6803.7	7128.1
41209.1	4198.4	4657.7	3505.7	450.5	184.7
26355.0	8200.1	8676.3	12413.0	1227.2	531.7
30009.9	7781.0	7549.6	380.0	90.0	5.0
63369.7	10881.3	10386.1	11074.2	354.4	1000.9
169721.8	45926.6	43664.4	55578.7	6866.7	16889.7
19243.2	20796.8	20366.0	48517.6	17075.4	14813.1
24567.4	1311.7	1164.9	169783.6	24913.0	30552.9
14041.4	2576.0	2418.0	3214.3	1070.3	1426.3
240686.2	28446.3	25677.0	3697.0		41.0
61305.7	13593.4	13625.2	187093.2	15015.8	28684.8
181592.1	22271.6	22881.2	2139.0	38.0	369.4
199410.3	43580.9	39214.2		25.0	
222572.1	56317.8	36392.1	767.0	30.0	
187962.2	48508.4	49161.7	1904.9	1536.2	1487.8
3971.8	187.4	192.4	55819.4	691.4	728.0
101439.0		11700.0			
71169.1	18190.4	18154.1	8049.0	995.0	985.0
230689.9	25955.7	26518.9	13132.7	2750.3	1301.2
147241.5	7240.4	5868.4	10424.1	1876.3	2004.1
161740.4	11815.3	9188.6	5680.3	1301.6	590.9
33911.6	2863.9	7162.0			
199064.9	24200.3	24070.0	3960.4	1113.4	1393.5
25355.3	70929.4	70996.0	10677.8	496.2	378.0
6274.7	172.0	213.5	1772.0	981.7	244.0
26245.0	2881.4	2562.3	4342.5	409.0	474.0
82403.8	2005.8	2795.2			

C-2-6 其他各类

地 区	单位数	按床位数量分						
		0～49张	50～99张	100～199张	200～299张	300～399张	400～499张	500张以上
全 国	**22181**	**6215**	**5995**	**5662**	**2026**	**1045**	**412**	**826**
北 京	576	66	155	205	63	29	22	36
天 津	403	122	97	114	31	18	3	18
河 北	1484	351	503	434	96	54	16	30
山 西	469	153	136	110	33	18	9	10
内蒙古	437	130	99	132	28	31	4	13
辽 宁	1958	1127	437	245	77	34	16	22
吉 林	1148	573	274	191	57	27	8	18
黑龙江	1864	986	486	247	72	31	15	27
上 海	669	21	155	250	111	57	34	41
江 苏	1518	242	379	441	218	108	48	82
浙 江	846	140	272	213	88	63	18	52
安 徽	978	258	261	273	94	43	21	28
福 建	360	46	77	112	49	28	16	32
江 西	477	87	152	143	35	24	8	28
山 东	1571	244	439	459	191	95	35	108
河 南	1733	357	546	527	160	83	19	41
湖 北	824	140	256	264	83	36	12	33
湖 南	608	135	178	126	68	37	16	48
广 东	695	111	125	212	112	55	30	50
广 西	416	51	103	152	53	25	12	20
海 南	33	9	5	8	6	1		4
重 庆	809	231	287	186	63	22	8	12
四 川	918	272	233	242	83	49	18	21
贵 州	255	62	73	55	37	15	7	6
云 南	247	61	61	73	21	18	3	10
西 藏								
陕 西	435	161	91	100	41	25	4	13
甘 肃	99	22	24	30	11	4	4	4
青 海	22	7	7	5	1		1	1
宁 夏	77	9	20	19	10	7	2	10
新 疆	252	41	64	94	34	8	3	8

养老机构

单位：个、人

年末职工人数	#女性	受教育程度 大学专科人数	受教育程度 大学本科及以上人数	职业资格水平 助理社会工作师人数	职业资格水平 社会工作师人数	按人员性质分 管理人员	按人员性质分 专业技术技能人员
382837	**248570**	**62098**	**30396**	**4532**	**3720**	**84255**	**298582**
17845	11642	2692	1283	126	141	3075	14770
6801	4274	823	728	83	85	1557	5244
22799	15777	2943	1184	319	284	4326	18473
7097	4334	1159	556	45	63	1722	5375
5833	3566	988	381	47	91	1416	4417
17148	11204	1908	1017	180	242	5742	11406
11912	4431	429	229	48	25	3612	8300
10879	5926	1346	606	66	67	3526	7353
28999	21872	3601	1544	180	155	5343	23656
35974	21676	6639	3863	634	585	6327	29647
20705	15088	3266	1345	113	58	1443	19262
12498	6710	2203	884	194	116	3506	8992
7038	4640	1147	574	172	60	1645	5393
8701	5044	1179	442	381	80	2119	6582
31561	23060	5955	2687	38	24	8427	23134
23986	14051	3224	1752	449	327	5871	18115
13127	8411	1862	1073	90	73	3040	10087
12278	7852	2726	1317	184	127	2631	9647
22135	16244	3158	2342	391	288	4085	18050
13720	9473	3696	1827	128	106	2584	11136
936	646	121	74	16	7	202	734
11826	8005	1693	692	117	97	2966	8860
14499	8820	2940	1108	244	225	3662	10837
4020	2680	1128	463	35	37	1121	2899
5217	3642	1453	763	35	42	1114	4103
7070	4189	1939	891	90	170	1721	5349
2026	1083	654	216	21	40	445	1581
384	159	51	38	17	12	105	279
1563	1147	402	170	16	13	264	1299
4260	2924	773	347	73	80	658	3602

C-2-6续表1

地 区	年龄结构			
	35岁及以下人数	36岁至45岁人数	46岁至55岁人数	56岁及以上人数
全 国	**75450**	**89804**	**136073**	**81510**
北 京	2761	3200	7880	4004
天 津	1118	1634	2427	1622
河 北	3617	6097	8444	4641
山 西	1723	1910	2264	1200
内蒙古	1062	1602	2258	911
辽 宁	2813	4118	6249	3968
吉 林	541	1939	7952	1480
黑龙江	1307	3319	4429	1824
上 海	3272	4983	12223	8521
江 苏	9276	8860	10595	7243
浙 江	4203	3428	6838	6236
安 徽	2298	3439	4666	2095
福 建	1375	1691	2322	1650
江 西	1667	2007	2663	2364
山 东	6137	4645	10917	9862
河 南	4627	6885	7972	4502
湖 北	2531	3675	4089	2832
湖 南	2866	3505	4006	1901
广 东	4887	5402	8025	3821
广 西	4311	3989	3605	1815
海 南	341	196	320	79
重 庆	1941	2156	4470	3259
四 川	3630	3783	4308	2778
贵 州	1181	1080	1284	475
云 南	1888	1289	1476	564
西 藏				
陕 西	1952	2093	1946	1079
甘 肃	738	713	472	103
青 海	69	204	101	10
宁 夏	427	512	475	149
新 疆	891	1450	1397	522

单位：人、张、人天

年末床位数	年在院总人天数	年末在院人数	#女性
2988609	**306916464**	**1236302**	**514779**
106247	14061999	39890	21790
55878	5914633	22506	8944
178591	24551517	83050	30470
51344	5657038	19407	5295
55601	5940620	27813	9452
142265	14554642	75521	24622
102071	15995408	52774	22956
148533	11044499	66241	16905
138138	17765261	75030	45872
263830	22910842	99468	35262
147458	23122941	60260	35095
127747	12059653	48360	15762
70421	4877973	21710	10137
74919	7840307	34499	12160
274908	25656340	99054	53882
220908	20080226	85714	30506
118334	10126005	42850	17302
102981	7012822	37582	13415
144670	15287511	58519	30770
71665	5361853	23870	9094
5836	335056	2581	960
83138	12119750	41470	21539
111047	11139733	47986	19131
33708	2679512	10621	4206
35907	2153749	10550	3761
50170	4373349	20888	7871
16307	741897	4898	1243
3048	181703	1518	192
17132	924756	4179	1756
35807	2444869	17493	4429

C-2-6续表2

地区	按人员性质分			按年龄分		
	自费人员	特困人员	其他	老年人	青壮年	少年儿童
全国	**1057488**	**79411**	**99403**	**1209142**	**25061**	**2099**
北京	34476	2361	3053	38116	1745	29
天津	18369	751	3386	21863	557	86
河北	75824	5504	1722	81317	1561	172
山西	15379	3000	1028	18932	402	73
内蒙古	24842	1869	1102	26692	819	302
辽宁	70671	3690	1160	73560	1637	324
吉林	47569	3679	1526	51798	781	195
黑龙江	59587	2549	4105	64725	1512	4
上海	60188	1322	13520	73868	1011	151
江苏	83683	7559	8226	98406	964	98
浙江	21500	1603	37157	58374	1850	36
安徽	42464	2382	3514	47858	493	9
福建	18461	2430	819	20906	781	23
江西	31222	2079	1198	33507	961	31
山东	92904	4755	1395	99052	2	
河南	74675	5600	5439	83431	2083	200
湖北	38901	2158	1791	41847	981	22
湖南	31657	3873	2052	36785	765	32
广东	54890	2764	865	57745	764	10
广西	18980	4089	801	22586	1214	70
海南	2261	262	58	2452	129	
重庆	40067	1150	253	41027	383	60
四川	43624	3843	519	47525	446	15
贵州	7810	2326	485	9877	708	36
云南	8390	1910	250	10352	188	10
西藏						
陕西	18905	1511	472	19874	991	23
甘肃	3003	1495	400	4652	239	7
青海	433	535	550	1442	74	2
宁夏	3042	710	427	3873	306	
新疆	13711	1652	2130	16700	714	79

单位：人、人次、平方米

按护理类型分			康复和医疗门诊人次数	机构建筑面积
能力完好	部分失能	完全失能		
468140	**399256**	**368906**	**5742253**	**94920215**
8267	11877	19746	1968508	3559790
3242	9646	9618	36602	2376725
23520	27792	31738	135032	5330446
10658	4515	4234	39949	2157823
15877	6308	5628	20423	1565158
39441	20932	15148	20616	2901796
27509	10596	14669	1459	2316647
47652	11670	6919	26304	3262659
17751	31714	25565	298589	4126574
38017	28946	32505	271142	7891073
19351	26350	14559	733054	6374230
18922	17880	11558	24245	3177878
5973	6944	8793	164655	2338062
11859	12423	10217	138597	2753910
15432	39347	44275	24446	10117734
42469	26755	16490	165679	6171466
18000	11276	13574	204478	3008795
11736	13950	11896	181862	3742165
12021	21620	24878	518362	4641494
4703	7649	11518	206676	3270061
1104	643	834	19693	258037
21336	10978	9156	160900	2329827
22916	15728	9342	157381	3899146
4036	3882	2703	31969	970073
4224	3573	2753	49174	1151352
8605	6672	5611	85303	1835241
2198	1941	759	2265	986058
1059	363	96	80	119446
1507	1841	831	12700	1251442
8755	5445	3293	42110	1035106

C-2-6续表3

地　区	企业会计制度财务指标			
	固定资产原价	营业收入	费用合计	营业利润
全　国	**3470438.1**	**578125.8**	**242281.5**	**-99742.5**
北　京	129813.3	104261.9	57689.8	-29673.7
天　津	6562.6	4834.3	5530.7	210.3
河　北	108594.9	11885.6	7300.7	-5036.7
山　西	9603.4	873.2	183.4	-75.9
内蒙古	9209.9	961.1	288.0	-10.0
辽　宁	23107.1	1164.4	564.3	-10.4
吉　林	28209.5	244.3	896.3	-336.5
黑龙江	36803.7	2503.9	1823.7	10.4
上　海	33121.0	13224.2	3632.4	-398.8
江　苏	223328.2	33535.1	11592.0	-4640.1
浙　江	69969.2	23878.4	12086.7	-2152.9
安　徽	183605.8	7634.5	2092.5	-129.0
福　建	869452.3	7697.1	4012.3	-2229.7
江　西	33865.6	4403.3	2410.1	-68.1
山　东	176749.6	61405.8	4479.6	-5.1
河　南	164042.5	14340.9	5338.3	91.3
湖　北	75252.2	44398.1	12777.0	-771.6
湖　南	159004.2	15986.6	9094.2	-4688.7
广　东	255112.6	105154.1	46271.4	-25688.9
广　西	64608.7	10124.1	7250.0	-5249.3
海　南	22789.7	4383.0	1107.0	-464.6
重　庆	278735.7	51611.5	20256.0	-2663.7
四　川	140991.6	38333.1	17552.6	-12621.3
贵　州	49274.8	6023.7	3087.5	-1727.4
云　南	286578.6	5499.6	2316.6	130.1
西　藏				
陕　西	24810.3	2798.9	1529.4	-608.2
甘　肃	6133.6	586.0	772.6	-595.3
青　海				
宁　夏	1032.5	-278.3	346.4	-336.7
新　疆	75.0	657.4		-2.0

单位：万元

政府会计制度准则（事业单位）财务指标			民间非营利组织会计制度财务指标		
固定资产原价	本年收入合计	本年支出合计	固定资产原价	本年收入合计	本年费用合计
1306658.6	**394213.0**	**376382.5**	**4593340.3**	**2337465.4**	**1358416.0**
84808.8	37227.9	33385.2	190865.3	194853.7	238395.0
59978.0	17858.3	17878.8	586122.0	180992.9	21043.3
60718.2	12937.8	11755.4	258325.3	101745.4	104714.4
8358.4	3521.7	3706.8	144157.2	21267.3	19938.2
4820.5	1055.7	730.0	111932.9	28928.1	24095.4
4359.0	1175.7	1138.7	192409.3	34076.8	28403.8
			18635.9	9209.5	10352.8
37819.1	6320.5	19565.0	204459.7	10455.5	14380.6
31786.7	7578.5	6722.9	196278.5	243029.6	202450.1
72115.7	15008.2	14052.8	432631.3	77328.9	75078.5
7854.6	12919.3	10339.7	107389.8	76187.7	59214.5
7587.7	2514.4	2127.7	130961.6	36788.0	27025.4
9146.5	1348.2	1411.6	55421.6	27969.7	28477.3
17737.0	420.0	200.0	246228.8	23921.1	25286.8
337156.7	98268.2	90743.7	654434.8	43079.2	103777.9
27934.8	8209.8	6188.5	180667.5	27627.5	32017.6
40622.8	7723.6	7212.8	85421.7	21764.0	21030.8
33059.5	12689.6	10179.0	96296.1	21469.9	18963.4
166809.8	114747.4	101932.0	72993.5	102154.4	94490.9
80074.8	3064.7	3460.9	81859.9	27676.1	24232.8
3480.6	1998.9	1991.9	849.5	1853.9	1419.3
39729.2	14242.1	17747.9	59317.7	25307.6	23001.9
27125.9	2159.4	2059.6	115812.1	40618.7	37820.7
8273.1	2965.4	2902.0	45794.3	14958.4	14578.1
18531.6	657.4	706.4	38083.3	900667.4	6130.0
2532.3	1039.6	1043.3	186973.1	26006.4	27406.1
77407.6	1966.9	2328.9	22214.2	1128.7	1362.0
4768.7	505.2	681.0	1379.5	13.0	3.3
10624.3			27765.0	3729.1	8034.6
21436.7	4088.6	4190.0	47658.9	12656.9	65290.5

C−2−7　社会福

地　区	单位数	按床位数量分						
		0～49张	50～99张	100～199张	200～299张	300～399张	400～499张	500张以上
全　国	**142**	**4**	**4**	**15**	**25**	**19**	**12**	**63**
北　京	1		1					
天　津	1							1
河　北	2						1	1
山　西	4			1			2	1
内蒙古	5			1	1		1	2
辽　宁								
吉　林	8					1		7
黑龙江	8					2	1	5
上　海	3					1		2
江　苏	11	1		1	1	2	2	4
浙　江	2			1				1
安　徽	3	1	1		1			
福　建	11			1	4	2	2	2
江　西	3			1		1	1	
山　东								
河　南	3	1				1	1	
湖　北	3			1		1		1
湖　南	12		1		2	2	1	6
广　东	2							2
广　西	5			2		1		2
海　南								
重　庆	5			2				3
四　川	18			1	4	1		12
贵　州	11	1		2	3	1		4
云　南	6			1	4			1
西　藏								
陕　西	1							1
甘　肃	3				1	2		
青　海	2		1		1			
宁　夏	1					1		
新　疆	8				3			5

利医院

单位：个、人

年末职工人数	#女性	受教育程度		职业资格水平		按人员性质分	
		大学专科人数	大学本科及以上人数	助理社会工作师人数	社会工作师人数	管理人员	专业技术技能人员
22132	**14437**	**7779**	**9962**	**327**	**305**	**2397**	**19735**
96	43	16	78			14	82
255	142	68	151	5	1	26	229
170	91	35	110	1	10	18	152
1065	699	362	555	2	2	63	1002
776	459	383	285	6	19	143	633
677	364	171	250		5	110	567
1132	502	332	461	4	24	234	898
526	405	135	336	4	13	55	471
1588	1076	509	883	19	33	72	1516
271	181	85	170		4	15	256
200	142	111	52		2	27	173
1164	758	436	383	24	23	91	1073
357	242	119	67			47	310
156	89	83	24	1	2	24	132
530	331	160	249		2	34	496
2319	1613	854	1136	38	21	245	2074
633	399	147	428	26	21	38	595
1360	988	489	597	22	14	187	1173
426	238	99	272	20	32	73	353
4718	3147	1718	2098	26	25	434	4284
840	558	351	383	8	4	133	707
431	283	128	233	2	8	71	360
129	58	21	96	3	9	23	106
284	210	152	79	1	3	28	256
204	151	71	128			22	182
113	73	57	56	1		10	103
1712	1195	687	402	114	28	160	1552

C-2-7续表1

地区	年龄结构				年末床位数
	35岁及以下人数	36岁至45岁人数	46岁至55岁人数	56岁及以上人数	
全国	**10788**	**5950**	**4222**	**1172**	**72363**
北京	16	37	39	4	52
天津	75	99	64	17	620
河北	70	58	27	15	970
山西	419	305	281	60	1570
内蒙古	490	144	88	54	1850
辽宁					
吉林	199	210	211	57	4658
黑龙江	300	368	331	133	4875
上海	205	198	90	33	1780
江苏	602	497	388	101	5376
浙江	164	72	26	9	640
安徽	104	49	34	13	315
福建	605	326	177	56	3695
江西	164	55	90	48	953
山东					
河南	55	51	44	6	858
湖北	236	93	128	73	1157
湖南	1106	683	439	91	6548
广东	132	296	182	23	1730
广西	769	337	205	49	2957
海南					
重庆	111	159	125	31	2978
四川	2941	1026	586	165	16530
贵州	483	176	143	38	3885
云南	189	151	64	27	1832
西藏					
陕西	45	52	21	11	750
甘肃	132	36	110	6	850
青海	103	76	22	3	310
宁夏	93	15	4	1	300
新疆	980	381	303	48	4324

单位：人、张、人天

年在院总人天数	年末在院人数	#女性	按人员性质分		
			自费人员	特困人员	其他
19414162	**57857**	**19233**	**16435**	**18638**	**22784**
451	4	2	4		
210972	589	211	386	203	
152803	433	151	40	275	118
524773	1455	600	618	376	461
539829	1482	391	327	662	493
1288457	2711	896	552	927	1232
884365	3341	1126	1145	2141	55
477177	1319	381	424	124	771
1307204	4258	1490	884	1597	1777
231600	632	100	481	114	37
29491	80	13	18	36	26
1079117	3268	924	1482	1047	739
287981	926	338	76	313	537
197675	665	193	232	133	300
300016	917	334	663	117	137
1474565	4913	1678	1597	1627	1689
505091	1333	480	63	608	662
1028279	2763	1092	889	1099	775
939412	2503	846	1339	539	625
5034332	14226	5242	3675	3102	7449
902483	3516	706	322	1124	2070
491565	1734	504	179	608	947
138335	379	134	111	228	40
290175	795	220	22	260	513
2147	208	101			208
101904	222	87	3	152	67
993963	3185	993	903	1226	1056

C-2-7续表2

地 区	按年龄分			按护理类型分		
	老年人	青壮年	少年儿童	自理（完全自理）	介助（半自理）	介护（不能自理）
全 国	**18422**	**38606**	**829**	**26526**	**20926**	**10405**
北 京	3	1			1	3
天 津	238	351			511	78
河 北	121	308	4	288	122	23
山 西	633	818	4	1098	254	103
内蒙古	239	1241	2	443	718	321
辽 宁						
吉 林	1088	1622	1	1373	941	397
黑龙江	1228	2112	1	827	1618	896
上 海	521	749	49	680	639	
江 苏	1955	2237	66	1125	1535	1598
浙 江	397	235		102	469	61
安 徽	57	23		15	27	38
福 建	618	2644	6	2104	1045	119
江 西	417	497	12	543	113	270
山 东						
河 南	121	532	12	302	263	100
湖 北	163	728	26	751	73	93
湖 南	2089	2558	266	2000	1951	962
广 东	630	703		14	451	868
广 西	1236	1429	98	900	1483	380
海 南						
重 庆	747	1728	28	1552	564	387
四 川	4377	9648	201	6499	5022	2705
贵 州	525	2951	40	2139	1223	154
云 南	336	1393	5	477	879	378
西 藏						
陕 西	82	296	1	311	48	20
甘 肃	135	659	1	407	330	58
青 海	120	88		152	56	
宁 夏	56	166		65	32	125
新 疆	290	2889	6	2359	558	268

单位：人、人次、平方米、万元

康复和医疗门诊人次数	机构建筑面积	政府会计制度准则（事业单位）财务指标		
		固定资产原价	本年收入合计	本年支出合计
2766732	**3152166**	**1389127.0**	**725770.1**	**706112.6**
1224	7993	9113.6	9823.3	9413.2
88782	13239	4953.9	12768.6	12334.8
43942	80331	22218.8	13232.0	13432.9
283155	102317	84845.0	22766.0	22681.3
77691	86686	40231.9	19071.2	19137.9
19313	155595	40407.1	16563.2	18469.4
117371	230158	65809.0	23834.1	29259.7
6319	83854	27044.5	36984.1	34675.9
225624	246892	366528.1	73492.2	80884.2
54334	139641	77488.1	27158.6	27271.8
14866	19700	1314.1	2428.5	2386.6
209151	151947	38424.5	43237.2	38473.5
12971	64962	1383.8	5722.4	1137.7
59307	37800	12579.4	6315.6	5993.9
92506	35035	23707.3	12150.8	13315.0
275854	247220	87321.0	58743.7	63712.0
5805	134155	55951.7	42661.5	41935.9
122623	133776	41947.7	38570.9	31181.7
87974	120737	55818.6	26816.3	25576.8
427841	442573	144563.6	146436.4	134084.3
45001	156636	38207.4	21169.3	21738.4
16619	115070	42167.1	11334.0	7220.6
1328	56971	5408.5	5224.4	4352.3
8377	49753	22975.0	5844.3	5159.8
	17030	6708.6	3930.4	4662.9
5951	4200			
462803	217895	72008.7	39491.1	37620.1

C−2−8 儿童福利和救助

地区	单位数	按登记类型分		
		编制部门登记	民政部门登记	一个机构多块牌子
全国	**925**	**464**	**28**	**433**
北京	13	11		2
天津	19	2		17
河北	21	14		7
山西	26	5	2	19
内蒙古	15	8		7
辽宁	16	2	6	8
吉林	14	12	1	1
黑龙江	19	15		4
上海	9	2		7
江苏	51	12		39
浙江	64	24	1	39
安徽	33	20		13
福建	19	12	2	5
江西	15	8		7
山东	31	16		15
河南	33	21	1	11
湖北	60	18		42
湖南	46	24	1	21
广东	70	42	1	27
广西	55	14		41
海南	2	1	1	
重庆	5	5		
四川	116	42	1	73
贵州	34	18	1	15
云南	26	26		
西藏	9	9		
陕西	18	13	1	4
甘肃	17	11	4	2
青海	11	5	4	2
宁夏	11	7		4
新疆	47	45	1	1

保护机构总表

单位：个

按床位数分						
0～49张	50～99张	100～199张	200～299张	300～399张	400～499张	500张以上
423	**157**	**179**	**71**	**40**	**24**	**31**
2	2	5	2			2
16	1	1				1
12	5	3	1			
16	4	2	4			
5	3	2	2	2		1
9	4	2				1
5	1	5	1	1		1
2	1	12	3			1
7	1					1
26	10	8	3	2	1	1
45	10	3	1	4		1
5	6	10	8	1	2	1
8	2	5	3	1		
9	1	2	1		2	
15	2	4	5	3	1	1
13	9	6	1		3	1
36	10	10	2		1	1
19	13	12		1	1	
38	12	10	5	3		2
30	10	8	4	2	1	
1	1					
		3				2
72	11	15	10	6	1	1
9	7	9	5	2	1	1
5	7	12	1			1
		1			3	5
5	2	5	2	1	1	2
3	6	2	3	3		
4	4	1				2
2	5	2	1	1		
4	7	19	3	7	6	1

C-2-8续表1

地区	年末职工人数	#女性	按登记类型分		
			编制部门登记	民政部门登记	一个机构多块牌子
全国	**17366**	**11169**	**12390**	**239**	**4737**
北京	582	423	539		43
天津	239	149	117		122
河北	350	211	193		157
山西	342	197	158	18	166
内蒙古	488	228	348		140
辽宁	308	179	97	60	151
吉林	418	203	400	7	11
黑龙江	418	239	385		33
上海	372	287	306		66
江苏	858	555	467		391
浙江	818	568	497	3	318
安徽	689	436	537		152
福建	304	221	235	17	52
江西	401	241	276		125
山东	681	449	506		175
河南	943	633	639	5	299
湖北	783	522	411		372
湖南	534	276	293	23	218
广东	2010	1318	1603	20	387
广西	1227	893	707		520
海南	15	12	9	6	
重庆	282	220	282		
四川	1134	693	653	4	477
贵州	530	355	300	10	220
云南	319	197	319		
西藏	332	224	332		
陕西	436	280	361	8	67
甘肃	459	298	422	17	20
青海	119	36	79	36	4
宁夏	315	249	271		44
新疆	660	377	648	5	7

单位：人

受教育程度		职业资格水平		按人员性质分	
大学专科人数	大学本科及以上人数	助理社会工作师人数	社会工作师人数	管理人员	专业技术技能人员
4428	**7054**	**1040**	**1478**	**5578**	**11788**
134	340	12	25	162	420
60	154	9	22	134	105
143	88	38	31	121	229
77	159	13	24	95	247
115	268	16	61	168	320
128	135	11	13	119	189
50	83	4	16	110	308
121	188	11	37	183	235
87	241	20	48	84	288
170	452	125	97	195	663
121	401	98	111	289	529
143	225	37	72	217	472
64	130	24	42	73	231
144	82	14	5	128	273
171	426	34	140	188	493
254	393	67	81	292	651
247	311	40	43	302	481
189	170	23	36	216	318
428	674	106	104	697	1313
242	431	92	71	282	945
3	1			10	5
53	219	12	77	103	179
361	361	62	103	471	663
143	237	25	39	179	351
71	163	14	35	131	188
82	67	30	7	107	225
113	227	39	35	131	305
108	111	7	22	124	335
30	15	19	5	28	91
99	102	23	36	56	259
277	200	15	40	183	477

C-2-8续表2

地区	年龄结构			
	35岁及以下人数	36岁至45岁人数	46岁至55岁人数	56岁及以上人数
全国	**5446**	**6535**	**4471**	**914**
北京	155	209	193	25
天津	63	106	64	6
河北	101	153	76	20
山西	81	127	102	32
内蒙古	161	173	114	40
辽宁	84	99	90	35
吉林	134	138	92	54
黑龙江	106	157	122	33
上海	150	160	56	6
江苏	294	322	207	35
浙江	233	259	252	74
安徽	211	241	197	40
福建	94	92	102	16
江西	161	115	107	18
山东	305	227	122	27
河南	332	355	202	54
湖北	255	296	196	36
湖南	153	196	154	31
广东	516	777	635	82
广西	286	504	372	65
海南	3	9	2	1
重庆	78	143	54	7
四川	375	416	295	48
贵州	183	197	121	29
云南	116	147	44	12
西藏	182	106	38	6
陕西	123	195	94	24
甘肃	202	143	101	13
青海	16	72	21	10
宁夏	108	120	76	11
新疆	185	281	170	24

单位：人、张

年末床位数	按登记类型分		
	编制部门登记	民政部门登记	一个机构多块牌子
101354	**78399**	**1884**	**21071**
3043	3021		22
937	722		215
1037	805		232
1603	760	160	683
2132	1839		293
1193	631	82	480
3244	3044	100	100
3525	3045		480
1139	1080		59
4404	2081		2323
3845	2871	1	973
5789	4119		1670
1953	1453	129	371
1472	1267		205
4012	2594		1418
3914	3336	7	571
4098	2415		1683
3498	2286	180	1032
5762	4192	110	1460
3678	1541		2137
62	12	50	
2529	2529		
8787	6074	20	2693
4254	2926	150	1178
2839	2839		
4727	4727		
3104	2960	50	94
2502	2127	305	70
1954	1320	520	114
1070	700		370
9248	9083	20	145

C-2-8续表3

地　区	年末在院人数	#女性	按登记类型分		
			编制部门登记	民政部门登记	一个机构多块牌子
全　国	**42246**	**14112**	**36509**	**1046**	**4691**
北　京	1124	372	1124		
天　津	513	192	506		7
河　北	352	94	318		34
山　西	757	231	575	49	133
内蒙古	1020	163	1004		16
辽　宁	499	172	313	44	142
吉　林	1444	117	1378	51	15
黑龙江	1294	362	1226		68
上　海	848	422	848		
江　苏	1690	678	1148		542
浙　江	1190	438	945	1	244
安　徽	2490	895	2086		404
福　建	789	325	629	74	86
江　西	488	148	414		74
山　东	1424	504	1081		343
河　南	2029	688	2017	7	5
湖　北	1383	598	977		406
湖　南	1097	519	910	23	164
广　东	2454	1026	2059	62	333
广　西	1546	601	757		789
海　南	16	8		16	
重　庆	560	202	560		
四　川	2592	1034	2127	7	458
贵　州	1577	749	1127	84	366
云　南	1415	521	1415		
西　藏	2923	734	2923		
陕　西	1781	571	1743	37	1
甘　肃	1356	342	1173	183	
青　海	1073	204	678	388	7
宁　夏	315	111	291		24
新　疆	4207	1091	4157	20	30

单位：人、万元

政府会计制度准则（事业单位）财务指标			民间非营利组织会计制度财务指标		
固定资产原价	本年收入合计	本年支出合计	固定资产原价	本年收入合计	本年费用合计
844766.3	**458191.0**	**462427.5**	**2083.9**	**1273.6**	**1392.9**
29526.5	29474.2	29863.3			
9310.9	7004.7	7386.8			
7303.3	2748.7	2912.3			
2856.8	11409.1	11339.9	122.1	109.2	97.2
33550.5	9008.8	9609.5			
7398.9	3967.6	3774.9	188.0	126.1	314.3
12038.8	11811.6	11522.6	50.0	5.0	2.0
52493.8	10217.7	10459.5			
21420.8	20719.4	20482.7			
42000.0	22766.9	22790.8			
19840.7	26965.6	25329.6	25.0	15.0	10.0
37333.4	14295.7	13871.4			
9201.9	7597.6	7352.6	598.9	190.3	182.7
6693.6	2796.5	2627.6			
53162.3	14466.2	14586.9			
23758.4	12535.1	12500.1	5.0	1.6	1.6
25749.4	13303.4	13340.5			
13741.5	6388.1	6393.4	305.0	352.2	314.2
67973.9	51116.7	52469.6	518.8	285.1	316.1
140835.3	89889.3	89597.5			
34.7			3.0	65.3	67.9
12154.9	9947.7	10206.1			
39831.5	10145.2	12285.6	0.5		11.0
11710.9	7504.0	7426.9	112.0	70.0	
22447.5	6243.9	6917.3			
29757.7	10545.0	12497.5			
31694.3	25002.0	23802.7	12.5	48.8	43.7
21599.3	5493.4	5499.5	28.0	2.0	28.2
3073.3	81.9	162.8	105.1	3.0	3.0
16764.3	5300.5	4759.9			
39507.2	9444.5	10657.7	10.0		1.0

C−2−9 儿童

地 区	单位数	按床位数量分						
		0～49张	50～99张	100～199张	200～299张	300～399张	400～499张	500张以上
全 国	**529**	**119**	**97**	**154**	**65**	**39**	**24**	**31**
北 京	10		2	5	1			2
天 津	2			1				1
河 北	12	6	3	2	1			
山 西	9	2	2	1	4			
内蒙古	8	1		2	2	2		1
辽 宁	14	7	4	2				1
吉 林	14	5	1	5	1	1		1
黑龙江	13	1	1	7	3			1
上 海	2		1					1
江 苏	14	1		8	1	2	1	1
浙 江	29	12	8	3	1	4		1
安 徽	27	3	5	8	7	1	2	1
福 建	15	5	1	5	3	1		
江 西	8	2	1	2	1		2	
山 东	13	1		2	5	3	1	1
河 南	18	4	5	4	1		3	1
湖 北	22	8	4	6	2		1	1
湖 南	26	6	7	11		1	1	
广 东	43	17	8	8	5	3		2
广 西	19	1	6	5	4	2	1	
海 南	1		1					
重 庆	5			3				2
四 川	55	20	6	14	8	5	1	1
贵 州	25	4	3	9	5	2	1	1
云 南	22	1	7	12	1			1
西 藏	9			1			3	5
陕 西	14	2	1	5	2	1	1	2
甘 肃	15	2	5	2	3	3		
青 海	11	4	4	1				2
宁 夏	7		4	1	1	1		
新 疆	47	4	7	19	3	7	6	1

注：儿童福利机构不含设有儿童部的社会福利院。

福利机构

单位：个、人

年末职工人数	#女性	受教育程度		职业资格水平		按人员性质分	
		大学专科人数	大学本科及以上人数	助理社会工作师人数	社会工作师人数	管理人员	专业技术技能人员
13741	**9500**	**3360**	**5513**	**762**	**1165**	**3687**	**10054**
503	383	112	295	9	20	115	388
117	83	29	76	7	19	40	77
194	129	72	38	13	12	31	163
201	130	40	103	8	15	49	152
348	191	76	186	15	45	94	254
295	177	121	130	11	13	109	186
418	203	50	83	4	16	110	308
372	228	110	173	11	37	147	225
306	261	83	199	19	43	40	266
582	466	106	368	77	78	82	500
609	445	90	301	63	87	223	386
639	425	123	208	36	70	199	440
287	212	59	118	24	33	61	226
314	219	103	65	10	2	96	218
526	375	134	317	29	99	134	392
608	427	145	255	47	63	182	426
476	386	135	224	24	25	123	353
365	215	122	89	11	27	105	260
1638	1144	339	451	68	60	441	1197
930	741	157	325	78	46	127	803
6	5	1	1			1	5
282	220	53	219	12	77	103	179
791	547	234	259	52	73	261	530
465	322	126	201	22	32	134	331
276	186	67	154	12	32	92	184
332	224	82	67	30	7	107	225
369	229	102	196	11	34	115	254
439	293	101	106	6	22	111	328
119	36	30	15	19	5	28	91
274	221	81	91	19	33	44	230
660	377	277	200	15	40	183	477

C−2−9续表1

地 区	年龄结构			
	35岁及以下人数	36岁至45岁人数	46岁至55岁人数	56岁及以上人数
全 国	**4333**	**5170**	**3560**	**678**
北 京	135	177	172	19
天 津	19	64	31	3
河 北	43	84	53	14
山 西	43	73	67	18
内蒙古	129	136	74	9
辽 宁	83	96	85	31
吉 林	134	138	92	54
黑龙江	82	137	120	33
上 海	124	138	41	3
江 苏	223	176	163	20
浙 江	178	194	181	56
安 徽	192	226	183	38
福 建	84	91	98	14
江 西	137	75	85	17
山 东	246	167	91	22
河 南	203	246	134	25
湖 北	164	187	105	20
湖 南	108	136	101	20
广 东	387	655	532	64
广 西	198	401	288	43
海 南	1	2	2	1
重 庆	78	143	54	7
四 川	296	271	193	31
贵 州	157	181	102	25
云 南	109	114	41	12
西 藏	182	106	38	6
陕 西	117	158	76	18
甘 肃	195	138	96	10
青 海	16	72	21	10
宁 夏	85	107	71	11
新 疆	185	281	170	24

单位：人、张、人天、个、平方米

年末床位数	年在院总人天数	年末在院人数	#女性	设有儿童部的社会福利院	家庭寄养儿童数量	机构建筑面积
89133	**12862427**	**41598**	**14017**	**600**	**5600**	**3249098**
2791	413188	1124	372	2	32	113467
722	186923	506	187		102	20839
757	115300	331	88	14	156	24600
1200	316185	756	231	16	493	43907
1839	287069	1004	155	7	6	81394
1153	148236	499	172	16	80	13891
3244	834469	1444	117	4	24	249111
2741	225105	1026	361	6	77	113290
1080	322108	848	422		129	40426
3151	564766	1640	678	30	185	118096
3398	417396	1187	436	25	50	185018
5239	838583	2457	886	39	9	169733
1884	240581	788	325	28	327	64634
1381	170399	488	148	47	6	61667
3521	439039	1419	503	8	1170	129655
3195	719447	2006	680	52	163	139283
2990	439178	1351	596	34	181	97333
2750	302293	1085	517	32	772	78348
4948	849958	2413	1011	68	53	199897
2792	472517	1516	594	27	213	118018
50	5475	16	8	3	5	2002
2529	196200	560	202	10	1	124900
6853	723480	2489	1005	43	229	210325
3940	501447	1576	749	25	50	86489
2754	293014	1415	521	8	611	102007
4727	640267	2923	734		153	124993
3010	537131	1780	571	10	150	108865
2432	368888	1356	342	16	9	95844
1954	220181	1073	204	5		59542
860	80875	315	111	1	83	32806
9248	992729	4207	1091	24	81	238718

C−2−9续表2

地区	政府会计制度准则（事业单位）财务指标		
	固定资产原价	本年收入合计	本年支出合计
全　国	**710374.8**	**365621.6**	**368151.0**
北　京	29431.2	27903.9	28350.6
天　津	9310.9	7004.7	7386.8
河　北	6246.5	2733.7	2897.3
山　西	2856.8	11409.1	11339.9
内蒙古	33550.5	9008.8	9609.5
辽　宁	7398.9	3967.6	3774.9
吉　林	12038.8	11811.6	11522.6
黑龙江	51243.8	9909.3	10147.7
上　海	21420.8	20719.4	20482.7
江　苏	41868.7	22570.1	22531.0
浙　江	19794.5	25377.9	23712.1
安　徽	37333.4	14213.4	13789.1
福　建	9196.9	7590.6	7345.6
江　西	6693.6	2791.5	2623.6
山　东	53136.6	14334.1	14454.8
河　南	23426.1	12282.4	12165.0
湖　北	25699.4	13246.8	13284.9
湖　南	13518.6	6059.8	6005.1
广　东	56471.0	43365.1	43204.6
广　西	22814.6	10769.3	10477.5
海　南			
重　庆	12154.9	9947.7	10206.1
四　川	38399.8	9250.3	11391.9
贵　州	11645.9	7321.0	7244.9
云　南	22327.5	6166.2	6822.7
西　藏	29757.7	10545.0	12497.5
陕　西	31694.3	25002.0	23802.7
甘　肃	21599.3	5493.4	5499.5
青　海	3073.3	81.9	162.8
宁　夏	16763.3	5300.5	4759.9
新　疆	39507.2	9444.5	10657.7

单位：万元

民间非营利组织会计制度财务指标		
固定资产原价	本年收入合计	本年费用合计
2083.9	**1273.6**	**1392.9**
122.1	109.2	97.2
188.0	126.1	314.3
50.0	5.0	2.0
25.0	15.0	10.0
598.9	190.3	182.7
5.0	1.6	1.6
305.0	352.2	314.2
518.8	285.1	316.1
3.0	65.3	67.9
0.5		11.0
112.0	70.0	
12.5	48.8	43.7
28.0	2.0	28.2
105.1	3.0	3.0
10.0		1.0

C-2-10 未成年人

地 区	单位数	按床位数量分				
		0～49张	50～99张	100～199张	200～299张	300～399张
全 国	**396**	**304**	**60**	**25**	**6**	**1**
北 京	3	2			1	
天 津	17	16	1			
河 北	9	6	2	1		
山 西	17	14	2	1		
内蒙古	7	4	3			
辽 宁	2	2				
吉 林						
黑龙江	6	1		5		
上 海	7	7				
江 苏	37	25	10		2	
浙 江	35	33	2			
安 徽	6	2	1	2	1	
福 建	4	3	1			
江 西	7	7				
山 东	18	14	2	2		
河 南	15	9	4	2		
湖 北	38	28	6	4		
湖 南	20	13	6	1		
广 东	27	21	4	2		
广 西	36	29	4	3		
海 南	1	1				
重 庆						
四 川	61	52	5	1	2	1
贵 州	9	5	4			
云 南	4	4				
西 藏						
陕 西	4	3	1			
甘 肃	2	1	1			
青 海						
宁 夏	4	2	1	1		
新 疆						

救助保护机构

单位：个、人

年末职工人数	#女性	受教育程度		职业资格水平		按人员性质分	
		大学专科人数	大学本科及以上人数	助理社会工作师人数	社会工作师人数	管理人员	专业技术技能人员
3625	**1669**	**1068**	**1541**	**278**	**313**	**1891**	**1734**
79	40	22	45	3	5	47	32
122	66	31	78	2	3	94	28
156	82	71	50	25	19	90	66
141	67	37	56	5	9	46	95
140	37	39	82	1	16	74	66
13	2	7	5			10	3
46	11	11	15			36	10
66	26	4	42	1	5	44	22
276	89	64	84	48	19	113	163
209	123	31	100	35	24	66	143
50	11	20	17	1	2	18	32
17	9	5	12		9	12	5
87	22	41	17	4	3	32	55
155	74	37	109	5	41	54	101
335	206	109	138	20	18	110	225
307	136	112	87	16	18	179	128
169	61	67	81	12	9	111	58
372	174	89	223	38	44	256	116
297	152	85	106	14	25	155	142
9	7	2				9	
343	146	127	102	10	30	210	133
65	33	17	36	3	7	45	20
43	11	4	9	2	3	39	4
67	51	11	31	28	1	16	51
20	5	7	5	1		13	7
41	28	18	11	4	3	12	29

C-2-10续表1

地区	年龄结构			
	35岁及以下人数	36岁至45岁人数	46岁至55岁人数	56岁及以上人数
全国	**1113**	**1365**	**911**	**236**
北京	20	32	21	6
天津	44	42	33	3
河北	58	69	23	6
山西	38	54	35	14
内蒙古	32	37	40	31
辽宁	1	3	5	4
吉林				
黑龙江	24	20	2	
上海	26	22	15	3
江苏	71	146	44	15
浙江	55	65	71	18
安徽	19	15	14	2
福建	10	1	4	2
江西	24	40	22	1
山东	59	60	31	5
河南	129	109	68	29
湖北	91	109	91	16
湖南	45	60	53	11
广东	129	122	103	18
广西	88	103	84	22
海南	2	7		
重庆				
四川	79	145	102	17
贵州	26	16	19	4
云南	7	33	3	
西藏				
陕西	6	37	18	6
甘肃	7	5	5	3
青海				
宁夏	23	13	5	
新疆				

单位：人、人次、张

救助人次数	有身份信息的救助人次数	#女性	#家暴庇护救助	无身份信息的救助人次数	床位数
9253	**8245**	**3493**	**28**	**1008**	**12221**
664	664	189			252
					215
43	43	12			280
444	184	89		260	403
2415	2411	1126	1	4	293
33	32	5		1	40
					784
261	251	72	9	10	59
110	106	34	5	4	1253
3	3	2			447
6	6	3			550
1				1	69
68	66	16		2	91
27	22	10		5	491
25	25	7			719
394	372	190		22	1108
350	342	152	4	8	748
469	391	102	5	78	814
148	137	80		11	886
5	5	2			12
11	11	6			
2153	2114	917	1	39	1934
62	60	27		2	314
1531	970	442		561	85
					94
					70
30	30	10	3		210

C-2-10续表2

地 区	年末在站人数	#女性	本年在站人天数	在站滞留三个月以上人数	残疾人
全 国	**648**	**95**	**157337**	**187**	**29**
北 京			664	3	
天 津	7	5	2555	7	1
河 北	21	6	7025	18	
山 西	1		734	1	
内蒙古	16	8	7386	18	1
辽 宁					
吉 林					
黑龙江	268	1	20116	1	
上 海			590	3	
江 苏	50		26372		
浙 江	3	2	320	1	
安 徽	33	9	12083	33	4
福 建	1		204	1	
江 西					
山 东	5	1	1100	3	3
河 南	23	8	8545	6	
湖 北	32	2	10434	4	2
湖 南	12	2	4798	11	3
广 东	41	15	20350	49	10
广 西	30	7	8892	21	5
海 南					
重 庆					
四 川	103	29	24161	5	
贵 州	1		686	1	
云 南			3		
西 藏					
陕 西	1		77		
甘 肃			20		
青 海					
宁 夏			222	1	
新 疆					

单位：人、人天、平方米、万元

机构建筑面积	政府会计制度准则（事业单位）财务指标		
	固定资产原价	本年收入合计	本年支出合计
460030	**134391.5**	**92569.4**	**94276.5**
13320	95.3	1570.3	1512.7
12410			
9430	1056.8	15.0	15.0
7334			
14393			
8102	1250.0	308.4	311.8
2648			
42010	131.3	196.8	259.8
48205	46.2	1587.7	1617.5
9051		82.3	82.3
2420	5.0	7.0	7.0
13898		5.0	4.0
10123	25.7	132.1	132.1
50591	332.3	252.7	335.1
11798	50.0	56.6	55.6
20145	222.9	328.3	388.3
75828	11502.9	7751.6	9265.0
34119	118020.7	79120.0	79120.0
798	34.7		
51618	1431.7	894.9	893.7
11261	65.0	183.0	182.0
3468	120.0	77.7	94.6
2880			
4180			
	1.0		

C−2−11　其他提供

地　区	单位数	按登记类型分		
		编制部门登记	民政部门登记	一个机构多块牌子
全　国	**1756**	**1480**	**107**	**169**
中央级	1	1		
北　京	19	19		
天　津	10	10		
河　北	55	50	1	4
山　西	50	34	1	15
内蒙古	45	35	7	3
辽　宁	62	9		53
吉　林	48	48		
黑龙江	59	59		
上　海	25	21	4	
江　苏	95	70	23	2
浙　江	54	50		4
安　徽	58	52	2	4
福　建	50	43	1	6
江　西	51	50	1	
山　东	58	53		5
河　南	108	96	4	8
湖　北	83	73		10
湖　南	119	109	10	
广　东	100	88	6	6
广　西	67	65		2
海　南	5	4	1	
重　庆	48	46	2	
四　川	172	124	10	38
贵　州	48	41	7	
云　南	80	76	4	
西　藏	4	4		
陕　西	80	73	2	5
甘　肃	51	32	15	4
青　海	10	5	5	
宁　夏	9	8	1	
新　疆	32	32		

住宿机构总表

单位：个

按床位数分						
0～49张	50～99张	100～199张	200～299张	300～399张	400～499张	500张以上
1077	**401**	**181**	**59**	**22**	**6**	**10**
		1				
6	7	2	2	1		1
7	1	2				
37	12	3	3			
37	6	5	1			1
28	11	6				
24	22	12	4			
35	9	3	1			
48	6	4			1	
11	9		2			3
53	23	11	4	3	1	
23	25	4	1			1
26	17	12		1	1	1
35	10	1	3	1		
40	4	5	1			1
39	13	3	3			
62	28	14	3	1		
54	18	8	3			
62	36	17	2	1	1	
53	20	14	5	5	2	1
45	16	5	1			
1		3	1			
19	21	3	4	1		
106	35	21	9			1
32	9	6		1		
63	13	2	1	1		
3				1		
59	14	4	1	2		
34	8	6	1	2		
9			1			
7		1	1			
19	8	3	1	1		

C-2-11续表1

地　区	年末职工人数	#女性	按登记类型分		
			编制部门登记	民政部门登记	一个机构多块牌子
全　国	**21057**	**8746**	**18038**	**1327**	**1692**
中央级	254	176	254		
北　京	535	234	535		
天　津	222	90	222		
河　北	741	380	696	7	38
山　西	552	224	425	17	110
内蒙古	399	123	358	23	18
辽　宁	642	198	75		567
吉　林	661	254	661		
黑龙江	717	194	717		
上　海	844	533	767	77	
江　苏	883	390	830	49	4
浙　江	607	250	588		19
安　徽	583	220	547	25	11
福　建	374	116	343	9	22
江　西	447	136	438	9	
山　东	932	446	848		84
河　南	1275	492	1069	99	107
湖　北	873	327	773		100
湖　南	1279	473	1201	78	
广　东	2163	847	1812	295	56
广　西	714	281	579		135
海　南	88	31	78	10	
重　庆	536	247	496	40	
四　川	1600	784	1163	119	318
贵　州	432	206	324	108	
云　南	611	248	542	69	
西　藏	34	11	34		
陕　西	982	379	850	38	94
甘　肃	605	269	384	212	9
青　海	82	10	44	38	
宁　夏	85	38	80	5	
新　疆	305	139	305		

单位：人

受教育程度		职业资格水平		按人员性质分	
大学专科人数	大学本科及以上人数	助理社会工作师人数	社会工作师人数	管理人员	专业技术技能人员
6642	**8385**	**879**	**1206**	**11187**	**9870**
44	209		3	34	220
65	374	40	20	463	72
40	157	8	9	175	47
214	275	35	33	256	485
184	224	12	37	302	250
122	194	4	24	219	180
221	203	6	17	405	237
181	197	1	5	392	269
233	165	22	23	388	329
185	343	37	45	370	474
207	466	59	99	484	399
175	321	23	53	332	275
157	249	30	44	317	266
95	219	27	47	291	83
163	126	13	11	271	176
376	402	29	131	322	610
356	370	32	82	702	573
319	241	29	40	449	424
540	441	64	57	608	671
710	951	199	116	1057	1106
208	265	36	42	445	269
20	45	2	8	37	51
160	267	21	25	331	205
565	516	48	102	773	827
165	166	21	24	247	185
174	307	41	55	351	260
15	13			21	13
370	285	27	23	559	423
233	172	9	17	292	313
13	16		7	40	42
27	47	1	5	59	26
105	159	3	2	195	110

C-2-11续表2

地区	年龄结构				年末床位数
	35岁及以下人数	36岁至45岁人数	46岁至55岁人数	56岁及以上人数	
全　国	**6225**	**7540**	**5527**	**1765**	**95393**
中央级	136	85	24	9	171
北　京	127	220	145	43	2037
天　津	71	77	56	18	463
河　北	205	297	179	60	2469
山　西	163	212	128	49	2428
内蒙古	85	124	132	58	1806
辽　宁	135	252	185	70	4031
吉　林	174	260	195	32	1874
黑龙江	142	232	267	76	2248
上　海	275	349	163	57	3289
江　苏	292	281	216	94	5620
浙　江	171	210	179	47	3429
安　徽	190	181	152	60	4577
福　建	103	127	103	41	2427
江　西	129	163	111	44	2108
山　东	399	264	174	95	2742
河　南	417	465	299	94	5859
湖　北	231	327	251	64	3800
湖　南	392	482	337	68	6238
广　东	655	687	630	191	8500
广　西	169	233	241	71	2406
海　南	22	36	23	7	657
重　庆	127	179	184	46	3086
四　川	482	575	381	162	9491
贵　州	151	143	104	34	2240
云　南	139	244	184	44	2345
西　藏	9	21	3	1	328
陕　西	287	423	210	62	3370
甘　肃	251	194	127	33	2772
青　海	15	29	25	13	321
宁　夏	19	30	27	9	545
新　疆	62	138	92	13	1716

单位：人、张、人天

按机构登记类型分			年在院（站）总人天数	年末在院（站）人数	#女性
编制部门登记	民政部门登记	一个机构多块牌子			
82268	**5689**	**7436**	**5893171**	**19634**	**5180**
171			36221	65	26
2037			162808	438	117
463			39973	173	66
2357	40	72	176362	577	237
1986		442	191223	464	76
1277	395	134	84495	282	45
690		3341	69443	310	8
1874			1729	8	1
2248			111249	524	82
3046	243		751180	2067	783
5578	36	6	373840	1000	306
3320		109	283367	739	232
4432	35	110	206392	914	269
2280	25	122	70636	259	112
2108			58773	230	72
2568		174	172873	580	166
5047	390	422	256456	1114	289
3290		510	355283	929	155
5541	697		338292	1648	235
7323	930	247	786205	2359	843
2201		205	165243	377	74
472	185		67192	118	14
2936	150		178045	549	175
7141	967	1383	421508	1785	339
2030	210		90455	280	48
2272	73		188487	536	155
328					
3279	20	71	106557	600	52
1514	1170	88	82280	549	165
238	83		6258	33	1
505	40		10130	43	21
1716			50216	84	16

C-2-11续表3

地 区	政府会计制度准则（事业单位）财务指标		
	固定资产原价	本年收入合计	本年支出合计
全 国	**760791.3**	**549779.6**	**531934.3**
中央级	18288.5	21235.9	12568.8
北 京	211659.5	26344.8	28020.3
天 津	16045.6	8269.3	8377.5
河 北	24419.6	15911.5	16302.0
山 西	7703.2	12025.1	12282.7
内蒙古	10835.5	7582.0	7878.5
辽 宁	867.6	677.3	697.0
吉 林	12007.0	9517.3	9984.4
黑龙江	13646.1	10838.9	10978.2
上 海	42893.7	50407.2	44542.8
江 苏	22851.8	42130.0	36806.2
浙 江	12082.0	26372.7	26406.6
安 徽	27255.0	13988.5	14537.8
福 建	12691.9	12694.2	12351.9
江 西	11218.6	8478.1	7558.1
山 东	24588.6	20564.1	19729.2
河 南	17018.6	17759.1	18031.9
湖 北	19339.0	20606.7	20460.3
湖 南	31158.4	28669.7	25694.8
广 东	79482.4	96012.6	96771.4
广 西	10427.4	13970.2	13831.8
海 南	2476.8	3238.7	3238.1
重 庆	13236.5	13596.7	13122.9
四 川	22748.6	21007.7	21999.9
贵 州	14231.4	6328.4	6732.6
云 南	15548.2	11021.9	11530.7
西 藏	5389.7	774.0	823.2
陕 西	26763.2	14946.7	15196.8
甘 肃	13035.7	5119.4	5241.4
青 海	354.2	773.9	773.9
宁 夏	1971.0	1758.7	1811.4
新 疆	18556.0	7158.3	7651.2

单位：万元

民间非营利组织会计制度财务指标		
固定资产原价	本年收入合计	本年费用合计
74110.8	**8572.7**	**8038.4**
258.9		102.1
88.0	13.0	21.0
692.0	1009.0	723.5
353.0	16.0	68.4
165.0	5.5	215.5
2.2	34.8	35.3
5.0		
1189.5	788.5	814.4
3253.7	232.1	208.9
887.8	3043.4	3205.5
59003.0		40.0
84.0	264.5	264.5
1774.2	277.0	110.6
1550.0	508.0	775.2
49.8	174.1	145.9
4685.7	2189.8	1304.5
49.0	2.0	0.1
20.0	15.0	3.0

C-2-12 流浪乞讨人员

地区	单位数	按床位数量分						
		0～49张	50～99张	100～199张	200～299张	300～399张	400～499张	500张以上
全国	**1573**	**983**	**358**	**156**	**49**	**16**	**5**	**6**
北京	19	6	7	2	2	1		1
天津	10	7	1	2				
河北	48	34	10	2	2			
山西	47	34	6	5	1			1
内蒙古	37	23	9	5				
辽宁	60	24	22	10	4			
吉林	48	35	9	3	1			
黑龙江	58	48	6	4				
上海	17	9	6		1			1
江苏	69	30	22	10	4	2	1	
浙江	53	23	25	4	1			
安徽	54	23	17	12			1	1
福建	44	32	7	1	3	1		
江西	50	39	4	5	1			1
山东	57	39	13	3	2			
河南	100	60	24	12	3	1		
湖北	83	54	18	8	3			
湖南	104	56	31	13	2	1	1	
广东	92	50	18	12	5	5	2	
广西	67	45	16	5	1			
海南	4	1		2	1			
重庆	37	17	17	1	2			
四川	142	95	25	16	5			1
贵州	38	24	8	5		1		
云南	75	60	12	2	1			
西藏	4	3				1		
陕西	77	57	13	4	1	2		
甘肃	34	26	4	4				
青海	5	4			1			
宁夏	8	6		1	1			
新疆	32	19	8	3	1	1		

救助管理机构

单位：个、人

年末职工人数	#女性	受教育程度		职业资格水平		按人员性质分	
		大学专科人数	大学本科及以上人数	助理社会工作师人数	社会工作师人数	管理人员	专业技术技能人员
17258	**6342**	**5511**	**7292**	**759**	**1077**	**10298**	**6960**
535	234	65	374	40	20	463	72
222	90	40	157	8	9	175	47
534	226	156	200	35	33	242	292
461	186	162	186	9	32	233	228
371	102	120	190	4	22	209	162
616	187	218	201	6	17	396	220
661	254	181	197	1	5	392	269
564	186	223	162	22	21	338	226
336	137	81	227	27	31	290	46
787	326	184	449	54	94	453	334
560	220	153	297	22	45	306	254
520	197	153	231	22	41	294	226
317	100	84	186	26	47	243	74
438	131	161	125	13	11	270	168
636	229	173	356	29	130	313	323
1151	408	346	369	31	73	620	531
873	327	319	241	29	40	449	424
951	281	445	292	48	50	561	390
1861	630	588	863	170	103	1015	846
714	281	208	265	36	42	445	269
78	27	16	39	2	8	33	45
364	139	103	227	19	24	313	51
1201	500	439	452	41	90	683	518
307	131	96	152	18	17	219	88
464	165	157	246	19	25	324	140
34	11	15	13			21	13
918	331	359	260	16	22	537	381
355	125	130	120	8	17	177	178
44	8	5	9		1	31	13
80	34	26	47	1	5	58	22
305	139	105	159	3	2	195	110

C-2-12续表1

地　区	年龄结构				流浪乞讨人员救助*	总救助人次数
	35岁及以下人数	36岁至45岁人数	46岁至55岁人数	56岁及以上人数		
全　国	**4817**	**6359**	**4705**	**1377**	**750592**	**511849**
北　京	127	220	145	43	22758	7699
天　津	71	77	56	18	2762	1932
河　北	159	213	118	44	26489	14306
山　西	145	163	109	44	38733	21762
内蒙古	79	112	123	57	15730	10683
辽　宁	120	245	181	70	32232	22529
吉　林	174	260	195	32	9730	5406
黑龙江	140	193	184	47	12977	9078
上　海	124	118	69	25	12091	9615
江　苏	274	249	198	66	25344	18033
浙　江	159	196	160	45	34754	24301
安　徽	172	172	127	49	26896	18807
福　建	95	112	81	29	13465	10815
江　西	127	161	107	43	14844	10313
山　东	207	218	151	60	15965	11138
河　南	365	429	272	85	36742	25652
湖　北	231	327	251	64	32135	24176
湖　南	241	387	270	53	94897	68138
广　东	487	625	578	171	71768	50491
广　西	169	233	241	71	24090	20922
海　南	17	34	21	6	1705	3726
重　庆	85	111	131	37	15506	10833
四　川	367	458	299	77	62748	41398
贵　州	95	119	77	16	13566	9440
云　南	108	199	137	20	26152	13245
西　藏	9	21	3	1	2160	2067
陕　西	281	387	194	56	31954	22412
甘　肃	104	139	92	20	12506	8781
青　海	6	15	17	6	6023	4212
宁　夏	17	28	26	9	2372	1065
新　疆	62	138	92	13	11498	8874

注：流浪乞讨人员救助包含“寒冬送温暖”专项救助数据。

单位：人、人次

在站救助人次数	有身份信息的救助人次数	#女性	#未成年人	#老年人	#家暴庇护救助	无身份信息的救助人次数
320610	**288764**	**39751**	**12584**	**37879**	**878**	**31846**
5284	5175	1292	117	920		109
1692	1670	124	63	99		22
10411	8103	1637	619	1090	54	2308
11836	10789	503	131	1631	13	1047
9189	7229	1655	267	890	31	1960
15544	15083	1715	226	4177	5	461
4394	3828	647	218	1011	4	566
4320	4087	710	170	1027	5	233
5759	5218	1030		300	3	541
15261	12788	1629	971	1144	4	2473
20519	16697	3032	732	1570	18	3822
8095	7123	1112	577	963	482	972
7806	7387	759	306	552	3	419
8418	7549	837	368	602	32	869
7045	5551	1118	269	805	8	1494
11703	8641	1928	629	1176	4	3062
17004	15560	2293	864	1910	7	1444
54993	54295	4009	1623	6910	155	698
20673	17497	2271	521	1215	3	3176
6696	4135	876	330	550	6	2561
2650	2589	284	72	485	1	61
7085	6877	866	531	744	8	208
20064	18845	3640	1277	3377	12	1219
6924	6640	1277	724	595	10	284
11628	10994	1060	40	950		634
1336	1291	304	120	118		45
16864	16065	1537	357	1930		799
4118	3869	1071	273	797	5	249
533	521	129	97	100		12
867	842	94	26	84	2	25
1899	1826	312	66	157	3	73

C-2-12续表2

地 区	本年不在站救助人次数	床位数	成年人床位数	未成年人床位数
全 国	**191239**	**81451**	**64393**	**17058**
北 京	2415	2037	1909	128
天 津	240	463	340	123
河 北	3895	1979	1359	620
山 西	9926	2398	1621	777
内蒙古	1494	1407	1111	296
辽 宁	6985	3787	2822	965
吉 林	1012	1874	1314	560
黑龙江	4758	1768	1459	309
上 海	3856	2001	1796	205
江 苏	2772	5084	4255	829
浙 江	3782	2729	2242	487
安 徽	10712	4219	3377	842
福 建	3009	2205	1559	646
江 西	1895	2108	1592	516
山 东	4093	2482	1916	566
河 南	13949	5319	3880	1439
湖 北	7172	3800	3024	776
湖 南	13145	5341	4445	896
广 东	29818	7570	6665	905
广 西	14226	2406	1938	468
海 南	1076	472	343	129
重 庆	3748	1760	1182	578
四 川	21334	6879	5481	1398
贵 州	2516	1948	1336	612
云 南	1617	1972	1695	277
西 藏	731	328	320	8
陕 西	5548	3294	2646	648
甘 肃	4663	1362	1000	362
青 海	3679	238	216	22
宁 夏	198	505	319	186
新 疆	6975	1716	1231	485

单位：人次、张、人、人天

年末在站人数	#女性	#未成年人	本年在站人天数
12790	**2897**	**599**	**4166590**
438	117	1	162808
173	66		39973
253	82	9	129595
461	76	32	190953
86	9	17	37775
230	1	45	62963
8	1		1729
281	4		22554
673	260	15	260459
824	233	67	296158
382	75	3	166275
684	143	68	138094
94	26	5	70301
230	72	12	58773
429	140	21	138833
893	241	77	191048
929	155	21	355283
1300	116	42	306803
2030	720	23	706106
377	74	37	165243
118	14	1	67192
107	18	4	44021
683	75	41	207945
148	26	4	46660
150	36	20	76132
563	47	19	106137
144	47	15	56130
2	1		331
16	6		10100
84	16		50216

C-2-12续表3

地　区	在站滞留三个月以上人数	#残疾人	#未成年人	机构建筑面积
全　国	**8247**	**4288**	**287**	**2780524**
北　京	445	336	10	153470
天　津	14	3		11401
河　北	297	135	25	63002
山　西	317	237	7	93016
内蒙古	46	4	18	51184
辽　宁	76	19		57961
吉　林	1			81548
黑龙江	13	4		48075
上　海	708	552	18	40398
江　苏	575	393	7	155225
浙　江	313	110	3	94919
安　徽	226	111	4	124719
福　建	112	77	11	68447
江　西	215	108	6	54299
山　东	440	197	3	92718
河　南	589	175	19	253235
湖　北	441	205	19	93714
湖　南	569	378	42	116013
广　东	1450	706	20	420460
广　西	502	196	14	54184
海　南	98			12366
重　庆	54	19	6	83388
四　川	224	102	8	171319
贵　州	108	13	4	54041
云　南	133	66	24	65526
西　藏				25506
陕　西	123	75	2	134191
甘　肃	12	6		27809
青　海				7064
宁　夏	21	5	16	16089
新　疆	125	56	1	55237

单位：人、平方米、万元

政府会计制度准则（事业单位）财务指标		
固定资产原价	本年收入合计	本年支出合计
682341.3	**469526.8**	**470111.1**
211659.5	26344.8	28020.3
16045.6	8269.3	8377.5
11249.8	11864.8	12241.4
6935.0	11966.9	12224.5
10835.5	7582.0	7878.5
867.6	677.3	697.0
12007.0	9517.3	9984.4
8812.0	6602.2	6741.5
27109.2	23519.9	23629.1
21041.8	41728.4	36413.6
11187.6	23892.9	23926.8
22971.1	13028.1	13577.3
10967.2	10533.6	10395.5
11218.6	8478.1	7558.1
22057.6	14584.1	14667.2
15281.5	17729.0	17981.8
19339.0	20606.7	20460.3
28027.2	22118.8	21962.8
79481.7	95951.0	96709.8
10427.4	13970.2	13831.8
2476.8	3238.7	3238.1
11126.7	12286.2	11938.1
19509.6	19943.7	20944.3
13667.7	6176.2	6580.4
13038.6	8585.2	9094.3
5389.7	774.0	823.2
25751.5	14946.7	14915.2
12977.6	4919.8	5061.8
354.2	773.9	773.9
1971.0	1758.7	1811.4
18556.0	7158.3	7651.2

C-2-13 其他提供

地区	单位数	按床位数量分						
		0～49张	50～99张	100～199张	200～299张	300～399张	400～499张	500张以上
全 国	**183**	**94**	**43**	**25**	**10**	**6**	**1**	**4**
中央级	1			1				
北 京								
天 津								
河 北	7	3	2	1	1			
山 西	3	3						
内蒙古	8	5	2	1				
辽 宁	2			2				
吉 林								
黑龙江	1						1	
上 海	8	2	3		1			2
江 苏	26	23	1	1		1		
浙 江	1							1
安 徽	4	3				1		
福 建	6	3	3					
江 西	1	1						
山 东	1				1			
河 南	8	2	4	2				
湖 北								
湖 南	15	6	5	4				
广 东	8	3	2	2				1
广 西								
海 南	1			1				
重 庆	11	2	4	2	2	1		
四 川	30	11	10	5	4			
贵 州	10	8	1	1				
云 南	5	3	1			1		
西 藏								
陕 西	3	2	1					
甘 肃	17	8	4	2	1	2		
青 海	5	5						
宁 夏	1	1						
新 疆								

住宿机构

单位：个、人

年末职工人数	#女性	受教育程度		职业资格水平		按人员性质分	
		大学专科人数	大学本科及以上人数	助理社会工作师人数	社会工作师人数	管理人员	专业技术技能人员
3799	**2404**	**1131**	**1093**	**120**	**129**	**889**	**2910**
254	176	44	209		3	34	220
207	154	58	75			14	193
91	38	22	38	3	5	69	22
28	21	2	4		2	10	18
26	11	3	2			9	17
153	8	10	3		2	50	103
508	396	104	116	10	14	80	428
96	64	23	17	5	5	31	65
47	30	22	24	1	8	26	21
63	23	4	18	8	3	23	40
57	16	11	33	1		48	9
9	5	2	1			1	8
296	217	203	46		1	9	287
124	84	10	1	1	9	82	42
328	192	95	149	16	7	47	281
302	217	122	88	29	13	42	260
10	4	4	6			4	6
172	108	57	40	2	1	18	154
399	284	126	64	7	12	90	309
125	75	69	14	3	7	28	97
147	83	17	61	22	30	27	120
64	48	11	25	11	1	22	42
250	144	103	52	1		115	135
38	2	8	7		6	9	29
5	4	1				1	4

C−2−13续表1

地　区	年龄结构				年末床位数
	35岁及以下人数	36岁至45岁人数	46岁至55岁人数	56岁及以上人数	
全　国	**1408**	**1181**	**822**	**388**	**13942**
中央级	136	85	24	9	171
北　京					
天　津					
河　北	46	84	61	16	490
山　西	18	49	19	5	30
内蒙古	6	12	9	1	399
辽　宁	15	7	4		244
吉　林					
黑龙江	2	39	83	29	480
上　海	151	231	94	32	1288
江　苏	18	32	18	28	536
浙　江	12	14	19	2	700
安　徽	18	9	25	11	358
福　建	8	15	22	12	222
江　西	2	2	4	1	
山　东	192	46	23	35	260
河　南	52	36	27	9	540
湖　北					
湖　南	151	95	67	15	897
广　东	168	62	52	20	930
广　西					
海　南	5	2	2	1	185
重　庆	42	68	53	9	1326
四　川	115	117	82	85	2612
贵　州	56	24	27	18	292
云　南	31	45	47	24	373
西　藏					
陕　西	6	36	16	6	76
甘　肃	147	55	35	13	1410
青　海	9	14	8	7	83
宁　夏	2	2	1		40
新　疆					

单位：人、张、人天

年在院总人天数	年末在院人数	#女性	按人员性质分		
			自费人员	特困人员	其他
1726581	**6844**	**2283**	**2219**	**3190**	**1435**
36221	65	26	11		54
46767	324	155	82	116	126
270	3				3
46720	196	36	188	8	
6480	80	7	5	49	26
88695	243	78		80	163
490721	1394	523	454	939	1
77682	176	73	96	80	
117092	357	157	10	339	8
68298	230	126	26	17	187
335	165	86	77	15	73
34040	151	26	4	124	23
65408	221	48		179	42
31489	348	119	142	164	42
80099	329	123	175	39	115
134024	442	157	196	182	64
213563	1102	264	486	491	125
43795	132	22		13	119
112355	386	119		194	192
420	37	5	16	21	
26150	405	118	216	120	69
5927	31		8	20	3
30	27	15	27		

C-2-13续表2

地区							康复和医疗门诊人次数
	按年龄分			按护理类型分			
	老年人	青壮年	少年儿童	自理（完全自理）	介助（半自理）	介护（不能自理）	
全　国	**3504**	**2843**	**497**	**2340**	**2252**	**2252**	**336553**
中央级	36	28	1	47	18		131133
北　京							
天　津							
河　北	223	101		35	234	55	240
山　西			3		2	1	
内蒙古	163	33		81	72	43	166
辽　宁	60	20		56	14	10	
吉　林							
黑龙江	220	23			203	40	9262
上　海	221	1121	52	82	388	924	1047
江　苏	176			146	30		935
浙　江	35	322		43	46	268	9642
安　徽	94	136		43	145	42	
福　建	138	24	3	150	12	3	9
江　西							
山　东	141	10		151			37741
河　南	172	26	23	57	54	110	31025
湖　北							
湖　南	186	124	38	180	103	65	31370
广　东	25	235	69	140	143	46	75026
广　西							
海　南							
重　庆	330	41	71	208	106	128	969
四　川	930	10	162	570	264	268	511
贵　州	25	106	1	108	24		232
云　南	42	271	73	109	90	187	5065
西　藏							
陕　西	32	4	1	5	17	15	
甘　肃	198	207		109	250	46	2180
青　海	30	1		5	25	1	
宁　夏	27			15	12		
新　疆							

单位：人、人次、平方米、万元

机构建筑面积	政府会计制度准则（事业单位）财务指标			民间非营利组织会计制度财务指标		
	固定资产原价	本年收入合计	本年支出合计	固定资产原价	本年收入合计	本年费用合计
785217	**78450.0**	**80252.8**	**61823.2**	**74110.8**	**8572.7**	**8038.4**
60000	18288.5	21235.9	12568.8			
38589	13169.8	4046.7	4060.6	258.9		102.1
46204	768.2	58.2	58.2			
5005				88.0	13.0	21.0
8000	4834.1	4236.7	4236.7			
83280	15784.5	26887.3	20913.7	692.0	1009.0	723.5
28734	1810.0	401.6	392.6	353.0	16.0	68.4
5000	894.4	2479.8	2479.8			
24245	4283.9	960.4	960.5	165.0	5.5	215.5
16492	1724.7	2160.6	1956.4	2.2	34.8	35.3
200				5.0		
7000	2531.0	5980.0	5062.0			
23210	1737.1	30.1	50.1	1189.5	788.5	814.4
40183	3131.2	6550.9	3732.0	3253.7	232.1	208.9
40022	0.7	61.6	61.6	887.8	3043.4	3205.5
100000				59003.0		40.0
67910	2109.8	1310.5	1184.8	84.0	264.5	264.5
54586	3239.0	1064.0	1055.6	1774.2	277.0	110.6
34925	563.7	152.2	152.2	1550.0	508.0	775.2
31820	2509.6	2436.7	2436.4	49.8	174.1	145.9
6905	1011.7		281.6			
57907	58.1	199.6	179.6	4685.7	2189.8	1304.5
3950				49.0	2.0	0.1
1050				20.0	15.0	3.0

C-2-14 不提供住宿的民政

地区	机构和设施数	市场监管部门登记	编制部门登记	民政部门登记	设施
全　国	**1012032**	**252**	**2209**	**42329**	**967242**
中央级	3		3		
北　京	10836	32	146	950	9708
天　津	7448	3	6	105	7334
河　北	83445	24	23	555	82843
山　西	28817		68	48	28701
内蒙古	5744	3	81	170	5490
辽　宁	26475	15	14	450	25996
吉　林	16769		106	46	16617
黑龙江	18308	7	86	487	17728
上　海	21960	3	141	3746	18070
江　苏	46302	9	100	18298	27895
浙　江	68853	2	77	7414	61360
安　徽	29926	1	57	304	29564
福　建	39792		31	1754	38007
江　西	45455		47	39	45369
山　东	97475	72	78	1141	96184
河　南	66147	51	104	777	65215
湖　北	51431	1	115	247	51068
湖　南	70771	2	129	436	70204
广　东	64665	3	163	1054	63445
广　西	27485	4	144	60	27277
海　南	3615		10	254	3351
重　庆	25283		41	753	24489
四　川	37555	13	98	1664	35780
贵　州	33430	3	68	55	33304
云　南	21277		84	38	21155
西　藏	5358		1	8	5349
陕　西	15829	1	81	498	15249
甘　肃	15431		60	376	14995
青　海	6524		6	303	6215
宁　夏	4673		10	48	4615
新　疆	14950	3	31	251	14665

服务机构和设施总表

单位：个、人

年末职工人数	#女性	按登记类型分			
		市场监管部门登记	编制部门登记	民政部门登记	设施
3666577	**1255940**	**1333**	**30172**	**213798**	**3421274**
217	99		217		
53441	29486	99	1824	5553	45965
34195	16002	10	108	987	33090
240348	71189	141	430	3994	235783
87059	30140		854	489	85716
25716	12738	15	1651	1070	22980
104238	52691	69	350	3677	100142
39263	18957		1705	226	37332
76913	30073	63	1059	2417	73374
138465	28186	35	3819	33303	101308
196792	62677	70	1128	77469	118125
260424	97940	3	1874	25826	232721
110755	40180	27	836	1423	108469
148313	46636		355	6591	141367
151083	40232		456	272	150355
313324	103107	201	1288	4487	307348
295052	81588	170	1121	5371	288390
158875	58482	17	1081	1450	156327
183231	64428	10	1143	2348	179730
238101	79079	16	2118	9157	226810
84636	27113	283	1103	392	82858
19910	5563		137	1571	18202
97132	41575		517	5467	91148
120000	42611	42	1098	10891	107969
119018	32575	21	977	452	117568
83222	25473		497	317	82408
32527	5745		33	81	32413
54765	21514	26	1164	2861	50714
37429	13646		572	1835	35022
23785	7130		124	2274	21387
14991	6585		250	189	14552
123357	62500	15	283	1358	121701

C-2-14续表1

地 区	受教育程度		职业资格水平	
	大学专科人数	大学本科及以上人数	助理社会工作师人数	社会工作师人数
全 国	**729445**	**398736**	**89929**	**50421**
中央级	4	213		3
北 京	13906	15182	4880	2501
天 津	6079	11374	3860	1673
河 北	29938	9533	1606	1679
山 西	16266	9933	1962	1352
内蒙古	7273	5584	620	410
辽 宁	31115	20747	6006	4080
吉 林	5310	2762	826	440
黑龙江	18779	11806	2531	1240
上 海	17840	11979	2940	2124
江 苏	33808	18809	5935	2893
浙 江	56918	44444	12903	7122
安 徽	28809	10046	1446	723
福 建	27289	12437	3670	2232
江 西	18211	6175	2241	582
山 东	64107	33653	4443	2481
河 南	44290	17868	2062	1210
湖 北	31941	10123	2861	1099
湖 南	44238	13474	2049	1002
广 东	48205	36732	10010	4580
广 西	10400	5973	897	337
海 南	2569	1091	102	58
重 庆	29262	15635	5926	2188
四 川	27698	11065	3749	1768
贵 州	24116	9660	657	241
云 南	15750	6637	514	167
西 藏	1862	1758	160	142
陕 西	11138	6565	1507	1255
甘 肃	9379	7191	630	428
青 海	5827	1702	748	654
宁 夏	3019	1200	263	93
新 疆	44099	27385	1925	3664

单位：人

年龄结构			
35岁及以下人数	36岁至45岁人数	46岁至55岁人数	56岁及以上人数
892443	**1247956**	**992664**	**416576**
59	103	33	22
13391	18522	14852	6075
12550	12160	6449	1270
53217	79121	73278	33122
18925	31460	26338	9736
7956	9675	5855	2019
24117	40956	26965	10028
7608	20703	10179	747
18987	30400	18735	7954
27599	37502	34364	37934
49524	76998	52412	16895
50755	70836	77866	49870
24215	43756	32110	6649
30920	49534	47043	19934
33213	63504	41071	12237
70632	102844	88871	39043
49939	91341	94549	56485
35472	62038	41639	14259
41175	60129	58422	21919
68528	72671	48243	14379
24486	27336	23368	7870
4351	7278	6020	2228
25516	26780	24645	8106
27799	40017	27802	9814
38885	44969	28477	5855
24814	29858	21077	6434
13996	9848	6342	2339
12364	18607	16405	4241
11643	14666	7816	2756
8629	9078	5040	1037
4437	6010	3677	867
56741	39256	22721	4452

C−2−14续表2

地　区	企业会计制度财务指标			
	固定资产原价	营业收入	费用合计	营业利润
全　国	**40381.4**	**19013.7**	**6307.9**	**-2057.6**
中央级				
北　京	781.9	1049.8	624.7	-283.2
天　津	87.0			-1.7
河　北	388.1		22.6	-14.6
山　西	0.1			
内蒙古	20.3			
辽　宁	68.3	10.5	7.2	-0.4
吉　林				
黑龙江				
上　海	3434.8	1293.3		-142.1
江　苏	1159.6		51.6	-53.8
浙　江	10.0	43.0	8.6	
安　徽	827.0	618.0		
福　建	145.2	131.5	134.4	-124.3
江　西	396.5	104.0	65.7	4.1
山　东	567.6	493.8	286.8	-173.7
河　南	546.8	96.2	52.4	-8.8
湖　北	663.0	591.0		
湖　南	1969.0	2280.5	1041.0	
广　东	7990.3	451.7	239.2	-131.8
广　西	300.0	50.0		-2.7
海　南	3.0			
重　庆	1079.1	264.8	212.4	-207.7
四　川	5751.2	11291.1	3519.4	-855.4
贵　州	23.4	49.5	5.9	7.5
云　南	44.9	6.2	3.1	
西　藏				
陕　西	14014.5	187.8	29.9	-70.0
甘　肃	1.0	1.0	3.0	1.0
青　海	1.0			
宁　夏				
新　疆	107.8			

单位：万元

政府会计制度准则（事业单位）财务指标			民间非营利组织会计制度财务指标		
固定资产原价	本年收入合计	本年支出合计	固定资产原价	本年收入合计	本年费用合计
1970596.9	**1524173.7**	**1500675.6**	**370722.2**	**744452.3**	**713915.0**
268258.9	123968.9	129449.4			
56490.7	139972.7	146685.8	6853.4	23644.9	17521.3
20015.0	8663.5	10709.5	1116.1	3787.3	930.5
48796.1	58285.6	55113.2	5309.6	3074.4	4753.8
47416.2	17258.8	14112.3	5066.6	2540.2	2478.1
63157.8	34160.3	27532.3	1432.0	411.9	695.5
105578.4	19171.6	18469.6	5101.9	1366.7	1766.1
19121.3	52869.8	42513.8	30.0	20.0	22.0
27505.0	43686.7	44129.5	594.0	308.0	154.2
31991.2	201872.1	183300.0	74426.8	335940.2	365823.8
127860.5	68470.6	63759.5	127243.6	220006.9	87550.3
74600.9	51022.4	52392.5	22020.3	21153.8	22366.8
66474.5	24707.9	23867.4	3950.7	2930.2	2205.4
19077.5	37030.9	34428.6	4206.8	2893.6	2554.9
52574.2	36257.1	36242.9	1215.1	537.2	151.4
228724.9	52218.3	54808.7	9214.7	7711.1	7413.8
89716.9	39929.0	40253.9	8591.5	3005.5	1098.6
78463.6	76445.7	64643.2	766.6	584.6	678.2
70363.6	40660.2	40584.8	2808.6	3807.7	1418.7
85800.7	78789.8	82695.4	28811.9	47138.4	57816.6
51774.5	41346.6	39992.1	434.9	2072.5	216.3
13778.7	11812.1	12116.0	135.5	98.0	98981.3
20650.5	69826.4	72735.9	3590.8	14789.2	14670.6
45231.0	45560.4	60010.9	31393.7	24121.6	14976.6
31462.5	24824.8	24688.4	2177.3	1093.1	999.9
61919.5	26449.4	26077.7	91.1	32.6	54.4
2282.3	3100.8	3123.6	6.0	1.4	
71776.0	45035.4	46114.3	13006.4	6772.5	3530.3
28213.8	13518.4	13625.0	4547.1	4075.0	966.6
11527.6	8199.5	8312.6	1724.4	7231.0	1268.3
14939.3	8041.9	7115.2	733.8	3263.4	438.7
35053.3	21016.1	21071.6	4121.0	39.4	412.0

C-2-15 社区综合服务

地　区	机构和设施数	#农村	年末职工人数	#女性
全　国	**590762**	**426315**	**2755795**	**960727**
北　京	8528	3921	45987	25504
天　津	5747	3600	27912	14254
河　北	51995	44831	185092	51583
山　西	21131	18090	66262	23579
内蒙古	2690	591	18812	9868
辽　宁	17131	11148	80000	40652
吉　林	12352	9939	34153	16558
黑龙江	13791	9190	64536	25657
上　海	8269	1329	64955	18553
江　苏	27815	10810	118442	37303
浙　江	32507	20928	196191	67950
安　徽	19320	13146	88230	33845
福　建	20833	16804	122570	38060
江　西	22229	16945	110208	27418
山　东	65780	57075	272501	91045
河　南	49864	40290	254377	66138
湖　北	25800	19531	105828	39592
湖　南	31961	24440	133482	45873
广　东	31950	21944	152372	60188
广　西	14417	11815	59478	17585
海　南	3250	2287	18521	5219
重　庆	12383	7701	70844	33934
四　川	18176	9656	73560	29194
贵　州	19811	14677	89999	24289
云　南	15877	12325	76375	23981
西　藏	5340	4110	32098	5507
陕　西	4313	1525	24013	11187
甘　肃	5686	3776	20145	7148
青　海	5178	3606	20213	5767
宁　夏	3019	2274	12529	5130
新　疆	13619	8011	116110	58166

单位：个、人

受教育程度		职业资格水平	
大学专科人数	大学本科及以上人数	助理社会工作师人数	社会工作师人数
595777	**332844**	**72867**	**40635**
12785	14501	4744	2339
5058	10802	3658	1486
24381	7777	1013	1439
13733	8718	1691	997
5754	4589	548	306
24772	17130	4927	3438
4007	2014	673	237
17182	10257	1977	927
12074	6917	1229	1380
21682	13075	3892	2011
51055	41376	12281	6938
24198	8283	1090	460
24193	11280	3300	2011
14493	4925	901	244
57840	28605	3842	2186
36312	14645	1429	604
22962	8071	2491	736
32219	9369	1567	717
38296	31188	8009	3174
8568	3256	692	204
2202	832	77	51
25540	14151	5373	1947
20699	8432	2958	1358
18016	6833	513	139
15172	6165	472	101
1813	1716	156	139
6263	4505	1124	936
5046	4726	221	141
4352	1414	719	590
2385	945	198	67
42725	26347	1102	3332

C-2-15续表

地　区	年龄结构				机构建筑面积	#农村
	35岁及以下人数	36岁至45岁人数	46岁至55岁人数	56岁及以上人数		
全　国	**733269**	**967770**	**762342**	**292414**	**196094810**	**131729247**
北　京	11971	16400	12556	5060	1340668	509770
天　津	11565	10585	4967	795	2395009	1121861
河　北	42628	58076	57599	26789	8223161	6230067
山　西	16405	25776	19041	5040	7612762	6094723
内蒙古	6224	6869	4144	1575	1268490	163695
辽　宁	19471	31694	20804	8031	5991779	3390424
吉　林	6471	18053	8978	651	1426278	1114100
黑龙江	16660	25868	16242	5766	4099735	2360471
上　海	20139	23787	15982	5047	3950249	1136818
江　苏	33584	44548	30029	10281	7548999	3079774
浙　江	44938	57766	63350	30137	14113449	9541717
安　徽	20358	36133	26691	5048	5831185	3882209
福　建	27691	41125	37359	16395	9206450	6745824
江　西	25207	52185	27198	5618	8164521	6065370
山　东	63890	90954	80130	37527	32217621	25769477
河　南	43194	77514	82736	50933	15180483	11147401
湖　北	26301	42064	28379	9084	8699117	6214072
湖　南	32972	42092	42474	15944	10375057	7503770
广　东	50918	54656	36034	10764	6888976	3962990
广　西	17534	19563	16588	5793	4134670	3248946
海　南	4051	6598	5691	2181	781577	569950
重　庆	22860	22178	19615	6191	7420312	3828893
四　川	20546	27663	18601	6750	5112606	2522931
贵　州	30969	33684	21167	4179	5174539	3709170
云　南	23743	27153	19520	5959	4899660	3607830
西　藏	13725	9763	6281	2329	1665823	1418811
陕　西	7413	8375	6510	1715	1578073	523360
甘　肃	6613	7955	4560	1017	1209337	723331
青　海	7536	7251	4542	884	1392943	985662
宁　夏	3687	5005	3099	738	914623	585652
新　疆	54005	36437	21475	4193	7276658	3970178

单位：人、平方米、万元

政府会计制度准则（事业单位）财务指标			民间非营利组织会计制度财务指标		
固定资产原价	本年收入合计	本年支出合计	固定资产原价	本年收入合计	本年费用合计
82621.7	**287479.0**	**277167.1**	**247991.3**	**665632.5**	**646061.1**
36698.7	115750.1	119054.2	6454.9	22118.8	16229.4
173.0	512.3	502.3	899.1	3679.3	822.5
440.3	944.7	861.8	1695.5	1524.6	2616.9
4251.5	651.1	1113.7	78.0	32.0	1.2
675.5	434.3	434.3	1326.0	308.9	614.5
1.0	29.0	29.0	4619.5	1310.4	1371.3
	15.3	15.3	30.0	20.0	22.0
1841.2	150.1	276.5	109.0	219.0	8.5
14791.4	133965.7	117916.1	65265.9	323198.6	353402.6
1123.8	5422.2	5390.4	77042.0	190524.1	63173.8
1541.2	2250.7	2625.6	18763.2	20248.9	21307.3
660.8	703.4	732.4	1108.5	775.1	570.7
20.6	105.3	105.3	3971.4	2640.9	2183.9
			2.0	5.3	1.8
4894.9	1255.2	1377.7	5344.5	4265.7	4234.6
140.8	298.7	298.7	5032.4	2892.6	722.5
2699.2	1345.6	1575.7	689.8	470.3	515.1
322.5	293.3	232.3	1699.0	3243.7	1114.1
9956.5	16911.6	18408.6	26402.3	42793.0	53248.9
22.6	104.8	102.8	334.6	2022.0	57.4
			135.5	98.0	98981.3
445.8	1071.7	1071.7	3383.0	14403.9	14287.3
209.9	126.3	140.5	16525.4	16513.9	6536.7
32.1	67.3	59.3	117.1	385.4	406.7
32.0			89.5	31.8	54.3
			6.0	1.4	
1534.3	4901.8	4688.6	730.0	788.9	686.0
62.0	1.0	1.0	1646.1	3568.4	864.9
			1639.4	7196.0	1254.1
	54.4	54.4	508.9	314.2	368.7
50.1	113.1	98.9	2342.8	37.4	402.1

C-2-16 社区服务

地 区	机构和设施数	#农村	年末职工人数	#女性
全 国	**473**	**7**	**5127**	**2554**
北 京	15		244	138
天 津	7		41	23
河 北	16		294	139
山 西	5		17	10
内蒙古	4		13	7
辽 宁	18	1	548	181
吉 林	4		20	10
黑龙江	25	1	203	109
上 海	6		116	85
江 苏	46	1	546	268
浙 江	12		92	81
安 徽	38		237	105
福 建	8		62	33
江 西	7		24	9
山 东	81		1286	683
河 南	7		67	31
湖 北	21	2	108	71
湖 南	28	1	176	73
广 东	18		185	102
广 西	4		12	5
海 南				
重 庆	7		146	101
四 川	28		129	39
贵 州	9	1	80	22
云 南	7		20	8
西 藏				
陕 西	35		232	104
甘 肃	7		47	27
青 海				
宁 夏	2		41	10
新 疆	8		141	80

指导中心

单位：个、人

受教育程度		职业资格水平	
大学专科人数	大学本科及以上人数	助理社会工作师人数	社会工作师人数
1547	**2222**	**237**	**186**
27	211	11	17
8	26		
68	109	6	
1	13	1	2
6	4		2
301	189	44	3
6	3		
98	85	1	3
7	108	7	15
116	114	33	12
27	59	9	7
50	58	4	10
11	45	1	10
2	5		
434	688	23	51
24	12	3	1
41	31	19	3
56	40	11	4
42	121	15	28
5	2		2
31	102	2	
37	40	9	3
26	39	5	1
2	13		
94	67	20	10
8	10	3	2
	6	8	
19	22	2	

C-2-16续表

地　区	年龄结构				机构建筑面积	#农村
	35岁及以下人数	36岁至45岁人数	46岁至55岁人数	56岁及以上人数		
全　国	**2129**	**1940**	**874**	**184**	**491490**	**2630**
北　京	66	92	72	14	64310	
天　津	14	12	15		5253	
河　北	128	111	49	6	15400	
山　西	5	8	4		1138	
内蒙古	1	4	8		5921	
辽　宁	183	253	97	15	5931	30
吉　林	6	8	6		1454	
黑龙江	69	83	36	15	6124	100
上　海	53	45	18		5955	
江　苏	295	166	61	24	68826	100
浙　江	68	20	1	3	3010	
安　徽	63	109	64	1	14631	
福　建	20	23	18	1	4960	
江　西	6	15	3		2520	
山　东	607	460	172	47	121792	
河　南	22	35	9	1	2850	
湖　北	30	39	37	2	27758	200
湖　南	64	71	34	7	26381	1200
广　东	68	79	31	7	14331	
广　西		7	3	2	3608	
海　南						
重　庆	84	33	25	4	24342	
四　川	33	52	35	9	8767	
贵　州	36	20	15	9	3500	1000
云　南	14	6			1600	
西　藏						
陕　西	84	100	43	5	29685	
甘　肃	9	15	11	12	9550	
青　海						
宁　夏	18	23			512	
新　疆	83	51	7		11381	

单位：人、平方米、万元

政府会计制度准则（事业单位）财务指标			民间非营利组织会计制度财务指标		
固定资产原价	本年收入合计	本年支出合计	固定资产原价	本年收入合计	本年费用合计
46023.6	**118184.4**	**118797.8**	**3167.9**	**1578.0**	**1793.1**
23197.7	96299.9	96499.2			
173.0	512.3	502.3	52.5	0.5	48.7
79.0	16.0	25.1	308.6	122.1	255.7
13.0	21.1	21.1			
47.5	29.3	29.3			
1.0	29.0	29.0	27.0	6.2	3.4
	15.3	15.3			
75.0	50.5	176.9			
4831.7	5148.6	5094.3	4.4	75.4	85.7
662.9	1753.9	1728.9	303.9	444.9	358.8
92.2	1287.8	1014.8	176.6	445.5	479.1
590.8	521.2	550.2	12.0	5.0	5.0
5.0	54.0	54.0			
4820.9	829.8	914.5	2085.3	464.0	486.1
122.8	239.4	239.4			
2629.2	1343.6	1573.7			
322.5	293.3	232.3			
6707.0	4983.0	5328.9			
22.6	104.8	102.8			
445.8	1065.7	1065.7			
94.7	125.1	139.3	166.1	8.4	60.8
			12.5	1.0	1.2
1089.3	3459.8	3459.8	3.0		3.5
	1.0	1.0	8.0		
			8.0	5.0	5.1

C-2-17 社区服

地 区	机构和设施数	#农村	按服务功能分		
			#为居民提供便民办事服务	#为居民提供活动场所服务	#为居民提供便民信息服务
全 国	**29520**	**13060**	**26675**	**5787**	**5323**
北 京	131	3	123	6	7
天 津	167	58	157	4	5
河 北	770	337	735	64	81
山 西	1012	558	903	266	61
内蒙古	878	153	771	222	171
辽 宁	838	299	745	72	82
吉 林	937	601	937		
黑龙江	1273	486	1149	140	89
上 海	350	87	332	7	11
江 苏	2507	915	1781	785	207
浙 江	1649	998	1626	19	9
安 徽	787	364	648	138	98
福 建	650	377	619	20	25
江 西	1171	566	1141	19	11
山 东	1360	618	1360	1360	1360
河 南	2088	985	2035	985	1081
湖 北	855	409	737	102	103
湖 南	1810	814	1674	351	726
广 东	2108	644	1831	194	168
广 西	160	33	131	27	3
海 南	20		20		
重 庆	311	82	277	31	33
四 川	2055	667	1916	183	372
贵 州	1466	856	1353	300	263
云 南	920	539	919	1	
西 藏	62	34	57	5	
陕 西	599	312	411	189	15
甘 肃	561	310	476	46	57
青 海	202	56	199	5	
宁 夏	44	11	44	2	8
新 疆	1779	888	1568	244	277

务中心

单位：个、人

年末职工人数	#女性	受教育程度		职业资格水平	
		大学专科人数	大学本科及以上人数	助理社会工作师人数	社会工作师人数
223037	**100596**	**67943**	**61826**	**9825**	**5778**
1576	909	302	652	11	20
2128	1318	419	1234	463	174
4969	2426	1259	1085	98	55
6350	2366	1207	1192	93	88
5725	3720	2107	1509	231	78
9025	3793	2185	2173	273	126
1874	947	21	2		
8418	4202	2957	2145	472	159
11565	3965	2352	2302	390	284
13240	4080	2238	1569	675	366
25263	13147	7754	12965	2443	1562
5889	2500	1856	1159	149	59
4402	1733	1471	1323	97	85
7466	3181	1893	1119	200	67
9420	4440	3508	2756	339	183
16743	6898	6497	4234	75	100
6188	3234	2302	1148	285	85
9204	3613	3110	2316	177	137
12134	7167	4234	4177	2568	1130
1123	439	386	342	3	5
138	34	24	25		
4099	2326	1583	2139	207	61
9545	3770	2461	1302	256	157
8683	2878	2207	1195	13	16
5785	2325	1628	1478	19	8
423	114	16	99		
3227	1012	635	471	27	9
3451	1564	1118	1554	47	56
565	309	139	178	1	1
528	365	20	22	1	2
23891	11821	10054	7961	212	705

C-2-17续表

地 区	年龄结构				机构建筑面积	#农村
	35岁及以下人数	36岁至45岁人数	46岁至55岁人数	56岁及以上人数		
全 国	**87142**	**80297**	**45944**	**9654**	**12581159**	**4765886**
北 京	312	571	576	117	139481	400
天 津	868	854	362	44	101584	17803
河 北	1903	1841	1074	151	214933	47420
山 西	1725	2937	1401	287	404403	203108
内蒙古	2234	2326	1002	163	515243	51709
辽 宁	2370	3532	2470	653	455457	158618
吉 林		930	944		281100	180300
黑龙江	2695	3466	2035	222	573494	212427
上 海	4911	3858	2255	541	535367	195702
江 苏	4230	4691	3302	1017	854849	320165
浙 江	10926	7993	4993	1351	910749	544491
安 徽	2090	2292	1308	199	229158	98018
福 建	1881	1530	835	156	276738	106516
江 西	2799	2726	1655	286	489102	183778
山 东	3839	3592	1651	338	1007868	453245
河 南	5362	7009	3736	636	782517	240749
湖 北	1975	2432	1442	339	313364	149387
湖 南	3408	3344	1998	454	563404	236819
广 东	6506	3645	1703	280	816738	116903
广 西	390	372	284	77	45548	8050
海 南	45	65	27	1	3000	
重 庆	1601	1252	966	280	175370	50656
四 川	3230	4026	1763	526	508622	194949
贵 州	3371	3277	1706	329	493793	296959
云 南	2572	1825	1160	228	328768	191634
西 藏	159	165	88	11	5206	1637
陕 西	1055	1008	834	330	220692	82851
甘 肃	1769	1035	520	127	154123	61559
青 海	127	305	125	8	65427	2790
宁 夏	106	181	234	7	30226	10482
新 疆	12683	7217	3495	496	1084835	346761

单位：人、平方米、万元

政府会计制度准则（事业单位）财务指标			民间非营利组织会计制度财务指标		
固定资产原价	本年收入合计	本年支出合计	固定资产原价	本年收入合计	本年费用合计
35746.9	**167944.5**	**157055.2**	**10431.3**	**38907.8**	**9104.7**
13501.0	19450.2	22555.0			
			375.5	127.4	172.2
361.3	928.7	836.7	48.0	3.0	3.0
4238.5	630.0	1092.6	13.0	25.0	1.2
628.0	405.0	405.0	1.0	4.0	
			3.0	3.5	3.5
1766.2	8.0	8.0	9.0	4.0	2.0
9438.6	128056.3	112096.8	543.9	2048.7	1428.5
460.9	3558.3	3551.5	7198.9	32849.0	3128.1
1193.5	691.9	1339.8	650.3	2879.4	2766.8
70.0	182.2	182.2	52.5	31.1	
10.0	21.0	21.0			
74.0	425.4	463.2	226.0	367.4	405.7
18.0	59.3	59.3	12.0	1.0	2.0
70.0	2.0	2.0	306.0	416.0	418.0
			29.0	30.1	39.1
3249.5	11928.6	13079.7	451.7	7.5	330.3
	6.0	6.0	16.5	38.8	24.7
115.2	1.2	1.2	152.0	51.9	49.8
2.1	14.0	6.0			
32.0			25.0	2.0	1.0
445.0	1442.0	1228.8		2.0	
62.0			1.0	1.0	
	54.4	54.4			
11.1	80.0	66.0	317.0	15.0	328.8

C-2-18 社区

地　区	机构和设施数	#农村	按服务功能分		
			#为居民提供便民办事服务	#为居民提供活动场所服务	#为居民提供便民信息服务
全　国	**512877**	**401143**	**445168**	**108141**	**106754**
北　京	7196	3798	6260	1032	448
天　津	5350	3529	4734	626	78
河　北	50827	44469	45210	5652	3704
山　西	20043	17524	16496	2982	1836
内蒙古	1548	428	1195	353	214
辽　宁	15305	10388	12464	2837	1629
吉　林	11365	9338	11365		
黑龙江	11644	8584	10063	1360	1038
上　海	4446	1208	2981	1198	269
江　苏	12330	7031	8941	3268	1703
浙　江	23322	18310	21648	987	751
安　徽	16313	12176	13220	2723	2119
福　建	17591	14297	15105	2364	834
江　西	20756	16373	20057	838	127
山　东	63082	56323	57833	32800	34829
河　南	46913	39203	44411	19904	26598
湖　北	23727	18772	18067	3333	3605
湖　南	28710	23375	24646	6287	12577
广　东	27116	20258	21411	5383	1632
广　西	13924	11761	10206	1789	1934
海　南	2954	2267	2897	38	54
重　庆	10449	7194	9371	1720	415
四　川	13096	7919	11623	1911	3245
贵　州	18139	13702	15658	3921	3591
云　南	14442	11512	12762	824	861
西　藏	5238	4062	4219	833	272
陕　西	3278	1105	2491	808	351
甘　肃	4705	3425	3957	330	695
青　海	4690	3539	3865	641	205
宁　夏	2852	2207	2298	305	340
新　疆	11526	7066	9714	1094	800

服务站

单位：个、人

年末职工人数	#女性	受教育程度		职业资格水平	
		大学专科人数	大学本科及以上人数	助理社会工作师人数	社会工作师人数
2321354	**784236**	**481341**	**238418**	**52569**	**29039**
38264	20778	10755	11529	4044	2234
24410	12056	4332	8679	2905	1160
176789	47823	22347	6194	731	1269
59490	20921	12333	7453	1574	895
11251	5140	3041	2711	282	206
65604	34640	20793	13941	4191	2957
32033	15507	3958	2000	670	237
51279	20130	13601	7587	1253	626
22345	4542	1516	1341	369	210
57604	20208	12456	5421	1599	553
148226	46807	38188	24351	7910	4841
75262	28510	19750	6652	734	291
107967	34738	21425	9478	3012	1598
101661	23588	12495	3782	699	168
257178	84030	52363	24609	3396	1904
232316	57247	28701	9625	1007	384
94962	33632	19002	5930	1989	576
120640	40572	28395	6712	1239	525
124024	45357	30492	24057	4282	1579
57579	16942	8072	2813	667	178
16682	4731	1860	627	44	13
58625	28240	21774	9917	4490	1501
51611	20836	15647	4843	1988	640
80395	21064	15603	5475	480	114
69861	21413	13503	4647	452	92
31498	5349	1768	1595	152	126
18289	9199	5228	3687	996	880
14850	4924	3506	2736	65	53
17862	4872	3783	940	349	550
11600	4595	2280	901	189	65
91197	45845	32374	18185	811	2614

C-2-18续表

地区	年龄结构				机构建筑面积	#农村
	35岁及以下人数	36岁至45岁人数	46岁至55岁人数	56岁及以上人数		
全国	**582896**	**804205**	**670360**	**263893**	**172613179**	**124227807**
北京	9709	14120	10561	3874	1005504	495780
天津	10164	9110	4406	730	2166100	1093227
河北	39696	54952	55847	26294	7790076	6168162
山西	14563	22668	17538	4721	7187222	5890815
内蒙古	3363	3902	2774	1212	649615	108816
辽宁	15476	25792	17387	6949	5219347	3100341
吉林	6386	17075	7956	616	1138311	933800
黑龙江	13133	20735	13464	3947	3243055	2104765
上海	6974	8757	5044	1570	2791867	935316
江苏	16526	19793	15484	5801	4036933	2105897
浙江	28707	38538	54158	26823	12043137	8696923
安徽	15731	30812	24144	4575	5088060	3615026
福建	23971	35751	33912	14333	8328436	6161738
江西	21626	49204	25504	5327	7610807	5877420
山东	57718	85187	77243	37030	30742915	25283680
河南	36172	68468	77919	49757	14077033	10821979
湖北	22286	37662	26409	8605	8182017	6007237
湖南	28452	37390	39492	15306	9448811	7234718
广东	37004	45997	31426	9597	5553181	3663905
广西	16936	18954	16036	5653	4018896	3237687
海南	3446	5965	5154	2117	732428	564201
重庆	18583	18058	16801	5183	6803978	3675523
四川	13176	18611	14659	5165	3817855	2159333
贵州	27319	29989	19286	3801	4527708	3303630
云南	20968	24962	18235	5696	4466548	3364285
西藏	13492	9541	6162	2303	1653834	1415274
陕西	5806	6554	4889	1040	1207918	384219
甘肃	4372	5890	3842	746	946813	655567
青海	6850	6290	3981	741	1211988	978642
宁夏	3434	4634	2813	719	849048	569363
新疆	40857	28844	17834	3662	6073738	3620538

单位：人、平方米、万元

政府会计制度准则（事业单位）财务指标			民间非营利组织会计制度财务指标		
固定资产原价	本年收入合计	本年支出合计	固定资产原价	本年收入合计	本年费用合计
295.5	**427.7**	**393.9**	**38,218.0**	**29,533.5**	**30,201.2**
			233.0		
			5.0	1.0	1.5
			26.6	4.4	8.5
	90.0	90.0	3.0	4.0	3.5
1.0	33.6		12,027.0	12,056.5	10,669.6
			20,399.5	16,724.7	15,794.1
255.5	271.0	271.0	2,703.9	417.4	3,323.2
				5.0	
			1.0	1.0	
			249.1	86.0	87.1
			30.0	2.2	2.2
			78.0		
			22.0	25.5	21.5
			171.0	10.0	35.4
			1.5		4.0
			310.7	136.8	224.5
			50.0	25.0	
			76.7	32.0	24.1
39.0	33.1	32.9	1,830.0	2.0	2.0

C-2-19 社区专项服务

地区	机构和设施数	#农村	年末职工人数	#女性
全国	**47892**	**12105**	**206277**	**73341**
北京	1186	120	5903	3679
天津	223	13	1333	857
河北	382	25	3040	1195
山西	71	8	405	282
内蒙古	260	10	1823	1001
辽宁	970	460	4823	2038
吉林	46		226	94
黑龙江	849	119	4636	1216
上海	3467	34	30929	9961
江苏	12932	2863	47052	12747
浙江	7524	1620	22610	7915
安徽	2182	606	6842	2730
福建	2584	2130	10139	1556
江西	295	6	1057	640
山东	1257	134	4617	1892
河南	856	102	5251	1962
湖北	1197	348	4570	2655
湖南	1413	250	3462	1615
广东	2708	1042	16029	7562
广西	329	21	764	199
海南	276	20	1701	454
重庆	1616	425	7974	3267
四川	2997	1070	12275	4549
贵州	197	118	841	325
云南	508	274	709	235
西藏	40	14	177	44
陕西	401	108	2265	872
甘肃	413	41	1797	633
青海	286	11	1786	586
宁夏	121	56	360	160
新疆	306	57	881	420

单位：个、人

受教育程度		职业资格水平	
大学专科人数	大学本科及以上人数	助理社会工作师人数	社会工作师人数
44946	**30378**	**10236**	**5632**
1701	2109	678	68
299	863	290	152
707	389	178	115
192	60	23	12
600	365	35	20
1493	827	419	352
22	9	3	
526	440	251	139
8199	3166	463	871
6872	5971	1585	1080
5086	4001	1919	528
2542	414	203	100
1286	434	190	318
103	19	2	9
1535	552	84	48
1090	774	344	119
1617	962	198	72
658	301	140	51
3528	2833	1144	437
105	99	22	19
318	180	33	38
2152	1993	674	385
2554	2247	705	558
180	124	15	8
39	27	1	1
29	22	4	13
306	280	81	37
414	426	106	30
430	296	369	39
85	16		
278	179	77	13

C−2−19续表

地 区	年龄结构				机构建筑面积	#农村
	35岁及以下人数	36岁至45岁人数	46岁至55岁人数	56岁及以上人数		
全 国	**61102**	**81328**	**45164**	**18683**	**10408982**	**2732924**
北 京	1884	1617	1347	1055	131373	13590
天 津	519	609	184	21	122072	10831
河 北	901	1172	629	338	202752	14485
山 西	112	163	98	32	19999	800
内蒙古	626	637	360	200	97711	3170
辽 宁	1442	2117	850	414	311044	131435
吉 林	79	40	72	35	5413	
黑龙江	763	1584	707	1582	277062	43179
上 海	8201	11127	8665	2936	617060	5800
江 苏	12533	19898	11182	3439	2588391	653612
浙 江	5237	11215	4198	1960	1156553	300303
安 徽	2474	2920	1175	273	499336	169165
福 建	1819	3821	2594	1905	596316	477570
江 西	776	240	36	5	62092	4172
山 东	1726	1715	1064	112	345046	32552
河 南	1638	2002	1072	539	318083	84673
湖 北	2010	1931	491	138	175978	57248
湖 南	1048	1287	950	177	336461	31033
广 东	7340	4935	2874	880	504726	182182
广 西	208	230	265	61	66618	3209
海 南	560	568	510	63	46149	5749
重 庆	2592	2835	1823	724	416622	102714
四 川	4107	4974	2144	1050	777362	168649
贵 州	243	398	160	40	149538	107581
云 南	189	360	125	35	102744	51911
西 藏	74	57	31	15	6783	1900
陕 西	468	713	744	340	119778	56290
甘 肃	463	1015	187	132	98851	6205
青 海	559	656	436	135	115528	4230
宁 夏	129	167	52	12	34837	5807
新 疆	382	325	139	35	106704	2879

单位：人、平方米、万元

政府会计制度准则（事业单位）财务指标			民间非营利组织会计制度财务指标		
固定资产原价	本年收入合计	本年支出合计	固定资产原价	本年收入合计	本年费用合计
555.7	**922.4**	**920.2**	**196174.1**	**595613.2**	**604962.1**
			6454.9	22118.8	16229.4
			471.1	3551.4	601.6
			1105.9	1399.5	2358.2
			65.0	7.0	
			1320.0	303.9	613.0
			4562.9	1296.3	1355.9
			30.0	20.0	22.0
	1.6	1.6	97.0	211.0	3.0
520.1	727.2	725.0	52690.6	309018.0	341218.8
	110.0	110.0	49139.7	140505.5	43892.8
			15232.4	16506.6	14738.2
			1044.0	734.0	565.7
5.6	30.3	30.3	3970.4	2639.9	2183.9
			2.0	5.3	1.8
			2784.1	3348.3	3255.7
			4990.4	2889.4	718.3
			305.8	54.3	97.1
			1648.0	3188.1	1053.5
			25779.6	42775.5	52883.2
			333.1	2022.0	53.4
			135.5	98.0	98981.3
			3366.5	14365.1	14262.6
			15896.6	16316.8	6201.6
30.0	53.3	53.3	117.1	385.4	406.7
			52.0	28.8	52.1
			6.0	1.4	
			677.0	761.9	682.5
			1560.4	3535.4	840.8
			1639.4	7196.0	1254.1
			500.9	309.2	363.6
			195.8	20.4	71.3

C-2-20 社区养老

地区	机构和设施数	#农村	年末职工人数	#女性
全国	**346823**	**232009**	**774979**	**286874**
北京	1534	714	6597	3864
天津	1430	777	4426	1714
河北	30706	25842	53298	19457
山西	7360	6121	19518	6236
内蒙古	2845	1762	6057	2562
辽宁	8345	4708	21727	11911
吉林	3941	2405	3365	1790
黑龙江	3944	1282	11063	4216
上海	13328	3591	71984	9343
江苏	17755	9805	76429	24943
浙江	27794	17393	52733	29791
安徽	8021	4968	17837	6019
福建	17695	13493	24530	8457
江西	22265	16375	39361	12632
山东	26674	18056	27988	11658
河南	14539	4968	36923	15018
湖北	20442	15292	46580	18450
湖南	28979	22640	47081	18189
广东	21808	14529	50685	18563
广西	12127	11049	22472	8950
海南	273	158	1224	292
重庆	5623	2712	13712	7410
四川	12117	6039	31075	13078
贵州	9325	6813	27278	7857
云南	3934	2858	5339	1256
西藏	15	11	394	224
陕西	10447	8313	26667	9905
甘肃	9486	6800	16273	6276
青海	1318	1021	3323	1256
宁夏	1496	883	2221	1323
新疆	1257	631	6819	4234

单位：个、人

受教育程度		职业资格水平	
大学专科人数	大学本科及以上人数	助理社会工作师人数	社会工作师人数
108361	**56335**	**16571**	**9088**
1064	511	129	153
1006	517	202	187
4473	1620	589	231
2582	833	270	339
1217	627	57	65
5438	3413	1078	642
747	111	118	191
1435	1326	541	300
5687	4780	1683	731
11136	5319	1996	830
5781	2831	596	157
4238	1461	340	238
2428	963	363	200
2819	1079	1333	324
4782	4466	582	184
7000	2785	618	560
5352	1734	343	339
7408	3674	460	254
8006	5102	1933	1376
1578	2102	181	98
325	197	25	5
3103	1091	523	226
6176	2183	775	370
4814	2259	130	75
401	181	15	17
69	31	4	3
2997	1591	375	306
3268	2287	404	278
1095	189	25	57
441	132	61	20
1495	940	822	332

C-2-20续表1

地区	年龄结构			
	35岁及以下人数	36岁至45岁人数	46岁至55岁人数	56岁及以上人数
全　国	**152805**	**272357**	**226430**	**123387**
北　京	1346	2015	2238	998
天　津	974	1539	1452	461
河　北	10459	20889	15626	6324
山　西	2310	5399	7137	4672
内蒙古	1503	2560	1574	420
辽　宁	4546	9122	6089	1970
吉　林	570	1840	898	57
黑龙江	2207	4310	2373	2173
上　海	7317	13519	18296	32852
江　苏	15560	32092	22191	6586
浙　江	5694	12901	14420	19718
安　徽	3565	7367	5323	1582
福　建	3110	8311	9598	3511
江　西	7868	11113	13782	6598
山　东	6479	11527	8513	1469
河　南	6398	13420	11602	5503
湖　北	8881	19552	13013	5134
湖　南	7823	17596	15723	5939
广　东	17421	17674	12031	3559
广　西	6584	7317	6541	2030
海　南	235	644	301	44
重　庆	2485	4405	4922	1900
四　川	7006	11995	9036	3038
贵　州	7582	10901	7138	1657
云　南	882	2495	1504	458
西　藏	258	72	54	10
陕　西	4571	9877	9722	2497
甘　肃	4809	6558	3190	1716
青　海	1008	1745	434	136
宁　夏	669	892	537	123
新　疆	2685	2710	1172	252

单位：人、张

床位数合计	#农村	社区日间照料床位数	#农村	社区全托服务床位数	#农村
3111026	**2064211**	**2215596**	**1442834**	**895430**	**621377**
16409	9087	10369	5879	6040	3208
12452	6614	10747	6531	1705	83
211686	182173	155204	130834	56482	51339
85117	70502	70081	58883	15036	11619
136617	125658	19711	11031	116906	114627
62859	35311	35381	19770	27478	15541
15612	10362	15213	9991	399	371
32118	14855	12146	4834	19972	10021
24171	4810	14075	3109	10096	1701
296743	139952	262314	127027	34429	12925
126269	76937	108942	70367	17327	6570
65118	41234	30288	15758	34830	25476
170923	128988	128780	98654	42143	30334
86857	43680	57396	32629	29461	11051
279251	214463	263828	199291	15423	15172
142870	46003	102456	29892	40414	16111
200255	132099	185226	126933	15029	5166
174281	127954	134913	103703	39368	24251
206333	141756	183597	134818	22736	6938
168678	139655	42701	32170	125977	107485
4128	2630	991	348	3137	2282
80819	46534	30217	9363	50602	37171
132220	67118	60800	25141	71420	41977
69896	47623	39666	25610	30230	22013
37338	22918	34635	21628	2703	1290
1218	922	602	394	616	528
104490	79854	80615	60528	23875	19326
116199	74314	102211	66630	13988	7684
11790	6305	7736	4721	4054	1584
7729	3802	5460	2510	2269	1292
30580	20098	9295	3857	21285	16241

C-2-20续表2

地区	年末全托照料服务人数	#农村	社区养老服务人次数	#农村	机构建筑面积	#农村
全国	**323851**	**238138**	**112504558**	**54752466**	**106072434**	**62867845**
北京	1878	1123	14452311	7248642	566723	301114
天津	64		418590	1265	633472	321778
河北	15912	14653	2885346	2493776	5650400	3859555
山西	4422	3653	3150496	2434012	2277197	1723709
内蒙古	58042	57377	1352963	1011808	4286602	3766440
辽宁	8633	3559	1712031	419947	2676432	1258456
吉林	152	152	144657	60189	938668	588659
黑龙江	5532	2898	156591	48027	1422658	336805
上海	2814	71	662664	174271	2992160	677678
江苏	9806	3494	3309148	1786800	4836302	2220616
浙江	6698	2372	18899170	12784745	8228085	5149571
安徽	8814	7671	761740	410614	2393163	1103806
福建	20998	17212	5671191	4100137	6157791	4450634
江西	10539	6258	2516879	1503993	5718337	3700182
山东	4251	4245	2970221	2718081	13388437	8281091
河南	8570	5822	5007503	1312536	5359928	1331107
湖北	14373	3738	21834655	3475423	4701238	3032226
湖南	24768	16653	1575504	898454	5575764	3898301
广东	8636	2858	12677154	4742223	5124062	2763849
广西	16642	14588	977811	878234	4043536	2867185
海南	621	558	81707		108168	68563
重庆	23013	18138	3023107	1254119	2663493	1277934
四川	28237	18333	3916567	1651702	5013692	2462117
贵州	9488	7328	450579	269195	2854646	2031606
云南	394	190	534725	421865	1587714	1037865
西藏	286	286			78583	65046
陕西	14414	13040	2576996	2256873	2932040	2126292
甘肃	6048	4145	460611	293573	1560207	1001482
青海	1729	728	12345	8845	310481	160616
宁夏	777	595	173798	89716	462005	151116
新疆	7300	6400	137498	3401	1530450	852446

单位：人、人次、平方米、万元

企业会计制度财务指标				民间非营利组织会计制度财务指标		
固定资产原价	营业收入	费用合计	营业利润	固定资产原价	本年收入合计	本年费用合计
14142.9	**16556.2**	**6084.3**	**-1860.0**	**115873.9**	**70741.0**	**65301.3**
778.3	503.6	473.7	-283.2	398.5	1526.1	1291.9
1.0				217.0	108.0	108.0
388.1		22.6	-14.6	3564.3	1549.8	2136.9
0.1				4988.6	2508.2	2476.9
20.0				106.0	103.0	81.0
68.3	10.5	7.2	-0.4	482.4	56.3	394.8
				485.0	89.0	145.7
				8607.1	10149.4	11221.1
1133.0				50186.3	29395.6	24376.5
10.0	43.0	8.6		1591.9	284.8	923.3
				1299.2	575.3	422.6
145.2	131.5	134.4	-124.3	235.4	252.7	371.0
396.5	104.0	65.7	4.1	1213.1	531.9	149.6
567.6	493.8	286.8	-173.7	3870.2	3445.4	3179.2
546.8	96.2	52.4	-8.8	3559.1	112.9	376.1
663.0	591.0			76.8	114.3	163.1
1969.0	2280.5	1041.0		1109.6	564.0	304.6
140.2	451.7	239.2	-131.8	2409.6	4345.4	4567.7
300.0	50.0		-2.7	100.3	50.5	158.9
3.0						
1079.1	264.8	212.4	-207.7	207.8	385.3	383.3
5751.2	11291.1	3498.4	-855.4	14868.3	7607.7	8439.9
23.4	49.5	5.9	7.5	2060.2	707.7	593.2
44.9	6.2	3.1		1.6	0.8	0.1
14.4	187.8	29.9	-70.0	12276.4	5983.6	2844.3
1.0	1.0	3.0	1.0	130.0	206.6	101.7
1.0				31.0	15.0	10.0
				20.0	69.7	70.0
97.8				1778.2	2.0	9.9

C-2-21 未登记的特困

地 区	单位数	#农村	年末职工人数	#女性
全 国	**3083**	**2743**	**16076**	**8408**
北 京				
天 津				
河 北	123	106	1216	778
山 西	172	158	1010	418
内蒙古	17	16	100	27
辽 宁	182	99	1385	610
吉 林				
黑龙江	21	19	209	69
上 海				
江 苏	5	3	32	12
浙 江	10	5	99	77
安 徽	8	8	26	14
福 建	390	353	1042	455
江 西	2	1	24	19
山 东	87	87	1196	699
河 南	67	46	463	233
湖 北	26	22	137	80
湖 南				
广 东	11	2	137	77
广 西	683	636	1599	743
海 南	68	60	216	79
重 庆	248	246	1009	541
四 川	201	177	999	368
贵 州	249	242	795	260
云 南	14	5	59	22
西 藏	5	5	195	122
陕 西	110	89	887	521
甘 肃	116	109	330	137
青 海	5		9	5
宁 夏	2		26	19
新 疆	261	249	2876	2023

人员救助供养机构

单位：个、人

受教育程度		职业资格水平	
大学专科人数	大学本科及以上人数	助理社会工作师人数	社会工作师人数
2116	**982**	**270**	**384**
212	47	22	6
277	87	37	14
3	1		
182	253	28	37
	9	6	
13	3	3	
8	10	5	
3	2		1
54	18	5	7
		1	
255	78		
37	19	12	3
	5	3	1
21	11		1
170	54	48	64
28	11		1
86	23		1
78	18	1	1
132	90	45	16
8	1		
35	14	2	
133	43	8	3
81	62	5	14
1		3	1
5			
294	123	36	213

C-2-21续表

地区	年龄结构			
	35岁及以下人数	36岁至45岁人数	46岁至55岁人数	56岁及以上人数
全　国	**3254**	**5362**	**4904**	**2556**
北　京				
天　津				
河　北	181	441	370	224
山　西	156	227	389	238
内蒙古	15	36	26	23
辽　宁	132	665	373	215
吉　林				
黑龙江	28	25	83	73
上　海				
江　苏	11	14	7	
浙　江		16	35	48
安　徽	1	3	15	7
福　建	92	273	391	286
江　西		5	17	2
山　东	197	195	410	394
河　南	52	166	157	88
湖　北	3	63	36	35
湖　南				
广　东	14	58	52	13
广　西	190	576	557	276
海　南	29	127	54	6
重　庆	120	270	413	206
四　川	142	352	378	127
贵　州	194	302	239	60
云　南	15	30	14	
西　藏	109	42	37	7
陕　西	188	273	322	104
甘　肃	112	121	76	21
青　海	6	3		
宁　夏	1	15	7	3
新　疆	1266	1064	446	100

单位：人、张、平方米

全托服务床位数	#农村	年末全托照料服务人数	#农村	机构建筑面积	#农村
180368	**160067**	**61247**	**55155**	**5322942**	**4514197**
10491	9791	3630	3494	365886	262678
11749	10740	3808	3502	337223	311814
689	637	316	315	27102	26302
9911	7172	3429	2089	297553	179033
1422	1386	187	171	57459	49739
176		53		4120	1620
272	272	98	98	21403	10872
192	192	65	65	13538	13538
19448	17485	4110	3746	507233	446934
70	70			6000	2000
15172	15172	4245	4245	545573	545573
4360	3124	1095	818	111810	80841
1408	1016	581	339	31565	25377
1121	198	133	1	71434	11208
26520	22061	5047	4164	589675	420202
2420	2152	565	512	45311	41286
16138	15998	8732	8694	328235	325885
17989	15142	7666	6567	414217	355781
12552	12347	3803	3799	525492	522180
1171	471	243	130	11340	4540
528	528	286	286	50236	50236
10789	9770	6788	6430	210234	171756
1798	1629	199	163	55444	54224
14				2000	
480		121		9950	
13488	12714	6047	5527	682909	600578

C-2-22 全托服务社区

地 区	机构和设施数	#农村	年末职工人数	#女性
全 国	**14781**	**6782**	**79144**	**33633**
北 京	540	299	2514	1486
天 津	53	1	302	118
河 北	209	28	963	610
山 西	140	43	964	392
内蒙古	99	7	559	305
辽 宁	737	152	3778	2081
吉 林	15	10	71	57
黑龙江	359	48	3978	991
上 海	213	10	1383	1009
江 苏	1153	544	6377	1574
浙 江	545	279	4112	1407
安 徽	493	319	2432	732
福 建	307	107	1397	803
江 西	966	122	3367	1134
山 东	32		166	65
河 南	781	310	3959	1600
湖 北	460	132	1844	821
湖 南	1466	485	3615	1762
广 东	1587	1032	9786	3342
广 西	414	220	8472	5223
海 南	23	12	106	43
重 庆	667	419	3062	1724
四 川	1270	712	5802	2697
贵 州	1226	948	5844	1836
云 南	121	65	338	71
西 藏	2	1	43	16
陕 西	209	95	1259	523
甘 肃	426	238	1232	519
青 海	87	40	480	203
宁 夏	72	56	218	102
新 疆	109	48	721	387

养老服务机构和设施

单位：个、人

受教育程度		职业资格水平	
大学专科人数	大学本科及以上人数	助理社会工作师人数	社会工作师人数
12059	**7676**	**2188**	**1325**
431	183	41	43
95	36	25	7
145	86	37	38
107	76	21	29
127	46	3	
937	581	339	202
4			
147	294	156	55
259	168	39	16
934	578	218	92
219	248	58	10
381	193	49	38
274	154	71	19
355	191	118	55
69	34	8	2
635	401	71	79
307	69	37	43
886	382	144	38
1134	611	252	293
702	1588	93	12
27	8	5	1
660	201	105	63
1069	584	112	104
1088	532	40	6
20	75	2	1
7	5		
389	77	39	13
426	172	46	26
106	28	7	16
8	3		3
111	72	52	21

C-2-22续表1

地区	年龄结构			
	35岁及以下人数	36岁至45岁人数	46岁至55岁人数	56岁及以上人数
全国	**23169**	**28606**	**19485**	**7884**
北京	512	701	910	391
天津	60	113	112	17
河北	206	360	289	108
山西	278	296	304	86
内蒙古	212	238	80	29
辽宁	1015	1346	1011	406
吉林	10	38	21	2
黑龙江	369	1985	375	1249
上海	91	334	592	366
江苏	2407	2335	1254	381
浙江	300	2562	749	501
安徽	393	774	895	370
福建	301	457	446	193
江西	656	1302	1176	233
山东	51	74	29	12
河南	663	1893	1090	313
湖北	346	865	522	111
湖南	962	1360	1096	197
广东	5473	2318	1480	515
广西	4100	2347	1686	339
海南	23	63	19	1
重庆	385	992	1247	438
四川	1083	1957	1787	975
贵州	1903	2216	1362	363
云南	87	180	63	8
西藏	20	15	7	1
陕西	374	556	244	85
甘肃	398	438	313	83
青海	207	139	57	77
宁夏	68	90	53	7
新疆	216	262	216	27

单位：人、张

床位数合计	社区日间照料床位数	#农村	社区全托服务床位数	#农村	#护理型床位
483998	**109184**	**37899**	**374814**	**143306**	**105151**
11956	5916	3775	6040	3208	2102
1778	73		1705	83	649
6536	1969	386	4567	627	1929
4242	956	420	3286	878	643
3005	705	86	2300	421	899
19601	6814	2780	12787	5432	1486
584	295	241	289	261	10
18011	5001	1826	13010	4175	996
10452	356		10096	1701	1064
43037	10896	4179	32141	11693	3645
21064	4009	2349	17055	6298	5990
24931	1402	206	23529	14261	5393
16414	1058	286	15356	6133	11053
33866	13858	1189	20008	1905	10125
1270	1019		251		
36668	7364	1328	29304	6857	15887
14119	2661	204	11458	4145	4927
23068	5639	2745	17429	4706	7593
30057	10897	5639	19160	4731	3822
24089	1469	551	22620	10538	4611
759	87	54	672	130	
30048	2788	434	27260	16363	13822
60626	9215	3157	51411	25610	5861
17866	4721	2740	13145	5531	1398
2327	873	82	1454	769	20
188	100	12	88		
6323	2072	630	4251	1952	177
9438	4608	1907	4830	2004	596
4381	505	46	3876	1420	85
524	265	97	259	92	2
6770	1593	550	5177	1382	366

C-2-22续表2

地区	年末全托照料服务人数	#农村	社区养老服务人次数	#农村	机构建筑面积	#农村
全国	**109721**	**45226**	**13557446**	**105151**	**12181401**	**4262175**
北京	1878	1123	2163882	2102	278931	157543
天津	64		4372	649	60232	2500
河北	1237	114	74961	1929	215464	32326
山西	613	150	193244	643	143665	29871
内蒙古	605	271	23582	899	119554	4800
辽宁	4329	944	609098	1486	643526	306517
吉林	152	152	2240	10	5655	4080
黑龙江	3952	1334	48391	996	251568	61790
上海	2814	71	53207	1064	311964	68297
江苏	8259	2183	200323	3645	620679	187324
浙江	6600	2274	572310	5990	662496	350487
安徽	4164	3101	157159	5393	234834	137897
福建	4051	863	118542	11053	732116	214595
江西	5072	974	327480	10125	790126	81540
山东	6		926		49476	
河南	4192	2087	400322	15887	953867	140870
湖北	3460	2141	2284177	4927	481320	228774
湖南	8314	2315	225652	7593	595611	184846
广东	7125	1670	2688247	3822	714469	156822
广西	2435	1329	168173	4611	845315	303892
海南	56	46			22954	7276
重庆	11378	7130	862005	13822	854193	447298
四川	19533	10955	1871562	5861	1339211	623470
贵州	3271	1325	32814	1398	507026	281333
云南	145	57	360	20	63821	30814
西藏					3700	400
陕西	1932	1075	466592	177	135090	43457
甘肃	2048	784	5978	596	180682	78497
青海	1563	562	106	85	112766	35448
宁夏	1		2	2	38151	11930
新疆	472	196	1739	366	212938	47481

单位：人、人次、平方米、万元

企业会计制度财务指标				民间非营利组织会计制度财务指标		
固定资产原价	营业收入	费用合计	营业利润	固定资产原价	本年收入合计	本年费用合计
11898.7	**15773.4**	**5576.9**	**-1521.7**	**48269.6**	**25813.3**	**31235.8**
692.0	429.7	322.3	-183.4	398.5	1526.1	1291.9
1.0				60.0		
329.9		19.7	-11.7	1811.7	132.9	353.0
0.1				4845.9	2443.8	2405.8
20.0				62.0	42.0	26.0
11.0	10.4	3.5		457.3	16.3	374.4
				485.0	89.0	145.7
				8366.3	10072.8	11170.4
130.0				4726.3	1959.5	1561.2
	43.0	8.6		461.5	199.8	337.3
				1170.0	43.8	104.9
145.2	131.5	134.4	-124.3	235.4	252.7	371.0
396.5	104.0	65.7	4.1	1070.0	495.4	112.3
24.0				331.0	1703.7	1642.4
269.8	96.2	22.8	-8.8	375.3		100.6
660.0	591.0			70.8	114.3	159.0
1953.0	2280.5	1041.0		562.4	211.0	79.3
140.2	451.7	239.2	-131.8	1722.4	3567.3	3820.6
300.0	50.0		-2.7	56.9	5.0	49.8
1079.1	264.8	212.4	-207.7	45.0	95.0	78.0
5599.2	11288.9	3497.7	-856.4	9693.4	1605.8	5724.3
3.0	24.5	3.5		1915.6	420.1	140.9
44.9	6.2	3.1				
				7616.6	527.7	995.4
1.0	1.0	3.0	1.0	130.0	206.6	101.7
1.0				30.0	11.0	10.0
				20.0	69.7	70.0
97.8				1550.3	2.0	9.9

C-2-23 日间照料社区养老

地区	机构和设施数	#农村	年末职工人数	#女性	受教育程度	
					大学专科人数	大学本科及以上人数
全国	**131785**	**61307**	**332227**	**134170**	**60357**	**31340**
北京	810	309	2893	1634	545	291
天津	1330	775	3674	1414	757	434
河北	4360	245	12539	6217	2777	1251
山西	6712	5843	16429	4901	1984	601
内蒙古	1023	170	3588	1684	883	431
辽宁	2447	327	9764	6137	3262	2170
吉林	1431	26	2825	1576	571	111
黑龙江	1565	713	3103	1507	447	349
上海	890	250	3250	1467	258	462
江苏	15251	8736	60734	19778	9348	4021
浙江	17943	11556	35003	21056	4627	1986
安徽	4040	2473	11770	4071	3384	1108
福建	3924	1243	7914	3401	1134	650
江西	3428	99	7499	2713	1425	646
山东	7193	74	13959	4714	2774	3535
河南	8038	395	21909	9101	5351	2208
湖北	5743	2282	13480	5204	1802	761
湖南	7463	3954	13170	5124	1975	739
广东	13672	9710	25445	8629	3411	3073
广西	1243	674	4841	1237	518	311
海南	146	79	711	76	219	144
重庆	2433	782	5601	3230	1605	630
四川	8495	3621	19058	8072	4223	1276
贵州	4408	2769	13015	3841	2335	1363
云南	2257	1517	3904	990	288	101
西藏	8	5	156	86	27	12
陕西	1421	228	5065	2088	746	553
甘肃	2944	2160	6128	1493	1724	1211
青海	167	22	1114	547	670	101
宁夏	447	213	1109	701	286	98
新疆	553	57	2577	1481	1001	713

单位：个、人

职业资格水平		年龄结构			
助理社会工作师人数	社会工作师人数	35岁及以下人数	36岁至45岁人数	46岁至55岁人数	56岁及以上人数
9426	**4773**	**74077**	**128658**	**92692**	**36800**
36	37	591	803	1028	471
113	178	872	1327	1192	283
370	174	4114	5657	2153	615
189	281	1672	4529	6045	4183
40	65	1027	1533	890	138
597	290	2644	4415	2231	474
118	123	503	1552	731	39
82	99	696	1153	1055	199
399	26	813	777	1021	639
1395	724	12529	24142	18969	5094
492	111	4143	8678	11369	10813
259	178	2824	5145	2837	964
218	121	1457	3395	2394	668
698	85	1961	3069	1832	637
511	139	4666	6763	2134	396
480	437	4055	8461	6592	2801
179	98	2782	5825	3138	1735
184	108	1998	5077	4761	1334
979	532	7123	10338	6536	1448
30	19	1625	1878	1023	315
19	2	132	379	182	18
324	136	1355	1926	1785	535
626	248	4751	7690	5408	1209
34	49	3827	5439	3216	533
13	16	504	1964	1029	407
2	3	129	15	10	2
239	239	1273	1954	1374	464
201	164	2268	2643	980	237
4	26	448	547	109	10
58	14	323	481	250	55
537	51	972	1103	418	84

C-2-23续表

地　区	日间照料床位数	#农村	社区养老服务人次数	#农村	机构建筑面积	#农村
全　国	**1087800**	**483028**	**58556248**	**21047355**	**40123354**	**15014634**
北　京	4453	2104	8145932	3132742	251296	120877
天　津	10674	6531	352620	715	557200	319078
河　北	21266	1451	340027	6740	1274268	73971
山　西	68617	58370	2761007	2424864	1666522	1349986
内蒙古	9131	1149	404183	127835	406127	54030
辽　宁	11626	2820	680476	4634	851294	157417
吉　林	4718	95	79432		337096	6690
黑龙江	5830	1987	31077	5533	324759	105304
上　海	13719	3109	402370	174271	372392	109695
江　苏	239903	120345	3045907	1647733	3901323	1896054
浙　江	104933	68018	12216162	8753592	5468937	3552704
安　徽	24951	12741	303615	130138	1432217	539320
福　建	31079	9446	1692882	689500	1168965	368033
江　西	9504	516	280088	3515	973557	27440
山　东	63518		189033		4434405	9444
河　南	63305	3312	2975147	106141	2881185	108588
湖　北	59615	15818	15321372	212682	1337601	371253
湖　南	38294	17317	465757	166025	1440447	636794
广　东	120144	83969	4180808	1965699	2849017	1838943
广　西	14196	5315	72039	15271	541627	198163
海　南	613	250	14356		36132	19281
重　庆	17323	3731	1136718	129654	880534	205252
四　川	42597	15079	1925389	691534	2690867	1065613
贵　州	17215	8468	225561	87258	1236030	742017
云　南	26839	15713	440021	332889	1101655	661273
西　藏	502	382			24647	14410
陕　西	13607	1215	284281	21007	520437	66207
甘　肃	38190	20908	355872	194773	476600	278674
青　海	2786	590	3512	53	72998	14790
宁　夏	3524	1124	99995	22490	195767	45510
新　疆	5128	1155	130609	67	417452	57823

单位：张、人次、平方米、万元

企业会计制度财务指标				民间非营利组织会计制度财务指标		
固定资产原价	营业收入	费用合计	营业利润	固定资产原价	本年收入合计	本年费用合计
2244.2	**782.8**	**507.4**	**-338.3**	**67604.3**	**44927.7**	**34065.5**
86.3	73.9	151.4	-99.8			
				157.0	108.0	108.0
58.2		2.9	-2.9	1752.6	1416.9	1783.9
				142.7	64.4	71.1
				44.0	61.0	55.0
57.3	0.1	3.7	-0.4	25.1	40.0	20.4
				240.8	76.6	50.7
1003.0				45460.0	27436.1	22815.3
10.0				1130.4	85.0	586.0
				129.2	531.5	317.7
				143.1	36.5	37.3
543.6	493.8	286.8	-173.7	3539.2	1741.7	1536.8
277.0		29.6		3183.8	112.9	275.5
3.0				6.0		4.1
16.0				547.2	353.0	225.3
				687.2	778.1	747.1
				43.4	45.5	109.1
3.0						
				162.8	290.3	305.3
152.0	2.2	0.7	1.0	5174.9	6001.9	2715.6
20.4	25.0	2.4	7.5	144.6	287.6	452.3
				1.6	0.8	0.1
14.4	187.8	29.9	-70.0	4659.8	5455.9	1848.9
				1.0	4.0	
				227.9		

C-2-24 互助型社区

地 区	单位数	#农村	年末职工人数	#女性	受教育程度	
					大学专科人数	大学本科及以上人数
全 国	**153048**	**139658**	**233866**	**82382**	**21782**	**8419**
北 京						
天 津						
河 北	25555	25232	37912	11678	1178	178
山 西	49	30	58	15	4	
内蒙古	1559	1546	1500	340	137	25
辽 宁	4942	4126	6645	3036	1018	394
吉 林	2495	2369	469	157	172	
黑龙江	387	289	977	437	27	100
上 海						
江 苏	869	378	7464	3017	673	577
浙 江						
安 徽	1228	1152	2323	733	134	50
福 建	12354	11401	12819	3248	654	100
江 西	14638	13862	23283	6644	723	180
山 东	12541	12541	11203	5169	1495	664
河 南	5252	4017	9207	3449	680	13
湖 北	14057	12849	30556	12076	3183	877
湖 南	18947	17410	28222	10739	4225	2391
广 东	3928	2913	8853	3712	1700	539
广 西	9704	9514	6978	1440	139	95
海 南	26	6	86	27	21	9
重 庆	2188	1265	3643	1638	627	117
四 川	1798	1451	3748	1140	643	207
贵 州	3377	2852	7335	1821	1158	209
云 南	923	755	530	121	42	4
西 藏						
陕 西	8661	7899	19276	6684	1701	869
甘 肃	5899	4272	8042	4018	960	748
青 海	1037	954	1653	477	305	49
宁 夏	310	298	477	242	102	9
新 疆	324	277	607	324	81	15

养老服务设施

单位：个、人

职业资格水平		年龄结构			
助理社会工作师人数	社会工作师人数	35岁及以下人数	36岁至45岁人数	46岁至55岁人数	56岁及以上人数
1643	**1036**	**37794**	**84943**	**80620**	**30509**
134	7	5726	14134	12718	5334
		5	9	36	8
		178	605	509	208
110	101	709	2640	2430	866
	68	57	250	146	16
1	63	174	347	403	53
276	6	325	4693	1608	838
14	9	228	830	1230	35
52	51	1042	3876	5966	1935
12	70	5030	5400	8496	4357
55	42	1324	4048	5222	609
6	5	1252	2490	3375	2090
121	197	5661	12647	9170	3078
102	99	4627	10423	9062	4110
287	171	2722	2967	2335	829
	1	477	2334	3150	1017
		22	21	26	17
43	5	502	1134	1407	600
1	4	834	1336	1059	519
5	3	1558	2865	2230	682
		81	248	172	29
87	46	2670	7006	7765	1835
140	31	1845	3173	1691	1333
2	10	327	1035	244	47
2	2	191	174	86	26
193	45	227	258	84	38

C-2-24续表

地　区	床位数合计	社区日间照料床位数	#农村	社区全托服务床位数	#农村
全　国	**1358860**	**1018612**	**921907**	**340248**	**318004**
北　京					
天　津					
河　北	173393	131969	128997	41424	40921
山　西	509	508	93	1	1
内蒙古	123792	9875	9796	113917	113569
辽　宁	21721	16941	14170	4780	2937
吉　林	10310	10200	9655	110	110
黑龙江	6855	1315	1021	5540	4460
上　海					
江　苏	13627	11515	2503	2112	1232
浙　江					
安　徽	15044	3935	2811	11109	11023
福　建	103982	96643	88922	7339	6716
江　西	43417	34034	30924	9383	9076
山　东	199291	199291	199291		
河　南	38537	31787	25252	6750	6130
湖　北	125113	122950	110911	2163	5
湖　南	112919	90980	83641	21939	19545
广　东	55011	52556	45210	2455	2009
广　西	103873	27036	26304	76837	74886
海　南	336	291	44	45	
重　庆	17310	10106	5198	7204	4810
四　川	11008	8988	6905	2020	1225
贵　州	22263	17730	14402	4533	4135
云　南	7001	6923	5833	78	50
西　藏					
陕　西	73771	64936	58683	8835	7604
甘　肃	66773	59413	43815	7360	4051
青　海	4609	4445	4085	164	164
宁　夏	3201	1671	1289	1530	1200
新　疆	5194	2574	2152	2620	2145

单位：张、人、人次、平方米

年末全托照料服务人数	#农村	社区养老服务人次数	#农村	机构建筑面积	#农村
152883	**137757**	**23544457**	**21066808**	**37442087**	**34385721**
11045	11045	2466478	2465491	3454849	3403310
1	1	229	229	9825	7110
57121	56791	883739	883723	3680570	3671528
875	526	422384	359714	834309	613737
		62985	59969	595917	577889
1393	1393	2811	2539	101052	85334
1494	1311	11108	2792	210748	126481
4585	4505	215799	203280	286425	263079
12837	12603	3437666	3201812	3511665	3288451
5467	5284	1717807	1464605	3357039	3162423
		2594300	2594300	6243981	6243981
3283	2917	1393450	1168560	1233679	953324
10332	1258	3960625	3232999	2637322	2402042
16454	14338	746168	660148	3353217	2994735
1378	1187	1528897	1047523	888801	599712
9160	9095	731629	729407	1986368	1916828
				1420	600
2903	2314	1024384	706803	566614	299499
1038	811	94758	89084	428527	359136
2414	2204	189422	179688	552051	484576
6	3	79057	76399	253070	209055
5694	5535	1824511	1786692	2039635	1836911
3801	3198	98696	97066	817934	583622
166	166	8727	8727	119528	108468
655	595	44578	43558	61938	47326
781	677	4249	1700	215603	146564

C-2-25 其他社区

地 区	单位数	#农村	#老年餐桌	年末职工人数	#女性
全 国	**44126**	**21519**	**16130**	**113666**	**28281**
北 京	184	106	154	1190	744
天 津	47	1	24	450	182
河 北	459	231	4	668	174
山 西	287	47	76	1057	510
内蒙古	147	23	19	310	206
辽 宁	37	4	2	155	47
吉 林					
黑龙江	1612	213	7	2796	1212
上 海	12225	3331	1650	67351	6867
江 苏	477	144		1822	562
浙 江	9296	5553	3504	13519	7251
安 徽	2252	1016	1824	1286	469
福 建	720	389	429	1358	550
江 西	3231	2291	475	5188	2122
山 东	6821	5354	6821	1464	1011
河 南	401	200	36	1385	635
湖 北	156	7	78	563	269
湖 南	1103	791	211	2074	564
广 东	2610	872	360	6464	2803
广 西	83	5	5	582	307
海 南	10	1	3	105	67
重 庆	87		33	397	277
四 川	353	78	15	1468	801
贵 州	65	2	45	289	99
云 南	619	516	12	508	52
西 藏					
陕 西	46	2	11	180	89
甘 肃	101	21	7	541	109
青 海	22	5	5	67	24
宁 夏	665	316	319	391	259
新 疆	10		1	38	19

养老服务设施

单位：个、人

受教育程度		职业资格水平	
大学专科人数	大学本科及以上人数	助理社会工作师人数	社会工作师人数
12047	**7918**	**3044**	**1570**
88	37	52	73
154	47	64	2
161	58	26	6
210	69	23	15
67	124	14	
39	15	4	12
814	574	296	83
5170	4150	1245	689
168	140	104	8
927	587	41	36
336	108	18	12
312	41	17	2
316	62	504	114
189	155	8	1
297	144	49	36
60	22	3	
322	162	30	9
1740	868	415	379
49	54	10	2
30	25	1	1
125	120	51	21
163	98	35	13
101	65	6	1
43			
28	49	2	5
77	94	12	43
13	11	9	4
40	22	1	1
8	17	4	2

C-2-25续表

地 区	年龄结构			
	35岁及以下人数	36岁至45岁人数	46岁至55岁人数	56岁及以上人数
全 国	**14511**	**24788**	**28729**	**45638**
北 京	243	511	300	136
天 津	42	99	148	161
河 北	232	297	96	43
山 西	199	338	363	157
内蒙古	71	148	69	22
辽 宁	46	56	44	9
吉 林				
黑龙江	940	800	457	599
上 海	6413	12408	16683	31847
江 苏	288	908	353	273
浙 江	1251	1645	2267	8356
安 徽	119	615	346	206
福 建	218	310	401	429
江 西	221	1337	2261	1369
山 东	241	447	718	58
河 南	376	410	388	211
湖 北	89	152	147	175
湖 南	236	736	804	298
广 东	2089	1993	1628	754
广 西	192	182	125	83
海 南	29	54	20	2
重 庆	123	83	70	121
四 川	196	660	404	208
贵 州	100	79	91	19
云 南	195	73	226	14
西 藏				
陕 西	66	88	17	9
甘 肃	186	183	130	42
青 海	20	21	24	2
宁 夏	86	132	141	32
新 疆	4	23	8	3

单位：人、人次、平方米

养老服务人次数	#农村	#老年餐桌	机构建筑面积	#农村
16846407	**8781594**	**12506652**	**11002650**	**4691118**
4142497	2842774	4133802	36496	22694
61598	550	61595	16040	200
3880	3765		339933	87270
196016	1518	49966	119962	24928
41459		16683	53249	9780
73	59		49750	1752
74312	8276	220	687820	34638
207087		148616	2307804	499686
51810	44700		99432	9137
6110698	3871272	4410212	2075249	1235508
85167	28063	24113	426149	149972
422101	188623	393729	237812	132621
191504	31364	158920	591615	426779
185962	123781	185962	2115001	1482093
238584	28027	160638	179387	47484
268481	100	265012	213430	4780
137927	24821	3991	186489	81926
4279202	1533183	2381676	600341	157164
5970	768	5107	80551	28100
67351		67350	2351	120
			33917	
24858	13654	11273	140870	58117
2782	3	1813	34047	1500
15287	12577		157828	132183
1612	45	1326	26644	7961
65	3		29547	6465
			3189	1910
29223	23668	24548	156199	46350
901		100	1548	

C-2-26 老年人福利

地 区	老年人福利		
	享受高龄补贴的老年人数	享受护理补贴的老年人数	享受养老服务补贴的老年人数
全 国	**34063650**	**943654**	**5748715**
北 京	618336	285595	48839
天 津	17490		
河 北	1306048	53776	109825
山 西	208067	24663	13321
内蒙古	601866		225331
辽 宁	294842	25905	29337
吉 林	91264	10614	24994
黑龙江	214815	12827	2502
上 海	4328746	4328	85253
江 苏	3263926	136535	2425313
浙 江	1005172	29964	421077
安 徽	1909943	103234	653465
福 建	699278	7017	540858
江 西	998718	50393	87096
山 东			
河 南	2367376	10918	12189
湖 北	1469638	32916	86073
湖 南	630488		126918
广 东	3113753	20418	59442
广 西	1244782	3	15540
海 南	183109	3998	2196
重 庆	455805	67913	53991
四 川	2912589		431054
贵 州	836818	4382	4004
云 南	1123994	7413	106901
西 藏	6685	5003	61
陕 西	3350707	5518	5615
甘 肃	7733	30975	92657
青 海	349218	4053	84247
宁 夏	36940	5108	270
新 疆	415504	185	346

和残疾人福利

单位：人

	残疾人福利	
享受综合补贴的老年人数	困难残疾人生活补贴人数	重度残疾人护理补贴人数
673890	**11785323**	**15454329**
	115456	93252
35751	47048	139545
	533958	736916
191	255346	389828
3689	324420	301581
	288261	418681
	279120	329506
	320569	355373
	83447	212517
	679995	669730
	293765	666225
	905590	913478
	364534	417896
	483443	458116
630273	570048	1240478
1208	931432	1189425
	487342	734168
	607937	847335
	426346	1150617
	461847	623778
11	48248	107863
	202413	294595
	817120	1108989
	341041	382055
	517951	463477
	86049	32623
	665210	423185
2767	275479	371631
	88632	69992
	101706	98553
	181570	212921

C-2-27 民政部门直属

地区	单位数	市场监管部门登记	编制部门登记	年末职工人数	受教育程度	
					大学专科人数	大学本科及以上人数
全国	**20**	**3**	**17**	**1,187**	**351**	**533**
中央级	1		1	83	1	82
北京	1		1	73	23	29
天津	1	1		5	2	
河北						
山西						
内蒙古	1		1	41	12	20
辽宁						
吉林						
黑龙江						
上海	1	1		29	8	5
江苏	1		1	145	80	15
浙江						
安徽	1	1		27	7	4
福建						
江西	1		1	26	17	9
山东						
河南	1		1	88	29	42
湖北	1		1	97	16	24
湖南	1		1	81	15	46
广东	1		1	38	4	28
广西	1		1	33	7	13
海南						
重庆						
四川	1		1	132	40	76
贵州	1		1	47	7	25
云南	1		1	80	27	45
西藏						
陕西	1		1	84	25	32
甘肃	1		1	46	26	20
青海	1		1	11		11
宁夏						
新疆	1		1	21	5	7

康复辅具机构

单位：个、人

职业资格水平		年龄结构			
助理社会工作师人数	社会工作师人数	35岁及以下人数	36岁至45岁人数	46岁至55岁人数	56岁及以上人数
39	**62**	**343**	**385**	**307**	**152**
	2	21	41	11	10
		22	22	18	11
					5
2		8	12	13	8
		2	20	7	
2	1	77	40	20	8
		6	10	5	6
	1	6	5	7	8
5	12	32	23	21	12
	1	28	21	30	18
4	3	25	25	20	11
13	5	1	18	10	9
1	5	3	9	16	5
7	9	42	52	29	9
	3	8	8	26	5
2	15	32	32	10	6
		5	26	43	10
3	5	20	9	6	11
		1	3	7	
		4	9	8	

C-2-27续表

地区	企业会计制度财务指标			
	固定资产原价	营业收入	费用合计	营业利润
全国	**26195.0**	**6335.1**	**4720.0**	**-1799.0**
中央级				
北京				
天津	86.0		1.7	-1.7
河北				
山西				
内蒙古				
辽宁				
吉林				
黑龙江				
上海	3434.8	1293.3	793.3	-142.1
江苏				
浙江				
安徽	827.0	618.0	142.6	
福建				
江西				
山东				
河南				
湖北				
湖南				
广东	7847.1	1319.2	1584.0	-531.8
广西				
海南				
重庆				
四川				
贵州				
云南				
西藏				
陕西	14000.1	3104.6	2198.4	-1123.4
甘肃				
青海				
宁夏				
新疆				

单位：万元

政府会计制度准则（事业单位）财务指标		
固定资产原价	本年收入合计	本年费用合计
110610.7	**48531.7**	**45348.2**
41280.5	13566.7	8754.0
4491.3		
672.0	1594.4	3176.8
6544.8	5273.4	5973.4
900.4	2977.4	2171.1
6818.5	2950.6	2876.8
3688.9	5571.9	5668.3
16612.8	3090.8	3506.3
12005.5	2052.5	1321.4
8135.0	3420.2	3787.7
2185.9	1806.5	1772.7
2787.4	3325.5	3493.0
1156.9	1054.9	1102.6
1492.0	387.5	348.4
1838.8	1459.4	1395.7

C-2-28 孤儿和家庭

地区	孤儿			儿童关爱保护	
		集中养育孤儿	社会散居孤儿	儿童督导员	儿童主任
全国	**157969**	**47409**	**110560**	**50484**	**650897**
北京	1170	1007	163	352	7668
天津	525	366	159	242	5140
河北	4903	1549	3354	3378	55617
山西	4220	1923	2297	1653	22934
内蒙古	1886	669	1217	1659	14550
辽宁	3333	1553	1780	2353	16681
吉林	3206	1285	1921	1207	10829
黑龙江	2734	660	2074	2031	14131
上海	1082	974	108	263	6288
江苏	5102	1998	3094	1899	21734
浙江	2387	1296	1091	1552	25491
安徽	5142	1559	3583	1766	18568
福建	2279	944	1335	1168	17983
江西	3932	1183	2749	1949	22380
山东	7704	1718	5986	1873	75385
河南	15772	3644	12128	2887	58567
湖北	4594	1106	3488	1542	27199
湖南	10709	1560	9149	2127	29520
广东	11599	5655	5944	1687	27442
广西	8896	1473	7423	1367	17929
海南	661	192	469	224	3170
重庆	3162	628	2534	1444	11645
四川	17762	2050	15712	3768	35875
贵州	8760	1288	7472	1782	18417
云南	7701	1059	6642	1851	15612
西藏	4293	3326	967	1447	7480
陕西	3993	1743	2250	1870	21359
甘肃	5350	1290	4060	2453	19248
青海	883	308	575	590	5427
宁夏	691	231	460	334	3131
新疆	3538	3162	376	1766	13497

收养登记

单位：人、件

收养登记合计	中国公民收养登记	香港居民	澳门居民	台湾居民	华侨	协议解除收养关系登记	中国公民
8432	**8432**	**17**	**1**	**4**	**1**	**130**	**128**
24	24					5	5
34	34					3	3
293	293					2	2
144	144						
104	104					1	1
47	47						
14	14						
59	59					1	1
12	12			1		6	6
488	488					5	5
591	591			1		44	42
224	224					2	2
283	283	1				1	1
268	268					3	3
673	673						
693	693	2	1		1		
394	394					2	2
441	441			1		5	5
523	523	8				32	32
1212	1212	3		1		1	1
53	53						
144	144					4	4
504	504					1	1
149	149	1					
479	479	1				3	3
9	9						
187	187	1					
185	185					8	8
68	68						
6	6						
127	127					1	1

C−2−29 被收养的

地 区	被收养人合计	#女性	#残疾儿童	儿童福利机构抚养的孤儿	社会散居孤儿
全 国	**8432**	**4714**	**78**	**1982**	**714**
北 京	24	10	1	6	1
天 津	34	14		2	
河 北	293	135	3	91	6
山 西	144	83	17	45	4
内蒙古	104	61		1	3
辽 宁	47	21		14	2
吉 林	14	6		6	1
黑龙江	59	30		12	2
上 海	12	8	1		
江 苏	488	297		257	5
浙 江	591	373	1	299	13
安 徽	224	120	2	36	6
福 建	283	153		71	1
江 西	268	147	5	40	1
山 东	673	347	5	9	17
河 南	693	365	16	145	4
湖 北	394	233		54	3
湖 南	441	220	2	89	15
广 东	523	315	7	110	5
广 西	1212	777		445	92
海 南	53	36	1	20	3
重 庆	144	77	1	24	5
四 川	504	267	7	95	49
贵 州	149	85	1	20	7
云 南	479	263	8	6	443
西 藏	9	5		1	
陕 西	187	83		20	3
甘 肃	185	85		31	9
青 海	68	36		4	3
宁 夏	6	2		4	
新 疆	127	60		25	11

儿童情况

单位：人

继子女收养的未成年人	三代以内同辈旁系血亲的子女	儿童福利机构抚养的未成年人	非社会福利机构抚养的未成年人	生父母有特殊困难无力抚养的子女	生父母均不具备完全民事行为能力且具有严重危害可能的子女
77	**2931**	**639**	**1006**	**1038**	**45**
	14	2		1	
	25			7	
3	125	30	28	10	
2	57	12		23	1
1	40		6	46	7
	21	2	6	2	
2	1	2		2	
1	36	1	1	6	
3	4	4	1		
1	67	50	88	18	2
4	70	168	33	4	
17	141	7	6	11	
2	124	10	65	10	
1	157		7	60	2
5	113	44	467	18	
5	358	51	12	111	7
	191	42	17	84	3
1	247	18	17	54	
9	344	13	6	35	1
13	293	132	123	110	4
	7	4	14	5	
2	65	8	1	37	2
2	123	27	14	192	2
2	68	2	23	27	
	12	1	9	8	
1	4		3		
	64		20	70	10
	71	2	11	59	2
	40		3	17	1
	2				
	47	7	25	11	1

C-2-30 社会救助

地 区	单位数	编制部门登记	民政部门登记	一个机构多块牌子	年末职工人数	#女性
全 国	**896**	**878**	**11**	**7**	**8614**	**4023**
中央级	1	1			15	8
北 京	9	9			97	56
天 津						
河 北	2	2			11	4
山 西	43	42		1	437	208
内蒙古	25	24	1		324	175
辽 宁						
吉 林	68	66		2	1357	481
黑龙江	25	25			280	124
上 海	14	13	1		231	163
江 苏	11	11			63	35
浙 江	9	9			59	35
安 徽	22	22			116	51
福 建	14	14			71	37
江 西	34	34			259	118
山 东	29	29			329	170
河 南	50	50			476	224
湖 北	76	76			769	360
湖 南	47	47			457	158
广 东	6	3		3	33	15
广 西	126	125		1	772	419
海 南	3	3			52	21
重 庆	36	36			304	179
四 川	57	57			379	169
贵 州	48	48			610	303
云 南	60	60			247	127
西 藏						
陕 西	45	45			525	246
甘 肃	15	15			142	42
青 海	12	3	9		135	49
宁 夏	6	6			52	36
新 疆	3	3			12	10

服务机构

单位：个、人

受教育程度		职业资格水平		按职工编制类型分组		
大学专科人数	大学本科及以上人数	助理社会工作师人数	社会工作师人数	事业编制	聘用合同	其他
2546	**4473**	**239**	**402**	**7792**	**496**	**326**
	15			15		
17	74	7	4	97		
1	7		1	11		
157	229	1	12	410	13	14
61	207	12	36	275	41	8
315	524	33	12	1338		19
84	119	9	2	256	23	1
19	197	12	12	182	16	33
5	50	5	13	53	5	5
10	37	6	7	55	4	
25	87	3	11	105	6	5
9	47	7	18	70		1
99	105	7	10	247	7	5
62	244	6	61	322	4	3
167	214	2	26	452	7	17
376	250	27	23	634	114	21
189	147	10	12	394	34	29
14	16	7	4	17	16	
210	462	13	19	700	46	26
28	24		2	21	31	
46	251	29	15	280	12	12
131	187	8	31	368	6	5
186	393	9	19	584	25	1
58	171	15	31	243		4
185	286	5	7	462	33	30
25	61		3	114	17	11
47	32	3	6	33	35	67
15	30	2	5	49	1	2
5	7	1		5		7

C-2-30续表

地　区	年龄结构			
	35岁及以下人数	36岁至45岁人数	46岁至55岁人数	56岁及以上人数
全　国	**3070**	**3754**	**1595**	**195**
中央级	9	2	1	3
北　京	31	41	23	2
天　津				
河　北	2	8	1	
山　西	108	205	108	16
内蒙古	125	126	70	3
辽　宁				
吉　林	452	656	231	18
黑龙江	82	127	62	9
上　海	96	99	35	1
江　苏	28	29	6	
浙　江	14	26	17	2
安　徽	41	57	17	1
福　建	34	23	12	2
江　西	83	125	46	5
山　东	119	120	73	17
河　南	188	199	76	13
湖　北	224	341	187	17
湖　南	148	209	90	10
广　东	14	8	7	4
广　西	292	322	138	20
海　南	30	10	11	1
重　庆	123	113	62	6
四　川	125	174	71	9
贵　州	233	261	107	9
云　南	94	134	18	1
西　藏				
陕　西	242	213	63	7
甘　肃	84	41	16	1
青　海	39	39	40	17
宁　夏	6	40	5	1
新　疆	4	6	2	

单位：人、万元

政府会计制度准则（事业单位）财务指标		
固定资产原价	本年收入合计	本年支出合计
44777.9	**362688.4**	**345812.6**
209.0	678.2	688.8
333.5	10454.1	11721.0
1242.9	239.9	253.6
2031.1	5733.3	6658.4
425.2	4858.5	5237.5
1464.8	32611.0	22159.7
2558.0	30988.3	31220.0
900.3	52371.1	51822.1
193.1	870.8	975.1
102.1	13093.9	13142.6
347.3	1948.4	1944.7
71.5	1168.5	1154.5
820.4	12392.3	11817.0
954.6	4863.8	4870.5
2592.2	3287.3	3780.4
11831.0	44357.1	32759.9
1009.0	10093.5	10991.2
	43.2	60.6
1956.8	21577.9	22070.4
48.1	8025.3	8025.3
1065.5	50632.7	50599.3
757.2	26649.2	27205.2
1463.5	3939.2	4236.2
9749.6	5273.6	5133.1
1955.2	15836.4	16367.4
185.2	215.0	417.9
473.0	17.0	42.0
31.8	379.5	368.8
6.0	89.4	89.4

C-2-31 城市居民

地 区	城市最低生活保障人数	按人员性质分类				
		#女性	#残疾人	#重度残疾人	老年人	青壮年
全 国	**6824477**	**3200891**	**1429830**	**733331**	**1381288**	**4358589**
北 京	69899	30237	16859	12146	13394	46979
天 津	64879	28555	16631	11477	9092	42622
河 北	146505	70188	31395	17096	27092	98605
山 西	194718	94701	35025	21453	37396	128960
内蒙古	253995	125648	58237	29034	68051	167467
辽 宁	276352	117407	83586	42436	43403	191470
吉 林	307369	146785	80947	46993	94560	193173
黑龙江	451023	203080	113392	31713	86888	318499
上 海	130745	53841	35100	35100	13521	97953
江 苏	83655	35190	20316	9078	22961	50202
浙 江	56859	22075	32102	17986	11021	40642
安 徽	276271	130953	78929	24811	90459	158985
福 建	67804	31420	20385	13076	15537	42217
江 西	294366	127821	61562	26988	37509	200855
山 东	92869	43022	36902	26931	18557	63497
河 南	321466	157905	65575	38336	103734	178195
湖 北	257305	120058	62661	6290	58229	172557
湖 南	344735	162769	52218	36811	58747	240179
广 东	147831	70195	42560	28922	25835	91203
广 西	385207	183658	63245	38540	64165	242136
海 南	32178	14207	6841	5319	1969	20650
重 庆	218011	94605	61231	36708	29894	157687
四 川	521488	236145	89478	53741	97650	361404
贵 州	578875	273419	85749	39891	118484	283551
云 南	370011	178180	62745	30936	99460	221459
西 藏	23472	10441	813	264	4172	14185
陕 西	164518	83458	25657	1557	27391	112040
甘 肃	316230	150519	24609	10305	35671	210930
青 海	66827	36288	6718	1958	13873	39945
宁 夏	69343	35489	15870	10766	11389	46386
新 疆	239671	132632	42492	26669	41184	123956

最低生活保障

单位：人、户

按年龄分类					城市最低生活保障户数
在职人员	灵活就业	登记失业	无就业条件	未成年人	
54825	**1323893**	**462785**	**2517086**	**1084600**	**4238380**
8117	6243		32619	9526	41922
1110	7583	19095	14834	13165	43532
1054	26206	17528	53817	20808	100477
5119	36427	11498	75916	28362	117142
120	112114	16844	38389	18477	169360
2043	25033	67282	97112	41479	195756
33	600	348	192192	19636	231724
598	24112	24763	269026	45636	329747
4259	11396	18020	64278	19271	96658
882	4702	10180	34438	10492	57219
1434	5438	5939	27831	5196	44704
1678	27128	10941	119238	26827	194232
351	7014	2632	32220	10050	45002
2971	53106	17944	126834	56002	184015
678	2596	1864	58359	10815	62533
1079	47537	19080	110499	39537	224902
13861	109711	9845	39140	26519	169728
547	70497	26489	142646	45809	225581
1919	15816	3695	69773	30793	77458
429	228263	4137	9307	78906	166219
19	1300	399	18932	9559	16693
263	76179	20742	60503	30430	147267
398	88160	44411	228435	62434	353953
762	70259	10572	201958	176840	236380
515	106974	17221	96749	49092	237778
760	5320	308	7797	5115	13059
404	33982	11718	65936	25087	94253
1896	80450	49216	79368	69629	144378
42	6676	944	32283	13009	35872
143	6506	1355	38382	11568	43990
1341	26565	17775	78275	74531	136846

C-2-32 农村居民

地　区	农村最低生活保障人数	按人员性质分类		
		#女性	#残疾人	#重度残疾人
全　国	**33495833**	**15828263**	**6600858**	**3413762**
北　京	36696	15754	15304	11164
天　津	58574	24374	11346	6999
河　北	1481459	687494	345007	219276
山　西	908241	454344	178335	101122
内蒙古	1289405	694589	190191	94998
辽　宁	642248	297486	124184	62764
吉　林	519171	263721	123414	
黑龙江	825151	414454	129648	35874
上　海	31691	15709	22122	22122
江　苏	556561	228536	99509	51640
浙　江	506775	196475	216307	120518
安　徽	1698699	794799	436244	129506
福　建	504601	226045	107519	71454
江　西	1439774	629258	290580	123212
山　东	1289477	592759	521604	338240
河　南	2741825	1346166	677822	377637
湖　北	1305777	604740	315639	14036
湖　南	1421230	669284	279772	214280
广　东	1158439	534467	239850	160214
广　西	2383687	1117947	300186	167652
海　南	142558	65169	22283	18706
重　庆	558025	251981	127853	76579
四　川	3426310	1627155	569548	345257
贵　州	1701872	798428	237297	103296
云　南	2254512	1069659	426873	215443
西　藏	130675	60803	4483	1432
陕　西	1105565	516091	228265	163835
甘　肃	1495358	612733	142401	59628
青　海	283979	145818	20695	7498
宁　夏	352960	176466	62595	37326
新　疆	1244538	695559	133982	62054

最低生活保障

单位：人、户

按年龄分类					农村最低生活保障户数
老年人	青壮年			未成年人	
		有劳动条件	无劳动条件		
12611311	**15391041**	**7858066**	**7532975**	**5493481**	**18967182**
15619	18039	8557	9482	3038	22217
14093	33021	19332	13689	11460	31384
731145	586837	238990	347847	163477	1042776
540018	313915	119806	194109	54308	652997
914417	333006	156278	176728	41982	844052
315709	280532	74754	205778	46007	441567
289705	197853	42348	155505	31613	342650
494517	289458	135724	153734	41176	550220
15352	16081	5528	10553	258	29751
225877	250932	108393	142539	79752	321596
205744	252802	170908	81894	48229	357533
679044	813315	473828	339487	206340	1051326
135008	276523	139119	137404	93070	282459
434062	735465	316322	419143	270247	872416
607894	548809	361118	187691	132774	866704
1210204	1169065	379000	790065	362556	1971884
484613	671823	454780	217043	149341	750075
456977	721522	348800	372722	242731	790839
258248	597055	231327	365728	303136	465414
477250	1340818	631640	709178	565619	850779
23569	73037	42320	30717	45952	57371
101196	347392	109582	237810	109437	315453
1466825	1483916	1020652	463264	475569	2027404
479030	729336	515312	214024	493506	730337
760784	1114208	465908	648300	379520	1253723
13646	70593	58469	12124	46436	38670
410537	542054	263527	278527	152974	501440
364060	816721	556239	260482	314577	516054
53712	151948	119305	32643	78319	107061
161992	159894	33616	126278	31074	255123
270464	455071	256584	198487	519003	625907

C-2-33 城市特困

地区	城市特困人员救助供养	#女性	#残疾人	#老年人	#未成年人	按自理能力分		
						全自理	半护理	全护理
全国	**350202**	**68196**	**143834**	**220324**	**2838**	**203610**	**74225**	**72367**
北京	1434	348	1015	932	1	360	436	638
天津	1753	467	758	1110	23	602	391	760
河北	5256	1185	2501	3056	46	2796	1188	1272
山西	3844	552	1782	1667	94	2087	959	798
内蒙古	12009	2001	8219	6257	20	5844	3129	3036
辽宁	12232	3203	5676	7032	25	6210	3021	3001
吉林	9526	2544	4683	5215	24	4555	2975	1996
黑龙江	13664	3598	7308	6814	83	7301	4182	2181
上海	3040	256	143	2891	6	2134	742	164
江苏	9513	2686	3897	5539	17	4084	1847	3582
浙江	3624	955	1794	2592	4	1369	795	1460
安徽	11935	1647	1823	9412	24	7766	2654	1515
福建	6476	1501	3119	3502	51	3071	1704	1701
江西	11301	2910	3564	5398	176	6601	2197	2503
山东	6074	1720	4121	2996	17	2315	1937	1822
河南	10972	2431	4472	6452	86	6366	2248	2358
湖北	13900	3541	7899	7814	44	8040	2025	3835
湖南	18554	4897	9343	8516	89	9898	3883	4773
广东	19658	6140	11702	9559	49	6506	4889	8263
广西	20941	4225	10722	11523	143	14112	2313	4516
海南	1670	331	673	974	19	1172	273	225
重庆	78052	5255	18550	64725	765	62634	9197	6221
四川	36783	5699	11000	26643	185	18987	9748	8048
贵州	7976	1492	3467	4371	223	5780	1294	902
云南	9885	2534	5950	5564	102	4938	2890	2057
西藏	375	184	46	346		217	94	64
陕西	5150	1224	3483	2074	71	1940	1802	1408
甘肃	5415	1624	2383	2769	35	2110	2194	1111
青海	1851	702	505	1053	38	742	735	374
宁夏	1268	322	962	463		380	545	343
新疆	6071	2022	2274	3065	378	2693	1938	1440

人员救助供养

单位：人

集中供养	全自理	半护理	全护理	分散供养	全自理	半护理	全护理
133103	**48418**	**37582**	**47103**	**217099**	**155192**	**36643**	**25264**
759	55	240	464	675	305	196	174
400	54	91	255	1353	548	300	505
2115	714	646	755	3141	2082	542	517
867	201	260	406	2977	1886	699	392
4049	1002	1412	1635	7960	4842	1717	1401
3397	1180	852	1365	8835	5030	2169	1636
2521	635	986	900	7005	3920	1989	1096
5481	1496	2622	1363	8183	5805	1560	818
385	135	129	121	2655	1999	613	43
5349	1187	1000	3162	4164	2897	847	420
2403	619	556	1228	1221	750	239	232
4670	1876	1694	1100	7265	5890	960	415
3097	347	1278	1472	3379	2724	426	229
4209	1539	958	1712	7092	5062	1239	791
3185	546	1281	1358	2889	1769	656	464
3318	1060	806	1452	7654	5306	1442	906
7363	2290	1607	3466	6537	5750	418	369
6740	1787	2093	2860	11814	8111	1790	1913
7311	848	1718	4745	12347	5658	3171	3518
12181	6558	1752	3871	8760	7554	561	645
192	91	52	49	1478	1081	221	176
16140	8994	4121	3025	61912	53640	5076	3196
20963	9937	5570	5456	15820	9050	4178	2592
2970	1565	815	590	5006	4215	479	312
3619	1111	1291	1217	6266	3827	1599	840
161	94	45	22	214	123	49	42
2835	557	1143	1135	2315	1383	659	273
1785	469	799	517	3630	1641	1395	594
546	132	249	165	1305	610	486	209
784	141	382	261	484	239	163	82
3308	1198	1134	976	2763	1495	804	464

C-2-34 农村特困

地　区	农村特困人员救助供养	#女性	#残疾人	#老年人	#未成年人	按自理能力分		
						全自理	半护理	全护理
全　国	**4344719**	**429128**	**1109706**	**3456114**	**25964**	**3399712**	**615264**	**329743**
北　京	5140	342	3353	4394	2	2758	1249	1133
天　津	10142	956	1923	8764	4	7114	2019	1009
河　北	249623	15370	55228	210496	929	208651	24664	16308
山　西	125743	6160	37219	90323	431	91146	22008	12589
内蒙古	83783	4524	29727	64477	56	65992	10135	7656
辽　宁	124904	14258	22280	105769	148	96471	20118	8315
吉　林	75819	9999	19181	54402	166	57718	11563	6538
黑龙江	91183	16547	33582	60782	346	75116	11504	4563
上　海	1778	321	176	1602		927	747	104
江　苏	192529	13807	21396	182050	193	141328	36173	15028
浙　江	31650	1780	7766	30162	1	19430	5620	6600
安　徽	324404	28575	50154	282050	650	242362	64775	17267
福　建	60346	5144	17542	44264	409	47820	7030	5496
江　西	124464	21838	19491	96492	1152	102665	11005	10794
山　东	332603	22210	116751	285713	172	269472	40412	22719
河　南	478382	41755	106471	384409	4583	397449	54876	26057
湖　北	236052	27556	79917	190611	360	202882	17477	15693
湖　南	350523	39159	86438	259035	1750	288358	35621	26544
广　东	199763	15744	42509	166422	480	155757	20868	23138
广　西	236871	20697	67317	168659	2639	216814	10602	9455
海　南	22655	2538	4553	17628	127	17772	3498	1385
重　庆	97415	6285	21461	80799	1203	81437	10889	5089
四　川	404893	37061	77046	340769	2266	282333	83215	39345
贵　州	92352	9300	30532	62547	832	79788	8283	4281
云　南	119082	23381	66450	63963	3340	77179	28311	13592
西　藏	12581	7458	1262	11184	25	6655	4057	1869
陕　西	124592	9313	53919	96404	886	85980	27670	10942
甘　肃	95133	14625	25055	66025	733	59673	26435	9025
青　海	15440	5133	3333	10675	201	6758	5754	2928
宁　夏	8188	1921	3374	5307	11	4089	3299	800
新　疆	16686	5371	4300	9937	1869	7818	5387	3481

人员救助供养

单位：人

集中供养	全自理	半护理	全护理	分散供养	全自理	半护理	全护理
643838	**328380**	**185396**	**130062**	**3700881**	**3071332**	**429868**	**199681**
1611	80	624	907	3529	2678	625	226
816	309	213	294	9326	6805	1806	715
27037	12022	8353	6662	222586	196629	16311	9646
14511	6652	4095	3764	111232	84494	17913	8825
11312	4905	3192	3215	72471	61087	6943	4441
16329	8902	4582	2845	108575	87569	15536	5470
10499	5018	2981	2500	65320	52700	8582	4038
12524	5166	5405	1953	78659	69950	6099	2610
573	185	317	71	1205	742	430	33
34165	19474	9250	5441	158364	121854	26923	9587
14382	6359	3281	4742	17268	13071	2339	1858
48163	26767	14892	6504	276241	215595	49883	10763
11437	1803	5023	4611	48909	46017	2007	885
32794	21698	6107	4989	91670	80967	4898	5805
55403	16423	24167	14813	277200	253049	16245	7906
68863	47833	13121	7909	409519	349616	41755	18148
41027	20097	9005	11925	195025	182785	8472	3768
45606	21908	13431	10267	304917	266450	22190	16277
13871	5698	3397	4776	185892	150059	17471	18362
5692	4182	530	980	231179	212632	10072	8475
1867	1115	480	272	20788	16657	3018	1113
10529	6950	2114	1465	86886	74487	8775	3624
66175	38997	16978	10200	338718	243336	66237	29145
15292	9976	3369	1947	77060	69812	4914	2334
15096	5773	5454	3869	103986	71406	22857	9723
5869	2938	1978	953	6712	3717	2079	916
36548	16580	13217	6751	88044	69400	14453	4191
9071	4072	3319	1680	86062	55601	23116	7345
2611	654	1210	747	12829	6104	4544	2181
2709	634	1756	319	5479	3455	1543	481
11456	5210	3555	2691	5230	2608	1832	790

C-2-35 临时救助

地区	临时救助	#未成年人	按属地分类	
			本地户籍	非本地户籍
全国	**11001024**	**909167**	**10738971**	**262053**
北京	7845	862	7730	115
天津	66917	1171	65603	1314
河北	176317	2657	176230	87
山西	178628	726	178147	481
内蒙古	177473	874	174725	2748
辽宁	99876	649	99673	203
吉林	187651	12113	186704	947
黑龙江	190538	1810	190414	124
上海	13939	1249	12951	988
江苏	183511	2886	182987	524
浙江	90612	5891	89306	1306
安徽	95766	767	95657	109
福建	249332	24167	246915	2417
江西	179472	6527	179096	376
山东	177803	7522	175953	1850
河南	179903	7617	179032	871
湖北	195458	1166	194267	1191
湖南	561808	8384	525700	36108
广东	101349	7641	99905	1444
广西	550137	40236	547466	2671
海南	60278	4036	59847	431
重庆	119136	1075	119092	44
四川	418070	21314	417421	649
贵州	226195	16507	225444	751
云南	1001531	192538	934261	67270
西藏	55664	2105	49316	6348
陕西	534946	58797	521679	13267
甘肃	1953582	87558	1949721	3861
青海	240735	8328	240353	382
宁夏	104918	698	103057	1861
新疆	2621634	381296	2510319	111315

和传统救济

单位：人次、人

按对象分类			传统救济
低保人员	特困人员	其他	
4019842	**423175**	**6558007**	**158309**
4388	39	3418	
53958	812	12147	
54040	16070	106207	11776
51394	10176	117058	5243
89059	6928	81486	8821
48759	6033	45084	5655
130675	8229	48747	
133236	11497	45805	9
9413	269	4257	
21348	4605	157558	11832
52079	1307	37226	2015
26390	10690	58686	13464
88284	6881	154167	1248
58493	6673	114306	476
91352	17890	68561	181
45063	10490	124350	14929
68752	8551	118155	3123
88670	26272	446866	30762
52125	8916	40308	624
443153	41837	65147	785
16124	2048	42106	5
43877	27414	47845	10247
67095	18273	332702	13858
60746	2743	162706	6259
13219	477	987835	15636
3487	1078	51099	
116606	8936	409404	1013
517963	137840	1297779	61
47095	1545	192095	202
44165	3286	57467	
1478834	15370	1127430	85

C-2-36 福利彩票

地 区	单位数	编制部门登记	民政部门登记	一个机构多块牌子	年末职工人数	#女性
全 国	**642**	**569**	**70**	**3**	**9093**	**3869**
中央级	1	1			119	52
北 京	10	10			86	39
天 津	3	3			86	34
河 北	19	16	3		337	145
山 西	11	11			254	117
内蒙古	15	15			271	117
辽 宁	13	13			339	128
吉 林	42	39		3	381	128
黑龙江	15	15			197	76
上 海	17	3	14		200	117
江 苏	73	71	2		750	344
浙 江	29	18	11		344	164
安 徽	44	21	23		520	257
福 建	10	10			260	82
江 西	12	12			171	55
山 东	17	17			572	234
河 南	40	40			450	180
湖 北	25	25			134	52
湖 南	74	74			544	177
广 东	50	50			692	305
广 西	16	16			304	152
海 南	6	6			80	31
重 庆	1	1			187	52
四 川	3	3			286	98
贵 州	11	11			252	109
云 南	14	14			142	63
西 藏	1	1			33	14
陕 西	21	21			328	154
甘 肃	14	12	2		275	162
青 海	6	2	4		102	56
宁 夏	14	3	11		189	96
新 疆	15	15			208	79

发行机构

单位：个、人

受教育程度		职业资格水平		年龄结构			
大学专科人数	大学本科及以上人数	助理社会工作师人数	社会工作师人数	35岁及以下人数	36岁至45岁人数	46岁至55岁人数	56岁及以上人数
2744	**4551**	**213**	**234**	**2956**	**3719**	**1990**	**428**
3	116		1	29	60	21	9
17	67		5	21	44	17	4
13	55			11	36	30	9
117	129	4	8	128	148	52	9
67	153		4	102	92	52	8
95	141	1	3	96	108	54	13
69	204	1		100	140	72	27
69	113	2		115	173	72	21
51	104	4	11	38	95	58	6
52	80	16	1	45	77	44	34
245	350	40	38	275	289	166	20
80	200	20	20	109	143	79	13
210	211	13	14	245	189	74	12
59	147		3	85	75	74	26
60	57		3	49	76	38	8
183	338	13	50	144	243	155	30
139	182	8	8	127	185	114	24
52	44			38	60	30	6
182	238	8	16	207	207	115	15
206	398	48	21	174	314	161	43
68	140	10	11	73	124	85	22
21	38			35	26	17	2
32	142	1		48	84	46	9
87	187	1		80	133	65	8
67	150	5	5	93	115	39	5
58	75	10	3	63	44	25	10
15	11			13	13	7	
100	151	3	6	133	116	67	12
135	97	2	1	117	103	44	11
29	56	1	1	45	40	17	
81	93	2	1	75	73	36	5
82	84			43	94	64	7

C-2-36续表

地 区	政府会计制度准则（事业单位）财务指标		
	固定资产原价	本年收入合计	本年支出合计
全 国	**1732586.6**	**825474.6**	**832347.7**
中央级	226769.4	109724.0	120006.6
北 京	14967.2	13768.5	15910.6
天 津	19842.0	8151.2	10207.2
河 北	47112.9	57101.0	53997.8
山 西	41133.6	10874.4	6340.2
内蒙古	61385.1	27273.1	18683.7
辽 宁	105577.4	19142.6	18440.6
吉 林	17656.5	20243.5	20338.8
黑龙江	23105.8	12548.3	12633.0
上 海	16299.5	15535.3	13561.8
江 苏	119998.8	56904.2	51420.6
浙 江	72957.6	35677.8	36624.3
安 徽	65466.4	22056.1	21190.3
福 建	18985.4	35757.1	33168.8
江 西	50853.4	20887.4	22254.8
山 东	222875.4	46099.3	48560.5
河 南	80165.4	33392.4	33298.0
湖 北	60244.5	25171.1	24639.3
湖 南	52419.3	27182.6	25855.0
广 东	75844.2	61835.0	64226.2
广 西	37789.6	17611.4	16497.5
海 南	13730.6	3786.8	4090.7
重 庆	19139.2	18122.0	21064.9
四 川	36128.9	15364.7	28877.5
贵 州	27781.0	19011.8	18620.2
云 南	49350.5	17850.3	17451.6
西 藏	2282.3	3100.8	3123.6
陕 西	68286.5	24297.2	25058.3
甘 肃	26809.7	12247.5	12103.5
青 海	9562.6	7795.0	7922.2
宁 夏	14907.5	7608.0	6692.0
新 疆	33158.4	19354.2	19487.6

单位：万元

民间非营利组织会计制度财务指标		
固定资产原价	本年收入合计	本年费用合计
6857.0	**8078.8**	**2552.6**
49.8		
553.8	2592.2	1200.1
15.3	87.2	
1665.2	620.1	136.2
1543.0	1579.8	1212.1
2771.0	300.0	
54.0	20.0	4.2
204.9	2879.5	

C-2-37 慈善

地 区	慈善组织	#具有公开募捐资格的慈善组织	慈善信托		社会捐赠
			备案慈善信托数量	慈善信托合同规模	
全 国	**12641**	**3098**	**948**	**439923**	**14903**
中央级	193	79			
北 京	849	60	108	62097	2145
天 津	119	17			577
河 北	683	529			748
山 西	209	46			151
内蒙古	84	30	3	250	50
辽 宁	138	51	3	161	17
吉 林	84	34			18
黑龙江	155	57	5	230	23
上 海	600	30	28	15954	3324
江 苏	682	211	40	11111	1355
浙 江	1480	252	367	145655	711
安 徽	339	79			256
福 建	852	104			58
江 西	201	92	13	1529	127
山 东	799	211	16	8748	393
河 南	295	132			388
湖 北	356	124			457
湖 南	728	241	7	439	1214
广 东	1796	279	64	90061	667
广 西	216	33			265
海 南	97	22			2
重 庆	140	46	17	2582	984
四 川	415	154	27	10600	204
贵 州	171	39	11	2875	65
云 南	121	12	3	84	63
西 藏	14	6	1	14	
陕 西	600	55	86	8933	570
甘 肃	110	30	149	78600	22
青 海	22	1			1
宁 夏	47	17			46
新 疆	46	25			2

和社工

单位：个、件、万元、万人

社会捐赠接收站点	慈善超市	乡、镇（街道）社工站	乡、镇（街道）社工站年末职工人数	城乡社区社工室	城乡社区社工室年末职工人数
11223	**3680**	**21783**	**49057**	**51106**	**67852**
2126	19	186	243	568	358
569	8	126	218	141	1548
390	358	698	1596	25	14
151		272	588		
16	34	60	115	108	96
3	14	838	1905	148	267
11	7	49	7	317	
4	19	533	837		
3088	236	330	1057	1	9
979	376	172	462	475	501
522	189	1367	3418	7147	7679
198	58	928	1686	1590	2339
18	40	904	600	336	282
98	29	718	1058	196	
314	79	1667	4727	3308	7207
172	216	1465	2685	188	53
211	246	1237	2153	3850	3314
334	880	1983	707	7726	879
520	147	1631	13084	9219	21197
155	110	792	1573	6	4
2		75	33	8	
874	110	692	1860	6548	10225
139	65	2246	4790	4955	9778
53	12	847	788	3387	44
52	11	959	861	432	178
		2	2		
212	358	580	1326	422	1822
10	12	224	490	5	58
	1	9	1		
1	45	138			
1	1	55	187		

C-3-1 成员组

地 区	单位数	年末职工人数	#女性	受教育程度	
				大学专科人数	大学本科及以上人数
全 国	**1499282**	**13906650**	**5517887**	**2674014**	**2639019**
中央级	2302	48833	21701	490	44221
北 京	19868	256226	160222	67837	118138
天 津	11835	91882	46743	16354	31257
河 北	91476	978082	301428	139587	99924
山 西	40461	343580	121120	56070	38952
内蒙古	30575	223905	77885	43847	25625
辽 宁	43127	324589	148339	75164	70206
吉 林	24403	118494	37496	19061	6339
黑龙江	32409	165808	59529	20353	12302
上 海	23483	445105	243471	79048	155877
江 苏	100651	816009	221267	107828	107868
浙 江	97216	776971	392809	200320	200729
安 徽	54916	543773	204870	160888	117775
福 建	51882	334631	123676	47896	43275
江 西	49829	592176	174518	84137	77191
山 东	127899	1367416	639102	352859	377824
河 南	102742	877543	361331	186325	154899
湖 北	57980	428199	182367	90690	71838
湖 南	67055	661090	262225	126064	132555
广 东	98125	1156296	576062	253650	312701
广 西	45437	401084	165983	47851	25940
海 南	12315	91078	31458	15044	14252
重 庆	29532	297937	163308	86134	87315
四 川	79366	708406	279507	141939	128020
贵 州	33042	275641	93702	51395	37227
云 南	37367	408509	119971	56003	55409
西 藏	6230	49426	10256	3332	4569
陕 西	51101	500683	133904	63278	41038
甘 肃	38038	282661	50897	32813	15369
青 海	10809	103550	25855	12186	6871
宁 夏	7340	43597	17232	8444	5908
新 疆	20471	193470	69653	27127	17605

织总表

单位：个、人

职业资格水平		年龄结构			
助理社会工作师人数	社会工作师人数	35岁及以下人数	36岁至45岁人数	46岁至55岁人数	56岁及以上人数
176371	**162919**	**5050231**	**4561113**	**2894686**	**1394510**
		11164	20499	15697	1473
6021	3336	96840	125118	14555	19713
2342	863	26027	34608	25071	6169
4649	11945	520346	237840	149062	70811
2884	2637	119513	105429	74603	43962
2123	1378	78883	74258	50341	20261
14452	3675	115378	108963	69806	30442
2538	2289	30397	61930	18317	7850
1994	1403	45701	66159	39897	14051
1910	23513	91403	128359	124073	101227
12365	7114	281776	313723	160817	59693
22051	13335	258169	221173	188045	109584
5508	3292	188783	224281	101523	29146
2779	1946	110797	122707	71541	29581
3767	1370	179829	219562	119890	72895
31576	30700	480430	409797	309272	167846
8212	5034	380311	274120	152790	70322
5862	1950	151609	146189	95107	34695
6024	4636	244184	215841	134750	66303
16123	27744	542596	322521	197433	93653
1115	444	128966	132651	90987	48441
462	186	30267	38386	15964	6461
6763	3804	132063	79143	60484	26102
6131	3953	243796	246761	131697	86152
2183	754	101861	91849	62570	19361
812	280	118305	136226	101890	51989
67	148	15319	16636	12860	4258
2528	2774	143676	150574	158869	47430
794	493	75775	106041	68805	29319
923	550	30294	37697	18388	15680
635	786	14510	15035	10782	3270
778	587	61263	77037	48800	6370

C-3-1续表

地 区	政府会计制度准则（事业单位）财务指标		
	固定资产原价	本年收入合计	本年支出合计
全 国	**310234.1**	**289943.1**	**216554.0**
中央级			
北 京			
天 津			
河 北			
山 西			
内蒙古			
辽 宁			
吉 林			
黑龙江			
上 海			
江 苏	6745.5	7168.4	6637.3
浙 江			
安 徽			
福 建			
江 西	3019.6	4699.7	4699.7
山 东			
河 南			
湖 北			
湖 南			
广 东	300074.0	277710.0	205217.0
广 西			
海 南	395.0	365.0	
重 庆			
四 川			
贵 州			
云 南			
西 藏			
陕 西			
甘 肃			
青 海			
宁 夏			
新 疆			

单位：万元

民间非营利组织会计制度财务指标		
固定资产原价	本年收入合计	本年费用合计
72617489.3	**91910126.4**	**73667848.5**
1749755.9	7473328.8	6170641.1
2195112.0	6644616.1	6387374.5
374205.4	562410.3	556066.1
2968921.1	3778001.1	5058868.2
1546925.6	468249.8	443576.0
232062.0	206314.0	238617.3
1823558.5	1140660.9	1058128.6
24383.9	35738.9	35071.0
131002.0	56148.9	112529.4
3740300.9	8183247.4	7929816.9
2144722.2	5424417.2	4082405.7
4451188.2	5674964.8	5328386.7
2427560.0	956912.1	838434.0
1230781.1	1154594.5	1095562.5
631118.4	481692.4	615945.9
9653823.9	1926324.5	7306959.9
4714735.8	1857854.5	1676654.9
1133592.6	951043.3	857978.5
1899981.9	1675107.6	1532037.8
13775449.5	33244263.6	12553122.8
1481004.5	1595705.9	1864908.0
1145316.1	50593.0	90786.5
3445245.4	2364281.7	2093328.0
5123179.7	3027272.4	2832606.3
596663.4	644525.3	558257.7
2136534.4	1534592.6	1402442.7
21992.2	24408.8	23210.6
1275926.8	407427.1	525264.0
167070.6	98106.7	121883.9
75069.3	25155.1	19329.2
134791.2	167703.9	159276.5
165514.8	74463.2	98377.3

C-3-2 社会组

地 区	单位数	#依法登记的社区社会组织	年末职工人数	#女性
全 国	**891267**	**95966**	**11083271**	**4595764**
中央级	2302	0	48833	21701
北 京	12654	762	217751	138175
天 津	6477	12	66966	36660
河 北	37924	250	771217	243852
山 西	18712	247	237047	92195
内蒙古	16857	1240	162074	57040
辽 宁	26987	161	246299	112391
吉 林	13038	89	79231	23269
黑龙江	20200	44	102831	36640
上 海	17314	6022	414231	225739
江 苏	79306	17564	703724	183810
浙 江	72116	19177	670823	355146
安 徽	36900	4330	452268	170440
福 建	34628	3235	255220	97308
江 西	28545	1147	483871	140999
山 东	66479	3348	1121189	556356
河 南	50700	12124	647853	302404
湖 北	31476	975	314829	137235
湖 南	37738	2064	537409	218908
广 东	71607	12555	1017959	527756
广 西	28947	3311	304719	136203
海 南	8923	156	72403	26257
重 庆	18271	3119	236733	134040
四 川	44998	1417	552729	231100
贵 州	15110	672	179092	63665
云 南	22473	0	330500	100133
西 藏	651	4	12400	4259
陕 西	31018	811	406252	107672
甘 肃	20437	992	205292	35546
青 海	5924	51	80319	21072
宁 夏	4488	38	29214	10031
新 疆	8067	49	121993	47762

织总表

单位：个、人

受教育程度		职业资格水平	
大学专科人数	大学本科及以上人数	助理社会工作师人数	社会工作师人数
2249202	**2444382**	**119952**	**137416**
490	44221		
57811	108075	1907	1565
14294	26189	478	315
115476	91816	3662	10974
44394	33756	1519	1723
35738	21721	1692	1165
60486	61062	11188	1818
17539	4935	2184	2127
14297	9360	1126	1020
72852	148722	9	22609
92103	98020	5998	4865
173962	184232	16061	10021
133497	109222	3712	2501
32171	37910	1454	1077
63286	70852	2236	760
319578	362940	27401	28407
165841	148411	6609	4268
67635	63663	1194	579
107754	126281	4864	4195
215440	291627	13004	26245
36921	22942	465	265
11950	13605	448	168
64761	79199	2683	2579
120519	122456	3180	3228
38027	31970	2089	726
50811	53820	548	230
3024	4301	62	93
53434	36589	1882	1911
30686	13865	537	381
11346	6474	805	494
6483	4993	342	702
16596	11153	613	405

C-3-2续表1

地区	年龄结构				建立党组织的社会组织	社会组织中中共党员人数
	35岁及以下人数	36岁至45岁人数	46岁至55岁人数	56岁及以上人数		
全国	**4382033**	**3556333**	**2049859**	**1095046**	**140462**	**1754700**
中央级	11164	20499	15697	1473	1152	28306
北京	87367	112726	2900	14758	3391	27513
天津	18077	26397	18458	4034	3517	18075
河北	478843	173411	83359	35604	12369	71384
山西	97347	73933	38964	26803	6804	35090
内蒙古	65688	52722	31426	12238	3558	23921
辽宁	99116	80129	45590	21464	4911	43433
吉林	27739	29840	15247	6405	1565	11119
黑龙江	33307	40359	21248	7917	1256	14788
上海	84177	117611	115436	97007	10064	66531
江苏	251050	270914	129520	52240	4511	85564
浙江	236765	192433	148568	93057	8418	286428
安徽	160243	190392	77401	24232	4462	67080
福建	89876	93207	48124	24013	3923	31486
江西	156554	178684	85463	63170	7067	69581
山东	431017	337848	227021	125303	690	155365
河南	329577	191527	81488	45261	7986	99365
湖北	120639	102194	64958	27038	5560	52294
湖南	216468	167355	96658	56928	8455	94273
广东	507309	277251	152714	80685	6495	105496
广西	108913	100207	59682	35917	2579	23601
海南	26278	31131	10473	4521	336	6007
重庆	112807	61866	42030	20030	2033	35443
四川	205267	189186	86044	72232	6071	94218
贵州	70989	58646	36549	12908	2851	30936
云南	96641	103388	82517	47954	2840	48800
西藏	6310	3516	2090	484	299	4693
陕西	126011	119350	125041	35850	3177	37786
甘肃	57955	72660	50760	23917	8508	51249
青海	25539	28254	12221	14305	1376	10104
宁夏	9487	10053	6991	2683	1459	7973
新疆	33513	48644	35221	4615	2779	16798

单位：人、个

社会组织按行业分类					
科技与研究	生态环境	教育	卫生	社会服务	文化
24725	**3582**	**280842**	**41775**	**139062**	**76246**
526	31	90	91	92	315
829	76	3244	676	2584	931
349	3	1790	263	2061	227
498	71	16340	4168	3227	2393
462	65	6439	1187	1983	2437
596	101	5352	688	1905	1830
862	62	12025	2343	4797	1222
552	62	4201	484	2189	1214
695	38	7344	453	3594	1434
1078	131	2955	641	6088	1543
1352	342	10823	3240	23158	7906
1844	225	11341	1428	27682	4771
1023	129	10591	3262	6811	2993
711	228	8271	1071	5204	3935
309	105	10532	1276	2514	3472
2943	187	21364	4151	7376	6590
809	127	25413	3577	4568	3564
980	302	8987	1583	2936	3135
739	326	15503	1604	3091	3725
3736	262	26570	1864	7875	5973
599	61	11384	432	2648	1639
262	49	3363	870	464	1167
517	88	6367	333	1769	1061
683	177	14673	1727	5273	4547
230	55	5490	693	1242	1290
122	6	14564	492	64	242
6	14	21	3	57	28
640	72	8455	1333	3690	3334
451	73	3843	744	1211	1808
52	52	777	309	1029	542
147	23	957	122	607	338
123	39	1773	667	1273	640

C-3-2续表2

地　区	社会组织按行业分类					
	体育	法律	工商服务业	宗教	农业及农村发展	职业及从业者组织
全　国	**62094**	**3619**	**54638**	**5515**	**44334**	**22168**
中央级	100	20	667	8	77	58
北　京	768	109	786	45	264	73
天　津	530	15	762	17	33	41
河　北	3008	56	1636	233	1133	723
山　西	1616	45	751	155	457	709
内蒙古	1579	105	904	117	446	801
辽　宁	1513	53	1376	142	408	498
吉　林	1196	55	963	128	605	480
黑龙江	1906	81	865	94	458	383
上　海	1325	167	1502	79	126	150
江　苏	6159	876	4867	290	2098	1605
浙　江	3656	214	2979	311	1785	986
安　徽	3057	112	2782	288	1802	678
福　建	2597	146	2604	345	1912	1984
江　西	2185	88	1647	219	1756	966
山　东	6045	314	4112	519	2073	1343
河　南	3316	100	2853	484	1455	1075
湖　北	2202	170	3140	258	2896	853
湖　南	2646	158	2599	297	1772	1015
广　东	4952	170	6023	239	1162	1534
广　西	1536	62	1102	93	1438	777
海　南	658	15	467	14	278	201
重　庆	1280	21	2281	121	2174	701
四　川	2662	173	2964	354	2982	1804
贵　州	1030	34	1203	140	756	504
云　南	797	100	230	27	125	12
西　藏	31	1	34		7	26
陕　西	1483	46	1038	188	5679	851
甘　肃	918	49	575	191	6081	322
青　海	355	5	74	39	1014	207
宁　夏	465	18	228	25	469	230
新　疆	523	41	624	55	613	578

单位：个、起

国际及涉外组织	其他	行政执法	行政处罚数	#并处没收违法经营额/违法所得	#并处罚款
491	**132176**	**9787**	**9578**	**154**	**287**
50	177	9	9		
8	2261	456	442		
	386				
13	4425	311	311	4	
17	2389	490	484		
6	2427	193	189		
16	1670	67	43	2	2
4	905	139	139		
9	2846	34	21		
50	1479	112	112	1	
36	16554	84	82		
12	14882	168	168		
12	3360	376	375		1
49	5571	967	964		
15	3461	547	523	136	10
6	9456	1140	1098		
7	3352	273	267		
13	4021	689	684		
58	4205	452	428		1
35	11212	1288	1270	2	258
8	7168	541	539		
3	1112	2			
2	1556	52	52		7
13	6966	224	222		
7	2436	106	106		
	5692	290	290		
2	421	5	3		2
16	4193	436	433		
5	4166	122	122		
5	1464	38	27	7	5
13	846	92	92	1	
1	1117	84	83	1	1

C-3-2续表3

地区	行政处罚类型			取缔非法社会组织	#并处没收非法财产	当年新登记数	当年年检单位数
	警告	限期（责令）停止活动	撤销登记				
全　国	**2127**	**539**	**6912**	**209**	**7**	**43873**	**486987**
中央级	6		3			20	1888
北　京	179	3	260	14		304	10589
天　津						259	575
河　北	151		160			1949	11961
山　西	203	9	272	6	2	803	15800
内蒙古	62	2	125	4		1117	11188
辽　宁	5	2	36	24		944	4060
吉　林	2	43	94			1358	8080
黑龙江	10	1	10	13		741	2650
上　海	12		100			367	16123
江　苏	42		40	2		2302	33795
浙　江	19	3	146			2269	55597
安　徽	31		344	1		3129	23553
福　建	4	7	953	3		1950	20768
江　西	33	113	377	24		1521	19297
山　东	386		712	42		5704	40238
河　南	113	1	153	6		3001	42101
湖　北	92	2	590	5		1714	14465
湖　南	98		330	24		1816	29752
广　东	335	210	725	18		2794	39542
广　西	70	1	468	2		1558	16213
海　南				2		340	443
重　庆	7		45			750	8701
四　川	80	14	128	2		2159	12111
贵　州	14	1	91			937	7617
云　南	6	32	252			1481	12167
西　藏	1	1	1	2		33	19
陕　西	91	51	291	3		1237	13367
甘　肃	29	8	85			774	11812
青　海	7	1	19	11	4	142	449
宁　夏	15		77			110	1065
新　疆	24	34	25	1	1	290	1001

单位：起、个、万元

民间非营利组织会计制度财务指标		
固定资产原价	本年收入合计	本年费用合计
65212615	**69605744**	**72254801**
1749756	7473329	6170641
2195112	6644616	6387375
349401	560964	551563
2872555	3770386	5053957
1125413	419152	414711
229645	205893	236769
1733532	1080933	1041372
24384	35735	35071
117358	52780	110085
2977417	7762483	7664890
1594181	5228399	3949733
4393131	5641103	5300755
2161703	893249	797042
1230338	1151883	1094473
499862	440170	587680
9653824	1926325	7306960
4643532	1846831	1676207
775624	870351	802834
1878172	1639726	1526446
10503995	12376592	12074010
1472775	1595085	1864345
1145316	50593	90787
2639077	2039169	1836513
4846538	2950571	2789766
584495	640509	557054
2032767	1515233	1388313
8371	24409	23211
1275621	406524	525246
166318	98107	121650
58102	23859	18402
118838	167704	159277
155465	73083	97665

地区	单位数	年末职工人数	#女性	受教育程度	
				大学专科人数	大学本科及以上人数
全国	**370093**	**4287283**	**1018460**	**626846**	**717661**
中央级	1995	41923	20014		38314
北京	4346	36813	15551	6985	22517
天津	2594	16223	7402	1922	9021
河北	12520	391244	31974	20894	19657
山西	8003	84507	22704	11062	9839
内蒙古	7602	79885	19890	15143	9630
辽宁	6686	50387	13802	10155	12253
吉林	5604	40871	8862	4900	1712
黑龙江	6934	51320	15223	5590	2452
上海	4295	57395	12250	9890	19618
江苏	30804	203204	38627	28388	26957
浙江	26342	149216	41927	27370	34510
安徽	16917	182153	45593	51368	51537
福建	19177	104426	19457	10877	12765
江西	12897	304939	55667	35281	31404
山东	21526	478034	154260	113369	142386
河南	14101	125007	32815	25158	16197
湖北	12616	90623	21879	16942	14205
湖南	16299	268481	82925	44822	73078
广东	32318	267461	72284	38748	53843
广西	12447	89655	18868	7033	6854
海南	3561	24998	4040	2380	3716
重庆	8399	53153	13914	11878	13419
四川	20813	251714	89423	37978	31446
贵州	7399	79735	17024	14213	10802
云南	12314	209295	37240	21428	14105
西藏	569	11887	4043	2884	4165
陕西	16951	238570	40674	19665	13794
甘肃	13092	145191	14886	16667	6904
青海	4026	61720	11720	5356	3795
宁夏	2531	13182	2920	3074	2107
新疆	4415	84071	30602	5426	4659

团体

单位：个、人

职业资格水平		年龄结构			
助理社会工作师人数	社会工作师人数	35岁及以下人数	36岁至45岁人数	46岁至55岁人数	56岁及以上人数
39343	**29764**	**1203870**	**1425772**	**1032322**	**625319**
		9288	18576	14059	
412	350	7266	24573	371	4603
154	44	1903	5799	7575	946
608	524	279027	53734	40382	18101
736	544	20996	25485	18342	19684
474	274	25999	26169	18399	9318
921	494	13283	19009	11304	6791
674	299	12719	15461	9555	3136
457	107	12692	21258	11582	5788
9	1144	5137	11680	14438	26140
1974	1322	49980	80998	47490	24736
4645	2362	31247	48837	42433	26699
1866	1239	49612	81313	37551	13677
373	323	25279	35407	26994	16746
1155	290	64047	123424	63878	53590
14847	11191	122423	150952	124507	80152
1283	1031	34143	45973	23814	21077
197	177	22674	31154	24859	11936
1011	1036	73717	87745	64449	42570
2898	2978	77301	85797	66295	38068
66	100	17234	27727	26669	18025
86	100	3751	14012	4673	2562
386	488	11473	18237	14618	8825
912	1557	66501	91442	39480	54291
1390	228	21408	28003	21441	8883
52	117	36431	62437	67705	42722
43	86	6071	3366	1992	458
502	687	42173	67129	101514	27754
301	227	27883	54047	41339	21922
495	107	16419	22867	10418	12016
98	233	2641	5261	3863	1417
318	105	13152	37900	30333	2686

C-3-3续表1

地 区	社会组织负责人	#女性	按登记管理机关行政层级分		
			民政部登记	省级行政部门登记	地级行政部门登记
全 国	**982828**	**152248**	**1995**	**32210**	**90761**
中央级	24238		1995		
北 京	79154	24296		2087	
天 津	7810	592		1045	
河 北	25432	3816		1089	3247
山 西	18029	2560		918	2425
内蒙古	16634	2944		1022	2879
辽 宁	20191	2584		676	3239
吉 林	7349	802		992	1664
黑龙江	5840	1090		1186	2617
上 海	29778	7298		1446	
江 苏	59304	10052		1037	6615
浙 江	56981	5694		1207	5263
安 徽	42304	7304		1000	4212
福 建	34157	3890		1349	3668
江 西	24391	4490		858	3200
山 东	71505	14635		1120	6591
河 南	33564	5882		1104	4557
湖 北	36872	3210		950	3150
湖 南	36939	4952		990	4534
广 东	117542	10380		2148	11958
广 西	41607	7319		1023	3199
海 南	12652	1291		1284	809
重 庆	29078	4766		1101	
四 川	44749	7018		1210	4820
贵 州	20528	3596		850	1767
云 南	22409	2623		870	2707
西 藏	1502	370		307	139
陕 西	29555	5331		1040	2990
甘 肃	18083	1147		650	1834
青 海	3798	548		527	559
宁 夏	3573	740		575	733
新 疆	7280	1028		549	1385

单位：人、个

县级行政部门登记	建立党组织的社会组织	社会组织职工中中共党员人数	当年新登记单位数	当年年检单位数
245127	**73517**	**791823**	**19117**	**200038**
	1039	25773	20	1888
2259	1482	10721	106	3817
1549	1588	7677	96	84
8184	5810	31033	738	3564
4660	3364	17942	402	6796
3701	2028	14419	403	5167
2771	2390	15714	226	945
2948	1078	7790	472	3595
3131	640	4846	219	943
2849	2152	17096	58	4143
23152	2159	37161	824	16026
19872	4450	39778	776	20693
11705	2430	34879	1889	10332
14160	2316	16530	850	11702
8839	3741	44726	671	8101
13815	339	95066	2950	12293
8440	3300	25748	1110	11282
8516	2541	23568	884	6176
10775	4277	62859	804	13034
18212	4230	47543	1296	19092
8225	1518	13085	694	5949
1468	203	3525	165	106
7298	1374	12803	372	3654
14783	3539	50416	917	4406
4782	1649	16109	347	3291
8737	1956	27572	669	6306
123	264	4491	24	19
12921	2026	24772	515	7574
10608	6425	38406	378	7604
2940	752	6884	77	169
1223	984	4386	42	668
2481	1473	8505	123	619

C-3-3续表2

地区	社会组织						
	科技与研究	生态环境	教育	卫生	社会服务	文化	体育
全　国	**11518**	**2700**	**15643**	**7289**	**42066**	**43227**	**39580**
中央级	494	28	61	66	26	283	99
北　京	330	43	141	156	679	410	439
天　津	287	1	63	57	786	124	303
河　北	223	58	170	311	1053	1645	2235
山　西	145	51	141	173	908	1375	1259
内蒙古	198	82	439	110	745	1338	988
辽　宁	663	53	94	151	923	717	782
吉　林	463	57	108	95	720	723	767
黑龙江	180	27	99	133	998	619	877
上　海	592	41	126	165	604	362	421
江　苏	725	255	959	686	4364	3529	3656
浙　江	601	169	467	581	2850	2337	2303
安　徽	582	114	210	323	3731	2126	2177
福　建	416	210	738	352	2052	2553	1923
江　西	198	77	205	249	1459	1734	1840
山　东	647	138	312	393	2381	2591	2568
河　南	251	114	196	376	1713	1774	1841
湖　北	501	136	194	320	1129	1662	1660
湖　南	441	265	413	373	1845	2589	1928
广　东	1680	185	802	568	4196	3626	3583
广　西	443	46	163	129	1496	1101	978
海　南	51	30	107	104	107	868	484
重　庆	308	83	187	136	309	870	818
四　川	308	157	444	625	2109	2905	2104
贵　州	108	46	91	121	661	1043	791
云　南	14	6	8434			54	116
西　藏	2	10	4	2	50	17	29
陕　西	249	55	109	219	2207	2309	1016
甘　肃	241	66	58	100	457	980	542
青　海	17	46	13	53	598	372	298
宁　夏	74	19	30	50	248	184	356
新　疆	86	32	65	112	662	407	399

单位：个

按行业分类

法律	工商服务业	宗教	农业及农村发展	职业及从业者组织	国际及涉外组织	其他
2351	**48613**	**5431**	**41714**	**19388**	**391**	**90182**
19	580	8	73	58	50	150
77	772	44	258	71	8	918
11	743	17	31	7		164
49	1538	233	1074	612	13	3306
42	733	153	445	691	17	1870
75	796	111	433	672	5	1610
51	1297	140	401	363	16	1035
46	953	128	597	324	3	620
61	835	94	438	343	9	2221
46	1248	67	52	134	2	435
367	3349	282	1988	1348	35	9261
139	2826	306	1702	977	12	11072
83	2629	284	1732	569	12	2345
138	2371	341	1875	1897	49	4262
80	1604	216	1732	906	15	2582
140	3552	516	1775	924		5589
94	2694	481	1427	965	7	2168
93	2635	252	1530	702	13	1789
148	2452	290	1752	985	26	2792
96	5719	235	1110	1433	34	9051
47	1053	93	1425	752	8	4713
12	418	14	256	180	2	928
18	1612	119	2157	467	2	1313
152	2439	347	2844	1760	13	4606
24	1160	139	746	490	7	1972
98	230	27	124	11		3200
1	32		7	26	2	387
39	942	186	5612	674	14	3320
47	533	189	6048	237	3	3591
5	62	39	1013	204	2	1304
13	207	25	457	187	11	670
40	599	55	600	419	1	938

C-3-3续表3

地 区	行政执法	行政处罚数			行政处罚类型		
			#并处没收违法经营额/违法所得	#并处罚款	警告	限期（责令）停止活动	撤销登记
全 国	**4853**	**4733**	**103**	**132**	**1044**	**368**	**3321**
中央级	4	4			4		
北 京	210	196			71	2	123
天 津							
河 北	145	145			74		71
山 西	272	267			113	7	147
内蒙古	119	117			48	1	68
辽 宁	36	22	2	2	3	2	17
吉 林	66	66			1	28	37
黑龙江	25	15			4	1	10
上 海	21	21	1		7		14
江 苏	36	36			12		24
浙 江	39	39			1	2	36
安 徽	182	182			7		175
福 建	323	322			2	7	313
江 西	400	394	90	10	7	54	333
山 东	333	315			117		198
河 南	130	130			47	1	82
湖 北	370	365			52	2	311
湖 南	277	264		1	70		194
广 东	636	623	2	112	202	151	270
广 西	359	359			39	1	319
海 南	1						
重 庆	7	7					7
四 川	99	97			49	5	43
贵 州	67	67			8	1	58
云 南	241	241			4	32	205
西 藏	5	3		2	1	1	1
陕 西	228	225			57	35	133
甘 肃	68	68			14	6	48
青 海	35	24	7	5	5	1	18
宁 夏	56	56	1		10		46
新 疆	63	63			15	28	20

单位：起、个、万元

取缔非法社会组织	#并处没收非法财产	民间非营利组织会计制度财务指标		
		固定资产原价	本年收入合计	本年费用合计
120	**5**	**5081540.5**	**12575575.8**	**11587067.8**
		1355869.8	2999757.0	2509377.0
14		151397.3	560912.5	528952.6
		19880.7	70864.9	70189.0
		46858.7	942839.6	2129682.4
5	1	38582.9	54665.8	52901.4
2		29412.9	37163.7	49390.3
14		42147.1	129181.2	123642.6
		4563.3	13066.6	13518.8
10		16222.3	7854.7	23249.0
		583584.3	615535.6	558039.6
		240156.2	1695604.3	549766.7
		243932.5	1012628.3	895237.6
		149303.2	92263.7	95572.7
1		69770.3	238374.1	251423.4
6		67358.2	43427.1	59106.5
18		493948.7	275066.0	327244.7
		81673.4	126418.9	77212.0
5		62104.5	187186.3	162881.8
13		126077.1	202745.2	210561.9
13		434288.5	2147059.3	1858776.5
		48760.6	141953.7	137119.1
1		33709.6	10350.6	19917.4
		61963.0	176428.2	149997.8
2		221054.0	432953.4	347381.7
		68565.4	70900.0	55356.2
		110955.8	110048.5	105625.3
2		4810.2	20864.2	18507.6
3		140317.4	82916.9	112716.9
		60909.2	32080.3	44838.7
11	4	8770.2	2117.9	5949.6
		5501.4	26919.7	15794.2
		59091.8	15427.6	27136.8

C-3-4 基金

地　区	单位数	年末职工人数	#女性	受教育程度	
				大学专科人数	大学本科及以上人数
全　国	**9319**	**45461**	**14456**	**7707**	**22686**
中央级	215	4708	395	490	4074
北　京	825	5718	3530	973	4532
天　津	113	400	208	78	271
河　北	517	538	238	145	298
山　西	164	251	41		
内蒙古	181	652	129	123	169
辽　宁	106	634	202	124	462
吉　林	125	625	125	125	206
黑龙江	121	279	130	29	250
上　海	610	2926	1773	513	2269
江　苏	797	2820	387	320	470
浙　江	1035	3173	1225	662	1602
安　徽	195	1375	84	62	287
福　建	524	2477	481	664	544
江　西	101	1294	586	356	642
山　东	327	911	188	289	421
河　南	152	523	51	47	55
湖　北	199	1254	88	76	104
湖　南	414	1639	160	190	232
广　东	1462	5632	2534	1222	3429
广　西	113	2154	230	48	134
海　南	126	679	114	113	248
重　庆	92	490	150	128	261
四　川	196	1234	491	289	879
贵　州	71	154	50	2	72
云　南	108	563	228	146	328
西　藏	22	71	17	19	38
陕　西	188	802	84	70	104
甘　肃	90	472	127	39	40
青　海	34	492	248	301	160
宁　夏	58	370	156	8	12
新　疆	38	151	6	56	93

会

单位：个、人

职业资格水平		年龄结构			
助理社会工作师人数	社会工作师人数	35岁及以下人数	36岁至45岁人数	46岁至55岁人数	56岁及以上人数
839	**655**	**13214**	**16466**	**8669**	**7112**
		1434	1264	979	1031
57	69	1824	3496		398
4	9	88	115	110	87
3	3	145	172	135	86
158	93	48	68	51	84
15	9	226	189	136	101
	1	112	126	153	243
		250	250	125	
		100	50	129	
	169	1012	973	463	478
19	31	665	1027	761	367
32	13	1033	1057	710	373
1	2	112	1031	155	77
33	94	540	847	681	409
116	1	616	381	230	67
1	2	273	305	206	127
1	1	265	160	61	37
2	1	123	879	145	107
17	6	391	496	445	307
119	72	1958	1470	1006	1198
		204	506	701	743
176	5	179	185	237	78
28	33	108	233	90	59
33	33	287	316	328	303
		56	71	21	6
1	1	149	172	156	86
		14	22	30	5
18	6	178	207	271	146
	1	205	160	30	77
5		473	9	8	2
		101	166	74	29
		45	63	42	1

C-3-4续表1

地　区	社会组织负责人数	#女性	建立党组织的社会组织	社会组织职工中中共党员人数	当年新登记单位数	当年年检单位数
全　国	**25194**	**7119**	**2581**	**14399**	**559**	**5211**
中央级	754	484	87	1993		
北　京	7447	2758	404	1700	22	795
天　津	296	95	113	176	3	112
河　北	196	67	101	515		2
山　西	106		81	75	15	121
内蒙古	178	43	113	549	15	181
辽　宁	420	31	61	443	2	4
吉　林	625	125			1	36
黑龙江	120	1	15	120	2	76
上　海	1840	785	524	1049	39	577
江　苏	1057	132	30	343	22	458
浙　江	1340	611	132	935	142	389
安　徽	324	26	13	315	11	75
福　建	1111	61	181	786	53	291
江　西	124	21	76	260	13	73
山　东	304	53	9	236	45	66
河　南	213	20	123	411	3	135
湖　北	986	49	9	96	13	15
湖　南	996	65	79	558	19	317
广　东	3716	686	175	1789	97	1014
广　西	450	427	34	83	3	89
海　南	670	41		91	8	5
重　庆	295	51	7	117	3	
四　川	651	183	52	726	1	
贵　州	107	9		19	6	59
云　南	249	88	42	281	3	87
西　藏	51	17	6	71		
陕　西	254	100	17	143	12	86
甘　肃	112	65	51	292	1	78
青　海	36	11	3	20	1	
宁　夏	92	13	18	98	1	42
新　疆	74	1	25	109	3	28

单位：人、个

基金会按性质分		按登记管理机关行政层级分			
具有公开募捐资格的基金会	不具有公开募捐资格的基金会	民政部登记	省级行政部门登记	地级行政部门登记	县级行政部门登记
2214	**7105**	**215**	**6177**	**1990**	**937**
80	135	215			
50	775		825		
19	94		113		
500	17		508	9	
26	138		164		
96	85		181		
6	100		82	24	
27	98		125		
42	79		121		
30	580		606		4
229	568		427	245	125
178	857		477	182	376
24	171		107	87	1
39	485		236	109	179
66	35		73	28	
44	283		141	115	71
55	97		125	22	5
25	174		125	32	42
150	264		285	63	66
197	1265		475	945	42
24	89		111		2
23	103		126		
25	67		91		1
85	111		196		
30	41		71		
35	73		80	13	15
9	13		22		
30	158		92	95	1
8	82		72	11	7
18	16		31	3	
31	27		58		
13	25		31	7	

C-3-4续表2

地 区	社会组织						
	科技与研究	生态环境	教育	卫生	社会服务	文化	体育
全 国	**349**	**77**	**2059**	**293**	**3032**	**387**	**52**
中央级	15	3	25	13	43	15	1
北 京	30	10	81	39	565	63	4
天 津	3		29	7	67	4	3
河 北			1		3		
山 西	1		66	7	77	6	
内蒙古		1	11	11	10	10	
辽 宁	1		40	1	46		1
吉 林			26	2		1	1
黑龙江		1			120		
上 海	22	10	89	23	388	37	4
江 苏	4	1	179	99	273	56	1
浙 江	6	5	301	13	178	29	7
安 徽	4	1	25	3	37	5	
福 建	1	5	214	7	136	25	4
江 西		1	15		6	1	
山 东	2	1	92	11	95	13	2
河 南			44	8	44	27	1
湖 北	3	5	86	2	51	8	3
湖 南	3	2	225	5	54	15	3
广 东	247	13	211	15	500	26	11
广 西	1		47	2	57	2	
海 南	1	6	37	10	4	13	1
重 庆			40			4	1
四 川	2		87	7	87	4	1
贵 州	2		13		45	1	1
云 南							
西 藏		2				2	
陕 西	1	3	14	2	67	13	1
甘 肃		4	33		4	3	
青 海		2	7		16	2	
宁 夏		1	12	6	35	2	1
新 疆			9		24		

单位：个

按行业分类

法律	工商服务业	宗教	农业及农村发展	职业及从业者组织	国际及涉外组织	其他
32	**132**	**27**	**98**	**20**	**2**	**2759**
1	76		2			21
3			3			27
						513
2		1				4
			2			136
						17
						95
	9	8		1		19
1	16	3	8	9		147
1		5	50	2		438
	6		2			112
1	10		3	1		117
				1		77
			2	2		107
1	4	1	4			18
9	1	2	5	2		22
2		5	2	2		96
9	4		5			421
	2		1			1
			2			52
		2				45
1	2		5			
						9
						108
						18
1	1		2		2	81
						46
						7
	1					
						5

C-3-4续表3

地　区	行政执法	行政处罚数			行政处罚类型		
			#并处没收违法经营额/违法所得	#并处罚款	警告	限期（责令）停止活动	撤销登记
全　国	**117**	**116**	**1**	**19**	**70**	**8**	**38**
中央级	2	2			1		1
北　京	43	43			41		2
天　津							
河　北							
山　西	18	18			14		4
内蒙古							
辽　宁							
吉　林							
黑龙江							
上　海							
江　苏							
浙　江							
安　徽							
福　建	1	1					1
江　西			1				
山　东	3	2			1		1
河　南							
湖　北	5	5					5
湖　南							
广　东	22	22		19	5		17
广　西							
海　南							
重　庆							
四　川							
贵　州							
云　南							
西　藏							
陕　西	19	19			8	8	3
甘　肃							
青　海							
宁　夏	4	4					4
新　疆							

单位：起、个、万元

取缔非法社会组织	民间非营利组织会计制度财务指标		
	固定资产原价	本年收入合计	本年费用合计
1	**829685.7**	**9160661.8**	**7640552.0**
	207752.6	4285468.7	3489866.0
	20500.7	1272658.9	1093520.9
	23445.9	17288.9	16973.7
	855.2	31825.2	21498.9
	1402.8	91051.5	47654.8
	3085.0	8304.0	9426.0
	1610.7	3328.3	1710.8
	125.0	250.0	250.0
	300.0	100.0	200.0
	82793.7	797703.7	681026.7
	26124.8	95578.4	48969.9
	18967.0	395625.4	322529.1
	3757.9	6729.8	4443.4
	104685.3	317967.6	264121.8
	40.8	7952.2	4043.8
1	731.6	18194.3	10649.0
	27.3	2377.9	624.7
	720.3	12703.5	8581.9
	11374.1	117900.6	217274.3
	119241.5	1144871.3	966591.9
	1317.6	49033.6	41707.5
	1894.0		1854.6
	1806.9	117416.1	86951.7
	10480.8	123664.0	101617.6
	3.4	103184.7	103658.5
	5128.6	72472.9	50816.2
	0.5	11.8	406.1
	179678.5	18434.2	1488.3
	756.2	35.0	361.7
	581.0	9654.0	125.0
	20.0	38408.3	41597.7
	476.0	467.0	9.5

C-3-5 民办非

地区	单位数	年末职工人数	#女性	受教育程度	
				大学专科人数	大学本科及以上人数
全国	**511855**	**6750527**	**3562848**	**1614649**	**1704035**
中央级	92	2202	1292		1833
北京	7483	175220	119094	49853	81026
天津	3770	50343	29050	12294	16897
河北	24887	379435	211640	94437	71861
山西	10545	152289	69450	33332	23917
内蒙古	9074	81537	37021	20472	11922
辽宁	20195	195278	98387	50207	48347
吉林	7309	37735	14282	12514	3017
黑龙江	13145	51232	21287	8678	6658
上海	12409	353910	211716	62449	126835
江苏	47705	497700	144796	63395	70593
浙江	44739	518434	311994	145930	148120
安徽	19788	268740	124763	82067	57398
福建	14927	148317	77370	20630	24601
江西	15547	177638	84746	27649	38806
山东	44626	642244	401908	205920	220133
河南	36447	522323	269538	140636	132159
湖北	18661	222952	115268	50617	49354
湖南	21025	267289	135823	62742	52971
广东	37827	744866	452938	175470	234355
广西	16387	212910	117105	29840	15954
海南	5236	46726	22103	9457	9641
重庆	9780	183090	119976	52755	65519
四川	23989	299781	141186	82252	90131
贵州	7640	99203	46591	23812	21096
云南	10051	120642	62665	29237	39387
西藏	60	442	199	121	98
陕西	13879	166880	66914	33699	22691
甘肃	7255	59629	20533	13980	6921
青海	1864	18107	9104	5689	2519
宁夏	1899	15662	6955	3401	2874
新疆	3614	37771	17154	11114	6401

企业单位

单位：个、人

职业资格水平		年龄结构			
助理社会工作师人数	社会工作师人数	35岁及以下人数	36岁至45岁人数	46岁至55岁人数	56岁及以上人数
79770	**106997**	**3164949**	**2114095**	**1008868**	**462615**
		442	659	659	442
1438	1146	78277	84657	2529	9757
320	262	16086	20483	10773	3001
3051	10447	199671	119505	42842	17417
625	1086	76303	48380	20571	7035
1203	882	39463	26364	12891	2819
10267	1323	85721	60994	34133	14430
1510	1828	14770	14129	5567	3269
669	913	20515	19051	9537	2129
	21296	78028	104958	100535	70389
4005	3512	200405	188889	81269	27137
11384	7646	204485	142539	105425	65985
1845	1260	110519	108048	39695	10478
1048	660	64057	56953	20449	6858
965	469	91891	54879	21355	9513
12553	17214	308321	186591	102308	45024
5325	3236	295169	145394	57613	24147
995	401	97842	70161	39954	14995
3836	3153	142360	79114	31764	14051
9987	23195	428050	189984	85413	41419
399	165	91475	71974	32312	17149
186	63	22348	16934	5563	1881
2269	2058	101226	43396	27322	11146
2235	1638	138479	97428	46236	17638
699	498	49525	30572	15087	4019
495	112	60061	40779	14656	5146
19	7	225	128	68	21
1362	1218	83660	52014	23256	7950
236	153	29867	18453	9391	1918
305	387	8647	5378	1795	2287
244	469	6745	4626	3054	1237
295	300	20316	10681	4846	1928

C-3-5续表1

地 区	社会组织负责人	#女性	建立党组织的社会组织	社会组织职工中中共党员人数	当年新登记单位数	当年年检单位数
全 国	**898190**	**349022**	**64364**	**948478**	**24197**	**281738**
中央级	82	49	26	540		
北 京	34287	17805	1505	15092	176	5977
天 津	5200	1890	1816	10222	160	379
河 北	42473	17525	6458	39836	1211	8395
山 西	14696	4618	3359	17073	386	8883
内蒙古	19440	7874	1417	8953	699	5840
辽 宁	30863	13082	2460	27276	716	3111
吉 林	9932	3814	487	3329	885	4449
黑龙江	12046	4190	601	9822	520	1631
上 海	22821	11990	7388	48386	270	11403
江 苏	63592	19769	2322	48060	1456	17311
浙 江	70401	26706	3836	245715	1351	34515
安 徽	31451	11833	2019	31886	1229	13146
福 建	23818	8636	1426	14170	1047	8775
江 西	23804	8050	3250	24595	837	11123
山 东	73590	33115	342	60063	2709	27879
河 南	68680	24986	4563	73206	1888	30684
湖 北	33540	8709	3010	28630	817	8274
湖 南	34820	13656	4099	30856	993	16401
广 东	101069	34430	2090	56164	1401	19436
广 西	40231	22077	1027	10433	861	10175
海 南	10702	2899	133	2391	167	332
重 庆	23931	12467	652	22523	375	5047
四 川	40887	14979	2480	43076	1241	7705
贵 州	12645	6417	1202	14808	584	4267
云 南	13299	4140	842	20947	809	5774
西 藏	137	35	29	131	9	
陕 西	19047	7199	1134	12871	710	5707
甘 肃	10846	3354	2032	12551	395	4130
青 海	2822	557	621	3200	64	280
宁 夏	2472	926	457	3489	67	355
新 疆	4566	1245	1281	8184	164	354

单位：人、个

按单位性质分			按登记管理机关行政层级分			
法人	合伙	个体	民政部登记	省级行政部门登记	地级行政部门登记	县级行政部门登记
460652	**5678**	**45525**	**92**	**15153**	**63550**	**433060**
91	1		92			
6708	66	709		1537		5946
3721	3	46		360		3410
19364	210	5313		372	2322	22193
9945	89	511		488	1607	8450
7735	113	1226		624	1742	6708
16947	148	3100		60	2177	17958
4874	16	2419		354	1338	5617
10586	272	2287		508	2403	10234
11532	3	874		820		11589
45036	340	2329		210	4453	43042
44697	10	32		645	2668	41426
16954	331	2503		339	2205	17244
13837	250	840		676	1547	12704
14193	177	1177		227	2120	13200
41670	200	2756		1011	8050	35565
31102	1068	4277		1035	3541	31871
17535	272	854		228	1089	17344
17625	466	2934		409	2543	18073
36703	128	996		769	9564	27494
15779	46	562		339	2297	13751
4763	27	446		958	1412	2866
9566	14	200		479		9301
21120	571	2298		556	3227	20206
5269	183	2188		227	791	6622
8832	361	858		291	909	8851
54	2	4		38	19	3
11704	146	2029		506	2450	10923
6119	72	1064		370	1828	5057
1792	21	51		275	417	1172
1317	27	555		285	426	1188
3482	45	87		157	405	3052

C-3-5续表2

地 区	社会组织						
	科技与研究	生态环境	教育	卫生	社会服务	文化	体育
全 国	**12858**	**805**	**263140**	**34193**	**93964**	**32632**	**22462**
中央级	17		4	12	23	17	
北 京	469	23	3022	481	1340	458	325
天 津	59	2	1698	199	1208	99	224
河 北	275	13	16169	3857	2171	748	773
山 西	316	14	6232	1007	998	1056	357
内蒙古	398	18	4902	567	1150	482	591
辽 宁	198	9	11891	2191	3828	505	730
吉 林	89	5	4067	387	1469	490	428
黑龙江	515	10	7245	320	2476	815	1029
上 海	464	80	2740	453	5096	1144	900
江 苏	623	86	9685	2455	18521	4321	2502
浙 江	1237	51	10573	834	24654	2405	1346
安 徽	437	14	10356	2936	3043	862	880
福 建	294	13	7319	712	3016	1357	670
江 西	111	27	10312	1027	1049	1737	345
山 东	2294	48	20960	3747	4900	3986	3475
河 南	558	13	25173	3193	2811	1763	1474
湖 北	476	161	8707	1261	1756	1465	539
湖 南	295	59	14865	1226	1192	1121	715
广 东	1809	64	25557	1281	3179	2321	1358
广 西	155	15	11174	301	1095	536	558
海 南	210	13	3219	756	353	286	173
重 庆	209	5	6140	197	1460	187	461
四 川	373	20	14142	1095	3077	1638	557
贵 州	120	9	5386	572	536	246	238
云 南	108		6130	492	64	188	681
西 藏	4	2	17	1	7	9	2
陕 西	390	14	8332	1112	1416	1012	466
甘 肃	210	3	3752	644	750	825	376
青 海	35	4	757	256	415	168	57
宁 夏	73	3	915	66	324	152	108
新 疆	37	7	1699	555	587	233	124

单位：个

按行业分类

法律	工商服务业	宗教	农业及农村发展	职业及从业者组织	国际及涉外组织	其他
1236	**5893**	**57**	**2522**	**2760**	**98**	**39235**
	11		2			6
29	14	1	3	2		1316
4	19		2	34		222
7	98		59	111		606
1	18	1	12	18		515
30	108	6	11	129	1	681
2	79	2	7	135		618
9	10		8	156	1	190
20	30		20	40		625
121	245	4	74	15	48	1025
508	1502	5	102	248	1	7146
74	153		33	7		3372
29	147	4	68	109		903
7	223	4	34	86		1192
8	43	3	24	59		802
174	560	3	296	417	6	3760
5	155	2	24	110		1166
68	504	4	1361	149		2210
8	147	2	18	28	32	1317
65	300	4	47	101	1	1740
15	47		12	25		2454
3	49		20	21	1	132
3	669		17	234		198
20	523	7	133	44		2360
10	43	1	10	14		455
2			1	1		2384
	2					16
6	95	2	65	177		792
2	42	2	33	85	2	529
	12		1	3	3	153
5	20		12	43	2	176
1	25		13	159		174

C-3-5续表3

地区	行政执法	行政处罚数	#并处没收违法经营额/违法所得	#并处罚款	行政处罚类型		
					警告	限期（责令）停止活动	撤销登记
全　国	**4817**	**4729**	**50**	**136**	**1013**	**163**	**3553**
中央级	3	3			1		2
北　京	203	203			67	1	135
天　津							
河　北	166	166	4		77		89
山　西	200	199			76	2	121
内蒙古	74	72			14	1	57
辽　宁	31	21			2		19
吉　林	73	73			1	15	57
黑龙江	9	6			6		
上　海	91	91			5		86
江　苏	48	46			30		16
浙　江	129	129			18	1	110
安　徽	194	193		1	24		169
福　建	643	641			2		639
江　西	147	129	45		26	59	44
山　东	804	781			268		513
河　南	143	137			66		71
湖　北	314	314			40		274
湖　南	175	164			28		136
广　东	630	625		127	128	59	438
广　西	182	180			31		149
海　南	1						
重　庆	45	45		7	7		38
四　川	125	125			31	9	85
贵　州	39	39			6		33
云　南	49	49			2		47
西　藏							
陕　西	189	189			26	8	155
甘　肃	54	54			15	2	37
青　海	3	3			2		1
宁　夏	32	32			5		27
新　疆	21	20	1	1	9	6	5

单位：起、个、万元

取缔非法社会组织	#并处没收非法财产	民间非营利组织会计制度财务指标 固定资产原价	本年收入合计	本年费用合计
88	**2**	**59301388.4**	**47869506.5**	**53027180.7**
		186133.5	188103.1	171398.1
		2023214.0	4811044.7	4764901.0
		306074.8	472810.6	464400.7
		2824840.9	2795721.3	2902775.3
1	1	1085426.8	273434.3	314154.9
2		197147.1	160425.5	177953.0
10		1689774.3	948423.0	916019.0
		19695.6	22418.3	21302.2
3		100835.4	44825.3	86636.2
		2311038.8	6349243.3	6425823.6
2		1327900.2	3437216.6	3350996.2
		4130231.8	4232849.3	4082988.5
1		2008641.5	794255.3	697025.4
2		1055882.5	595541.5	578927.3
18		432463.3	388790.3	524529.5
23		9159143.6	1633064.2	6969066.2
6		4561830.9	1718034.5	1598370.6
		712799.1	670461.2	631370.2
11		1740720.3	1319080.6	1098609.5
5		9950464.6	9084660.9	9248641.4
2		1422697.0	1404097.7	1685518.7
1		1109712.5	40242.4	69014.5
		2575306.9	1745324.5	1599563.5
		4615002.7	2393953.2	2340766.2
		515926.4	466424.4	398039.6
		1916682.8	1332711.8	1231871.3
		3559.8	3532.8	4296.9
		955624.9	305173.2	411041.0
		104652.3	65991.4	76449.2
		48750.9	12087.4	12327.4
		113316.2	102375.9	101884.6
1	1	95897.0	57188.0	70519.0

C-3-6 自治组

地　区	单位数	居民1000户以下	居民1000户至3000户	居民3000户以上	社区居委会（村委会）主任
全　国	**607341**	**429380**	**138804**	**39157**	**604973**
北　京	7214	3981	2653	580	7208
天　津	5351	3450	1417	484	5301
河　北	53532	43895	7786	1851	53409
山　西	21737	17237	3660	840	21469
内蒙古	13696	9621	3309	766	13637
辽　宁	16140	8315	5335	2490	15962
吉　林	11365	6922	3326	1117	11316
黑龙江	12209	7109	3827	1273	12207
上　海	6163	2111	3707	345	6155
江　苏	21345	8919	9678	2748	21151
浙　江	25100	20109	3856	1135	25012
安　徽	18009	8151	7565	2293	17966
福　建	17253	12986	3592	675	17232
江　西	21284	14404	6161	719	21181
山　东	61410	51057	7954	2399	61410
河　南	52042	37407	12250	2385	52042
湖　北	26399	20165	4011	2223	26382
湖　南	29315	20237	6969	2109	29295
广　东	26513	15916	7418	3179	26471
广　西	16482	10895	4637	950	16442
海　南	3392	2797	534	61	3344
重　庆	11230	6246	3745	1239	11159
四　川	34368	23531	8210	2627	34131
贵　州	17932	14293	2967	672	17846
云　南	14865	9650	4434	781	14688
西　藏	5564	5388	147	29	5493
陕　西	20077	15178	3762	1137	20038
甘　肃	17434	14083	2741	610	17383
青　海	4664	3770	375	519	4568
宁　夏	2852	2046	518	288	2838
新　疆	12404	9511	2260	633	12237

织总表

单位：个、人

#主任、书记“一肩挑”	#中共党员	#女性	社区居委会（村委会）成员	#中共党员	#女性
473999	**555372**	**101387**	**2817269**	**1622147**	**922123**
6431	6996	2674	38475	23521	22047
4360	4881	1238	24909	12840	10083
44397	49823	5667	206842	105374	57576
13026	17372	3009	106460	40161	28925
7217	10745	2297	61669	30429	20845
9973	12737	4506	78290	44845	35948
10803	11096	2330	39263	5713	14227
10222	11186	3103	62977	34586	22889
3324	5035	3377	30831	16016	17732
11595	18418	5164	112285	72502	37457
24422	24699	3607	106148	66365	37663
14835	17321	3361	91465	56175	34430
15156	16329	2850	79406	38887	26368
17364	19436	4291	108305	56280	33519
56259	59652	7159	246156	163480	82746
50311	51404	7564	229690	127464	58927
24067	26040	4459	112771	82061	45132
26523	28796	4621	123669	82264	43317
24720	25923	3939	138244	109346	48306
11821	15096	2618	96326	61702	29780
2090	2365	210	18675	10727	5201
9652	10879	2619	61059	41392	29268
19231	28551	6213	155677	87802	48407
13474	15924	3475	96549	48209	30037
9710	12838	1869	77910	52070	19838
1178	5299	313	36673	32121	5997
11460	16431	2281	94297	39472	26232
14151	16146	3017	74648	34237	15351
1419	3235	636	21740	8690	4783
1392	2325	618	14383	8189	7201
3416	8394	2302	71477	29227	21891

C-3-6续表1

地区	受教育程度		职业资格水平	
	大学专科人数	大学本科及以上人数	助理社会工作师人数	社会工作师人数
全国	**424812**	**194637**	**56419**	**25503**
北京	10026	10063	4114	1771
天津	2060	5068	1864	548
河北	24111	8108	987	971
山西	11676	5196	1365	914
内蒙古	8109	3904	431	213
辽宁	14678	9144	3264	1857
吉林	1522	1404	354	162
黑龙江	6056	2942	868	383
上海	6196	7155	1901	904
江苏	15725	9848	6367	2249
浙江	26358	16497	5990	3314
安徽	27391	8553	1796	791
福建	15725	5365	1325	869
江西	20851	6339	1531	610
山东	33281	14884	4175	2293
河南	20484	6488	1603	766
湖北	23055	8175	4668	1371
湖南	18310	6274	1160	441
广东	38210	21074	3119	1499
广西	10930	2998	650	179
海南	3094	647	14	18
重庆	21373	8116	4080	1225
四川	21420	5564	2951	725
贵州	13368	5257	94	28
云南	5192	1589	264	50
西藏	308	268	5	55
陕西	9844	4449	646	863
甘肃	2127	1504	257	112
青海	840	397	118	56
宁夏	1961	915	293	84
新疆	10531	6452	165	182

单位：人

年龄结构			
35岁及以下人数	36岁至45岁人数	46岁至55岁人数	56岁及以上人数
668198	**1004780**	**844827**	**299464**
9473	12392	11655	4955
7950	8211	6613	2135
41503	64429	65703	35207
22166	31496	35639	17159
13195	21536	18915	8023
16262	28834	24216	8978
2658	32090	3070	1445
12394	25800	18649	6134
7226	10748	8637	4220
30726	42809	31297	7453
21404	28740	39477	16527
28540	33889	24122	4914
20921	29500	23417	5568
23275	40878	34427	9725
49413	71949	82251	42543
50734	82593	71302	25061
30970	43995	30149	7657
27716	48486	38092	9375
35287	45270	44719	12968
20053	32444	31305	12524
3989	7255	5491	1940
19256	17277	18454	6072
38529	57575	45653	13920
30872	33203	26021	6453
21664	32838	19373	4035
9009	13120	10770	3774
17665	31224	33828	11580
17820	33381	18045	5402
4755	9443	6167	1375
5023	4982	3791	587
27750	28393	13579	1755

C-3-6续表2

地　区	居民（村民）小组	当年完成选举的居（村）委会数	当年完成选举的居（村）选民登记总数	本届登记选民数	参加投票人数
全　国	**5259259**	**47933**	**83868777**	**57701531**	**46702807**
北　京	107553				
天　津	29793	2278	2949081	1293489	1066367
河　北	336220	694	538671	538671	484722
山　西	75837		178112	105320	104606
内蒙古	69203	1996	2709211	2398856	1784911
辽　宁	120400	2330	4186160	2462117	1976305
吉　林	97493	2805	3243569	471793	469728
黑龙江	65101	73	145706	60244	50805
上　海	162540	13	5715	5686	5285
江　苏	217346	5272	14217486	10049969	9246279
浙　江	373557	51	60981	59701	56150
安　徽	295320	1	55	55	55
福　建	170506	746	1459057	1323428	1069346
江　西	211179	1399	4048902	3940329	3402139
山　东	376642	114	119055	118455	91178
河　南	367258	8	39351	39351	691
湖　北	216248	1155	2468284	2428260	1741567
湖　南	473930				
广　东	273797	44	82707	82566	61084
广　西	244260	1137	1972024	1695513	1553769
海　南	26136	186	634798	624863	596435
重　庆	97570	1849	3160927	2732924	2556516
四　川	214427	8326	13561057	8894142	6641431
贵　州	186466	5673	9235472	8837791	6232616
云　南	187935	2196	5468848	1416100	1296873
西　藏	11257	1050	255754	173233	130640
陕　西	135833	2363	3622136	2951044	2530067
甘　肃	62931	5162	8454969	4248007	3114816
青　海	1368	108	78048	77570	58893
宁　夏	17256				
新　疆	33897	904	972641	672054	379533

单位：个、人、次

#委托投票人数	经推举产生的居（村）民代表数	#女性	当年召开居（村）民会议次数	当年召开居（村）民代表会议的次数
5897391	**6034387**	**1070020**	**245200**	**574216**
	13796	3301		
25001	23213	289	2712	9372
29643	109548	16769	5717	24727
	19938	733	1232	725
53546	58440	10218	6038	13438
107386	96319	24763	3666	4765
100896	44441	10043		7
960	217629	63583	3472	12942
114	1782	943	156	194
1140702	1092925	14820	2177	7166
13327	72608	17757	678	2655
	22978	7598	785	1688
73698	640284	206178	19930	61884
173909	312215	40408	5724	10833
10152	1136983	283939	50455	133677
	1613	529	824	2086
168090	35188	4234	10982	16877
			26521	58140
1147	1012680	173239	31032	98270
48833	83193	13334	8106	7064
31887	7025	2608	292	975
747215	53491	17370	9186	16729
2018949	277039	54676	8456	16190
619732	402990	67295	18897	37914
64908	43300	9312	5775	2571
41884	29921	2315	479	428
247472	81216	14443	20758	28157
137173	134516	7751	325	489
2913	1100			
			801	4229
37854	8016	1572	24	24

C-3-7 村民

地 区	单位数	居民1000户以下	居民1000户至3000户	居民3000户以上	村委会主任
全 国	**489403**	**386836**	**88434**	**14133**	**487871**
北 京	3783	3534	238	11	3782
天 津	3520	3235	265	20	3507
河 北	48483	41998	5543	942	48411
山 西	18838	16254	2308	276	18605
内蒙古	11036	8777	2078	181	11003
辽 宁	11566	7619	3302	645	11470
吉 林	9338	6351	2358	629	9298
黑龙江	9026	6290	2418	318	9025
上 海	1556	943	548	65	1550
江 苏	13715	6661	5904	1150	13644
浙 江	19771	18220	1531	20	19724
安 徽	14281	7171	5866	1244	14256
福 建	14268	11707	2372	189	14259
江 西	16984	12550	4115	319	16935
山 东	54484	48620	5288	576	54484
河 南	44615	33422	9852	1341	44615
湖 北	21401	18548	2425	428	21391
湖 南	23634	17732	4855	1047	23626
广 东	19431	13599	4397	1435	19419
广 西	14166	10150	3716	300	14149
海 南	2713	2413	277	23	2695
重 庆	7947	5279	2470	198	7916
四 川	26083	19677	5504	902	25886
贵 州	13675	11816	1628	231	13612
云 南	11713	8437	3085	191	11608
西 藏	5303	5151	133	19	5233
陕 西	16850	13886	2523	441	16840
甘 肃	15925	13414	2136	375	15883
青 海	4149	3499	215	435	4059
宁 夏	2207	1921	259	27	2199
新 疆	8942	7962	825	155	8787

委员会

单位：个、人

#主任、书记“一肩挑”	#中共党员	#女性	村委会成员	#中共党员	#女性
382316	**448223**	**53016**	**2153850**	**1228899**	**562203**
3305	3616	398	14636	10629	4785
2766	3258	261	12831	6198	2824
40128	45088	3340	180862	91513	42075
11034	14808	1688	90756	33229	19561
5524	8513	895	47520	22988	11501
6211	8627	1398	48791	26589	14062
8858	9108	1303	30559	3257	9543
7553	8272	1175	44652	26153	10252
1198	1449	506	6457	4843	2373
7435	12266	2428	69674	45468	18474
19249	19467	1249	79624	48878	23519
11628	13683	2063	69509	41613	22497
12709	13502	1543	62169	29355	16562
13832	15504	2169	85293	44969	19901
49751	52829	4560	209739	138933	63732
43840	44322	5424	191096	105548	41776
19412	21140	2453	84482	60797	28217
21396	23204	2879	95804	62812	30223
18110	18942	1601	94406	73773	25803
10215	12969	1716	80919	52300	21418
1752	2000	142	14270	8613	3380
6734	7693	1195	40324	27026	16294
14055	21276	3890	114764	61615	30491
10325	12193	1959	69784	34931	18236
7694	10157	1219	59212	40639	13319
1094	5085	305	34912	30623	5565
9090	13619	1107	75287	31089	15414
12875	14732	2289	67280	30983	11672
1166	2831	430	18588	7231	3058
1018	1764	175	9855	5613	3364
2359	6306	1256	49795	20691	12312

C−3−7续表1

地　区	受教育程度		职业资格水平	
	大学专科人数	大学本科及以上人数	助理社会工作师人数	社会工作师人数
全　国	**260528**	**64267**	**9671**	**3917**
北　京	3410	1287	200	57
天　津	615	319	2	3
河　北	18043	2542	202	428
山　西	7568	2199	416	303
内蒙古	4268	1061	77	64
辽　宁	6140	960	34	19
吉　林	442	146	8	2
黑龙江	2170	323	67	44
上　海	1123	1449	104	44
江　苏	9367	3751	1600	398
浙　江	18905	5245	1294	239
安　徽	19219	4234	276	74
福　建	10787	2010	163	82
江　西	14041	2895	201	161
山　东	22557	5644	1134	608
河　南	13587	2661	1061	577
湖　北	12784	2955	543	82
湖　南	11812	2787	180	50
广　东	23954	6564	346	138
广　西	7105	1111	14	10
海　南	2167	263	10	17
重　庆	12101	2650	817	126
四　川	12565	2092	689	132
贵　州	8445	3146	4	2
云　南	3549	835	28	14
西　藏	233	175	2	54
陕　西	4961	1143	13	10
甘　肃	1569	942	36	57
青　海	310	198	94	46
宁　夏	1016	112	34	
新　疆	5715	2568	22	76

单位：人

年龄结构			
35岁及以下人数	36岁至45岁人数	46岁至55岁人数	56岁及以上人数
453049	**753259**	**687667**	**259875**
1781	3650	6100	3105
2868	4152	4568	1243
31865	54819	60392	33786
16058	25958	32299	16441
8096	16229	15754	7441
6698	16676	17704	7713
1092	25984	2232	1251
6490	18116	14581	5465
1761	2468	1825	403
17674	26428	20535	5037
12309	20288	33312	13715
19795	25765	19495	4454
14803	22583	19788	4995
16036	31382	28923	8952
37798	59952	72972	39017
38408	68619	61501	22568
21757	32516	23624	6585
20069	36854	30774	8107
21490	28734	33711	10471
15879	26493	27190	11357
2617	5604	4331	1718
11589	10825	13112	4798
26803	42362	34491	11108
22217	23694	19096	4777
16390	25218	14602	3002
8522	12483	10302	3605
11519	23962	29205	10601
15391	30282	16547	5060
3656	7981	5651	1300
2766	3335	3194	560
18852	19847	9856	1240

C−3−7续表2

地 区	当年完成选举的村委会数	当年完成选举的村委会选民登记数	本届登记选民数	参加投票人数	#委托投票人数
全 国	**36961**	**59535527**	**40694019**	**35274698**	**4880371**
北 京					
天 津	1736	1931268	986289	796699	21287
河 北	671	535573	535573	483967	29643
山 西		105958	35000	35000	
内蒙古	1815	2165653	1894203	1579689	52050
辽 宁	1885	3674849	2377753	1942979	105267
吉 林	2279	2657728	419056	403397	100871
黑龙江	32	45951	23569	20321	31
上 海	3	1876	1876	1871	44
江 苏	3436	8672887	5967048	6038424	891517
浙 江					
安 徽					
福 建	644	1288620	1172827	968676	71058
江 西	690	2808364	2748101	2507431	137880
山 东	5	4111	4111	4012	1029
河 南					
湖 北	791	1134811	1131627	1057526	165535
湖 南					
广 东	19	30492	30441	30177	1147
广 西	1045	1656751	1462028	1344866	47339
海 南	160	557462	548618	528538	26388
重 庆	1323	1683406	1400026	1378336	491690
四 川	6589	10382351	6944525	5204366	1773843
贵 州	4265	6312383	5989609	4717342	500741
云 南	1665	3689347	1046354	987477	60534
西 藏	1023	236461	156143	118814	36113
陕 西	1798	3060394	2428444	2216557	211430
甘 肃	4555	6654867	3186100	2737425	125901
青 海	83	54818	54350	39504	2433
宁 夏					
新 疆	449	189146	150348	131304	26600

单位：个、人、次

经推举产生的村民代表数	#女性	当年召开村民会议次数	当年召开村民代表会议的次数	自然村	村民小组数
5545281	**892131**	**221304**	**520324**	**1608717**	**3928737**
13796	3301			1642	34700
23213	289	2557	9372	1538	7589
99516	14744	5401	23687	54598	280433
19938	733	1232	725	43275	56493
56603	9320	5978	13106	26415	42666
88345	22105	3526	4765	20080	48290
43735	9982		7	8728	61746
205140	57243	2814	11478	35183	35373
1002	445	97	96	693	18158
1089936	13971	2121	7024	39737	145327
71991	17378	636	2516	98380	271691
21836	7148	743	1537	153897	249633
509522	151495	16490	54756	42772	140066
254789	32438	5724	10833	85950	179059
1120364	278604	49398	129968	95634	280717
		536	1752	120026	314667
34795	4059	10302	14547	103814	175906
		22100	49111	92834	399001
843728	102829	24752	82035	138889	228362
81295	12682	7965	6897	122795	210422
6436	2288	292	975	15667	19050
53491	17370	8893	15889	14389	64893
267254	50511	7790	14719	14684	155270
343681	48993	14115	29054	72925	137806
43170	9246	5762	2522	124233	155730
28978	1743	479	428	6283	10760
80076	14123	20498	27814	42618	116500
133670	7581	321	477	25568	57991
1100				655	1151
		758	4210	3917	10093
7881	1510	24	24	898	19194

C-3-8 社区

地 区	单位数	居民1000户以下	居民1000户至3000户	居民3000户以上	社区居委会主任
全 国	**117938**	**42544**	**50370**	**25024**	**117102**
北 京	3431	447	2415	569	3426
天 津	1831	215	1152	464	1794
河 北	5049	1897	2243	909	4998
山 西	2899	983	1352	564	2864
内蒙古	2660	844	1231	585	2634
辽 宁	4574	696	2033	1845	4492
吉 林	2027	571	968	488	2018
黑龙江	3183	819	1409	955	3182
上 海	4607	1168	3159	280	4605
江 苏	7630	2258	3774	1598	7507
浙 江	5329	1889	2325	1115	5288
安 徽	3728	980	1699	1049	3710
福 建	2985	1279	1220	486	2973
江 西	4300	1854	2046	400	4246
山 东	6926	2437	2666	1823	6926
河 南	7427	3985	2398	1044	7427
湖 北	4998	1617	1586	1795	4991
湖 南	5681	2505	2114	1062	5669
广 东	7082	2317	3021	1744	7052
广 西	2316	745	921	650	2293
海 南	679	384	257	38	649
重 庆	3283	967	1275	1041	3243
四 川	8285	3854	2706	1725	8245
贵 州	4257	2477	1339	441	4234
云 南	3152	1213	1349	590	3080
西 藏	261	237	14	10	260
陕 西	3227	1292	1239	696	3198
甘 肃	1509	669	605	235	1500
青 海	515	271	160	84	509
宁 夏	645	125	259	261	639
新 疆	3462	1549	1435	478	3450

居委会

单位：个、人

#主任、书记“一肩挑”	#中共党员	#女性	社区居委会成员	#中共党员	#女性
91683	**107149**	**48371**	**663419**	**393248**	**359920**
3126	3380	2276	23839	12892	17262
1594	1623	977	12078	6642	7259
4269	4735	2327	25980	13861	15501
1992	2564	1321	15704	6932	9364
1693	2232	1402	14149	7441	9344
3762	4110	3108	29499	18256	21886
1945	1988	1027	8704	2456	4684
2669	2914	1928	18325	8433	12637
2126	3586	2871	24374	11173	15359
4160	6152	2736	42611	27034	18983
5173	5232	2358	26524	17487	14144
3207	3638	1298	21956	14562	11933
2447	2827	1307	17237	9532	9806
3532	3932	2122	23012	11311	13618
6508	6823	2599	36417	24547	19014
6471	7082	2140	38594	21916	17151
4655	4900	2006	28289	21264	16915
5127	5592	1742	27865	19452	13094
6610	6981	2338	43838	35573	22503
1606	2127	902	15407	9402	8362
338	365	68	4405	2114	1821
2918	3186	1424	20735	14366	12974
5176	7275	2323	40913	26187	17916
3149	3731	1516	26765	13278	11801
2016	2681	650	18698	11431	6519
84	214	8	1761	1498	432
2370	2812	1174	19010	8383	10818
1276	1414	728	7368	3254	3679
253	404	206	3152	1459	1725
374	561	443	4528	2576	3837
1057	2088	1046	21682	8536	9579

C-3-8续表1

地区	受教育程度		职业资格水平	
	大学专科人数	大学本科及以上人数	助理社会工作师人数	社会工作师人数
全国	**164284**	**130370**	**46748**	**21586**
北京	6616	8776	3914	1714
天津	1445	4749	1862	545
河北	6068	5566	785	543
山西	4108	2997	949	611
内蒙古	3841	2843	354	149
辽宁	8538	8184	3230	1838
吉林	1080	1258	346	160
黑龙江	3886	2619	801	339
上海	5073	5706	1797	860
江苏	6358	6097	4767	1851
浙江	7453	11252	4696	3075
安徽	8172	4319	1520	717
福建	4938	3355	1162	787
江西	6810	3444	1330	449
山东	10724	9240	3041	1685
河南	6897	3827	542	189
湖北	10271	5220	4125	1289
湖南	6498	3487	980	391
广东	14256	14510	2773	1361
广西	3825	1887	636	169
海南	927	384	4	1
重庆	9272	5466	3263	1099
四川	8855	3472	2262	593
贵州	4923	2111	90	26
云南	1643	754	236	36
西藏	75	93	3	1
陕西	4883	3306	633	853
甘肃	558	562	221	55
青海	530	199	24	10
宁夏	945	803	259	84
新疆	4816	3884	143	106

单位：人

年龄结构			
35岁及以下人数	36岁至45岁人数	46岁至55岁人数	56岁及以上人数
215149	**251521**	**157160**	**39589**
7692	8742	5555	1850
5082	4059	2045	892
9638	9610	5311	1421
6108	5538	3340	718
5099	5307	3161	582
9564	12158	6512	1265
1566	6106	838	194
5904	7684	4068	669
5465	8280	6812	3817
13052	16381	10762	2416
9095	8452	6165	2812
8745	8124	4627	460
6118	6917	3629	573
7239	9496	5504	773
11615	11997	9279	3526
12326	13974	9801	2493
9213	11479	6525	1072
7647	11632	7318	1268
13797	16536	11008	2497
4174	5951	4115	1167
1372	1651	1160	222
7667	6452	5342	1274
11726	15213	11162	2812
8655	9509	6925	1676
5274	7620	4771	1033
487	637	468	169
6146	7262	4623	979
2429	3099	1498	342
1099	1462	516	75
2257	1647	597	27
8898	8546	3723	515

C-3-8续表2

地 区	当年完成选举的居委会数	当年完成选举的居委会选民登记数			
			本届登记选民数	参加投票人数	
					#委托投票人数
全 国	**10972**	**24333250**	**17007512**	**11428109**	**1017020**
北 京					
天 津	542	1017813	307200	269668	3714
河 北	23	3098	3098	755	
山 西		72154	70320	69606	
内蒙古	181	543558	504653	205222	1496
辽 宁	445	511311	84364	33326	2119
吉 林	526	585841	52737	66331	25
黑龙江	41	99755	36675	30484	929
上 海	10	3839	3810	3414	70
江 苏	1836	5544599	4082921	3207855	249185
浙 江	51	60981	59701	56150	13327
安 徽	1	55	55	55	
福 建	102	170437	150601	100670	2640
江 西	709	1240538	1192228	894708	36029
山 东	109	114944	114344	87166	9123
河 南	8	39351	39351	691	
湖 北	364	1333473	1296633	684041	2555
湖 南					
广 东	25	52215	52125	30907	
广 西	92	315273	233485	208903	1494
海 南	26	77336	76245	67897	5499
重 庆	526	1477521	1332898	1178180	255525
四 川	1737	3178706	1949617	1437065	245106
贵 州	1408	2923089	2848182	1515274	118991
云 南	531	1779501	369746	309396	4374
西 藏	27	19293	17090	11826	5771
陕 西	565	561742	522600	313510	36042
甘 肃	607	1800102	1061907	377391	11272
青 海	25	23230	23220	19389	480
宁 夏					
新 疆	455	783495	521706	248229	11254

单位：个、人、次

经推举产生的居民代表数	#女性	当年召开居民会议次数	当年召开居民代表会议的次数	居委会小组数
489106	**177889**	**23896**	**53892**	**1330522**
				72853
		155		22204
10032	2025	316	1040	55787
				19344
1837	898	60	332	26537
7974	2658	140		72110
706	61			35747
12489	6340	658	1464	29728
780	498	59	98	144382
2989	849	56	142	72019
617	379	42	139	101866
1142	450	42	151	45687
130762	54683	3440	7128	30440
57426	7970			32120
16619	5335	1057	3709	95925
1613	529	288	334	52591
393	175	680	2330	40342
		4421	9029	74929
168952	70410	6280	16235	45435
1898	652	141	167	33838
589	320			7086
		293	840	32677
9785	4165	666	1471	59157
59309	18302	4782	8860	48660
130	66	13	49	32205
943	572			497
1140	320	260	343	19333
846	170	4	12	4940
				217
		43	19	7163
135	62			14703

C-3-9 其他社会服

地　区	单位数	市场监管部门登记	编制部门登记	民政部门登记	一个机构多块牌子	年末职工人数	#女性
全　国	**5577**	**1461**	**3475**	**559**	**82**	**98004**	**32683**
北　京	47	9	38			1461	585
天　津	26	7	15	3	1	867	353
河　北	220	16	203	1		3946	1210
山　西	83	28	50	5		1190	399
内蒙古	150	41	104	5		1965	598
辽　宁	565	80	72	368	45	6739	2059
吉　林	188	44	144			3806	952
黑龙江	161	27	131	3		3156	931
上　海	90	58	30	1	1	3770	1624
江　苏	287	63	211	13		4703	1566
浙　江	307	139	150	16	2	5037	1425
安　徽	175	38	126	11		3112	988
福　建	205	80	121	4		3963	1170
江　西	135	32	95	8		2432	683
山　东	301	67	215	19		4735	1538
河　南	398	132	266			7148	2415
湖　北	228	30	195	3		4305	1677
湖　南	233	50	183			3420	1183
广　东	315	77	212	19	7	7988	2324
广　西	161	37	121	3		2578	1010
海　南	20	8	11	1		263	59
重　庆	155	53	87	15		2585	1070
四　川	311	58	240	12	1	4999	1901
贵　州	152	89	58	3	2	4705	1705
云　南	217	47	168	2		2874	924
西　藏	4		3		1	41	10
陕　西	154	41	98	15		2761	960
甘　肃	83	33	39	10	1	1139	414
青　海	15	8	4	3		185	58
宁　夏	50	30	12	8		823	302
新　疆	141	39	73	8	21	1308	590

务机构总表

单位：个、人

受教育程度		职业资格水平		年龄结构			
大学专科人数	大学本科及以上人数	助理社会工作师人数	社会工作师人数	35岁及以下人数	36岁至45岁人数	46岁至55岁人数	56岁及以上人数
27337	**17255**	**1797**	**1878**	**24890**	**35325**	**27375**	**10414**
300	671	22	18	354	503	439	165
183	351	22	42	213	303	200	151
949	494	23	54	1008	1545	1010	383
284	285	14	16	329	443	312	106
710	358	5	18	505	668	594	198
1672	1123	191	344	1444	2224	2140	931
1416	595	4		951	1492	1034	329
897	409	23	23	638	1328	918	272
830	793	22	20	982	1333	947	508
1332	1192	168	151	1316	1695	1288	404
1418	1077	199	176	1045	1492	1453	1047
967	477	82	50	827	1092	899	294
718	420	60	73	852	1449	1170	492
442	188	34	36	548	950	688	246
1554	1103	199	242	1142	1775	1303	515
1967	793	62	63	2218	2749	1647	534
1650	640	87	81	1287	1631	1093	294
1194	563	56	56	871	1493	828	228
2107	1524	215	140	1609	2955	2521	903
932	629	85	54	813	993	569	203
44	40			82	90	57	34
738	570	50	56	715	829	786	255
1451	644	51	42	1181	1773	1523	522
1068	840	10	16	1383	1426	1418	478
759	519	37	38	928	1117	649	180
21	16	2		21	13	6	1
662	403	18	32	714	912	771	364
287	177	8	13	284	387	372	96
55	25	5	3	59	48	63	15
166	94	16	14	120	269	292	142
564	242	27	7	451	348	385	124

C-3-9续表

地 区	企业会计制度财务指标			
	固定资产原价	营业收入	费用合计	营业利润
全 国	**2072198.2**	**2004205.5**	**612148.2**	**599800.8**
北 京	54026.7	80246.5	23895.7	41466.0
天 津	52893.5	21917.1	7147.3	11877.8
河 北	35599.3	20506.9	10678.6	427.5
山 西	36444.6	18550.2	8914.7	1673.3
内蒙古	30488.8	9351.0	4909.2	846.7
辽 宁	113612.7	44295.9	14344.0	9292.0
吉 林	12666.5	7123.8	2624.7	1607.7
黑龙江	26303.7	18971.7	6226.4	4108.2
上 海	366551.0	667325.6	131307.6	346919.1
江 苏	59716.0	80250.9	18067.8	48095.3
浙 江	65506.7	121534.7	43171.1	12060.9
安 徽	20706.0	22502.3	7110.9	4990.8
福 建	145231.1	131823.1	26944.2	21246.5
江 西	44457.3	36054.0	10240.4	1744.4
山 东	37218.8	23683.9	12096.1	4217.6
河 南	73755.6	25820.6	12024.3	2679.3
湖 北	75923.5	152913.4	34136.1	30872.7
湖 南	101041.3	30307.6	13176.2	3308.7
广 东	79264.5	139047.0	49724.0	30662.0
广 西	64121.8	35207.1	18256.6	4946.2
海 南	5825.5	6943.7	2973.4	6.0
重 庆	75459.9	47457.3	55476.2	4048.2
四 川	92155.6	92921.0	27706.0	16806.9
贵 州	188866.6	94763.2	41042.3	3966.6
云 南	43378.6	25070.9	8969.0	1664.9
西 藏				
陕 西	33017.9	26285.0	12498.4	-10939.0
甘 肃	30605.2	12241.7	2553.0	600.6
青 海	53839.0			
宁 夏	22854.5	8019.6	4783.8	30.6
新 疆	30666.0	3069.8	1150.2	573.3

单位：万元

政府会计制度准则（事业单位）财务指标			民间非营利组织会计制度财务指标		
固定资产原价	本年收入合计	本年支出合计	固定资产原价	本年收入合计	本年费用合计
3189215.8	**1931781.5**	**1786411.3**	**113878.3**	**50380.4**	**31303.1**
126876.4	143153.9	107453.6			
83469.5	58422.7	52869.6		692.0	378.6
162587.1	63261.9	64834.4	2450.0	686.0	
56079.6	23824.5	25509.5	606.5	10.0	151.9
60232.3	31986.2	31795.7	741.0	392.5	157.8
48589.9	29841.0	26488.1	23257.2	10928.8	9124.0
113803.6	20459.7	19859.1			
135725.6	64978.0	50421.5	71.0	5.0	15.0
6971.3	22700.3	20513.3		250.5	
357227.1	206144.0	183274.5	6015.7	6469.7	2622.3
201479.2	146507.7	137266.8	786.8	768.7	1812.6
86294.2	70545.0	68404.9	646.4	2955.0	2192.8
65762.9	39777.0	42333.2	2244.9	894.2	439.1
32071.2	24175.8	24112.5	4726.3	3682.8	1765.8
188485.1	124667.7	121180.9	13713.7	8145.1	3140.6
94357.0	46009.7	45460.9			
172257.3	106508.6	106447.2	4169.4	600.0	1590.0
108567.0	66223.8	60087.4			
383490.8	311018.0	280303.6	4374.0	900.2	696.8
86519.5	46565.7	46609.3	2653.0	1181.0	376.3
8839.5	5197.0	5288.5	5.0	2.0	3.0
87934.3	54204.7	49283.8	12615.9	6323.0	3537.1
141490.8	93944.2	87886.6	13073.6	557.1	1408.0
30222.1	7330.3	8282.7	159.0	3200.0	147.0
88100.5	29223.1	25928.8	13.0	3.0	2.0
10894.6	180.0	237.9			
147091.5	43379.3	41148.0	5748.8	509.0	679.7
24761.2	18689.8	18618.1	629.0	233.5	58.1
2722.1	819.4	819.4	5.0	2.3	1.1
13099.8	5833.9	6271.6	14825.7	616.0	988.5
63212.8	26208.6	27419.9	347.4	373.0	15.0

C-3-10 婚姻登记

地区	单位数	编制部门登记	民政部门登记	一个机构多块牌子	年末职工人数	#女性
全国	**1103**	**1089**	**14**	**33**	**7150**	**4688**
北京	10	10			119	100
天津	1	1			11	10
河北	38	38			379	257
山西	17	17			101	71
内蒙古	25	25			116	66
辽宁	26	25	1	7	157	90
吉林	63	63			480	299
黑龙江	33	31	2		234	142
上海	17	17		1	184	147
江苏	68	68			453	318
浙江	50	50		1	340	237
安徽	31	27	4		214	137
福建	30	30			104	76
江西	25	25			117	78
山东	90	90			734	479
河南	64	64			463	287
湖北	83	83			541	383
湖南	80	80			517	281
广东	61	60	1		433	295
广西	57	57			276	170
海南	1	1			6	3
重庆	40	38	2		256	173
四川	66	64	2		370	231
贵州	14	14		1	45	28
云南	25	23	2		99	57
西藏	1	1		1	2	
陕西	27	27			224	154
甘肃	11	11		1	56	25
青海						
宁夏	1	1			5	4
新疆	48	48		21	114	90

服务机构

单位：个、人

受教育程度		职业资格水平		年龄结构			
大学专科人数	大学本科及以上人数	助理社会工作师人数	社会工作师人数	35岁及以下人数	36岁至45岁人数	46岁至55岁人数	56岁及以上人数
2682	**2864**	**277**	**374**	**2612**	**3023**	**1381**	**134**
13	100	12	3	44	49	25	1
1	10		1	6	3	2	
145	72	1	15	136	188	52	3
28	58	1	3	45	44	10	2
55	51		1	29	56	28	3
49	63	3	12	45	69	39	4
127	131	2		149	209	114	8
84	70	1		89	102	40	3
41	122	5	8	73	79	29	3
126	214	37	31	211	168	68	6
111	206	38	50	96	176	59	9
112	68	10	10	77	77	56	4
36	47	9	18	47	42	14	1
48	24	1	5	34	48	32	3
294	345	22	84	259	295	160	20
186	99	11	24	205	169	71	18
263	154	19	13	202	224	113	2
238	134	19	9	192	239	81	5
130	238	26	22	140	192	92	9
114	124	6	8	82	126	59	9
3	3			5	1		
54	184	30	25	98	92	62	4
191	107	13	11	141	150	77	2
18	23	2	3	13	21	8	3
43	44	6	9	37	45	13	4
1	1			2			
89	99		3	92	95	36	1
24	18			24	18	9	5
5					2	2	1
53	55	3	6	39	44	30	1

C-3-10续表

地 区	办理婚姻登记事务的处数	可办理婚姻登记的乡镇机关数	政府会计制度准则（事业单位）财务指标	
			固定资产原价	本年收入合计
全 国	**4310**	**1185**	**58551.0**	**78413.9**
北 京	18	1	968.4	4203.2
天 津	19	3	54.4	349.7
河 北	209	26	629.9	1975.2
山 西	130		90.8	381.5
内蒙古	115	6	192.6	566.5
辽 宁	188	50	393.2	437.5
吉 林	68		1028.0	2721.9
黑龙江	143	17	336.6	894.3
上 海	19		3076.4	10285.8
江 苏	102		1521.6	6590.8
浙 江	105		3626.3	7743.6
安 徽	118	2	551.6	2134.6
福 建	116	26	373.9	1158.0
江 西	259	152	305.6	665.8
山 东	145		3564.1	8192.6
河 南	191	11	19285.4	1363.2
湖 北	141	43	1418.3	4337.1
湖 南	142	11	1372.8	2395.0
广 东	243	108	2548.1	6203.3
广 西	130	5	1087.6	1572.8
海 南	114	60	82.0	2.0
重 庆	44	1	4799.6	7848.0
四 川	206	17	1565.4	2294.8
贵 州	581	452	85.9	119.0
云 南	177	71	135.4	559.9
西 藏	74	3		
陕 西	119	6	483.9	1888.5
甘 肃	114	30	38.6	40.5
青 海	47	4		
宁 夏	24	3	21.4	
新 疆	209	77	8913.2	1488.8

单位：处、个、万元

	民间非营利组织会计制度财务指标		
本年支出合计	固定资产原价	本年收入合计	本年费用合计
80811.2	**127.9**	**180.7**	**308.3**
4203.2			
349.8			
1963.0			
462.2			
606.3			
449.5			91.7
2625.7			
1057.0	25.0	5.0	15.0
10311.4			
6632.3			
7627.0			
2152.9	59.6	96.6	92.7
1875.8			
583.2		3.0	6.0
8238.8			
1699.9			
4306.9			
2661.0			
6888.0	3.0		11.8
1769.7			
2.0			
7718.1	13.3	28.0	19.0
2332.8	8.0	45.1	68.0
161.0			
651.8	13.0	3.0	2.0
1925.1			
40.5			
			1.1
1516.3	6.0		1.0

C-3-11　结婚登

地　区	结婚登记件数	结婚登记人数			
			内地居民登记结婚件数	内地居民登记结婚人数	涉外及华侨、港澳台居民登记结婚件数
全　国	**6834972**	**13669944**	**6818568**	**13637136**	**16404**
北　京	91300	182600	90865	181730	435
天　津	68881	137762	68752	137504	129
河　北	302097	604194	301816	603632	281
山　西	181911	363822	181844	363688	67
内蒙古	114637	229274	114575	229150	62
辽　宁	190882	381764	190593	381186	289
吉　林	114046	228092	113878	227756	168
黑龙江	150536	301072	150275	300550	261
上　海	72046	144092	71218	142436	828
江　苏	411953	823906	411224	822448	729
浙　江	304339	608678	303645	607290	694
安　徽	338852	677704	338335	676670	517
福　建	166214	332428	164822	329644	1392
江　西	210350	420700	210069	420138	281
山　东	420552	841104	420155	840310	397
河　南	489022	978044	488693	977386	329
湖　北	284277	568554	283783	567566	494
湖　南	284401	568802	283796	567592	605
广　东	573050	1146100	567609	1135218	5441
广　西	248708	497416	247894	495788	814
海　南	51441	102882	51266	102532	175
重　庆	174039	348078	173789	347578	250
四　川	463908	927816	463249	926498	659
贵　州	293841	587682	293611	587222	230
云　南	273806	547612	273225	546450	581
西　藏	24666	49332	24666	49332	
陕　西	200425	400850	200237	400474	188
甘　肃	134185	268370	134128	268256	57
青　海	33680	67360	33676	67352	4
宁　夏	41618	83236	41605	83210	13
新　疆	125309	250618	125275	250550	34

记服务

单位：件、人

按居住地分类						
内地居民	#女性	香港居民	澳门居民	台湾居民	华侨	外国人
16333	**8972**	**3542**	**942**	**2516**	**523**	**8952**
435	281	48	9	70	1	307
129	82	12	2	22	1	92
281	103	15	5	20	1	240
67	38	5	1	18		43
62	40	11	2	8		41
289	197	20	12	54	6	197
168	94	10	7	31	3	117
258	147	68	5	33	30	128
818	577	71	14	209	3	541
721	479	31	11	156	9	530
656	418	49	20	136	144	383
515	227	35	8	75	1	400
1391	733	433	70	339	99	452
281	158	47	12	58	6	158
397	233	26	9	56		306
329	186	66	11	58	3	191
494	322	83	25	105	3	278
605	378	152	35	138		280
5435	2838	1972	594	465	202	2214
814	281	93	24	89	3	605
174	106	82	10	18		66
250	191	42	12	68	2	126
659	446	97	27	152	1	382
230	107	32	7	36		155
581	129	15	2	37		527
188	117	11	5	48	1	123
56	30	15	3	7	2	31
4	3			1		3
13	9			5		8
33	22	1		4	2	28

C−3−11续表

地　区	按婚姻状况分类			
	初婚人数	再婚人数	#女性	#恢复结婚件数
全　国	**10517560**	**3152384**	**1763574**	**416459**
北　京	118125	64475	31161	5273
天　津	82148	55614	28141	15829
河　北	433463	170731	94926	23741
山　西	302209	61613	35046	6829
内蒙古	155824	73450	40234	9930
辽　宁	304165	77599	42827	19814
吉　林	143277	84815	45373	14964
黑龙江	179284	121788	64736	21913
上　海	100379	43713	21488	6114
江　苏	688107	135799	76439	37092
浙　江	492862	115816	62409	16027
安　徽	509349	168355	94933	25860
福　建	256402	76026	42721	3155
江　西	334292	86408	50317	10008
山　东	612068	229036	124318	32647
河　南	764853	213191	120501	37024
湖　北	453844	114710	66789	15446
湖　南	464894	103908	60266	10947
广　东	968785	177315	95841	23330
广　西	424504	72912	45887	8012
海　南	85439	17443	10101	1644
重　庆	236418	111660	61407	14087
四　川	673113	254703	144350	19728
贵　州	455304	132378	78291	11021
云　南	419614	127998	76528	7425
西　藏	45867	3465	1780	233
陕　西	305068	95782	55607	7511
甘　肃	224674	43696	26175	3530
青　海	54241	13119	7404	684
宁　夏	65225	18011	10039	1694
新　疆	163763	86855	47539	4947

单位：件、人

按年龄分类				
20～24岁	25～29岁	30～34岁	35～39岁	40岁及以上
2077717	**5091306**	**2831672**	**1248893**	**2420356**
6015	59611	49331	24090	43553
10525	46786	34913	19927	25611
135532	211413	119569	58393	79287
40448	159471	64370	23480	76053
18401	90192	50111	23569	47001
34090	139526	85745	41343	81060
18888	69535	49958	25966	63745
24477	84498	59251	34263	98583
4651	50666	38697	17495	32583
80758	302699	163674	64913	211862
42964	226349	110227	42856	186282
111452	252108	132393	51582	130169
43653	124512	83187	31927	49149
95451	158152	76535	32221	58341
164356	321264	164804	80331	110349
218436	322942	193424	78264	164978
46699	198636	142394	58121	122704
98635	189796	135362	60202	84807
146421	520238	276867	96641	105933
90613	161899	111642	63246	70016
14524	36641	24583	10437	16697
44810	139944	65207	33247	64870
150974	361472	172308	81853	161209
139602	207123	96480	51144	93333
124426	195418	95629	48644	83495
11878	15964	7849	4867	8774
37654	182895	99178	37995	43128
43947	117680	52132	17975	36636
15140	22073	11625	5438	13084
17641	32216	13764	5406	14209
44656	89587	50463	23057	42855

C-3-12 离婚登

地 区	总计	民政部门办理离婚登记合计	内地居民离婚登记	涉外离婚登记	涉港澳台及华侨离婚登记	离婚登记人数		
						20～24岁	25～29岁	30～34岁
全 国	**2879214**	**2100242**	**2097385**	**1251**	**1606**	**65226**	**486820**	**1057558**
北 京	44225	36858	36758	70	30	180	2946	10469
天 津	40263	32750	32724	19	7	360	4131	15755
河 北	129539	94358	93949	27	382	2513	19824	50424
山 西	57162	38443	38435	5	3	782	9567	19731
内蒙古	52381	37183	37173	10		924	7351	16639
辽 宁	92588	70752	70703	37	12	1258	11912	28248
吉 林	59274	45743	45725	11	7	1007	8416	20453
黑龙江	80582	62136	61928	18	190	1258	9497	22977
上 海	30369	24991	24864	73	54	148	2451	8352
江 苏	175855	129241	129121	76	44	2611	27654	73347
浙 江	105426	79156	79035	73	48	1283	15007	34277
安 徽	146276	107378	107296	62	20	3429	29488	60789
福 建	75426	58297	58046	133	118	1398	12052	31888
江 西	86034	63258	63201	17	40	2546	16766	34078
山 东	185169	130595	130550	31	14	3721	23034	65572
河 南	190632	136384	136357	12	15	4147	29150	78505
湖 北	130226	98392	98323	33	36	1420	18658	52908
湖 南	141155	99120	99043	28	49	2726	17853	51540
广 东	184511	158096	157504	194	398	5561	44347	81703
广 西	100304	74903	74774	102	27	3300	20244	37376
海 南	15244	12713	12703	7	3	513	3768	7008
重 庆	89673	71635	71582	25	28	1831	17868	31305
四 川	216674	155483	155406	47	30	6525	44950	74384
贵 州	120189	79987	79952	22	13	4155	27624	42142
云 南	111119	69242	69146	88	8	4396	23725	35831
西 藏	4593	3613	3606		7	505	1896	2083
陕 西	79892	51818	51787	24	7	973	12284	29846
甘 肃	40861	21735	21732	2	1	901	6816	12548
青 海	11425	6725	6724	1		716	2427	3658
宁 夏	16461	10451	10450		1	647	2782	5077
新 疆	65686	38806	38788	4	14	3492	12332	18645

记服务

单位：件、人

按年龄分组		法院部门判决、调解离婚合计	离婚		收案	维持	
35～39岁	40岁及以上		判决离婚	调解离婚		判决不离	调解不离
923328	**1667552**	**778972**	**179958**	**599014**	**1415385**	**341115**	**35824**
13592	46529	7367	2361	5006	14042	2566	131
17497	27757	7513	1165	6348	13377	2738	39
44708	71247	35181	7795	27386	70633	16424	3794
16788	30018	18719	4062	14657	36346	10393	322
15788	33664	15198	4720	10478	26580	3103	688
29895	70191	21836	5413	16423	38025	7222	333
18922	42688	13531	2785	10746	21007	3406	61
22944	67596	18446	3042	15404	35625	4759	3749
10597	28434	5378	1724	3654	11078	2577	83
56308	98562	46614	9043	37571	83622	17647	2994
35039	72706	26270	5300	20970	42020	8200	647
43566	77484	38898	8160	30738	70880	20195	805
28211	43045	17129	5823	11306	32287	8960	287
27415	45711	22776	5319	17457	44096	13037	373
64108	104755	54574	12146	42428	101708	30592	1088
58480	102486	54248	12462	41786	116529	36827	5811
46054	77744	31834	7682	24152	59833	17719	412
45291	80830	42035	8707	33328	74808	20644	852
73604	110977	26415	10950	15465	53759	16002	2199
38257	50629	25401	9143	16258	45036	12777	927
5857	8280	2531	1085	1446	6470	1950	421
29192	63074	18038	5324	12714	32540	8746	345
62646	122461	61191	12149	49042	98506	20372	137
32988	53065	40202	8814	31388	65634	13637	582
29010	45522	41877	7423	34454	65389	10147	2160
1380	1362	980	132	848	1484	108	118
25373	35160	28074	6238	21836	55633	13685	1177
9386	13819	19126	5549	13577	40077	11175	1054
2409	4240	4700	849	3851	9106	1061	483
4272	8124	6010	1548	4462	11845	2195	587
13751	29392	26880	3045	23835	37410	2251	3165

注：法院部门收案及判决、调解离婚数据来源于最高人民法院。

C-3-13 殡葬服务

地区	单位数	市场监管部门登记	编制部门登记	民政部门登记	一个机构多块牌子	年末职工人数	#女性
全国	**4474**	**1461**	**2419**	**545**	**49**	**90854**	**27995**
北京	37	9	28			1342	485
天津	25	7	14	3	1	856	343
河北	182	16	165	1		3567	953
山西	66	28	33	5		1089	328
内蒙古	125	41	79	5		1849	532
辽宁	539	80	54	367	38	6582	1969
吉林	125	44	81			3326	653
黑龙江	128	27	100	1		2922	789
上海	73	58	14	1		3586	1477
江苏	219	63	143	13		4250	1248
浙江	257	139	101	16	1	4697	1188
安徽	144	38	99	7		2898	851
福建	175	80	91	4		3859	1094
江西	110	32	70	8		2315	605
山东	211	67	125	19		4001	1059
河南	334	132	202			6685	2128
湖北	145	30	112	3		3764	1294
湖南	153	50	103			2903	902
广东	254	77	152	18	7	7555	2029
广西	104	37	64	3		2302	840
海南	19	8	10	1		257	56
重庆	115	53	49	13		2329	897
四川	245	58	176	10	1	4629	1670
贵州	138	89	45	3	1	4660	1677
云南	192	47	145			2775	867
西藏	3		3			39	10
陕西	127	41	71	15		2537	806
甘肃	72	33	29	10		1083	389
青海	15	8	4	3		185	58
宁夏	49	30	11	8		818	298
新疆	93	39	46	8		1194	500

机构总表

单位：个、人

受教育程度		职业资格水平		年龄结构			
大学专科人数	大学本科及以上人数	助理社会工作师人数	社会工作师人数	35岁及以下人数	36岁至45岁人数	46岁至55岁人数	56岁及以上人数
24655	**14391**	**1520**	**1504**	**22278**	**32302**	**25994**	**10280**
287	571	10	15	310	454	414	164
182	341	22	41	207	300	198	151
804	422	22	39	872	1357	958	380
256	227	13	13	284	399	302	104
655	307	5	17	476	612	566	195
1623	1060	188	332	1399	2155	2101	927
1289	464	2		802	1283	920	321
813	339	22	23	549	1226	878	269
789	671	17	12	909	1254	918	505
1206	978	131	120	1105	1527	1220	398
1307	871	161	126	949	1316	1394	1038
855	409	72	40	750	1015	843	290
682	373	51	55	805	1407	1156	491
394	164	33	31	514	902	656	243
1260	758	177	158	883	1480	1143	495
1781	694	51	39	2013	2580	1576	516
1387	486	68	68	1085	1407	980	292
956	429	37	47	679	1254	747	223
1977	1286	189	118	1469	2763	2429	894
818	505	79	46	731	867	510	194
41	37			77	89	57	34
684	386	20	31	617	737	724	251
1260	537	38	31	1040	1623	1446	520
1050	817	8	13	1370	1405	1410	475
716	475	31	29	891	1072	636	176
20	15	2		19	13	6	1
573	304	18	29	622	817	735	363
263	159	8	13	260	369	363	91
55	25	5	3	59	48	63	15
161	94	16	14	120	267	290	141
511	187	24	1	412	304	355	123

C-3-13续表1

地区	火化炉数	国际运尸数	#外国人	#港澳台	#侨民
全国	**7293**	**50**	**42**	**6**	**2**
北京	94	10	4	4	2
天津	94				
河北	431				
山西	77				
内蒙古	202				
辽宁	372				
吉林	176				
黑龙江	289				
上海	99	38	38		
江苏	601				
浙江	410				
安徽	325				
福建	249				
江西	302				
山东	578				
河南	377				
湖北	396				
湖南	246				
广东	461	2		2	
广西	138				
海南	8				
重庆	139				
四川	345				
贵州	239				
云南	339				
西藏	10				
陕西	130				
甘肃	60				
青海	36				
宁夏	11				
新疆	59				

单位：台、具、个、辆

穴位数	#本年销售穴位数	安葬数	#本年安葬数	节地生态安葬数	专用遗体接运车辆数
24722119	**707676**	**18305578**	**1294491**	**1473454**	**7590**
709098	12246	715216	22166	85034	113
397963	5445	577323	21619	213170	170
420297	7757	229649	14690	4742	268
181700	4347	86720	5926	546	73
433903	35939	348602	25013	11853	131
1463398	65149	719263	165550	38301	166
51674	2135	34755	1868	124	172
288260	11555	297829	25070	23604	195
2416380	74387	1792067	58408	41095	76
2402262	46441	2078139	98801	48935	344
3363765	94006	2453562	192150	345009	759
750967	23804	700449	50329	35252	330
555113	16072	369854	20395	43591	282
334818	14702	136100	20660	13748	137
668907	12090	648534	104806	88003	665
755323	14144	439315	29599	8244	486
1322774	35239	1005970	49982	10899	211
614156	20795	348889	21082	31239	327
1869987	37756	1646455	120581	278835	1019
440990	13850	276641	22445	39574	166
94482	609	11643	336	261	6
930488	19577	529619	29505	18837	123
1441002	39727	1075049	51620	29237	175
872453	25646	393228	32872	5032	381
674447	35452	288955	54690	12737	578
					6
479082	12560	519573	14494	27377	128
302491	9141	265850	19798	4567	16
12401	2072	3992	1342	35	5
195761	5791	107145	4751	2420	11
277777	9242	205192	13943	11153	71

C-3-13续表2

地区	企业会计制度财务指标			
	固定资产原价	营业收入	费用合计	营业利润
全　国	**2072198.2**	**2004205.5**	**612148.2**	**599800.8**
北　京	54026.7	80246.5	23895.7	41466.0
天　津	52893.5	21917.1	7147.3	11877.8
河　北	35599.3	20506.9	10678.6	427.5
山　西	36444.6	18550.2	8914.7	1673.3
内蒙古	30488.8	9351.0	4909.2	846.7
辽　宁	113612.7	44295.9	14344.0	9292.0
吉　林	12666.5	7123.8	2624.7	1607.7
黑龙江	26303.7	18971.7	6226.4	4108.2
上　海	366551.0	667325.6	131307.6	346919.1
江　苏	59716.0	80250.9	18067.8	48095.3
浙　江	65506.7	121534.7	43171.1	12060.9
安　徽	20706.0	22502.3	7110.9	4990.8
福　建	145231.1	131823.1	26944.2	21246.5
江　西	44457.3	36054.0	10240.4	1744.4
山　东	37218.8	23683.9	12096.1	4217.6
河　南	73755.6	25820.6	12024.3	2679.3
湖　北	75923.5	152913.4	34136.1	30872.7
湖　南	101041.3	30307.6	13176.2	3308.7
广　东	79264.5	139047.0	49724.0	30662.0
广　西	64121.8	35207.1	18256.6	4946.2
海　南	5825.5	6943.7	2973.4	6.0
重　庆	75459.9	47457.3	55476.2	4048.2
四　川	92155.6	92921.0	27706.0	16806.9
贵　州	188866.6	94763.2	41042.3	3966.6
云　南	43378.6	25070.9	8969.0	1664.9
西　藏				
陕　西	33017.9	26285.0	12498.4	-10939.0
甘　肃	30605.2	12241.7	2553.0	600.6
青　海	53839.0			
宁　夏	22854.5	8019.6	4783.8	30.6
新　疆	30666.0	3069.8	1150.2	573.3

单位：万元

政府会计制度准则（事业单位）财务指标			民间非营利组织会计制度财务指标		
固定资产原价	本年收入合计	本年支出合计	固定资产原价	本年收入合计	本年费用合计
3130664.8	**1853367.6**	**1705600.1**	**113750.4**	**50199.7**	**30994.8**
125908.0	138950.7	103250.4			
83415.1	58073.0	52519.8		692.0	378.6
161957.2	61286.7	62871.4	2450.0	686.0	
55988.8	23443.0	25047.3	606.5	10.0	151.9
60039.7	31419.7	31189.4	741.0	392.5	157.8
48196.7	29403.5	26038.6	23257.2	10928.8	9032.3
112775.6	17737.8	17233.4			
135389.0	64083.7	49364.5	46.0		
3894.9	12414.5	10201.9		250.5	
355705.5	199553.2	176642.2	6015.7	6469.7	2622.3
197852.9	138764.1	129639.8	786.8	768.7	1812.6
85742.6	68410.4	66252.0	586.8	2858.4	2100.1
65389.0	38619.0	40457.4	2244.9	894.2	439.1
31765.6	23510.0	23529.3	4726.3	3679.8	1759.8
184921.0	116475.1	112942.1	13713.7	8145.1	3140.6
75071.6	44646.5	43761.0			
170839.0	102171.5	102140.3	4169.4	600.0	1590.0
107194.2	63828.8	57426.4			
380942.7	304814.7	273415.6	4371.0	900.2	685.0
85431.9	44992.9	44839.6	2653.0	1181.0	376.3
8757.5	5195.0	5286.5	5.0	2.0	3.0
83134.7	46356.7	41565.7	12602.6	6295.0	3518.1
139925.4	91649.4	85553.8	13065.6	512.0	1340.0
30136.2	7211.3	8121.7	159.0	3200.0	147.0
87965.1	28663.2	25277.0			
10894.6	180.0	237.9			
146607.6	41490.8	39222.9	5748.8	509.0	679.7
24722.6	18649.3	18577.6	629.0	233.5	58.1
2722.1	819.4	819.4	5.0	2.3	
13078.4	5833.9	6271.6	14825.7	616.0	988.5
54299.6	24719.8	25903.6	341.4	373.0	14.0

C-3-14 殡

地 区	单位数	年末职工人数	#女性	受教育程度	
				大学专科人数	大学本科及以上人数
全 国	**1778**	**49055**	**13279**	**14826**	**8340**
北 京	12	293	59	73	147
天 津	9	360	95	91	188
河 北	147	2495	562	500	276
山 西	27	462	132	118	117
内蒙古	74	1175	314	462	203
辽 宁	74	2669	738	588	569
吉 林	46	1494	313	896	279
黑龙江	95	2293	598	646	275
上 海	11	820	257	238	180
江 苏	91	3020	776	856	724
浙 江	76	2277	504	812	524
安 徽	68	2027	531	648	294
福 建	67	2016	518	285	137
江 西	84	1931	491	310	119
山 东	112	2742	643	935	547
河 南	111	3045	830	908	331
湖 北	72	2528	850	974	305
湖 南	82	1865	552	653	284
广 东	87	4286	1001	1263	784
广 西	35	1284	442	504	290
海 南	2	46	17	5	12
重 庆	34	1076	364	383	207
四 川	86	1999	565	648	300
贵 州	62	2848	955	728	564
云 南	115	1645	434	499	305
西 藏	3	39	10	20	15
陕 西	44	1132	290	272	159
甘 肃	24	444	172	144	72
青 海	5	109	32	42	15
宁 夏	3	92	30	27	19
新 疆	20	543	204	298	99

仪馆

单位：个、人

职业资格水平		年龄结构			
助理社会工作师人数	社会工作师人数	35岁及以下人数	36岁至45岁人数	46岁至55岁人数	56岁及以上人数
915	**794**	**12624**	**18220**	**13959**	**4252**
3	4	40	88	113	52
	25	99	142	79	40
14	16	565	1019	710	201
7	9	103	172	147	40
3	8	290	410	376	99
107	100	469	838	938	424
1		297	596	407	194
20	22	446	932	737	178
10	6	307	297	151	65
90	68	771	1069	921	259
91	78	523	723	750	281
64	34	562	730	588	147
22	22	446	753	613	204
6	30	421	758	559	193
127	124	600	1075	808	259
27	21	1127	1153	645	120
45	25	698	1032	610	188
23	32	440	792	499	134
129	58	880	1607	1336	463
40	28	445	477	270	92
		22	14	7	3
11	25	305	333	359	79
24	20	465	826	567	141
3	7	1017	927	737	167
21	17	627	617	337	64
2		19	13	6	1
4	7	306	416	343	67
1	4	116	157	136	35
5	3	43	38	21	7
	1	20	39	26	7
15		155	177	163	48

C-3-14续表1

地　区	火化炉数	国际运尸数	#外国人	#港澳台	#侨民
全　国	**7293**	**50**	**42**	**6**	**2**
北　京	94	10	4	4	2
天　津	94				
河　北	431				
山　西	77				
内蒙古	202				
辽　宁	372				
吉　林	176				
黑龙江	289				
上　海	99	38	38		
江　苏	601				
浙　江	410				
安　徽	325				
福　建	249				
江　西	302				
山　东	578				
河　南	377				
湖　北	396				
湖　南	246				
广　东	461	2		2	
广　西	138				
海　南	8				
重　庆	139				
四　川	345				
贵　州	239				
云　南	339				
西　藏	10				
陕　西	130				
甘　肃	60				
青　海	36				
宁　夏	11				
新　疆	59				

单位：台、具、个、辆

	穴位数	#本年销售穴位数	安葬数	#本年安葬数	节地生态安葬数	专用遗体接运车辆数
	7219434	**206289**	**5494187**	**473351**	**746991**	**7490**
	17885	438	16005	613	631	113
	63784	1509	271741	-7300	209598	170
	164395	1797	58497	2901	3973	266
	8980	568	4940	336	100	73
	208155	10043	188560	16196	7130	129
	398344	3553	40692	3459	5358	166
	14479	590	12888	572	124	164
	125308	5159	127432	12818	22877	195
						76
	608939	5343	508653	20706	14618	344
	1440083	46201	1049160	124747	163660	748
	178342	4843	171262	17177	343	327
	246823	7452	175781	10088	33746	262
	307467	13178	119101	20660	13748	137
	254366	3746	432825	35959	65641	639
	42646	1202	53276	6638	2272	486
	305052	15805	287147	18892	9040	211
	326836	10769	218706	12728	23338	325
	835753	9839	720665	79019	126964	1019
	27483	2677	16661	3671	6839	166
						6
	224852	4797	109457	5149	8560	108
	190443	6566	169618	8538	3637	175
	465096	10801	149174	17964	3233	380
	370666	24719	184713	40120	10169	573
						6
	70797	2894	157278	1984	1118	128
	47822	3482	55276	6887	652	16
			900	900	23	5
	3035					11
	271603	8318	193779	11929	9599	66

注：因天津市殡仪馆异址迁移，2022年底汇总数据更新统计核减7300具。

C-3-14续表2

地 区	企业会计制度财务指标			
	固定资产原价	营业收入	费用合计	营业利润
全 国	**621538.7**	**249627.9**	**97226.2**	**10638.2**
北 京				
天 津				
河 北	1230.5	1197.5	1131.9	-214.0
山 西	516.5	32.4		-49.3
内蒙古	16683.3	2998.2	2153.9	210.7
辽 宁	31472.5	630.8	65.7	-216.6
吉 林	3326.1	946.8	693.0	39.0
黑龙江	8745.0	2468.9	964.6	223.0
上 海	50133.2	48741.9	15124.8	3283.7
江 苏	7890.9	3408.1	1110.6	762.1
浙 江	9588.9	12557.5	5528.5	83.5
安 徽	4477.5	2142.8	320.5	355.5
福 建	77358.7	30963.2	10830.2	3281.5
江 西	39420.7	28498.7	8227.9	464.3
山 东				
河 南	18168.5	1984.7	589.5	533.2
湖 北	2953.4	507.1	259.0	115.0
湖 南	60641.8	9983.5	5208.8	-46.1
广 东	7959.9	4506.6	2499.5	410.1
广 西	15084.1	5424.5	3348.2	708.7
海 南	5063.0	3470.9	1647.3	117.1
重 庆	31450.7	7117.9	5149.0	-610.2
四 川	40205.3	15675.7	3779.5	932.0
贵 州	143312.9	54438.1	22352.9	-637.2
云 南	26160.1	9409.0	5257.4	370.7
西 藏				
陕 西	1773.1	236.4	44.0	-16.8
甘 肃	5.0			
青 海	3217.0			
宁 夏				
新 疆	14700.1	2286.7	939.5	538.3

单位：万元

政府会计制度准则（事业单位）财务指标			民间非营利组织会计制度财务指标		
固定资产原价	本年收入合计	本年支出合计	固定资产原价	本年收入合计	本年费用合计
2703414.1	**1461168.7**	**1370308.3**	**37010.1**	**14316.6**	**8619.6**
74028.5	64808.6	60379.9			
31471.5	28669.9	35753.1			
149553.7	47389.5	47384.3			
54473.9	21828.5	23431.8	3.0		139.8
45034.2	29115.3	28881.2	421.0	13.1	17.0
44585.1	25135.6	22529.7	2037.8	445.4	245.9
102228.2	13526.5	12757.6			
121045.0	59017.5	44797.1			
3256.5	6362.9	4398.3			
329250.9	148223.9	131614.6	4769.8	2399.8	692.8
184880.9	119982.9	112646.9			
68813.4	55819.8	54758.7	341.6	1456.3	708.4
60301.7	28440.4	31256.9	2244.9	480.1	439.1
28690.5	21540.7	21221.6	4726.3	3679.8	1759.8
174935.4	106554.5	104739.6	2351.4	687.9	935.9
67735.5	33465.4	33622.4			
149952.4	80310.1	80795.3	2413.8	600.0	1268.2
89482.4	54413.2	49766.2			
325519.7	258803.6	226467.2	3406.0	853.0	625.0
79831.1	41980.4	40511.7			
200.0					
73395.5	40210.1	35189.7	7453.9	3475.2	1450.5
113591.9	65977.9	61490.0	500.0		20.0
24942.6	4950.0	5630.6			
76209.3	24224.7	21385.5			
10894.6	180.0	237.9			
134487.4	36715.6	34573.8	2876.0	226.0	312.0
24412.6	16506.1	16434.4	26.0		5.2
2700.0	800.0	800.0	1.0		
9478.2	3878.9	4275.4	3437.6		
48031.5	22336.2	22576.9			

C-3-15 公

地区	单位数	年末职工人数	#女性	受教育程度	
				大学专科人数	大学本科及以上人数
全国	**1761**	**33069**	**12088**	**7186**	**3992**
北京	20	980	400	207	368
天津	10	387	174	76	97
河北	24	929	361	259	108
山西	29	559	176	127	96
内蒙古	29	491	178	131	74
辽宁	454	3606	1081	975	435
吉林	43	1524	264	330	153
黑龙江	25	513	150	135	48
上海	53	2308	1069	410	324
江苏	92	1020	391	292	181
浙江	149	1991	586	346	226
安徽	55	781	288	181	88
福建	49	1391	486	257	127
江西	2	128	68	25	13
山东	56	1038	360	270	158
河南	139	2551	940	576	197
湖北	44	960	373	277	128
湖南	26	625	261	139	70
广东	99	2486	850	432	313
广西	37	857	348	259	143
海南	6	148	27	26	15
重庆	39	736	336	166	82
四川	96	2122	928	386	164
贵州	32	1374	567	194	107
云南	25	864	365	123	43
西藏					
陕西	52	1162	449	240	85
甘肃	31	499	161	81	45
青海	3	55	20	6	5
宁夏	27	590	226	110	54
新疆	15	394	205	150	45

墓

单位：个、人

职业资格水平		年龄结构			
助理社会工作师人数	社会工作师人数	35岁及以下人数	36岁至45岁人数	46岁至55岁人数	56岁及以上人数
395	**438**	**7547**	**10523**	**9709**	**5290**
7	11	258	343	276	103
21	10	85	137	82	83
6	21	254	288	222	165
6	4	171	190	136	62
1	4	137	134	133	87
73	100	861	1256	1042	447
		462	519	436	107
2	1	88	225	123	77
		510	752	667	379
35	47	285	360	253	122
60	39	348	391	526	726
5	4	162	257	225	137
2	5	275	432	419	265
3		24	33	41	30
29	27	246	335	260	197
5	9	594	954	691	312
21	41	294	279	286	101
11	11	157	250	155	63
35	39	419	838	863	366
26	15	245	319	200	93
		41	46	37	24
1	2	143	239	241	113
9	9	439	627	707	349
5	1	216	318	559	281
		190	301	267	106
10	19	252	295	333	282
5	9	94	156	200	49
		6	6	35	8
14	10	80	166	220	124
3		211	77	74	32

C-3-15续表

地 区	穴位数	本年销售穴位数	安葬数	本年安葬数	节地生态安葬数	企业会计制度	
						固定资产原价	本年收入合计
全 国	**17502685**	**501387**	**12811391**	**821140**	**726463**	**1332613.0**	**1697649.2**
北 京	691213	11808	699211	21553	84403	54026.7	80246.5
天 津	334179	3936	305582	28919	3572	52891.2	21917.1
河 北	255902	5960	171152	11789	769	34344.8	19309.4
山 西	172720	3779	81780	5590	446	35299.1	18464.8
内蒙古	225748	25896	160042	8817	4723	13267.5	6272.8
辽 宁	1065054	61596	678571	162091	32943	82069.2	43665.1
吉 林	37195	1545	21867	1296		4151.9	4782.0
黑龙江	162952	6396	170397	12252	727	10705.2	14204.3
上 海	2416380	74387	1792067	58408	41095	240448.3	580245.3
江 苏	1793323	41098	1569486	78095	34317	49838.1	76842.8
浙 江	1923682	47805	1404402	67403	181349	55245.1	108107.2
安 徽	572625	18961	529187	33152	34909	16021.9	20359.5
福 建	308290	8620	194073	10307	9845	63977.8	99945.2
江 西	27351	1524	16999			4828.6	7345.3
山 东	414541	8344	215709	68847	22362	37169.0	23489.9
河 南	712677	12942	386039	22961	5972	55262.9	22120.3
湖 北	1017722	19434	718823	31090	1859	72917.1	152306.3
湖 南	287320	10026	130183	8354	7901	34616.8	19156.4
广 东	1034234	27917	925790	41562	151871	71285.6	134473.4
广 西	413507	11173	259980	18774	32735	49037.7	29782.6
海 南	94482	609	11643	336	261	706.5	3472.8
重 庆	705636	14780	420162	24356	10277	41186.9	36079.7
四 川	1250559	33161	905431	43082	25600	50994.1	76610.5
贵 州	407357	14845	244054	14908	1799	40425.4	37207.8
云 南	303781	10733	104242	14570	2568	17117.5	15661.9
西 藏							
陕 西	408285	9666	362295	12510	26259	31244.8	26048.6
甘 肃	254669	5659	210574	12911	3915	28899.9	11578.9
青 海	12401	2072	3092	442	12	50422.0	
宁 夏	192726	5791	107145	4751	2420	20210.3	7710.9
新 疆	6174	924	11413	2014	1554	14001.1	241.9

单位：个、具、万元

单位财务指标		政府会计制度准则（事业单位）财务指标			民间非营利组织会计制度财务指标		
本年支出合计	营业利润	固定资产原价	本年收入合计	本年支出合计	固定资产原价	本年收入合计	本年费用合计
499031.7	**557785.7**	**220611.6**	**242644.2**	**204260.0**	**49125.4**	**25867.4**	**17612.7**
23895.7	41466.0	33901.7	52528.8	37698.8			
7147.3	11877.8	8873.9	20429.0	11178.2			378.6
9546.7	641.5	3746.4	7364.4	8499.6	2450.0	686.0	
8873.7	1704.6	1474.3	1412.8	1412.8	500.0	10.0	10.0
2735.3	591.0	739.1	1681.9	1610.9	320.0	279.0	140.8
14278.3	9508.6	3588.8	4099.5	3324.0	20959.4	10483.4	8785.4
1533.7	1527.7	6178.9	2320.7	2549.3			
4840.1	3546.8	12683.5	4568.4	4056.1	46.0		
106787.5	314367.4						
16957.2	47333.2	21216.8	42965.9	36603.2	1235.9	3819.9	1679.5
37047.5	11866.2	7900.0	8833.5	6899.5	694.0	118.1	1136.1
6790.4	4635.3	11551.9	10453.5	9163.5	245.2	1402.1	1391.7
15893.7	18098.2	642.5	2663.5	1345.9		414.1	
1994.5	1190.1						
12096.1	4117.6	3699.3	3985.0	3828.5	2610.3	2089.2	1774.7
10744.9	2046.0	4906.6	6913.9	5724.7			
33777.1	30757.7	11524.7	17594.3	17112.5	1755.6		321.8
7879.5	3320.8	8226.4	4156.8	4108.4			
47224.5	30251.9	42830.0	26330.6	26712.8	965.0	47.2	60.0
14908.4	4237.5	2892.0	1171.5	2224.9	2653.0	1181.0	376.3
1326.1	-111.1	200.0					
48733.9	3942.9	4955.8	1314.5	1628.4	3839.5	1555.5	1031.1
23500.3	15854.6	17355.0	15833.8	13378.9	2265.6	405.4	390.0
17376.7	4299.4				59.0	3100.0	47.0
3711.6	1294.2	3083.1	1972.1	1306.8			
12454.4	-10922.2	5830.2	2207.1	2070.9	256.8	51.0	43.7
2184.2	343.4				595.0	225.5	44.0
4666.0	-7.4	1659.5	1322.4	1301.1	7669.1		
126.4	6.0	951.2	520.3	520.3	6.0		2.0

C-3-16 殡葬管

地 区	单位数	年末职工人数	#女性	受教育程度	
				大学专科人数	大学本科及以上人数
全 国	**815**	**7652**	**2232**	**2393**	**1952**
北 京	5	69	26	7	56
天 津	4	60	31	10	49
河 北	10	140	29	44	38
山 西	8	59	20	11	14
内蒙古	20	165	37	57	28
辽 宁	10	305	148	60	56
吉 林	30	213	34	58	30
黑龙江	8	116	41	32	16
上 海	9	458	151	141	167
江 苏	36	210	81	58	73
浙 江	26	268	67	77	112
安 徽	20	71	25	25	25
福 建	45	323	57	103	92
江 西	24	256	46	59	32
山 东	9	133	35	41	33
河 南	84	1089	358	297	166
湖 北	29	276	71	136	53
湖 南	43	357	68	152	72
广 东	68	783	178	282	189
广 西	31	159	50	55	70
海 南	11	63	12	10	10
重 庆	30	263	79	70	88
四 川	61	483	159	217	65
贵 州	41	421	147	126	144
云 南	50	243	65	93	123
西 藏					
陕 西	31	243	67	61	60
甘 肃	17	140	56	38	42
青 海	4	11	6	4	3
宁 夏	15	114	35	24	19
新 疆	36	161	53	45	27

理机构

单位：个、人

职业资格水平		年龄结构			
助理社会工作师人数	社会工作师人数	35岁及以下人数	36岁至45岁人数	46岁至55岁人数	56岁及以上人数
174	**258**	**1848**	**3156**	**2018**	**630**
		12	23	25	9
1	6	18	20	15	7
2	2	52	50	26	12
		10	31	16	2
1	4	43	57	56	9
8	132	69	61	119	56
		40	114	41	18
		15	69	18	14
7	6	92	205	100	61
6	5	49	98	46	17
6	6	42	123	82	21
3	2	20	21	25	5
23	23	57	171	79	16
24	1	69	111	56	20
1	3	22	46	45	20
19	9	292	473	240	84
2	2	93	96	84	3
3	4	76	174	82	25
25	21	170	318	230	65
13	3	41	70	39	9
		14	29	13	7
5	3	67	96	71	29
4	2	119	164	170	30
	5	136	146	112	27
8	12	69	140	29	5
4	3	64	106	59	14
2		50	56	27	7
		5	3	3	
1	3	13	53	39	9
6	1	29	32	71	29

C−3−16续表

地 区	企业会计制度财务指标			
	固定资产原价	营业收入	费用合计	营业利润
全 国	**101181.5**	**48599.6**	**13109.5**	**30473.6**
北 京				
天 津				
河 北				
山 西	629.0	53.0	41.0	18.0
内蒙古				
辽 宁	71.0			
吉 林				
黑龙江	6853.5	2298.5	421.7	338.4
上 海	75969.5	38338.4	9395.3	29268.0
江 苏	1987.0			
浙 江				
安 徽				
福 建	598.6	141.0	106.6	-2.2
江 西	208.0	210.0	18.0	90.0
山 东				
河 南	324.2	1715.6	689.9	100.1
湖 北	53.0	100.0	100.0	
湖 南	5782.7	967.7	87.9	34.0
广 东	19.0	67.0		
广 西				
海 南	56.0			
重 庆	200.0	106.8	22.0	7.4
四 川	956.2	634.8	426.2	20.3
贵 州	4338.3	2977.3	1307.5	304.4
云 南	1.0			
西 藏				
陕 西				
甘 肃	1700.3	662.8	368.8	257.2
青 海				
宁 夏	1404.2	293.7	103.8	38.0
新 疆	30.0	33.0	20.8	

单位：万元

政府会计制度准则（事业单位）财务指标			民间非营利组织会计制度财务指标		
固定资产原价	本年收入合计	本年支出合计	固定资产原价	本年收入合计	本年费用合计
204557.6	**140861.3**	**122866.3**	**17969.6**	**3048.9**	**3812.3**
17977.8	21613.3	5171.7			
43069.7	8974.1	5588.5			
8657.1	6532.8	6987.5			
40.6	201.7	202.7	3.0		1.5
14266.4	596.0	670.8		100.4	
22.8	168.4	184.9			
4358.5	1890.6	1926.5			
1660.5	497.8	511.3			
638.4	6051.6	5803.6		250.5	
5237.8	8363.4	8424.4	10.0	250.0	250.0
4813.8	9443.2	9588.9			
5377.3	2137.1	2329.8			
2949.2	5802.4	6185.7			
3075.1	1969.3	2307.7			
6075.3	5037.0	3919.7	55.0	22.0	408.0
2429.5	4267.2	4413.9			
9361.9	4267.1	4232.5			
9417.9	5220.9	3539.8			
12593.0	19680.5	20235.6			
2708.8	1829.7	2091.7			
8357.5	5195.0	5286.5	5.0	2.0	3.0
4783.4	4832.1	4747.6	1229.4	1033.1	822.9
8978.5	4402.2	5277.3	10000.0	65.6	900.0
5157.6	2233.3	2463.1	100.0	100.0	100.0
8672.7	2428.5	2539.8			
6290.0	2568.1	2578.2	2616.0	232.0	324.0
310.0	2143.2	2143.2	8.0	8.0	8.9
19.1	19.4	19.4	4.0	2.3	
1940.7	632.6	695.1	3714.0	610.0	982.0
5316.7	1862.8	2798.9	225.2	373.0	12.0

C-3-17 殡仪

地区	单位数	年末职工人数	#女性	受教育程度	
				大学专科人数	大学本科及以上人数
全国	**120**	**1078**	**396**	**250**	**107**
北京					
天津	2	49	43	5	7
河北	1	3	1	1	
山西	2	9			
内蒙古	2	18	3	5	2
辽宁	1	2	2		
吉林	6	95	42	5	2
黑龙江					
上海					
江苏					
浙江	6	161	31	72	9
安徽	1	19	7	1	2
福建	14	129	33	37	17
江西					
山东	34	88	21	14	20
河南					
湖北					
湖南	2	56	21	12	3
广东					
广西	1	2			2
海南					
重庆	12	254	118	65	9
四川	2	25	18	9	8
贵州	3	17	8	2	2
云南	2	23	3	1	4
西藏					
陕西					
甘肃					
青海	3	10		3	2
宁夏	4	22	7		2
新疆	22	96	38	18	16

服务站

单位：个、人、辆

职业资格水平		年龄结构				专用遗体接运车辆数
助理社会工作师人数	社会工作师人数	35岁及以下人数	36岁至45岁人数	46岁至55岁人数	56岁及以上人数	
36	**14**	**259**	**403**	**308**	**108**	**100**
		5	1	22	21	
		1			2	2
			6	3		
	1	6	11	1		2
				2		
1		3	54	36	2	8
4	3	36	79	36	10	11
		6	7	5	1	3
4	5	27	51	45	6	20
20	4	15	24	30	19	26
		6	38	11	1	2
			1	1		
3	1	102	69	53	30	15
1		17	6	2		
		1	14	2		1
2		5	14	3	1	5
		5	1	4		
1		7	9	5	1	
		17	18	47	14	5

C-3-17续表

地 区	企业会计制度财务指标			
	固定资产原价	营业收入	费用合计	营业利润
全 国	**16865.0**	**8328.8**	**2780.8**	**903.3**
北 京				
天 津	2.3			
河 北	24.0			
山 西				
内蒙古	538.0	80.0	20.0	45.0
辽 宁				
吉 林	5188.5	1395.0	398.0	41.0
黑龙江				
上 海				
江 苏				
浙 江	672.7	870.0	595.1	111.2
安 徽	206.6			
福 建	3296.0	773.7	113.7	-131.0
江 西				
山 东	49.8	194.0		100.0
河 南				
湖 北				
湖 南		200.0		
广 东				
广 西				
海 南				
重 庆	2622.3	4152.9	1571.3	708.1
四 川				
贵 州	790.0	140.0	5.2	
云 南	100.0			
西 藏				
陕 西				
甘 肃				
青 海	200.0			
宁 夏	1240.0	15.0	14.0	
新 疆	1934.8	508.2	63.5	29.0

单位：万元

政府会计制度准则（事业单位）财务指标			民间非营利组织会计制度财务指标		
固定资产原价	本年收入合计	本年支出合计	固定资产原价	本年收入合计	本年费用合计
2081.5	**8693.4**	**8165.5**	**9645.3**	**6966.8**	**950.2**
				692.0	
			100.5		0.6
	26.5	26.5			
			260.0		1.0
10.0					
258.2	504.5	504.5	92.8	650.6	676.5
1495.6	1712.7	1668.9			
211.0	898.6	454.3	8697.0	5346.0	22.0
67.5	37.9	12.0			
	11.3	11.3			
			79.8	231.2	213.6
	5435.5	5407.6	300.0	41.0	30.0
36.0	28.0	28.0			
	37.9	44.9			
3.0					
			5.0	6.0	6.5
0.2	0.5	7.5	110.2		

C-4-1 其他事

地 区	单位数	编办登记	年末职工人数	#女性	受教育程度	
					大学专科人数	大学本科及以上人数
全 国	**1339**	**1339**	**19210**	**9100**	**4054**	**10311**
中央级	14	14	912	523	44	842
北 京	34	34	740	379	49	653
天 津	14	14	243	122	51	180
河 北	28	28	299	138	61	84
山 西	31	31	608	318	127	400
内蒙古	25	25	351	155	56	219
辽 宁	66	66	5046	2004	1129	1885
吉 林	4	4	72	26	3	7
黑龙江	20	20	341	159	79	245
上 海	32	32	508	334	74	401
江 苏	47	47	262	136	42	193
浙 江	138	138	1092	595	151	696
安 徽	23	23	167	62	46	79
福 建	56	56	409	220	70	277
江 西	153	153	829	335	191	117
山 东	42	42	838	369	187	548
河 南	111	111	1413	645	268	704
湖 北	56	56	475	246	158	196
湖 南	83	83	763	385	214	367
广 东	31	31	548	297	95	441
广 西	56	56	792	465	263	354
海 南	4	4	15	7	1	13
重 庆	25	25	158	71	38	106
四 川	125	125	976	519	246	576
贵 州	29	29	375	139	127	178
云 南	29	29	262	127	86	159
西 藏						
陕 西	27	27	306	151	104	135
甘 肃	15	15	183	42	62	70
青 海	3	3	20	11	3	17
宁 夏	3	3	17	12	2	15
新 疆	15	15	190	108	27	154

业单位

单位：个、人

职业资格水平		年龄结构			
助理社会工作师人数	社会工作师人数	35岁及以下人数	36岁至45岁人数	46岁至55岁人数	56岁及以上人数
563	**863**	**5459**	**7392**	**4959**	**1400**
16	39	254	395	184	79
14	11	200	278	211	51
3	10	46	104	75	18
1	7	86	131	60	22
12	20	172	278	126	32
7	20	139	103	93	16
195	115	993	2049	1535	469
		34	16	11	11
8	10	98	157	67	19
22	52	177	181	118	32
16	32	90	115	52	5
57	112	315	419	251	107
6	11	56	58	45	8
12	67	134	152	100	23
9	12	280	373	157	19
44	80	271	269	218	80
16	50	400	530	363	120
4	17	142	170	139	24
33	28	254	282	192	35
17	30	151	228	142	27
27	25	318	220	202	52
		9	5	1	
6	7	54	52	42	10
13	57	362	342	214	58
7	15	89	131	127	28
12	18	117	106	32	7
5	6	93	110	83	20
1	3	50	60	54	19
		6	10	2	2
	1	7	7	3	
	8	62	61	60	7

C-4-1续表

地区	企业会计制度财务指标			
	固定资产原价	营业收入	费用合计	营业利润
全国	**49967.2**	**18348.7**	**9963.9**	**-2778.5**
中央级	34168.4	13127.1	7898.1	-2530.3
北京				
天津				
河北				
山西				
内蒙古				
辽宁	12311.6	1797.1		
吉林				
黑龙江				
上海	508.9	2238.5	1308.6	23.5
江苏				
浙江	73.4			
安徽				
福建				
江西	13.0			
山东				
河南				
湖北				
湖南				
广东				
广西	5.1			
海南				
重庆				
四川	2886.8	1186.0	757.2	-271.7
贵州				
云南				
西藏				
陕西				
甘肃				
青海				
宁夏				
新疆				

单位：万元

政府会计制度准则（事业单位）财务指标		
固定资产原价	本年收入合计	本年支出合计
1186337.6	**650148.0**	**730403.0**
145237.5	41618.5	45384.3
116570.6	123895.0	195624.6
12573.0	5754.4	6255.9
5264.2	3261.6	3509.4
46342.1	12891.9	13147.2
1474.3	5486.9	6095.1
155902.2	81229.3	82921.0
40.8	163.7	151.6
35155.9	9710.7	9543.4
63388.0	51468.9	51542.3
30151.8	13069.9	14533.4
40382.8	54099.6	59295.3
813.4	1824.2	1851.9
17911.7	24973.4	24838.6
21482.2	17591.8	18620.1
50874.1	13968.5	13836.7
47888.7	29301.9	31167.5
31424.4	16769.9	16684.5
9124.2	13030.0	13038.4
95734.9	48269.8	39038.2
53063.9	16951.1	16256.3
101.3	318.6	745.9
1617.0	8658.6	8286.0
36466.9	25710.4	25776.6
11806.7	11095.1	11264.7
5952.6	3000.3	3006.5
55846.0	6739.5	6842.5
6794.0	2838.3	2900.3
412.5	288.7	2375.9
75445.4	1817.2	1506.9
11094.5	4350.3	4362.0

第六部分

主要指标解释

主要指标解释

行政区划

镇 指不设区的市、市辖区、县（自治县、旗、自治旗、特区、林区）在辖区内实际设有的镇人民政府（必须是经省级人民政府批准而设置的）。

乡 指不设区的市、市辖区、县（自治县、旗、自治旗、特区、林区）在辖区内实际设有的乡人民政府（必须是经省级人民政府批准而设置的）。

民族乡 在少数民族聚居地区建立的乡级行政区划。

苏木（民族苏木） 内蒙古自治区的乡级行政区划。

街道 街道办事处的简称，是市辖区人民政府或功能区管委会（例如：经济技术开发区管委会）的派出机关，受市辖区人民政府或功能区管委会领导，行使区人民政府或功能区管委会赋予的职权，相当于乡级行政区。

行政机关

行政机关 指县以上各级民政部门行政机关。

乡、镇、街道民政助理员 指在乡、镇、街道负责民政具体业务的工作人员，是我国最基层的民政工作者，他们主要负责与保障人民群众基本生活权益和民主政治权益相关的特困人员救助供养、最低生活保障、扶贫帮困、社区建设、婚丧嫁娶，以及老年人、残疾人、困境儿童权益保障等各项工作。

基本建设

在建项目规模 指本年度在建的新建、改建、扩建项目的建筑面积之和，包括以前年度开工未完工和本年度新开工的项目，不包括单纯设备购置、更新项目以及因购置设备安装而进行的局部管线、基础、空间改造项目。扩建项目统计扩建后项目总建筑面积。“其中：使用彩票公益金建设规模”包括彩票公益金全额投资以及部分资助的所有在建项目的建筑面积总和。

在建项目总投资 指本年度所有在建项目的总投资之和。

开工累计完成投资 指截至本年度末，所有开工项目自开工以来各年度已支付资金的总和。

本年计划投资 指本年度各项目建设单位申请并落实到位的各种来源资金总和。

本年实际完成投资　指本年度实际支出项目建设资金的总和。截至年底未完成计划工程内容时，该数字可小于本年投资计划；有往年结余资金在本年度使用时，该数字可大于本年投资计划。

本年完工项目规模　指本年度完成正式竣工验收的项目建筑面积。项目统计口径与在建项目保持一致。

民政事业费预算

上年结转预算指标　指各级财政部门根据民政经费跨年使用的原则，由民政部门继续使用的上年结转预算指标。

本级财政安排预算指标　指各级财政安排的除上级下达的指标外的预算指标。

本年上级下达预算指标　指由上级民政部门下达的预算指标，此数字应与上级民政部门下达的指标文件核对一致。

本年下达所属地方预算指标　指省、地（市）级民政部门下达所属地方民政预算指标。此数字应与下级民政部门收到的上级下达预算指标核对一致。

本年预算指标=上年结转预算指标+本年财政安排预算指标+本年上级下达预算指标−本年下达所属地方预算指标。预算安排主要是财政拨款，民政部门财政拨款包括一般公共预算财政拨款和政府性基金预算财政拨款（彩票公益金）。

民政事业费支出

社会福利　反映社会福利事务支出，包括：

（1）儿童福利：指各级列入政府收支分类科目中2081001项指标，反映对儿童提供福利服务方面的支出。

（2）老年福利：指各级列入政府收支分类科目中2081002项指标，反映对老年人提供福利服务方面的支出。

（3）残疾人福利：指各级列入政府收支分类科目中2081003康复辅具与2081107残疾人生活和护理补贴项指标的合计，反映对残疾人提供福利服务方面的支出。

（4）殡葬：指各级列入政府收支分类科目中2081004项指标，反映殡葬管理和殡葬服务方面的支出，包括民政部门直属的殡仪馆、公墓、殡葬管理服务机构的支出。

（5）社会福利事业单位：指各级列入政府收支分类科目中2081005项指标，反映民政部门举办的社会福利事业单位支出，以及对集体办社会福利单位的补助费。

（6）其他社会福利支出：不在上述范围的用于社会福利的支出。含直接发放给未从单位领取过丧葬费

（补贴）的城乡居民的丧葬补助。

社会救助 包括最低生活保障、临时救助、特困人员救助供养以及其他生活救助。

（1）最低生活保障：指各级列入政府收支分类科目中20819款指标，反映城乡最低生活保障对象的最低生活保障金支出。

城市低保：指各级列入政府收支分类科目中2081901项指标，反映城市最低生活保障对象的最低生活保障金支出。

农村低保：指各级列入政府收支分类科目中2081902项指标，反映农村最低生活保障对象的最低生活保障金支出。

（2）临时救助：指各级列入政府收支分类科目中20820款指标，反映城乡生活困难居民的临时救助等支出，包括临时救助和流浪乞讨人员救助。

临时救助：指各级列入政府收支分类科目中2082001项指标，反映用于城乡生活困难居民的临时救助支出。

流浪乞讨人员救助：指各级列入政府收支分类科目中2082002项指标，反映用于生活无着的流浪乞讨人员的救助支出。

（3）特困人员救助供养：指各级列入政府收支分类科目中20821款指标，反映特困人员救助供养支出。

城市特困人员救助供养：指各级列入政府收支分类科目中2082101项指标，反映城市特困人员救助供养支出。

农村特困人员救助供养：指各级列入政府收支分类科目中2082102项指标，反映农村特困人员救助供养支出。

（4）其他生活救助：指各级列入政府收支分类科目中20825款指标，反映除最低生活保障、临时救助、特困人员供养外，用于城乡生活困难居民生活救助的其他支出。

其他城市生活救助（含传统救济）：指各级列入政府收支分类科目中2082501项指标，反映除最低生活保障、临时救助、特困人员供养外，用于城市生活困难居民生活救助的其他支出。

其他农村生活救助（含传统救济）：指各级列入政府收支分类科目中2082502项指标，反映除最低生活保障、临时救助、特困人员供养、自然灾害生活救助外，用于农村生活困难居民生活救助的其他支出。

民政管理事务 指各级列入政府收支分类科目中20802款指标，反映民政管理事务支出。

（1）行政运行：指各级列入政府收支分类科目中2080201项指标，反映行政单位（包括实行公务员管理的事业单位）的基本支出。

（2）一般行政管理事务：指各级列入政府收支分类科目中2080202项指标，反映行政单位（包括实行公务员管理的事业单位）未单独设置项级科目的其他项目支出。

（3）机关服务：指各级列入政府收支分类科目中2080203项指标，反映行政单位（包括实行公务员管理的事业单位）提供后勤服务的各类后勤服务中心、医务室等附属事业单位的支出。其他事业单位的支出，凡单独设立了项级科目的，在单独设置的项级科目反映。未设项级科目的，在“其他”项级科目中反映。

（4）社会组织管理：指各级列入政府收支分类科目中2080206项指标，反映民间组织管理方面的支出。

（5）行政区划和地名管理：指各级列入政府收支分类科目中2080207项指标，反映行政区划界线勘定、维护，以及行政区划和地名管理支出。

（6）基层政权建设和社区治理：指各级列入政府收支分类科目中2080208项指标，反映开展村民自治、村务公开等基层政权和社区建设工作的支出。

（7）其他民政管理事务支出：指各级列入政府收支分类科目中2080299项指标，反映民政部门接待来访、法制建设、政策宣传方面的支出，以及开展社会救助、社会福利、婚姻登记、社会事务、信息化建设等专项事务的支出。

行政事业单位养老支出　指各级列入政府收支分类科目中20805款指标，反映用于行政事业单位养老方面的支出。

其他　指财政从预算内经费中安排的其他用于民政事业的经费支出。

民政事业费收支

上年结转及结余　指各级民政部门以前年度尚未使用完毕、需结转至本年按有关规定继续使用的各类资金。

本年收入合计　本年度取得的全部收入。

本年实际支出　本年度全部支出。

收支结余　全部收入减去支出后的余额。

年末结转及结余　需要结转下年继续使用的各类资金。

财政拨款收入　本年度从本级财政部门取得的财政拨款，包括一般公共预算财政拨款和政府性基金预算财政拨款。

上级补助收入　事业单位从主管部门和上级单位取得的非财政补助收入。

事业收入　事业单位开展专业业务活动及其辅助活动取得的收入（事业单位收到的财政专户实际核拨的教育收费等资金在此反映）。

经营收入　事业单位在专业业务活动及其辅助活动之外开展非独立核算经营活动取得的收入。

附属单位上缴收入　单位附属的独立核算单位按照有关规定上缴的收入。

其他收入　单位取得的上述收入以外的各项收入，包括未纳入财政预算或财政专户管理的投资收益、银行存款利息收入、租金收入、捐赠收入、现金盘盈收入、存货盘盈收入、收回已经核销应收及预付款项，以及行政单位收到的财政专户管理资金等，也包括从本级财政部门以外的同级单位取得的经费，从非本级财政部门取得的经费。

基本支出 单位为保障机构正常运转、完成日常工作任务而发生的各项支出。

项目支出 单位为完成特定的行政工作任务或事业发展目标，在基本支出之外发生的各项支出。

上缴上级支出 事业单位按照财政部门和主管部门的规定上缴上级单位的支出。

经营支出 事业单位在专业业务活动及其辅助活动之外开展非独立核算经营活动发生的支出。

对附属单位补助支出 事业单位用财政补助收入之外的收入对附属单位补助发生的支出。

殡葬收费 指各级列入政府收支分类科目中103044908款指标，民政部门收取的殡葬收费收入。

社会工作

社会工作包括提供住宿的社会工作和不提供住宿的社会工作。

提供住宿的民政服务机构包括：养老机构、精神疾病服务机构、儿童福利和救助保护机构以及其他提供住宿机构。

床位数 指单位报告期末床位的实际收留抚养能力。对于炕、通铺，以正常可容纳人员数量折算床位数。

民政服务床位合计 包括养老床位、智障和精神疾病服务床位、儿童服务床位及其他社会服务床位。

（1）养老床位：包括养老机构床位和社区养老服务床位。

养老机构床位：包括社会福利院床位、特困人员救助供养机构床位以及其他各类养老机构床位。

社区养老服务床位：包括未登记的特困人员救助供养机构床位、全托服务社区养老服务机构和设施床位、日间照料社区养老服务机构和设施床位和社区互助型养老设施床位。

（2）智障和精神疾病床位数：指社会福利医院床位数。

（3）儿童服务床位数：包括儿童福利机构和未成年人流浪乞讨救助保护中心床位数。

（4）其他社会服务床位数：包括流浪乞讨人员救助管理站、安置农场、其他提供住宿机构的床位数。

年在院总人天数 指提供住宿单位报告期内，收留抚养人员住院的总人天数。公式：本年在院总人天数=Σ（每名收留抚养人员的在院天数）。

年末在院（收留抚养）人数 指提供住宿单位在报告期末实际收留抚养的人员总数，包括特困人员、自费人员和其他人员。

（1）特困人员：指因无法定赡养（抚养、扶养）义务人、无劳动能力和无生活来源而纳入特困救助供养政策保障的居民。

（2）自费人员：除优抚对象和特困人员以外的住院人员，不管实际有无收费，均统计为自费人员。

（3）其他人员：除以上两类以外均统计为其他人员。

年龄段的划分 老人是指60周岁及以上的人员；青壮年是指18周岁以上至59周岁的人员；未成年人

是指17周岁（含17周岁）以下的人员。下同。

自理能力划分 参照《老年人能力评估标准》（MZ/T 001—2013）对在院人员自理能力进行划分，分为三类：

（1）能力完好：自理；

（2）轻度受损和重度受损：介助（半自理、半失能）；

（3）重度受损：介护（不能自理、失能）。

康复和医疗门诊人次数 设有医疗服务窗口（部门）的民政服务机构提供的康复和医疗门诊服务人次数。

家庭寄养儿童数量 应进入福利机构供养，但因当地未建福利机构或现有福利机构床位有限而散居社会、寄养在家庭中的、由民政部门负担生活费用的儿童数量。

职工人数 单位年末实有职工人数，按性质分为机构管理人员、专业技术技能人员。

（1）机构管理人员：指机构内承担领导职责和管理任务的工作人员，包括从事党政、行政、业务、财务、后勤和安全保卫等管理工作的人员。例如，党委书记、院长、部门主任等。

（2）专业技术技能人员：指除具有管理职责工作人员以外的，直接为老年人、儿童、残疾人等困难群体提供服务的人员，不包括从事管理工作的技术技能人员。

取得医疗机构执业许可证书的机构 颁发给达到《医疗机构管理条例》相应条件的机构的执业证书。按照《医疗机构管理条例》，医疗机构执业许可证由卫生管理部门审发，并赋予登记证号，登记证号为22位的字母与数字组合。

取得医疗保险定点医疗机构资格的机构 定点医疗机构是通过劳动保障行政部门资格审定，并经医疗保险经办机构确定，为参保人员提供医疗服务的医疗机构。

养老机构

养老机构包括社会福利院、农村特困人员救助供养机构和其他各类养老机构。

社会福利院 不以营利为目的提供食宿的，主要收养城市中无亲属子女赡养、无生活来源、无劳动能力的孤老、孤儿和残疾人为对象的综合性社会福利事业单位。

特困人员救助供养机构 为特困老年人等提供24小时集中居住和收留抚养照料服务的办理了注册登记、拥有统一社会信用代码的机构。例如，已经登记注册的××农村敬老院、××五保之家、××托老所、××镇养老服务中心、××镇养老福利服务中心等。

其他各类养老机构 指除了社会福利院、农村特困人员救助供养机构以外，在编办、民政或者市场监管部门办理了登记注册手续，为老年人提供24小时集中居住和照料服务的机构。例如，××养老中心、××养老公寓、××颐养院等。

精神疾病服务机构

精神疾病服务机构指社会福利医院。

社会福利医院 提供食宿的、不以营利为目的、主要收治无亲属子女赡养、无劳动能力、无生活来源的困难人群和低保对象中的智障和精神病人等的具有医疗机构资质的专门福利机构。

儿童福利和救助保护机构

儿童福利和救助保护机构包括儿童福利机构和未成年人救助保护中心。

儿童福利机构 民政部门设立的，主要收留抚养由民政部门担任监护人的未满18周岁儿童的机构。

未成年人救助保护中心 对生活无着流浪乞讨未成年人实施救助，提供基本生活照料和教育、心理疏导、行为矫治等服务的专门机构。

其他提供住宿机构

其他提供住宿机构包括生活无着人员救助管理站、安置农场和其他提供住宿机构。

流浪乞讨人员救助管理站 救助生活无着流浪乞讨人员的专门单位。

流浪乞讨人员 指离家在外、自身无力解决食宿、无亲友投靠处于流浪或者乞讨状态的人员。

在站救助人次数 进入救助站接受救助的总人次数。每一位流浪乞讨人员从进入救助管理机构接受救助到结束救助计1人次，统计时正在救助站内接受救助的每一位流浪乞讨人员计为1人次。

（1）家暴庇护救助人次数：因家暴自愿到救助站申请庇护救助服务或者由职能部门护送家暴受害人到站接受庇护救助服务的人次数。

（2）年末在站人数：报告期末，仍在救助站内接受救助的人数。

（3）本年在站人天数：所有受助人员在站天数的总和。

（4）在站滞留三个月以上人数：暂时查找不到监护人（家庭信息、住所地）滞留在救助管理站三个月以上的受助人员，包括救助站委托社会力量照料的受助人员。

（5）本年站外救助人次数：本年在救助站外救助的流浪乞讨人员总人次数。

安置农场 指由民政部门管理、独立核算、企业化管理的农场（由救助类单位中的安置农场转移而来）。

其他提供住宿机构 指上述机构之外的提供住宿的其他民政服务机构。

不提供住宿的社会工作

不提供住宿的社会工作 包括老年人福利和残疾人福利、民政部门直属康复辅具机构、儿童福利和儿童收养、社会救助、社会救助服务机构、福利彩票发行、慈善和社工、社区服务机构和设施。

老年人福利和残疾人福利

享受高龄补贴的老年人数 指报告期末各地领取了高龄补贴的老年人数。

享受护理补贴的老年人数 指报告期末，生活长期不能自理、经济困难的老年人，根据其失能程度等情况享受政府给予的现金、代金券、物资等护理补贴的人数。

享受养老服务补贴的老年人数 指报告期末，经济困难的老年人，在生活照料、紧急救援、医疗护理、精神慰藉、心理咨询等养老服务方面享受政府给予的现金、代金券、物资等补贴人数。

享受综合补贴的老年人数 如果本省设立了老年人综合补贴，没有单独设立护理补贴和养老服务补贴，则护理补贴和养老服务补贴指标必须为空，将享受补贴的人数填在享受综合补贴的老年人指标中。

残疾人 指在心理、生理、人体结构上，某种组织、功能丧失或者不正常，全部或者部分丧失以正常方式从事某种活动能力的人。残疾人包括视力残疾、听力残疾、言语残疾、肢体残疾、智力残疾、精神残疾、多重残疾和其他残疾的人。六类残疾人证的评定标准按照中国残疾人联合会文件〔1995〕残联组联字第61号《关于统一制发〈中华人民共和国残疾人证〉的通知》规定。

困难残疾人生活补贴 补助残疾人因残疾产生的额外生活支出，对象主要是低保家庭中的残疾人，有条件的地方可逐步扩大到低收入残疾人及其他困难残疾人。

重度残疾人护理补贴 补助残疾人因残疾产生的额外长期照护支出，对象为残疾等级被评定为一级、二级且需要长期照护的重度残疾人，有条件的地方可扩大到非重度智力、精神残疾人或其他残疾人，逐步推动形成面向所有需要长期照护残疾人的护理补贴制度。

民政部门直属康复辅具机构

民政部门直属康复辅具机构 指民政部门直属的专门为残疾人生产、装配、修理、销售康复辅具的单位。

儿童福利和儿童收养登记

孤儿 指失去父母或查找不到生父母的未满18周岁、由地方县级以上民政部门依据有关规定和条件认定的、并已经领取了孤儿基本生活费的未成年人。按照保障方式分为：

（1）集中养育孤儿：社会福利机构抚养或寄养的孤儿。

（2）社会散居孤儿：在社会上分散供养的，由其法定监护人承担抚养义务、履行监护职责的孤儿。

事实无人抚养儿童 指父母双方均符合重残、重病、服刑在押、强制隔离戒毒、被执行其他限制人身自由的措施、失联、被撤销监护资格、被遣送(驱逐)出境情形之一的儿童；或者父母一方死亡或失踪，另一方符合重残、重病、服刑在押、强制隔离戒毒、被执行其他限制人身自由的措施、失联、被撤销监护资格、被遣送(驱逐)出境情形之一的儿童。

儿童收养登记 指中国公民以及外国人在中国境内收养子女和协议解除收养关系，在县级及以上民政部门办理的收养登记和解除收养关系登记。县级及以上民政部门办理儿童收养登记或解除收养关系登记一次为一件。

成立收养关系登记 指中国公民以及外国人在中国境内收养子女，在县级及以上民政部门办理的收养登记。

（1）中国公民收养登记：指中国居民作为收养人办理成立收养关系的收养登记。其中：

香港居民收养登记：指收养人是居住在香港特别行政区的中国公民。夫妻共同收养有一方是香港居民的，按香港居民办理收养统计。

澳门居民收养登记：指收养人是居住在澳门特别行政区的中国公民。夫妻共同收养有一方是澳门居民的，按澳门居民办理收养统计。

台湾居民收养登记：指收养人是居住在台湾省的中国公民。夫妻共同收养有一方是台湾居民的，按台湾居民办理收养统计。

华侨收养登记：指收养人是侨居国外的中国公民（含留学生）。夫妻共同收养有一方是华侨的，按华侨办理收养统计。

（2）外国人收养登记：指收养人是具有外国国籍（包括无国籍人）的人员。夫妻共同收养有一方是外国人的，按外国人办理收养统计。

被收养儿童合计 指通过收养登记被家庭收养儿童人数的总和。分为以下八类：

（1）社会福利机构抚养的孤儿：指在社会福利机构抚养的父母死亡的儿童。

（2）社会福利机构抚养的弃儿：指在社会福利机构抚养的查找不到生父母的儿童。

（3）继子女收养：指因被收养人的生父或生母再婚，继父或继母与被收养人确立收养关系的收养登记。

（4）三代以内同辈旁系血亲的子女：指被收养法中规定的三代以内同辈旁系血亲关系收养的儿童人数。统计此指标的目的是掌握收养三代以内同辈旁系血亲子女数量。

（5）非社会福利机构抚养的孤儿：指未在社会福利机构抚养的孤儿。此类必须是孤儿父母死亡或查找不到生父母，一般由其近亲属担任监护人，未在社会福利机构抚养。

（6）非社会福利机构抚养的弃儿：指非社会福利机构抚养的弃儿。

（7）生父母有特殊困难无力抚养的子女：指生身父母有特殊困难无力抚养自己的子女而作为送养人的

儿童。

（8）生父母均不具备完全民事行为能力且具有严重危害可能的子女：指生身父母不具备完全民事行为能力且对子女具有严重危害可能而被收养的子女。

协议解除收养关系登记　指具有收养关系的当事人通过协商解除收养关系的必经程序。办理协议解除收养关系的登记机关是县级及以上民政部门。

社会救助

城市（农村）最低生活保障　最低生活保障是指国家对家庭人均收入低于当地政府公告的最低生活标准的人口给予一定现金资助，以保证该家庭成员基本生活所需的社会保障制度。城市（农村）最低生活保障人数指在报告期末纳入城市（农村）最低生活保障的居民数。

城市低保对象中的成年人按照就业情况分为以下四类：

（1）在职人员：指从事一定社会劳动并取得劳动报酬或经营收入的人员，一般应与某一单位建立劳动关系，包括企业内退人员和个体经营人员。

（2）灵活就业：指为社会、单位、家庭或个人提供临时性、季节性、弹性劳务并获取相应劳动报酬，且无法建立或暂无条件建立稳定劳动关系的人员。

（3）失业：指在劳动年龄（16周岁至法定退休年龄）内，有劳动能力，无业而要求就业，并在当地就业服务机构进行求职登记的人员。

（4）无就业条件：指在劳动年龄（16周岁至法定退休年龄）内，因丧失劳动能力或因照料家中残疾人、老年人、未成年人等原因而不具备劳动时间，且未在当地就业服务机构进行求职登记的人员。

农村低保对象中的成年人按照劳动条件分为以下两类：

（1）无劳动条件：指在劳动年龄（16周岁至法定退休年龄）内，因丧失劳动能力或因照料家中残疾人、老年人、未成年人等原因而没有劳动时间或不具有劳动条件的人员。

（2）有劳动条件：指在劳动年龄（16周岁至法定退休年龄）内，除无劳动条件人员外的人员。

城市（农村）低保户数　指领取最低生活保障金的居民家庭数。

城市（农村）低保累计支出　指城市（农村）低保金与低保对象价格临时补贴的合计。低保金：反映对最低生活保障对象发放低保金的支出；低保对象价格临时补贴：反映对最低生活保障对象的价格补贴、节日补贴等临时或者其他一次性补贴支出。

城市（农村）低保标准　指由地方人民政府确定的家庭人均收入线。低于该线的家庭纳入最低生活保障范围。

特困人员救助供养　指满足特困人员认定条件，纳入特困人员救助供养范围的，享受特困人员救助供养待遇的对象。

（1）按护理类型（自理能力）分类。

全护理：指根据特困人员认定办法，被认定为完全丧失生活自理能力的特困人员。

半护理：指根据特困人员认定办法，被认定为部分丧失生活自理能力的特困人员。

全自理：指根据特困人员认定办法，被认定为具备生活自理能力的特困人员。

（2）按供养方式分类。

集中供养：指在供养服务机构中集中供养的特困人员。

分散供养：指享受分散供养待遇在家供养的特困人员。

临时救助　指对遭遇突发事件、意外伤害、重大疾病或其他特殊原因导致基本生活陷入困境，其他社会救助制度暂时无法覆盖，或救助之后基本生活暂时仍有严重困难的家庭或个人给予的应急性、过渡性的救助。临时救助的人次数，不包括在救助管理机构获得救助的生活无着的流浪、乞讨人员。临时救助人次数指临时救助对象一年内获得临时救助的总次数，如1人一年内获得2次临时救助，则统计为2人次。

（1）按属地分类。

本地户籍：指本地户籍人员获得临时救助的人次数。

非本地户籍：指非本地户籍人员获得临时救助的人次数。

（2）按对象分类。

低保对象：指最低生活保障对象获得临时救助的人次数。

特困人员：指特困人员获得临时救助的人次数。

其他：指除最低生活保障对象、特困人员外其他人员获得临时救助的人次数。

社会救助服务机构

社会救助服务机构　指承担低收入家庭经济状况信息数据库的建立和维护、经济状况信息查询与核对、宣传交流等相关具体工作的机构，不包括各级民政部门内设的社会救助处、科、办等内设部门。

彩票发行

福利彩票发行机构　指民政部门管理的、独立核算的，以筹集社会福利基金为目的发行和销售社会福利彩票的事业单位。

慈善和社工

慈善组织　指在我国县级以上人民政府民政部门依据慈善法登记或认定为慈善组织的基金会、社会团体、民办非企业单位（社会服务机构）。

慈善信托　指在我国县级以上人民政府民政部门依法备案的慈善信托。

注册志愿者总人数　指全国志愿服务信息系统中汇集的注册志愿者数量，既包括直接通过全国志愿服务信息系统注册的志愿者数量，也包括从其他志愿服务信息系统归集到全国志愿服务信息系统中的注册志愿者数量。

社会捐赠接收站点　指在大中城市、有条件的小城市设立的具备集中、清理、消毒、运输捐赠物品功能的机构数量和设立在街道（乡、镇）、居（村）委会中的社会捐助点数量。

慈善超市　指以经常性社会捐助站（点）为依托，以解决困难群众生活困难为主的，以有针对性的募集和发放为主要形式，借鉴商业超市管理模式，救助对象按需领取捐助物资的社会捐助机构数。

社会工作者职业资格水平　参加全国社会工作者职业水平考试合格，获得由人力资源和社会保障部统一印制，人力资源和社会保障部、民政部共同用印的《中华人民共和国社会工作者职业水平证书》的人员。包括助理社会工作师、社会工作师和高级社会工作师。

社区服务

社区服务分为社区综合服务机构和设施、社区养老服务机构和设施。

社区综合服务机构和设施　指面向全体城乡居民提供社区服务的机构和设施。原则上，城乡社区服务机构应能提供以公共服务为主体的综合性服务，城乡社区服务设施面积应能满足社区组织办公和社区综合服务所需，并配置多功能社区居民活动场所。在此基础上可根据社区居民的实际需求，重点强化若干类服务功能。社区服务机构和设施包括：

（1）社区服务指导中心：指建立在县区层面以上的，对社区服务中心和服务站具有指导功能的社区服务类机构。

（2）社区服务中心：指建设在乡、镇、街道层面，以“一站式”服务为特点的社区服务中心。街道办事处及社区组织依托社区服务中心，组织开展就业服务和职业培训、社区救助、社区治安、社区卫生和计划生育、社区环境和文化、教育、体育等公共服务。

（3）社区服务站：指在社区层面，建设功能为社区居家养老服务，重点发展面向老年人及其家庭的商品递送、医疗保健、家庭保洁、日间照料、陪伴等服务的设施和综合性、多功能的社区服务站。

（4）社区专项服务机构和设施：指独立于社区服务中心、社区服务站以外的为居民提供各种（除养老以外的）专业社区服务的机构和设施。例如，社区儿童服务站、社区残疾人康复站、问题人群庇护站等。不含社区养老服务机构和设施。

城市社区综合服务设施覆盖率　城市社区服务中心、城市社区服务站的个数之和除以当年期末居委会数乘以100%。计算公式如下：

$$\text{城市社区综合服务设施覆盖率}=\frac{\text{城市社区服务中心个数}+\text{城市社区服务站个数}}{\text{当年期末居委会数}}\times 100\%$$

农村社区综合服务设施覆盖率　农村社区服务中心、农村社区服务站之和除以当年期末村委会数乘以100%。计算公式如下：

$$\text{农村社区综合服务设施覆盖率} = \frac{\text{农村社区服务中心个数+农村社区服务站个数}}{\text{当年期末村委会数}} \times 100\%$$

社区养老服务机构和设施　指主要以社区老年人为服务对象的社区服务机构和设施。包括：

（1）未登记的特困人员救助供养机构：指没有在编办或者民政部门登记，为农村特困供养老年人等提供24小时集中居住和收留抚养照料服务的设施。例如，没有登记注册的××农村敬老院、××五保之家、××托老所、××镇养老服务中心、××镇养老福利服务中心等。

（2）全托服务社区养老服务机构和设施：指在社区建立的、为社区老年人留宿照料服务（也可提供日间照料）的小型（一般10张床位以下）养老机构或者设施。例如，××社区老年养护中心、××星光老年之家、××老年社区托养照料中心。

全托服务床位：为老年人提供全日集中住宿和照料护理服务的床位。

（3）日间照料社区养老服务机构和设施：指在社区建立的、为社区老年人提供日间照料服务的小型养老机构或者设施。例如，××社区老年中心、××星光老年之家、××老年社区日间照料中心。

日间照料床位：为老年人提供日间照料护理服务的床位。

（4）社区互助型养老设施：指依托村（居）委会办的微型的五保村、五保家园、幸福院等互助型养老设施，没有专职服务人员、不是注册登记的独立机构，以相互帮助为主，提供少量床位，可以住宿，不以营利为目的，为老年人、残疾人、烈军属等社区居民提供互助养老服务的设施。

（5）其他社区养老服务设施：指为本社区老年人提供助餐、助医、护理等服务，没有床位的社区养老服务设施。例如，××老年餐桌。

社区社会组织

社区社会组织　指由社区居民发起成立，在城乡社区开展为民服务、公益慈善、邻里互助、文体娱乐和农村生产技术服务等活动的组织。按照活动领域分为：公益慈善类、社区服务类、社区事务类、文体活动类。

社会组织

社会组织包括社会团体、民办非企业单位（社会服务机构）和基金会三类。

社会团体　指中国公民自愿组成，为实现会员共同意愿，按照其章程开展活动的非营利性社会组织。包括各种协会、学会、联合会、研究会、联谊全、促进会、商会等。社会团体不得从事以营利为目的的经营性活动，并具备以下四项法人条件：①依法成立；②必要的财产或者经费；③有自己的名称、组织机构和场所；④能够独立承担民事责任。否则，不能统计为社团机构数。报告期末合法社团总数，即为年末实有社团机构数。

民办非企业单位　即社会服务机构，指企业事业单位、社会团体和其他社会力量以及公民个人利用非国有资产举办的，从事非营利性社会服务活动的社会组织。目前，民办非企业单位主要分布在教育、卫生、文化、科技、体育、劳动、民政、社会中介、服务业等行（事）业中。

民办非企业单位根据其依法承担民事责任的不同方式分为民办非企业单位（法人）、民办非企业单位（合伙）和民办非企业单位（个体）3种。个人出资且担任民办非企业单位负责人的，可申请办理民办非企业单位（个体）登记；两人或两人以上合伙举办的，可申请办理民办非企业单位（合伙）登记；两人或两人以上举办且具备法人条件的，可申请办理民办非企业单位（法人）登记。由企业事业单位、社会团体和其他社会力量举办的，或由上述组织与个人共同举办的，应当申请民办非企业单位（法人）登记。

基金会　指利用自然人、法人或者其他组织捐赠的财产，以从事公益事业为目的，按照《基金会管理条例》规定成立的非营利性法人。基金会分为具有公开募捐资格的基金会和不具有公开募捐资格的基金会。

（1）具有公开募捐资格的基金会：依据《中华人民共和国慈善法》取得了公开募捐资格的基金会。

（2）不具有公开募捐资格的基金会：没有依据《中华人民共和国慈善法》取得公开募捐资格，只可以在特定对象范围内开展定向募捐的基金会。

社会组织负责人　指任理事长（会长）、副理事长（副会长）及秘书长以上职务的负责人。

当年年检单位数　指当年按规定参加年检的社会组织单位个数，包括参加年检但未通过的单位数。

当年新登记单位　指本年度民政部门新登记的社会团体、民办非企业单位、基金会数量，基层备案的社会组织不计算在内。

慈善组织　指依法成立、符合《中华人民共和国慈善法》规定，以面向社会开展慈善活动为宗旨的非营利性组织。慈善组织可以采取基金会、社会团体、民办非企业单位等组织形式。

社会组织按照所服务行业分为：

（1）S工商服务业：从事工业、商业、服务业等经济类活动的社会组织；

（2）S农业及农村发展：直接为农业及农村发展服务的社会组织；

（3）M科学研究：从事自然科学、社会科学研究的社会组织，包括思想政治工作研究会；

（4）P教育：从事各种教育活动的组织；

（5）Q卫生：从事各种医疗、卫生、保健服务的组织；

（6）R文化：从事文学、艺术、娱乐、收藏、新闻、媒体、出版等相关的活动组织；

（7）R体育：从事各种体育运动、健身活动的组织；

（8）N生态环境：从事动物、植物保护、环境保护以及环境治理的组织；

（9）Q社会服务：从事社会福利、救灾救助、社会保障及社会事务的组织；

（10）S法律：从事各种法律研究、咨询、援助、代理的组织；

（11）S宗教：各类宗教及宗教交流组织；

（12）S职业及从业者组织：职业协会、专门行业从事者组织；

（13）T国际及涉外组织：国际性非营利性组织、外国商会；

（14）K其他：校友会、友好协会及其他未列明的组织。

社会组织行政执法　指民政部门对登记的社会组织作出的行政处罚和取缔非法社会组织。包括：

（1）行政处罚：指本年度民政部门依据《社会团体登记管理条例》《民办非企业单位登记管理暂行条例》《基金会管理条例》，对违反上述条例规定的社会团体、民办非企业单位、基金会作出行政处罚并且已经结案归档的案件数。因行政处罚引起的行政复议、行政诉讼未复议或审理终结的，不影响统计。

（2）没收违法经营额或违法所得：指本年度民政部门依据《社会团体登记管理条例》《民办非企业单位登记管理暂行条例》，对违反上述条例规定的社会团体和民办非企业单位作出其他行政处罚时予以并处没收违法经营额或违法所得处罚的案件数。

（3）罚款：指本年度民政部门依据《社会团体登记管理条例》《民办非企业单位登记管理暂行条例》，对违反上述条例规定的社会团体和民办非企业单位作出其他行政处罚时予以并处罚款处罚的案件数。

（4）警告：指本年度民政部门依据《社会团体登记管理条例》《民办非企业单位登记管理暂行条例》《基金会管理条例》，对违反上述条例规定的社会团体、民办非企业单位、基金会作出警告处罚的案件数。

（5）限期（责令）停止活动：指本年度民政部门依据《社会团体登记管理条例》《民办非企业单位登记管理暂行条例》《基金会管理条例》，对违反上述条例规定的社会团体、民办非企业单位、基金会作出限期（责令）停止活动处罚的案件数。

（6）撤销登记（吊销登记证书）：指本年度民政部门依据《中华人民共和国慈善法》《社会团体登记管理条例》《民办非企业单位登记管理暂行条例》《基金会管理条例》，对违反上述条例规定的社会团体、民办非企业单位、基金会作出撤销登记和吊销登记证书处罚的案件数。

（7）取缔非法社会组织：指本年度民政部门依据《社会团体登记管理条例》《民办非企业单位登记管理暂行条例》《基金会管理条例》取缔的案件数。

（8）没收非法财产：指本年度民政部门取缔非法社会组织案件中并处没收非法财产的案件数。

自治组织

居民委员会 指报告期末城市和建制镇在城镇居民集中居住的地区设立的居民委员会实有个数（含家委会）。

取得统一社会信用代码的村（居）民委员会 指到民政部门办理了统一社会信用代码证并取得了相关证书的村（居）民委员会个数。相关工作见民政部公告第414号《民政部关于赋予村（居）民委员会统一社会信用代码有关事项的公告》。

居民小组 指报告期末在居民委员会下设的由居民组成的群众自治组织总数。

居（村）民委员会成员 指依照法律规定，经选举产生的居民委员会（村民委员会）的主任、副主任和委员的总数。

村民委员会 指报告期末乡镇在农业人口的居住地区设立的群众性自治组织（即村民委员会）实有个数。

成员中有女性的村民委员会数 指报告期末村民委员会成员中有女性的村民委员会实有个数。

自然村 指按照自然、地理特点自发形成的农民生活居住村落。

村民小组 指报告期末在村民委员会下设的由农民组成的群众自治组织总数。

当年完成选举的村（居）民委员会数 本年度内进行了村（居）民委员会选举，而且当选成员人数足够组成新一届村（居）委会开展工作的村（居）委会。

当年完成选举的村（居）选民登记总数 只对本年度内完成村（居）委会选举的村（居）统计此指标。一个村（居）的选民登记总数少于本村（居）村（居）民数，大于等于本届登记选民数。

本届（登记）选民数 指在本年度内完成村（居）委会选举的村（社区）中，按照村（居）民选举委员会发布的公告，于有效日前在村（居）民选举委员会依法登记，有资格参加投票的本村（社区）选民。

参加投票人数 在本年度内完成村（居）委会选举的村中，以亲自投票、委托投票等形式参加了选举的选民人数。每个村（居）的参加选举人数，应当等于从票箱里收回的全部选票数。其中“委托投票人数”：指采用委托投票方式参加投票人数。

经推选（选举）产生的村民代表数 指依照法律、法规规定，经推选（选举）程序产生、任期为三年的村民代表人数。一般来说，一个村村民代表的人数从数值上少于村民代表会议组成人员的总数。

当年召开村民会议的次数 村民会议有两种组织形式：一是本村18周岁以上村民的过半数参加；二是本村三分之二以上的户的代表参加。有些地方通过“村务公决”的方式决策重大村务，也可视为第三种形式的村民会议予以统计。

村务监督委员会数 指报告期末建制村建立的村务监督委员会个数。

婚姻登记

内地居民婚姻登记　指报告期内婚姻登记机关办理的当事人双方均是内地居民的结婚登记。包括内地居民结婚登记和内地居民离婚登记。

涉外及华侨、港澳台婚姻登记　指婚姻登记机关办理的，夫妻双方或一方是外国人、华侨、港澳台同胞的婚姻登记。

初婚人数　指报告期内婚姻登记机关办理的结婚登记中，当事人属第一次结婚人数的总和。

再婚人数　指报告期内婚姻登记机关办理的结婚登记中，当事人属第二次（或者二次以上）结婚人数的总和。再婚包含恢复结婚。

恢复结婚　指报告期内，原为夫妻关系的男女双方申请办理结婚登记，经婚姻登记机关审查，为其办理结婚登记的件数。

涉港澳居民婚姻登记　指报告期内经民政部门的婚姻登记机关批准登记结婚的当事人的一方是居住在香港、澳门特别行政区的中国公民。

涉台湾居民婚姻登记　指报告期内经民政部门的婚姻登记机关批准登记结婚的当事人的一方是居住在台湾省的中国公民。

涉华侨婚姻登记　指报告期内经民政部门的婚姻登记机关批准登记结婚的当事人的一方是华侨。

涉外国人婚姻登记　指报告期内经民政部门的婚姻登记机关批准登记结婚的当事人的一方是外国人（含外籍华人）。

结婚率　指结婚对数除以当年期初人口数与当年期末人口数的和的一半乘以1000‰。计算公式如下：

$$结婚率 = \frac{结婚对数}{（当年期初人口数+当年期末人口数）\times 1/2} \times 1000‰$$

离婚率　指离婚对数除以当年期初人口数与当年期末人口数的和的一半乘以1000‰。计算公式如下：

$$离婚率 = \frac{离婚对数}{（当年期初人口数+当年期末人口数）\times 1/2} \times 1000‰$$

办理婚姻登记事务处数　指具体办理婚姻登记事务的场所、网点的数量，含编办登记、民政登记和未登记的婚姻登记机构以及乡镇（街道）可以办理婚姻登记的网点等。

殡葬服务

殡葬管理服务机构包括殡仪馆（含火葬场）、公墓、殡仪服务站以及殡葬管理机构。

殡仪馆 指独立核算的，从事遗体火化、骨灰寄存以及其他殡仪服务的单位总称。

公墓 指省级民政部门批准建设、独立核算的、集中埋葬骨灰或遗体的单位总称。

殡仪服务站 指专门提供除遗体火化以外的遗体接运、暂存、防腐、整容等直接接触遗体的殡仪服务机构。

殡葬管理机构 指独立核算的、受行政机关委托从事殡葬管理工作的单位。

在统计殡葬单位时，只能归属上述四类中的一种，同一个单位不能跨类进行统计。

火化炉数 指报告期末遗体火化的设备实有数，包括火化备用炉。

国际运尸数 指经海关出入境尸体的数量。

穴位数 指报告期末公墓实建的穴位数。

本年销售穴位数 指报告期内公墓实际售出的穴位数。

安葬数 指报告期末已安葬的穴位数。

本年安葬数 指报告期内已安葬的穴位数。

节地生态安葬数 就是以节约资源、保护环境为价值导向，鼓励和引导人们采用格位葬、树葬、草坪葬、花坛葬、撒散、海（河、湖）葬、深埋等不占或少占土地、少耗资源、少使用不可降解材料的方式安葬骨灰或遗体，使安葬活动更好地促进人与自然和谐发展。

其他民政直属单位

其他民政直属单位 指民政信息中心、地名普查研究单位、民政学校等未归类到社会工作机构中的各类其他民政直属单位。